身近な人の上手な在宅介護のしかたがわかる本

東葛病院
監修 下 正宗

備えて安心

自由国民社

はじめに…

介護ということばが社会で使われ始めたのは傷痍軍人の恩給の給付基準のランクであったといわれています。現在使われている意味での介護という概念が一般化してきたのは、１９７０年代ころからで、最初は「障がい者の介護」というものでしたが、高齢化社会の進行とともに「高齢者の介護」というものに広がり、その中心が高齢者に移り介護保険が２０００年に施行されることになりました。

介護は、生きていくためにするすべての日常生活動作を援助する行為です。食事をする、排泄をする、清潔を保つ、それらの行為を行うために移動することを援助することが介護です。介護される方自身が、これらのことをスムーズにできるようにするトレーニングは、一般的にはリハビリテーションといわれます。

リハビリテーション（Rehabilitation）の語源は、ラテン語でre（再び）とhabilis（適した）の合成語で、「再び適した状態になること」「本来あるべき状態への回復」の意味を持っています。ここから波及して「権利の回復」「復権」の意味も持っています。

介護を行うこと、リハビリテーションを行うことは、介護を受ける皆さんの生きていくための能力の回復だけでなく、ひとりの人間として生きていく権利の回復でなければなりません。同じように、介護する方々も、さまざまな援助を得ながら、いきいきと介護できる環境を整えていく必要があります。

大家族で暮らしていた日本では、介護は家族の仕事という文化が長い間続いてきました。しかし、核家族が増え、住宅環境も大きく変化するという社会構造が家族による介護を困難にしてきました。そして、介護の社会化をスローガンに介護保険が施行されましたが、充分に機能していないのが現状だと思います。狭間を埋める公的な援助も充分ではなく、介護は家族の責任という状況はなかなか改善されていません。そうはいっても、介護しなくてはならない方々はそこにいます。また、介護は長く、時には、先の見えない仕事です。

介護の基本は、介護する人が自分の体を使って援助をすることです。人間の体は非常に丈夫ですが、一方で、ちょっとした外力で傷つく面もあります。その仕組みを絵を使って解説しています。是非よく読んで自分の身を守ってください。また、ちょっとした道具を用いることにより、安全な介護が提供できるようになります。また、欧米では積極的に導入されている介護用具もありますので、それぞれの地域包括センターや行政機関に相談をしてみてください。介護保険の中でさまざまなものが利用できるはずです。

介護はあなただけで解決できることではありません。家族、地域の方々、そして、介護保険に関連したさまざまなスタッフとよく相談して無理のない介護を続けていただければと考えます。

東葛病院　下　正宗

身近な人の上手な在宅介護のしかたがわかる本

第3章 清潔・入浴の介助

第5章　体位変換と移動の介助　133

第6章 腰を痛めない介護の基本 173

ホームヘルパーの体験記

第1章

寝たきりを防ぐ介護の基本

高齢者はこうして寝たきりになる

大事な3つ

①高齢者の寝たきりの原因は病気と転倒
②寝たきりにさせないためには生活全般のリハビリが必要
③家族は、本人のやる気を喚起させるような支援を心がける

寝たきりになるきっかけで最も多いのが、脳梗塞《のうこうそく》などの脳血管疾患です。身体のマヒや言語障害などが原因で生活が不活発になり、ベッドから離れられなくなるケースです。とくに脳硬塞はマヒや言語障害が残るので、本人も消極的になり、生活が不活発になりがちです。家族もついそのまま寝たきりの生活を見逃してしまいます。

また、神経痛やリウマチなど骨や関節の病気も、動くと痛むので、動こうとしなくなります。

転倒による骨折から寝たきりになるケースも多く、とくに女性は更年期以降に骨がもろくなっているので注意が必要です。骨粗しょう症になると、小さな転倒でも骨折することが多くなります。一度転んで骨折した経験があると、それ以後外出したり動くのが怖くなって引きこもり、やがて寝たきりになってしまうことも少なくありません。

「寝たきり」にならないためには、リハビリが必要ですが、痛みをともなう場合もあるので、毎日続けて行うのは難しいものです。家族のサポートも必要ですが、それ以上に本人のやる気も大切です。

やる気を家族がサポート

①小さな目標を立てて励ます

「立ち上がれれば、トイレにも1人でいけるわよ」「歩けるようになったら、花を見に行こう」など、具体的な目標をいっしょに立てるとよい

目標

②手助けは最小限に

本人の力でできることをできる限り自分で行うことが、本人の力を生かすことになる。気を長く持って、少しずつ目標に近づくこと

③外出もいい刺激に

外出して新鮮な空気を吸い、適度な刺激を受けて気分転換を図るのは、心身ともにリハビリによい効果がある

介護が必要になる原因

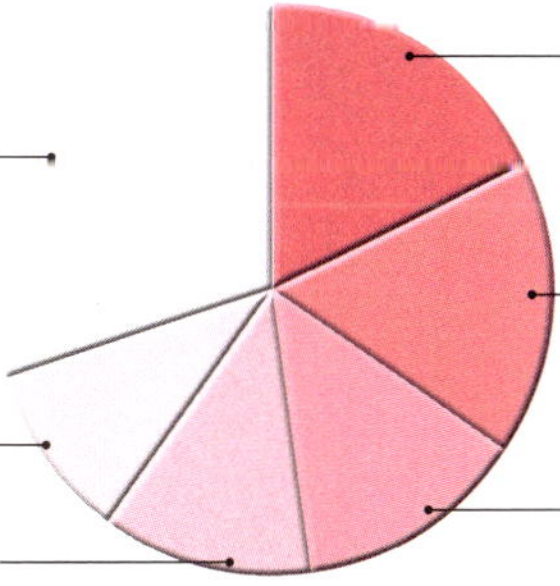
認知症　18.0%
脳血管疾患　16.6%
高齢による衰弱
13.3%
転倒・骨折　12.1%
関節疾患
（リウマチなど）
10.2%
そのほか　20.8%

厚生労働省「国民生活基礎調査の概要」（平成28年）

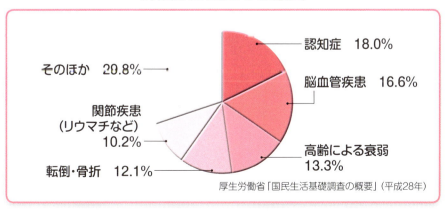

毎日のリハビリが「寝たきり」を防ぐ

大事な3つ

①「寝たきり」の予防と改善に毎日のリハビリが役立つ
②リハビリは退院後、早ければ早いほど効果的
③機能回復訓練だけでなく「生活行為」全体がリハビリになる

身体の器官は使わないとどんどん衰え、やがて全身が衰弱します。脳の働きも鈍くなり、認知症へと進んでしまう例も多く見られます。

「寝たきり高齢者の90％は、リハビリをすれば回復する可能性が高い」と言われます。また、リハビリは、早く始めれば始めるほど効果的と言われています。とくに高齢者は関節が縮んで固まる「**拘縮**《こうしゅく》」になりやすく、関節を動かさないと、固まってしまいます。そうなると関節の運動に必要な筋肉まで萎縮し、歩くのがより困難になってしまいます。

とはいえ、リハビリを拒否する高齢者も少なくありません。そんな高齢者に無理強いすると、運動嫌いに拍車がかかり、逆効果になる可能性もあります。納得してもらえるよう、よく説明しながら、注意深く行いましょう。

また、リハビリは毎日続けてこそ、機能回復が実現できます。無理せず続けるには、洗顔、着替え、食事、トイレ、入浴など、自宅で毎日行う行為をリハビリと考え、少しずつでも自力でできることを目指しましょう。

無理すると逆効果になるリハビリ

①痛みが出るまで無理しない

無理して曲げたり、伸ばしたりすると逆効果になることもあるので、「痛い」と訴えたらすぐに中止する

②急いで行わない

1つ1つの運動をゆっくり行うと安全なうえに効果も高い。急いで行うと痛みが出たり、痛みが残ったりする

③1度に長時間行わない

1度に長時間行うと、患部を痛めたり疲れが残ったりして逆効果。毎日少しずつ続けることが大切

④専門家のアドバイスを受ける

リハビリは必ず専門家のアドバイスを受けて行うこと。介護者の思い込みで行うと筋肉を痛めることがある

世話のしすぎは生きる気力をうばう

大事な3つ

①なんでも手助けするのではなく、できることはしてもらうのが原則
②寝たきりなどで身体を使わないと機能はどんどん衰える
③ふだんから本人がどこまで自分でできるかよく観察しておくこと

加齢によっていろいろな機能が低下するからといって、家族が代わりに何でもやってしまっては、高齢者が力を発揮する機会が失われます。それは使わなくなった体の機能が衰えるというだけではなく、自立する力を失った高齢者が自信を失い、やる気をなくすことにもなるのです。

たとえば手指の動きがよくないからといっても、ゆっくり時間をかければ、自分でスプーンを使って食事ができるかもしれません。いつでもだれかが口まで運んであげるというのでは、腕や手の筋肉を使う機会もなく、本人の気力までなくなります。

「食べさせる」のではなく、「食べようとする」のを助ける介護を目指しましょう。親切すぎる介護は、かえって不親切になります。

「できることは自分でしてもらう」のが介護の基本です。そのためには高齢者をよく観察し、できることとできないこととの見極めが大事です。そのうえで、できることをしてもらえばいいのです。介護者は安易に手助けせず、高齢者のようすをしっかり見守りましょう。

自立を支援する介護

①食事

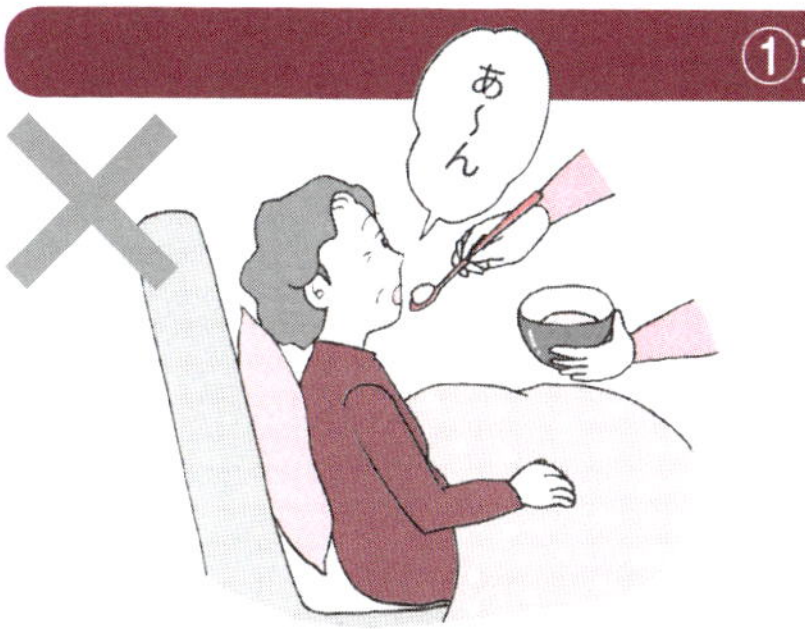

なんでも食べ物を口に運んであげる

できるだけ自助具を使って自分で食べてもらう

②入浴

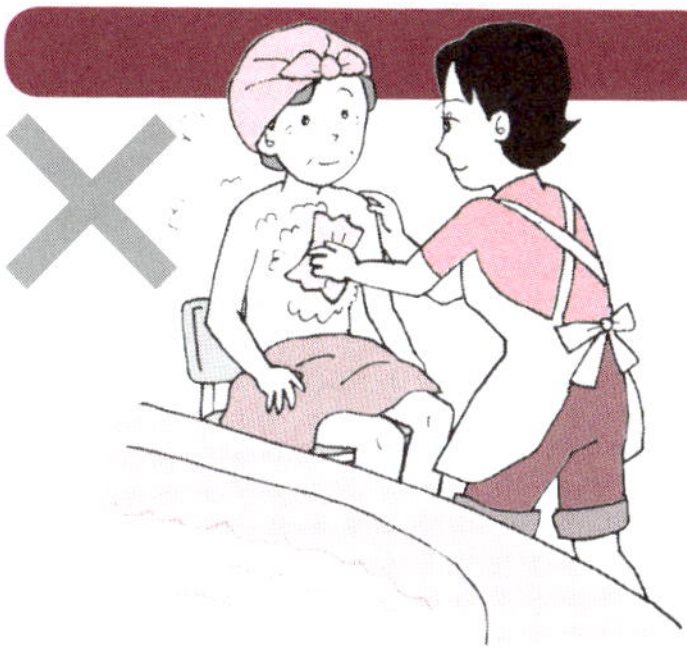

体のすみずみまで洗ってあげる

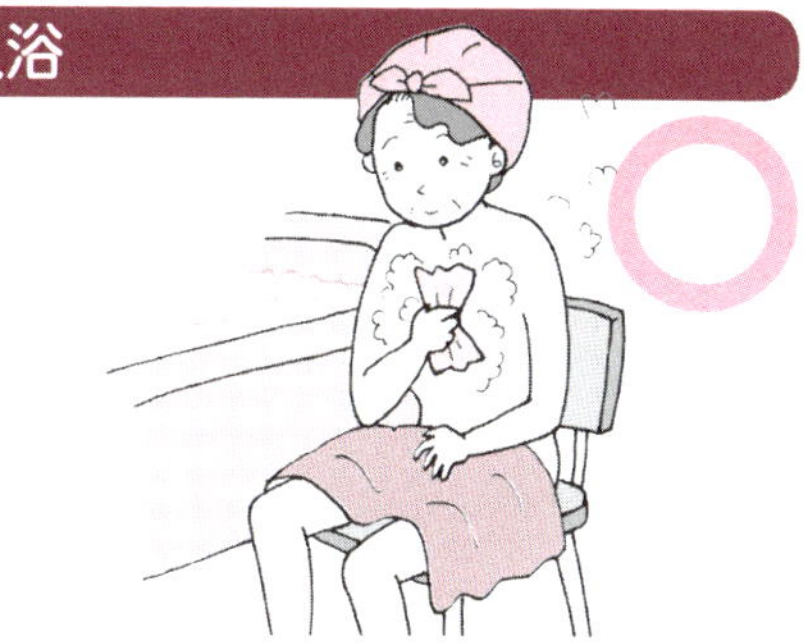

手が届くところは自分で洗ってもらう

③排泄

夜、トイレに行くのは大変なのでおむつを使用

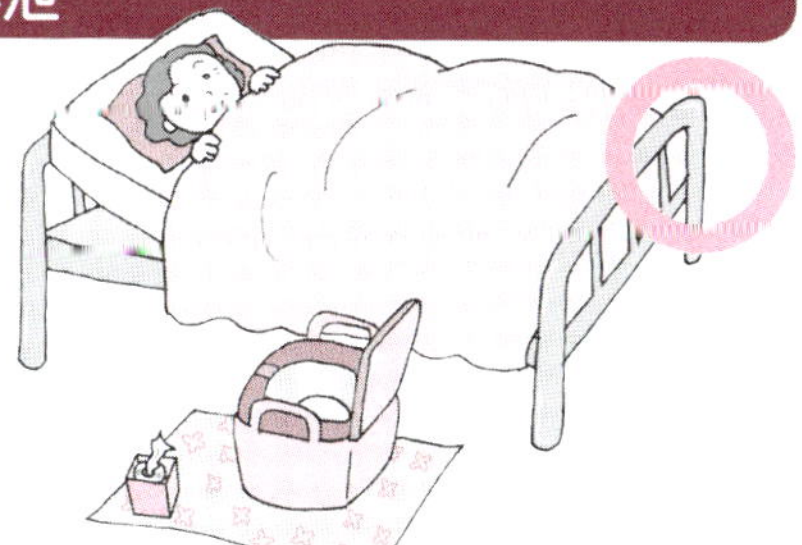

ベッドの近くにポータブルトイレを置く

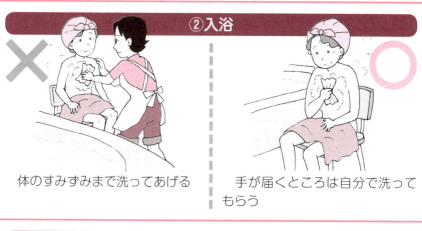

介護上手は「声かけ」上手

大事な3つ

①体が思うように動かない高齢者は、いつも不安がいっぱいでいる
②声かけには、相手の不安を払拭し信頼関係を築く効果がある
③声かけには相手を明るくしたり、こだわりを薄める効果がある

体が思うように動かない高齢者は、周囲から何をされるか不安でいっぱいです。そんな高齢者の不安を払拭し信頼関係を築くには、こちらから働きかけるときの「声かけ」がとても大事です。とくに「何かを始めるとき」「体に触るとき」「後ろに回るとき」など、不安を与えそうなときは必ず声をかけて警戒心を解きましょう。さらに声かけには、相手を明るい気持ちにしたり、こだわりを薄めたりする効果があります。どんな声かけがいいかは、相手の性格によって違いますが、共通のポイントは次の通りです。

①**肯定的なことば**　高齢者は悲観的な考え方をしがちなので、「今日は天気がよくて最高ね」など肯定的なことばを選びましょう。

②**明るい表情で**　ことばが肯定的でも、言っている人の表情が暗くては気持ちが伝わりません。意識的に明るい表情、明るい声を心がけましょう。

③**叱らない**　高齢者が迷惑な行動をとるのは、こちらの言うことを理解できずに「迷惑な行動」に出ていることが多いので、叱らずに、相手がわかることばできちんと説明しましょう。

声かけの良い例・悪い例

①朝起きたら

○おはよう
○よく眠れた?
○今日は天気がいいわ
×また、眠れなかったの?
×まだ寝てればいいのに
×おしっこもらさなかったでしょうね?

②食事のとき

○おいしいでしょ?
○ゆっくり食べましょうね
○今日は食欲あるみたいね?
×早く食べてね
×まだ食べてるの?
×またこぼして、いやあね!

③おむつ交換

○お尻をきれいにしましょうね
○寒くない?
○たくさん出てよかったわね
×くさいわね
×また、こんなに汚して
×よく、こんなに出るわね

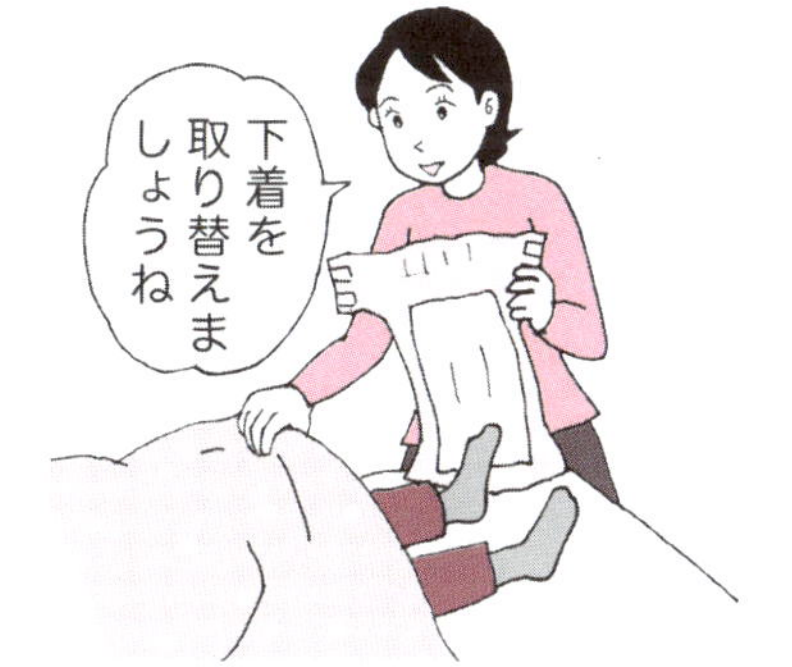

④就寝のとき

○楽しい夢をみてね
○ゆっくり休んでね
○また、明日ね
×ゆっくり寝ていてね
×早く起きないでね
×夜中にガタガタしないでね

高齢者の本音を察した介護

大事な3つ

①介護される高齢者は、気兼ねや不安感など複雑な心理状態にある
②いつも、ことばの裏側に「本音」があると察して介護する
③ネガティブなことばは、「○○したいけど、できない」という本音の裏返し

加齢による変化は、高齢者の心身に大きな影響を及ぼします。さまざまな機能の低下が、高齢者を不安にします。その結果、本音とは反対の気持ちを口走ったり行動したりする傾向が強くなります。自分が望んだわけでもないのに、人の手を借りなければ生活しづらくなっているのですからなおさらです。

どうして私がこんな目に遭うのかという怒り、これから生活を楽しもうと思っていたのにという失望、世話してもらって申しわけないという負担が心の中で渦を巻きます。健康な人がうらやましくて嫉妬したり、ときには妄想を抱くこともあります。

こうした高齢者とつき合うときのポイントは、わがままや嫌味の裏にもう1つの本音があることをよく理解して接することです。「私なんて、早く死にたいよ」ということばは、「早く病気を治して元気になりたい」という気持ちの裏返しのことが多いものです。ことばをそのまま受け止めて、「死にたいなんて言わないで」とこちらまで絶望的な気持ちになったら介護は長続きしません。本音を察知して、「早く元気になりましょうね」と受け流すことも大切です。

こんなことばは本音ではない

①「早く死んでしまいたい」

［本音］
・病気が心配だ
・いつまでも元気で長生きしたい
・だれもかまってくれないからさびしい

［対応のしかた］　周囲が大事にしてくれない、という不満がこのことばを吐かせます。「生きたい」という強い願望が言わしめていることば。「いつまでも長生きしてください」と受け流します。

②「会いに来なくていいよ」

［本音］・たまには実家に顔を出してほしい
・いっしょに住んでくれないかしら
・小さな孫が来ると疲れることもある

［対応のしかた］　離れて暮らしている家族が、よく耳にすることばです。いっけん気兼ねしているようですが、実際はもっと会いたいというのが本音。「また来ますよ」と声かけをしましょう。

③「外出しても楽しいことはない」

［本音］・外に行きたいけど1人では不安
・だれも連れて出てくれないし
・帰ってくると疲れるし……

［対応のしかた］　外に出たがらなくても、体調と天候をみて、連れ出すとあんがい喜ばれます。買い物は気分転換になるし、公園をぶらりと散策し季節の花を観賞するのも楽しいものです。

④「若い人と話をするのが嫌い」

［本音］・若い人のことばや趣味がわからない
・若い人のペースについていけない
・若い人ともっと仲良くしたい

［対応のしかた］　若い人のペースに不安を感じてのことばなので、不安を払拭してあげることが大事です。若い介護者は大きな声でゆっくりと話すなど、相手のペースに合わせた会話をしましょう。

毎日の観察で大事なこと

大事な3つ

①高齢者の病気は症状が出にくく急変することもあるので日常の観察が必要
②顔色や体の向きなど、小さな変化でも見つけたら医師に相談しよう
③日々の変化をチェックするには便の回数など記録する看護ノートが有効

高齢者の病気は症状が表に出にくいうえ、軽いとみくびっていると急変することも少なくないので、日ごろから注意が必要です。予防策として小さな変化を見落とさないことですが、それには本人の状態をよく観察し、「通常の状態」をよく知っておくことです。「具合はどう？」という質問に「足がしびれる」と答えてくれる高齢者なら適切な対応ができますが、うまく症状が伝えられない人も少なくないでしょう。本人が気づかないまま病状が進んでしまうこともあります。

顔色や食事の量、ベッドでの体の向きなど無言の訴えに耳を傾けて、小さな変化でも感じたら医師に相談しましょう。いつもと違う様子のチェックは「直感」も大事ですが、「血圧」「便の回数」「体温」など数値によっての変化の把握も大切です。

左ページはサンプルですが、とくに疾患があり、医師から指示のあった数値はこまめにチェックが必要です。しかし、一般の場合は日々のことなので、体調がすぐれないときに行うなど無理せず、気づいたときに記入しましょう。

健康チェックのポイント

外見	①顔	表情はどうか？　顔色はどうか？
	②肌	むくみはないか？　ツヤはあるか？
	③姿勢	まっすぐを保てるか？　自然に傾かないか？
接して	④ことば、声	明瞭か？　声の張りは？
	⑤動作	手足の動きは自然か？
生活全般	⑥食事	好みの変化は？　量は少なくないか？
	⑦排泄	尿や便の回数、色や量
	⑧リズム	起床や就寝時間、趣味の変化
体調	⑨痰（たん）	量、色、かたさ
	⑩呼吸	数、深さ、リズム
	⑪体調	体温、脈拍、血圧

看護ノート

		例	日(　)	日(　)	日(　)
体温		36.2℃			
脈拍		84			
血圧	最高値	128			
	最低値	72			
尿回数		8回			
便回数		2回			
食事（量）	朝	普通			
	昼	やや少ない			
	夜	普通			
おやつ		やや多い			
飲水		お茶4杯（600cc）			
特記事項		とくに変化はない。昼に出したざるそばを少し残したのが珍しかった。散歩に行ったおかげで、ぐっすり眠れたようだ。			
体重		52kg			

高齢者がかかりやすい感染症に注意する

大事な3つ

①高齢者は感染症を起こしやすく、インフルエンザや食中毒が命とりになる
②とくに病院から自宅に戻った直後は気をつける
③感染予防の基本は本人と家族の両方が励行するこまめな「手洗い」

高齢者は体力が弱く免疫力が低下しているので、インフルエンザや食中毒などの感染症にかかりやすく、かかると治りにくくなっています。しばしば重篤な状態になることがあります。

かかりやすい原因に、視力の低下から衣服の汚れに気づきにくくなることもあります。嗅覚のおとろえから食品の傷みに気づかないことも多いようです。そうした高齢者の機能の低下をよく理解したうえで、感染症の予防を心がけることが大切です。

家族は日ごろから高齢者とともに自分自身も清潔を心がけ、感染予防を実行しましょう。

①**呼吸器**　かぜ、インフルエンザは若いころに比べてかかりやすく、気管支炎から肺炎になりやすい。

②**消化器**　細菌による食中毒は夏場に多いですが、暖房をかける冬も多く発症するので注意しましょう。

③**泌尿器**　膀胱炎《ぼうこうえん》などの原因になる尿路感染に注意しましょう。

④**皮膚**　疥癬《かいせん》はダニが皮膚の角質内に寄生する病気。接触だけでなく寝具や衣類を介して感染するので、日光消毒などをまめに行いましょう。

感染症の予防法

①高齢者の体はいつも清潔に

全身清拭などで全身の清潔を保つ。とくに口腔や陰部はこまめに

②介護者の細菌対策

介護者も手洗いとうがいをまめに行い、調理や食事介助をする前は必ず手洗いを

高齢者の清潔を守り、こまめなうがい!!

介護者はいつも清潔に!!

③管を扱うときの注意

吸引や経管栄養法などに使う管は必ず手を洗って扱い、器具はいつも清潔にしておく

④体調を整えて

体調を崩すと抵抗力が弱まり感染症にかかりやすくなるので、日ごろから十分な栄養と睡眠をとるように促す

⑤早めの対応を

感染症は発見が遅れると深刻な事態になる。体調に変化があったら早めに受診しましょう。また、インフルエンザなどは医師に相談して予防接種を行う

薬の飲ませ方で大事なこと

大事な3つ

①正しい飲み方で副作用を防ぎ、薬の効果をあげる薬の飲み方・管理のしかた
②高齢者は飲む薬の数が多いので、飲み忘れがないように管理する
③説明書をよく読んで、その薬の効能を低下させない保管場所を選ぶ

薬は決められた量や、飲む時間を守り、安全な飲み方を心がけましょう。間違った飲み方は、効果が薄れるだけでなく副作用の心配があります。

認知症などによって本人だけでは正しく服用できない場合は、介護者が管理し服用させましょう。

飲み方のポイントは、服用前後にはたっぷり水を飲ませること。まず水を一口ふくませ、薬を口に入れてから、さらに水をふくませて飲み下してもらいます。飲んだ後でも、50～100cc程度の水を飲ませます。薬が食道に引っかかって潰瘍を起こすこともあるので、十分な水が必要です。

さらに、内服薬は水やぬるま湯で飲むのが基本です。お茶では、薬が茶の成分に吸着されたりして効果が落ちることがあります。

薬の管理のしかたで大事なことは、説明書をよく読むこと。効果・効能のほか副作用も読んで服用させます。説明書にはこのほか、保管のしかたなども記されているので、守りましょう。箱や袋を使って朝・昼・晩に飲む分を小分けにして管理すると、飲み忘れを防げます。

薬の飲ませ方

薬の管理のしかた

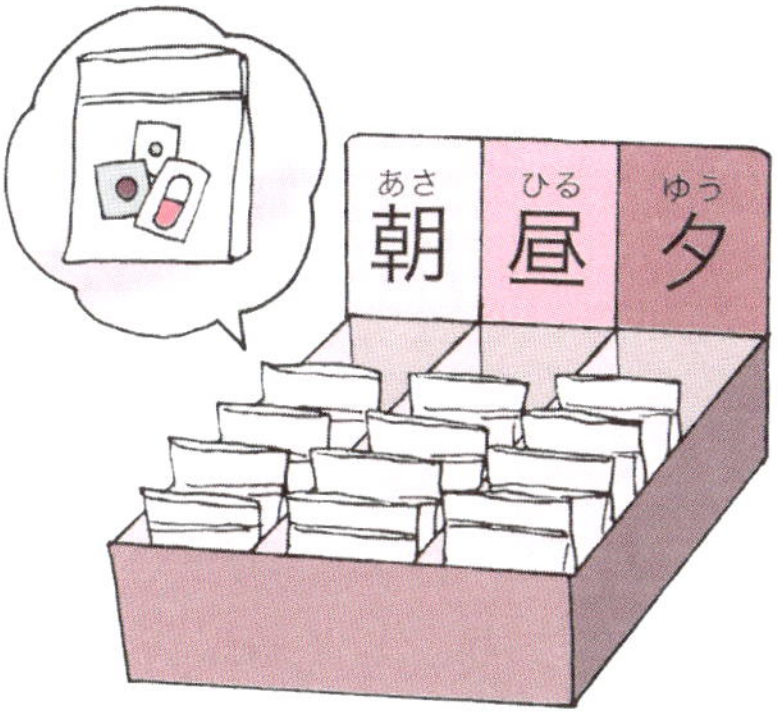

①朝、昼、夕ごとに分けて保管

箱かケースに、1日に飲む薬を分けて保管しておくと飲み忘れ防止になる。プラスチックフィルムのまま1個ずつ切り取って分けておくと、認知症の人はフィルムごと飲んでしまうこともあるので、注意する

②薬局で分包してもらう

薬局に頼み、処方の薬を1回ずつの袋に分包してもらうと便利。医師の了解も必要で有料だが、飲み忘れや飲み間違いを防ぐのに役立つ

③保管の場所に気をつける

直射日光の当たる場所、湿気の多い場所は避ける。水薬、目薬、座薬などは冷蔵庫に保管するものもあるので、まず最初に説明書をよく読んでおく

薬の飲み方

①飲ませるときの姿勢

薬がのどにつまらないためには、たとえ寝たきりの場合でも、飲むときになるべく上体を起こしてもらう

②飲みやすい工夫を

嚥下障害などによって薬が飲みにくい場合は、医師に相談して剤型を変えてもらったり増粘剤を使って飲みやすくしてもらう

③常温の水かぬるま湯で

お茶や炭酸飲料などで薬を飲むと、効果・効能が落ちることがあるので、常温かぬるま湯で飲む

部屋の気温・湿度に注意する

大事な3つ

①部屋にいることの多い高齢者は、室内の温度・湿度に注意を払う
②夏は熱中症予防のためにエアコンを活用するが冷やしすぎに注意する
③暖房を入れたら乾燥に気をつけ、換気を忘れないこと

高齢者は体温調節の機能が低下しているので、部屋の温度には気をつけましょう。冷やしすぎ、暖めすぎに注意し、高齢者にとって過ごしやすい温度に保ちましょう。夏は23～27℃前後、冬は18～22℃くらいがめやすです。同じ家の中でも、場所によって温度変化が激しいと、部屋を行き来するたびに血圧や脈拍数が上下し、体の負担になります。高血圧や慢性疾患を抱える高齢者は要注意。いちばん長く時間を過ごす居間や寝室と、廊下や他の部屋との温度差が5℃以上にならないように気をつけましょう。温度計を目につくところへ設置して温度の変化に気を配ったり、トイレや脱衣場にエアコンを設置するなどの工夫を。また部屋を閉め切ったままでいるより、換気に気をつけ、ときどき窓を開けて風通しをよくしましょう。

さらに、高齢者は皮膚が乾燥し、加齢によってウィルスや細菌への抵抗力も弱っています。乾燥する季節には加湿器を使ってもいいでしょう。湿度は60％くらいがめやすです。インフルエンザが流行するときは気をつけたいものです。

冷房・暖房の注意点

エアコンの冷やしすぎに注意!!

夏

高齢者は体温調節の機能が衰えるので、汗を出して体温を下げることができず、高熱が出たり熱中症になりやすいのです。真夏時には無理させず冷房を入れましょう。水分補給も忘れずに。とくに最近は暑い夏が多く熱中症による死亡事故が多いので、高齢者の部屋は注意が必要です。

ただ冷やしすぎは、体調不良の原因になることもあるので厳禁です。冷たい空気は下にたまるので、高齢者が寝ているとき、寝たきりの場合はクーラーを弱めにしてください。

冬

加湿器

暖房は乾燥に注意!!

冬には、着替えや清拭をするときの室温に気を配る必要があります。介護者が少し暑いと感じるくらいが、高齢者にとっての適温です。

暖房は、空気を汚さない電気製品がよいでしょう。暖房時には乾燥しやすいので、加湿器や濡れタオルを用意すること。換気するのは、1時間に1回、1分間程度。ガスや石油ストーブ使用の場合は30分に1回の換気が必要です。

十分な睡眠で元気を維持する

大事な3つ

①不眠で悩む高齢者が多いが、一時的なら神経質にならないようにする
②ぐっすり眠れる環境を整え、不眠への不安を解消しよう
③不眠が続くようなら、心身の病気の可能性もあるので医師に相談する

睡眠時間が短くて眠りも浅く、ぐっすり眠った気がしないと悩む高齢者は多くいます。加齢とともに眠りは浅くなり、睡眠時間も減るものです。なかなか寝つけない。眠っても夜中に起きたり、早朝に目が覚めてしまう。寝つけないと、そのことが気になりよけいに眠れない、という不眠のスパイラルに陥りがちです。不眠の対策の第一は、「不眠を大げさに考えない」ことです。眠れないと体に悪いと思い込みますが、熟睡できなくても異常ではありません。

次に環境を調べ、眠れないわけを調べてみることも大切です。不眠の原因は、騒音や室温、寝具との相性といった「**睡眠環境**」、活発な生活したかどうかで決まる「**昼間の活動量**」、お茶や入浴などが不眠につながる「**就寝前の習慣**」などが大きく影響します。これらの原因を取り除けば、快適な睡眠がとりやすくなります。ただし、不眠が3週間以上続くようなら、病気の可能性もあります。器質性精神障害、睡眠時無呼吸症候群、高血圧、心臓病、肺・腎臓の病気、糖尿病、うつ病なども不眠の原因となります。気になる場合は専門医に相談してみましょう。

試したい10の不眠防止策

①昼寝のしすぎに注意

昼寝のしすぎは寝つきを悪くする原因になる。午後3時以降は昼寝をがまんしてもらい、散歩に行くなど気分転換させてみる

②適度な運動

体が適度に疲れていると、寝つきもよくなる。散歩や買い物など外出を促し、できる範囲で体を動かすようにする

③寝室を適温に

睡眠のための適温は20度前後、湿度は40～70%くらい。冬や夏にはエアコンを利用し、快適な環境に近づける

④寝室を適度な暗さと静けさに

寝室は照明を少し暗めにし、眠るときは真っ暗より少し明るい程度の光を。外からの音をさえぎるよう、防音にも気を配る

⑤寝具への配慮

ベッドやマットレスは、本人に合った快適な硬さがある。柔らかすぎず硬すぎず、適度な硬さのものが快眠のためによい

⑥お茶などはほどほどに

お茶などに含まれるカフェインには覚醒効果と利尿作用がある。寝る前に飲むと寝つけないだけでなく、夜中に尿意を催しやすい

⑦昼間、日光を浴びる

昼間、外出して日光を浴びさせると、メラトニンが多く分泌され、眠りにつきやすくなる

⑧入浴も効果的

体温はいったん上がって下がりだすころにいちばん眠くなる。寝る2時間ほど前にぬるめの湯でゆっくり入浴し、体を温めておく

⑨精神的な安定

悲しい出来事や環境の変化など心配事があるなら、ゆっくり話を聞いてあげる。心が安定すると、不眠が解消することがある

⑩早くベッドに入らない

まだ眠くないのにベッドに入り無理に眠ろうとすると、かえって目が冴えて眠れないもの。夜はゆっくりテレビや読書を楽しみ、いよいよ眠くなってからベッドに入るようにする

寝たきりを防ぐ転倒防止策のいろいろ

大事な3つ

①転倒による骨折が原因で、寝たきりになることが多い
②安全に暮らすため、転倒事故が起きにくい住宅環境を整えることが大事
③介護保険を利用できれば、「住宅改修費用」の援助を受けることができる

筋力やバランス能力が落ちた高齢者にとって、家の中も安全な場所とはいえません。部屋と部屋の敷居のほんのわずかな段差にも危険がひそんでいます。骨が弱くなっている高齢者がつまずくと転倒、そして骨折することも多く、それからは骨折するのが怖くて外出しなくなります。そのまま衰弱し、寝たきりになるという最悪のケースも少なくないのです。介護が必要になる原因（11ページ参照）でも、転倒・骨折が第４位に入っています。

転倒を防ぐには、まず家の中から安全対策を考えましょう。転倒防止の３大対策は「**段差解消**」「**手すり設置**」「**すべり止め対策**」です。このほか「**引き戸ドアへの改修**」「**照明対策**」も必要です。

家の中の場所でいえば「浴室」と「トイレ」が要注意です。浴室は裸になる場所で無防備、すべりやすく水難事故の危険もあります。トイレは立ち座りがあり、足腰への負担が大きい場所です。和式から洋式トイレへのリフォームも検討しましょう。

これらの住宅改修で、介護保険の認定者であれば20万円まで１～３割の自己負担で利用できます。

転倒防止策のいろいろ

①段差解消

玄関の上がりかまちなどの大きな段差には、腰を下ろせるような台を置く。手すりをつければさらに安心。和室の敷居などには、段差解消用の板を置くことができる

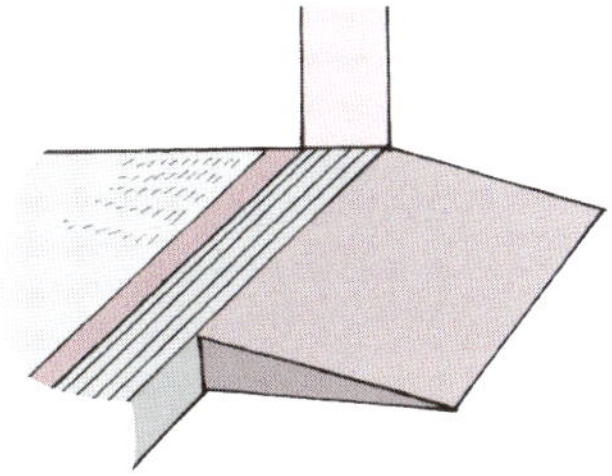

②手すり設置

浴室、トイレ、玄関などバランスをくずしやすい場所、階段など上り下りする必要のある場所、また廊下などに設置。手すりの向きや高さは本人の身長や用途によって選ぶ

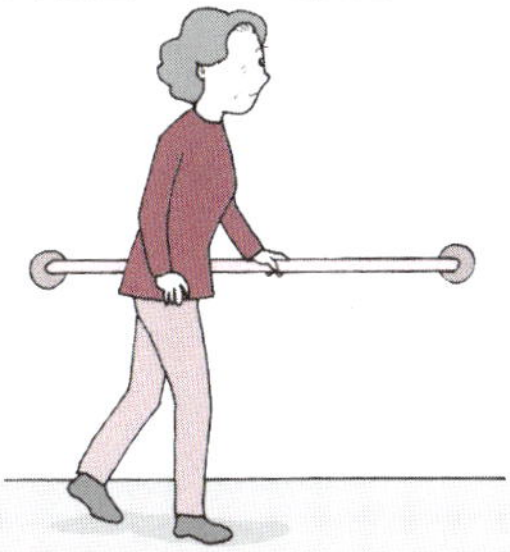

③すべり止め

階段にはすべり止めのテープを貼るか、毛の短いカーペットを敷く。浴室や浴槽の中、カーペットの下にもすべり止めマットやテープを貼っておけば、より安心

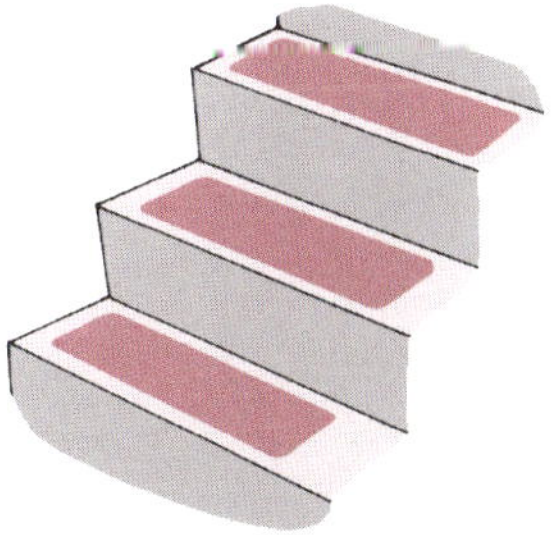

④ドアを引き戸に

開き戸は開け閉めの際、体を前後に動かすためバランスをくずしやすく、転倒しやすい。よく使う部屋や浴室、トイレのドアは、できれば引き戸に換えたほうが安全

⑤照明

玄関や階段には、明るい照明が必要。特に足元が暗いと転倒する恐れがあるので、フットライトを設置する

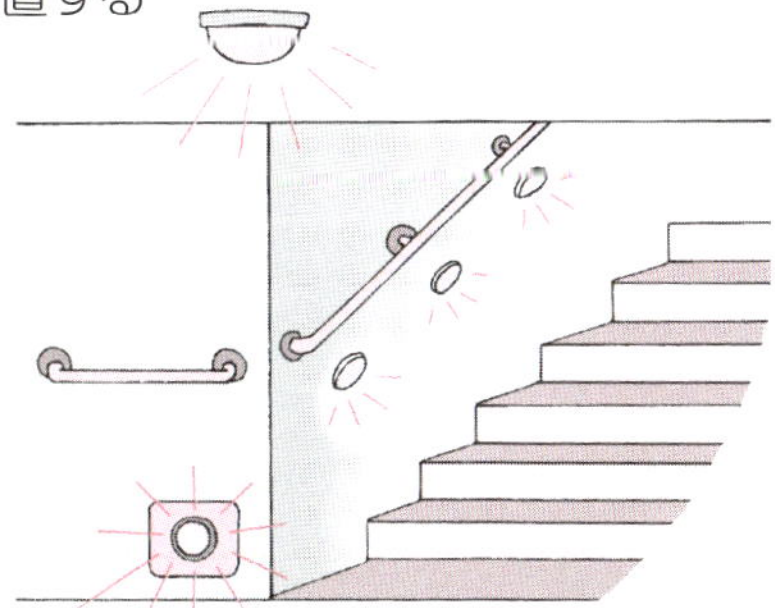

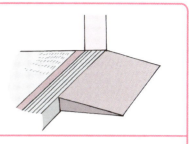

介護保険給付対象となる住宅改修

改修の内容	内容
①手すりの設置	廊下、トイレ、浴室、玄関などに、転倒防止や移動、車いすなどへの移乗を助けることを目的に設置するもの
②段差の解消	敷居を低くする工事、スロープの設置、浴室の床のかさ上げなどの工事
③すべり止めなどを目的にした床材の変更	敷居から板製床材、ビニール系床材などへの変更、階段のすべり止め加工、浴室のすべりにくい床材への改修など
④引き戸などへの扉の取り替え	開き戸を引き戸や折れ戸などに取り替えて出入りをしやすくする。扉全体やドアノブの変更など
⑤洋式便座などへの便器の取り替え	和式便器から洋式便器への取り替えなど
⑥①〜⑤の改修にともなう工事	上記の工事

介護認定から保険金給付まで

①介護認定 ⇐ ②ケアマネジャーへの相談 ⇐ ③現場の調査 ⇐ ④見積書・工事図面の確認 ⇐ ⑤契約 ⇐ ⑥住宅改修の事前申請（ケアマネジャーが行う） ⇐ ⑦住宅改修の決定通知 ⇐ ⑧工事の実施 ⇐ ⑨利用者から業者へ全額支払い ⇐ ⑩保険金の給付申請 ⇐ ⑪保険金の振り込み

※工事費（20万円まで）の7〜9割が給付される

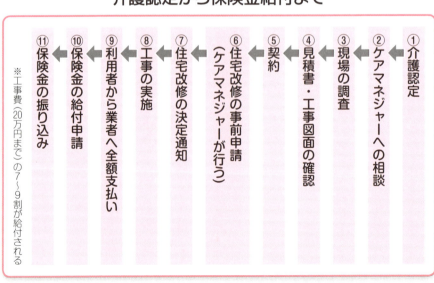

第2章

食事の介助

食事の工夫

食事をおいしく食べてもらう工夫

高齢になると基礎代謝量も減り、胃や腸の働きも悪くなります。また運動不足になるせいで、食欲も落ちて栄養のバランスも崩れるので、どうしても低栄養になりがちです。意識して魚や肉、乳製品、大豆などの良質なたんぱく質、緑黄色野菜や海草などのビタミン・ミネラル類を多くとってもらう工夫をしましょう。といって、栄養を補いさえすればいいというものではありません。おいしく食事してもらうことが大切。生きる意欲にも大きく関わります。

1 おいしく食べてもらう工夫

家族と別に1人で食事をするのは味気ないものです。やむを得ずベッドで食事する場合を除き、できるだけ家族といっしょに食卓を囲む機会を増やしましょう。

献立も家族と同じものが望ましいでしょう。ただ、固いものが食べられない場合は、細かく切る、柔らかく煮るなど食べやすくする配慮をしましょう。ミキサーにかける場合は、家族と同じ状態で皿に盛ってから目の前でつぶすと気になりません。必要以上につぶすと、鳥のえさのようで見た目も悪く食欲をなくします。噛む力も衰えるので注意しましょう。

ナプキンや花をきれいに飾って楽しい雰囲気を演出するのも、食欲増進の助けになるでしょう。

2 献立や味つけの工夫

高齢者は味覚が鈍くなっているので、味が濃いめでないとおいしく感じない傾向にあります。

糖尿病や高血圧など特別の場合を除き、本人がおいしいと感じる味つけにして、食べたいだけ食べてもらうほうがいい場合もあります。塩分を控えなければいけない場合は、お酢やスパイス、レモンなどの香り、酸味を利用して、味に変化をつけてみましょう。

また塩や砂糖の1日の分量を考え煮物は濃く、味噌汁はだしをしっかりとって味を薄めにするなど、メリハリをつければ、満足のいく食事ができます。

また、献立は季節感を大切にすると喜ばれます。春は山菜やたけのこ、秋はきのこ、といった旬の食材を使うと、食べる喜びが感じられ、その喜びが生きる意欲につながります。

3 食事の宅配を上手に利用する

高齢者のためのお惣菜やお弁当サービスが増えています。栄養バランスも考えられて便利なので、食事の支度が大変なときは、上手に利用してみるのもいいでしょう。食事に変化がついて楽しめます。

低栄養

高齢者に危険な「低栄養」の予防

年をとると「**低栄養**」になりやすいのは、買い物や調理の手間を省くために簡単な料理で済ませたり、食事を抜いたりするなど、不活発な生活が続くことにあります。

不活発な生活が低栄養を招き、低栄養が不活発な生活の原因になることが多いのです。食事の世話をしている介護者であれば、栄養にかたよりがないか気にすることが大事です。同居家族でない場合は、もし顔色などが優れないようなら低栄養を疑い生活全般を見直しましょう。

1 低栄養を疑う

見慣れている要介護者でも、あらためて見ると、ふだんとは違う顔色に気づくものです。次のような状態だったら、低栄養が疑われます。

①皮膚はどうか?

シワ・乾燥肌・点状出血・色素低下・ツヤ不足

②髪の毛はどうか?

ツヤ不足・乾燥

③目はどうか?

結膜・眼球乾燥・白い部分のにごり

④口・歯肉はどうか?

出血・炎症・舌炎

こうした症状が見られたら、かかりつけ医に相談しましょう。

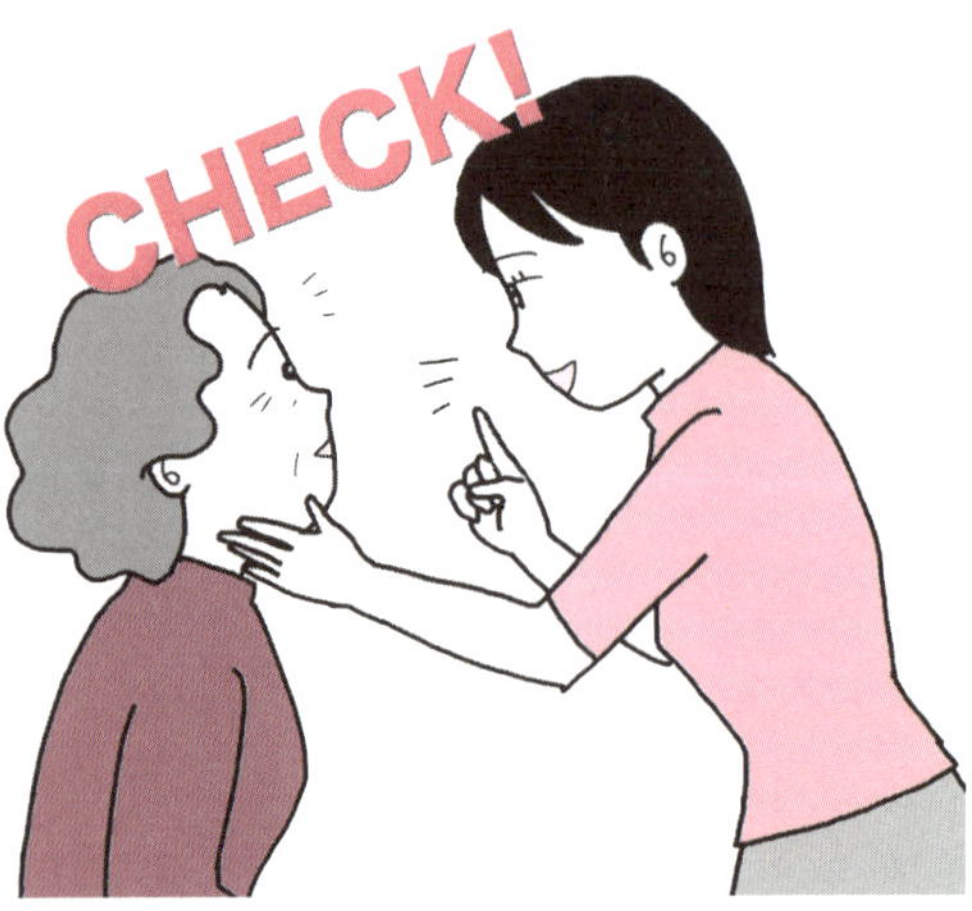

2 低栄養の予防と改善

歯が悪くなったり、水分の不足から摂食《せっしょく》・嚥下《えんげ》機能が低下し、「食べたくても食べられない」要介護者も少なくありません。まず歯や義歯の具合を見てきちんと咀嚼《そしゃく》することができているか、同時に飲み込みがうまくできているかをチェックし、できていなければ、「食べやすくなる」ように工夫をしましょう。

①食べやすくする

固いものやパサパサしたものが食べられないようなら、軟らかくしたり、とろみをつけたりして食べやすくします。

②主食・主菜・副菜を揃える

主食は主に炭水化物を補給するごはんやパンなどの穀類。主菜はたんぱく質や油脂源となる魚、肉、卵、大豆など。副菜はビタミンやミネラルを含んだ野菜や海草など。これらの栄養素をバランスよく配した食事を提供します。

③食事にこだわらない

朝・昼・夜、1日3回決まった時間に食事をとることは生活のリズムを守ることで大事です。しかし、食べたくない時間に無理に食べさせようとすると、食事の時間がつらくなってしまうこともあります。おやつを利用したりして、少しずつ何度でも食べてもらっても問題ありません。

脱水

高齢者に危険な「脱水」の予防

低栄養と同時に心配されるのが、水分不足による「**脱水**」です。脱水状態も低栄養と同様に、高齢者自身では気がつかないことが多く、知らない間に危険な状態になっていることも少なくありません。

家族は本人の顔色などをチェックし、水分補給を気にかけましょう。脱水は血液を濃くし血管を詰まらせ、脳梗塞や心筋梗塞などを引き起こします。

また、脱水により認知症の問題行動が起きることもあります。

1 高齢者の脱水の原因

人体は体重の60％以上が水分ですが、そのうち15％程度減少すると「脱水状態」となり、さまざまな病気を引き起こします。

とくに高齢者は水分貯留量が体重の50％程度と若い人より10％も少ないので脱水になりやすいのです。脱水状態になると、血液が濃くなり脳梗塞や心筋梗塞など重篤な疾患を誘発します。また、高齢者が脱水になりやすいのは、渇きを感じる神経の働きが鈍くなっていることもあげられます。

ほかにも「食欲不振」「嚥《えん》下《げ》障害」などで水分が十分に補給できないケースや、「糖尿病の悪化などによる尿量の増加」「発汗」「発熱」など水分が体外出ていく場合もあります。

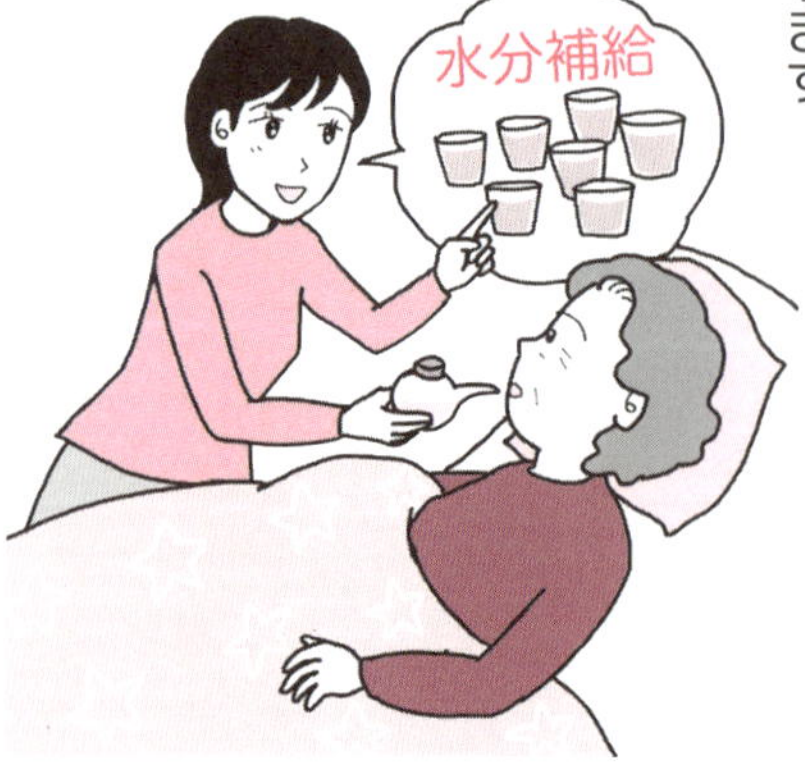

2 脱水の予防と改善

脱水の予防の第一は、脱水状態にあるかどうかのチェックです。

①食欲がない
②口の周りが乾いている
③皮膚が乾燥している
④ぼんやりしている
⑤認知症の問題行動が見られる
⑥尿量が少ない

このような状態が見られたら脱水を疑いましょう。

脱水予防の具体的な方法は、食事のあと必ず水分をとること。心臓病や腎臓病などによる飲水量の制限がない限り、1日1・2ℓ（食事を含めと2・5ℓ）の水分補給が必要です。食事時間以外でも、気になったら「のどの渇き」を確認し、渇いているようならお茶などを補給しましょう。

●脱水が原因となる病気

脱水状態
①血液が濃くなり
血管が詰まる
脳梗塞
心筋梗塞
②尿量が減る
腎機能障害
③日常の危険
ショック状態
意識障害
血圧低下

誤嚥

高齢者に危険な「誤嚥」の予防

あたりまえのように摂っている食事ですが、老化や脳血管疾患、認知症などによって食べ物がうまく飲み込めなくなることがあります。「**嚥下《えんげ》障害**」といわれる障害です。嚥下障害になると、食べ物や水、唾液が口から食道に行かず、気管に入ってしまう「**誤嚥《ごえん》**」という事態を招き、「**誤嚥性肺炎**」といった重篤な病気を引き起こす危険があります。嚥下障害の症状が見られたら、食事の介助や料理の形状などに工夫が必要になります。

1 高齢者に危険な誤嚥

飲み込みがうまくできない「嚥下障害」に気づかずにいると、食べ物が気管に入り細菌を増やして肺炎を起こす「誤嚥性肺炎」を起こす危険があります。

全死亡原因で「肺炎」は、「1位＝悪性新生物（がん）」、「2位＝心疾患」に次ぐ第3位（平成28年人口動態統計）。50～70代は脳血管疾患が3位ですが、80代から肺炎が3位に入ってきて、その多くが、誤嚥性肺炎と考えられます。

誤嚥性肺炎の代表的な症状と原因を見ると、

①飲み込むとき、食物などが気管に入ってしまう。

②睡眠中に口腔内の唾液《だえき》や、逆流した胃液などを知らずに気管に吸い込んでしまう。

③嘔吐したときに吐瀉物《としゃぶつ》を気管に吸い込んでしまう。

といった状態が代表例です。

こうした誤嚥を防ぐには、日ごろから食べ方や飲み方のチェックをしたうえで、食べやすい食事を提供する工夫が必要です。食べやすい大きさや硬さ、さらに食べる姿勢などを考慮して食事の介護をしましょう。

2 嚥下障害のチェック

誤嚥の原因となる嚥下障害をチェックするには、要介護者をよく観察することが大切です。食べ物や飲み物を飲み下すのが苦しそうかどうか、顔色などを観察したり、食欲の有無をチェックしましょう。次の10のポイントを参考に早期発見、早期対処を心がけましょう。

●嚥下障害のチェック表

①食事や薬が飲み込みにくそう	
②食事のときにむせたり、咳をしたりする	
③入れ歯が合わない。歯がない	
④よく唾液がこぼれる	
⑤よく口が渇いている	
⑥痰がよくからむようすだ	
⑦飲み込んだあと、声が変わったり、ごろごろした声を出す	
⑧胸焼けやすっぱい液がこみ上げると訴える	
⑨食欲がない	
⑩体重が減った	

※東葛病院「問診表」を参考に作成

これらの項目を参考に、複数の症状や1つでも強い症状が見られたら医師に相談しましょう。

3 嚥下障害の原因と摂食・嚥下のしくみ

●「食べる」メカニズムを知ろう

では、嚥下障害の原因を探る前に、そもそも食べる行為とは、どんなメカニズムで行われるのでしょうか?

固形物を食べる場合、食物を口の中で噛み砕き唾液によって湿り気を与え、飲み込みやすい大きさの「食《しょっ》塊《かい》」にしてのどの奥へ送り込みます。

このとき、無意識のうちに「喉頭《こうとう》」（のどぼとけのあたり）が上前方に上がります。この運動によって、「喉頭《こうとう》蓋《がい》」が下がり食道の前側にある「気管」の入り口をふさぎ、食物を食道へと進ませます。

健康な人が無意識のうちに、これらの動きができるのは、「嚥下反射」という機能が正常に働くからです。

食物がのどの奥にある部分（嚥下反射誘発部位）を通過すると、反射的に喉頭蓋が下がり気管をふさぎます。

嚥下障害のある人の多くは、この嚥下反射の機能が低下しているため、食物が奥に達しても、喉頭蓋が下がらなかったり、下がっても間に合わなかったりして、食物が気管に入ってしまいます。

また、噛む機能が低下していたり、唾液の分泌が悪く食物を「食塊」にできない場合も、嚥下がうまくできない原因になります。

●とろみをつけた食事が食べやすく安全

では、嚥下がうまくできないような高齢者には、どんな食事が安全で食べやすいのでしょう? まず固い食物は噛み砕きにくいので食べやすくありません。また、パサパサした食物は食塊にする際、多くの唾液が必要になるので食べにくい。

唾液が少なくてもひと塊になりやすく、のどの奥までゆっくり進み、嚥下反射が鈍くても気管に入らない食物が食べやすくが安全です。ひと塊になりやすい「とろみをつけた食物」が食べやすく、飲み込みやすい食事です。

また、食物以上に誤嚥を起こしやすいのが「水」です。サラサラした水はのどの奥まで速く進み、嚥下反射に間に合わず、気管に流れる可能性が高いのです。この水にもとろみをつければ、のどの奥にゆっくり進ませることができるので嚥下反射による気管閉鎖にも十分間に合います。

●嚥下のしくみ

①準備期

嚥下障害に注意

➡食物をそしゃくできない人
➡唾液が少ない人

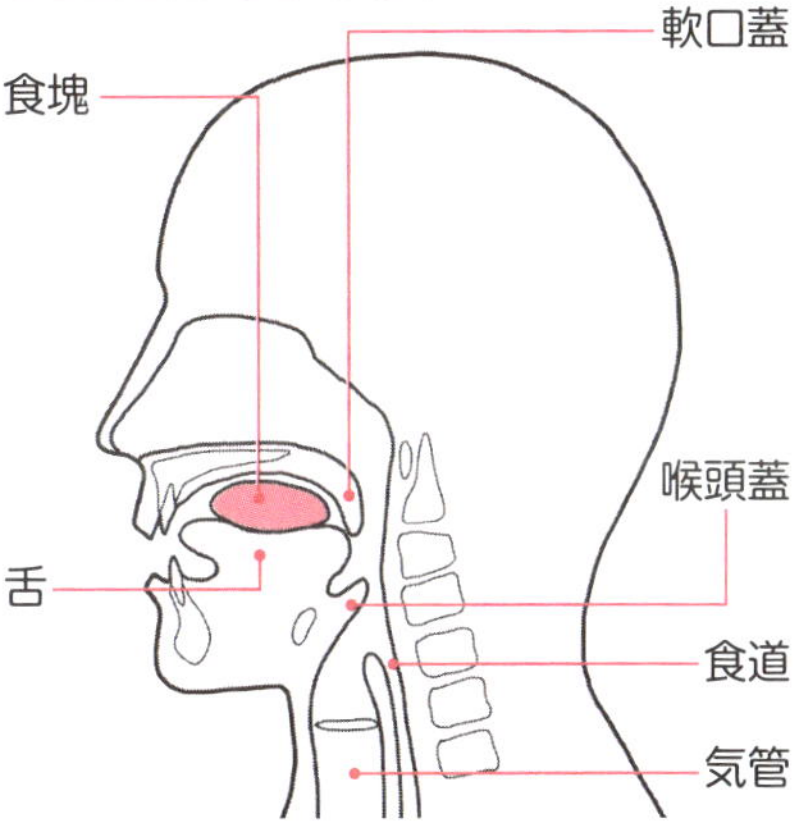

口腔内で食物をそしゃくして唾液と混ぜ合わせて食塊にする

②口腔期

嚥下障害に注意

➡舌など口腔内の筋力が低下した人

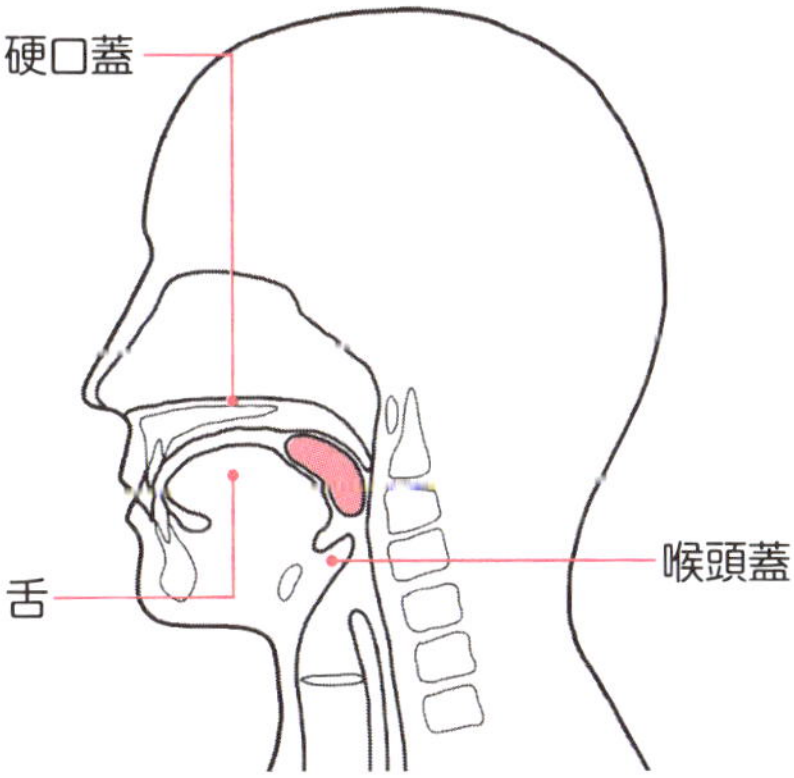

舌が前から後ろに向かって上あご（硬口蓋）におしあてていき、食物を奥へと送り込む

③咽頭《いんとう》期

嚥下障害に注意

➡嚥下反射が正常にできない人

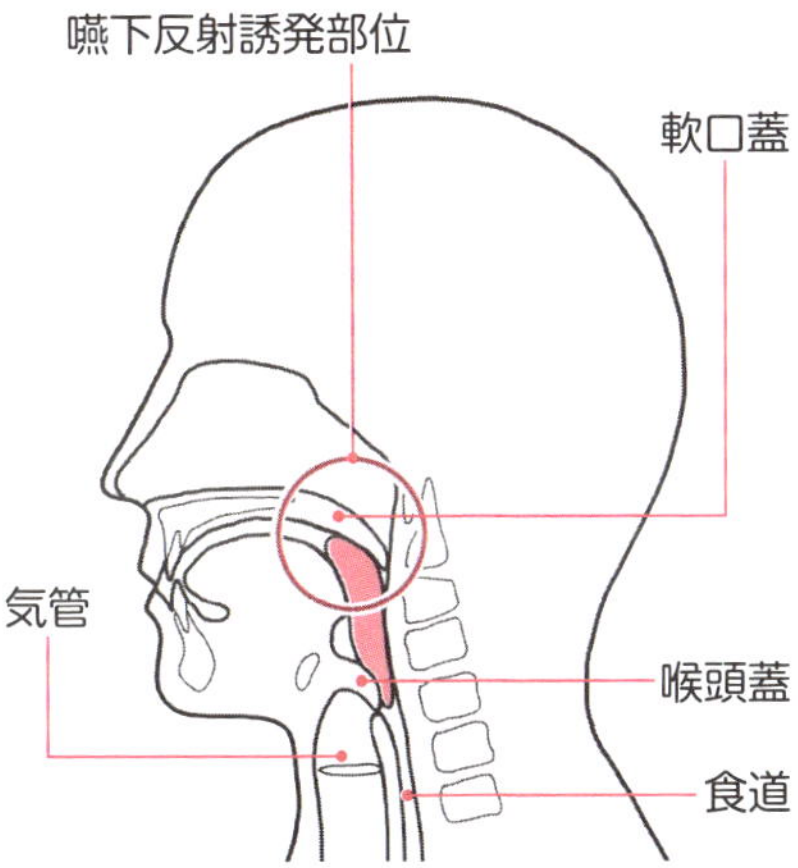

食物がのどの奥の嚥下反射誘発部位に送り込まれると、喉頭蓋が下がり気管の入り口をふさぐ。食物は食道に進むが、嚥下反射が正常に作用しないと気管に入る誤嚥を起こす

④食道期

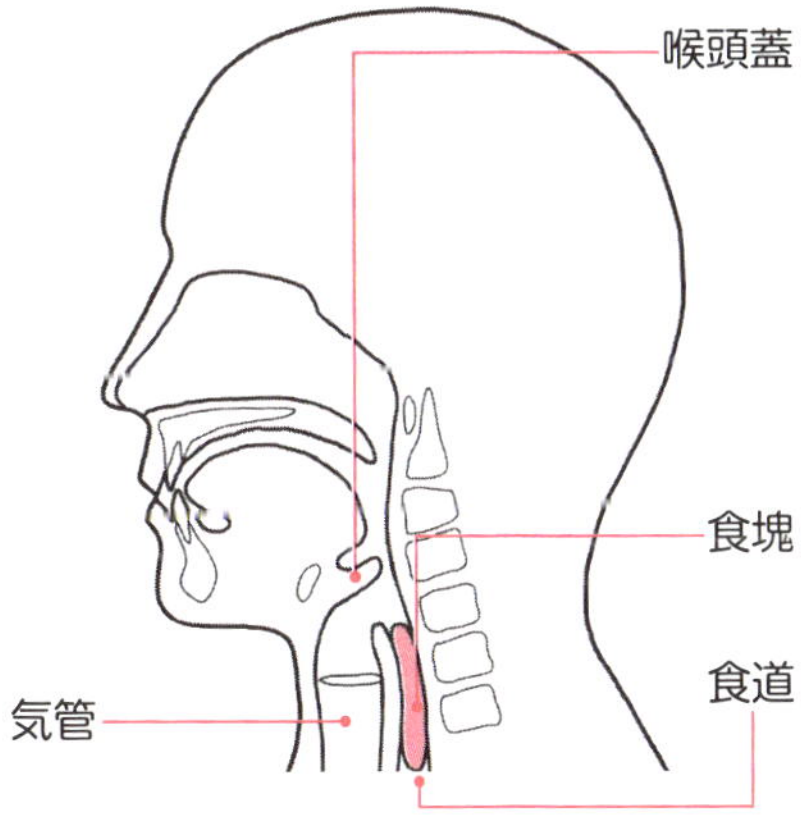

食物が食道の中に入ると、蠕動運動《ぜんどううんどう》によって胃に運ばれる

誤嚥

誤嚥を防ぐ食べ方

誤嚥の原因はさまざまですが、嚥下に障害がない人でも、目覚めたばかりのときは、嚥下反射の働きは十分ではありません。誤嚥しやすいので、しっかり目覚めているか確認してから食事を出しましょう。そのうえで、次の3つの点に注意しましょう。

①食物の固さや大きさ、形状など嚥下能力にあった食事を出す
②飲み込める能力を考え、口に入れる一口の量を工夫する
③誤嚥が起きにくい姿勢

1 嚥下能力にあった形態

嚥下障害のある人には、噛みやすい食事、飲み込みやすい食事など、嚥下能力にあった安全な形態の食事をとってもらうことが大事です。ただし、機能低下が見られる部位やレベルは一様ではありません。「噛む力が弱い」「嚥下反射が低下している」「飲み込む力が弱い」など弱い部分やレベル（やや弱い、大いに弱い）によって適切な食事の形態が違います。

2 一口の量

・右から嚥下障害が重い人が使うスプーン

飲み込める能力以上の大きさのスプーンを使うと、誤嚥を起こす可能性があります。一口の量は3～8グラムくらいで平らに近いスプーンを使うと量を少なくすることができます。

3 食事のときの姿勢

誤嚥を防ぐ食事の姿勢は、健康な人が食べやすい姿勢と同じです。食べ物のほうを向き、背筋を伸ばしやや前かがみの姿勢であごを少し引いて食べます。

○

誤嚥を防ぐ姿勢

背筋を伸ばし、あごを軽く引くと嚥下の機能が正常に働きやすい

×

極端に前かがみの姿勢

背を丸め前かがみになると気管に食物が入りやすくなる

×

ずり落ちそうな姿勢

ずり落ちるのを防ごうとして緊張するため嚥下しにくい

食事介助を行う

認知症などによって嚥下機能が低下している人の食事介助は、食事に意識を向けるようにいつも働きかけることが大事です。楽しく食事をしてもらうために、献立を説明すると同時に、次は何をたべたいか、確認しながら介助すると意識が食事から離れず、飲み込みがスムーズにできます。

ただし、飲み込もうとしているときに声をかけると嚥下の妨げになるので注意しましょう。水分補給は重要なので、食事の前にお茶を出す習慣をつけましょう。

1 食事の準備

食事を楽しくとってもらうためにはリラックスした雰囲気をつくることと、食事に集中できる環境を整えることです。そのためには次の準備が必要です。

①テレビを消す。好みによってリラックスできる音楽を流す。
②排泄は済ませておく。
③手を洗う。またはぬれたタオルで手を拭く。
④食べやすく安全な姿勢を確保する。

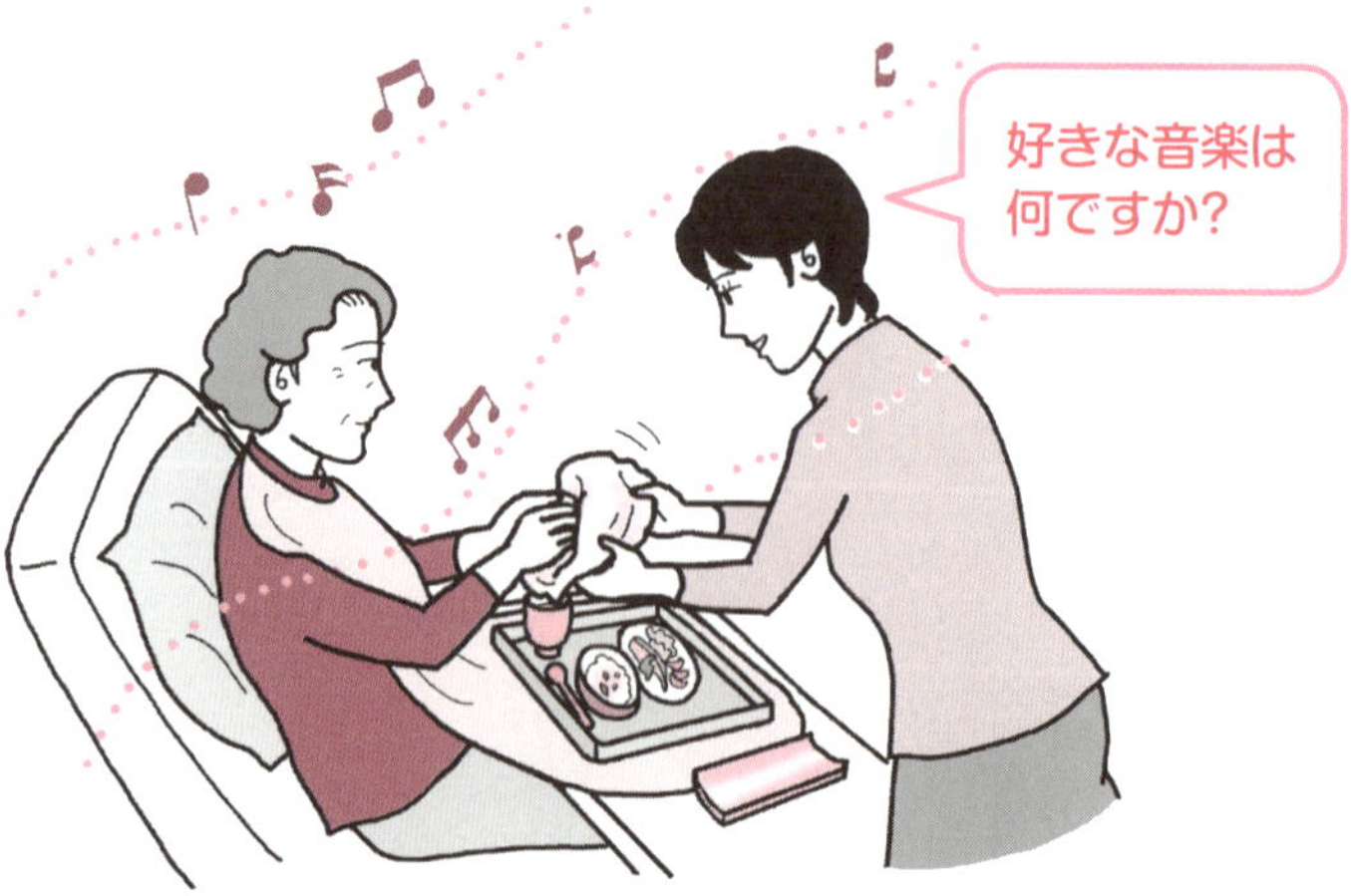

2 テーブルで食事をする

座位が保てるようならベッドから離れて、食卓で食事をとるほうがリハビリに役立ちます。脱水を起こしやすい高齢者の場合、水分補給が重要なので食事の前にお茶を飲む習慣をつけるようにします。嚥下障害のある人には、とろみのついたお茶を出します。

①エプロンをかける

エプロンをかけ、テーブルに広げてその上に配膳する。

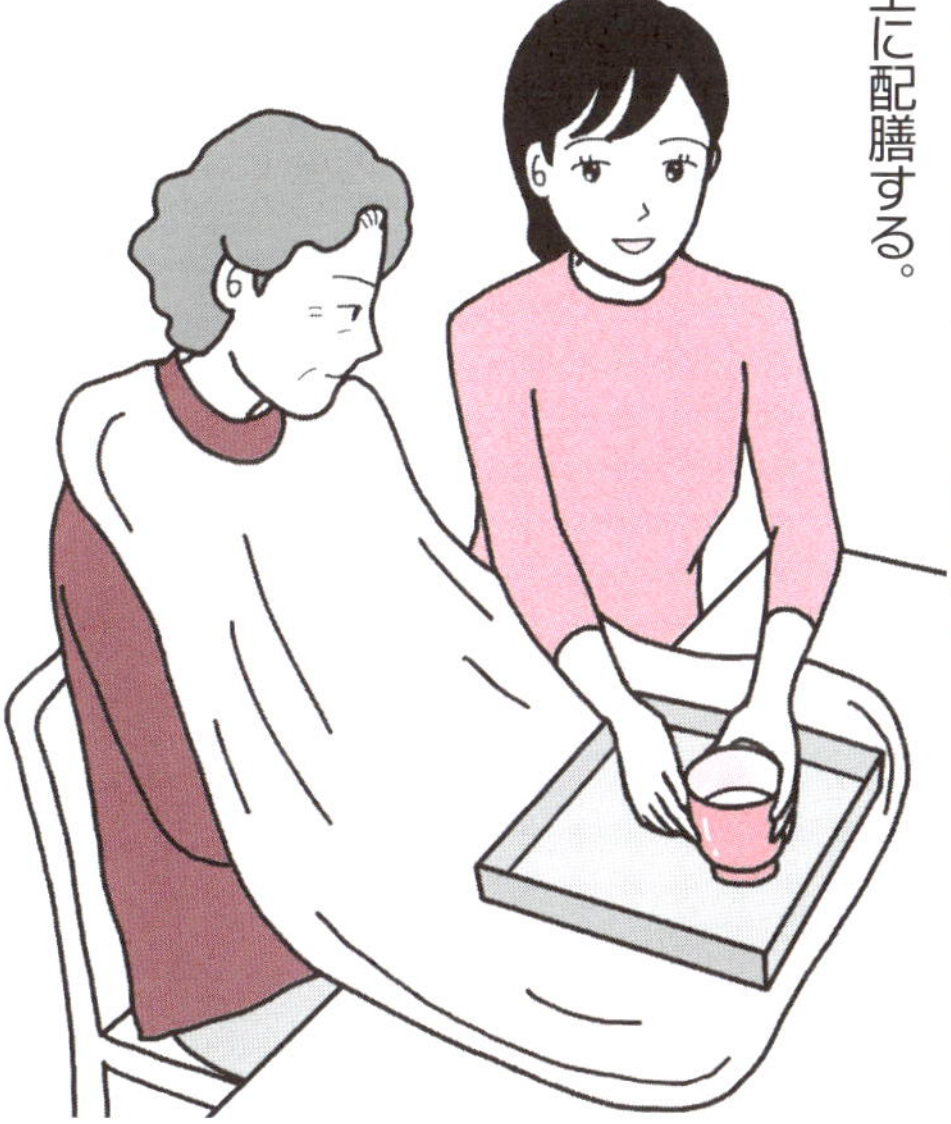

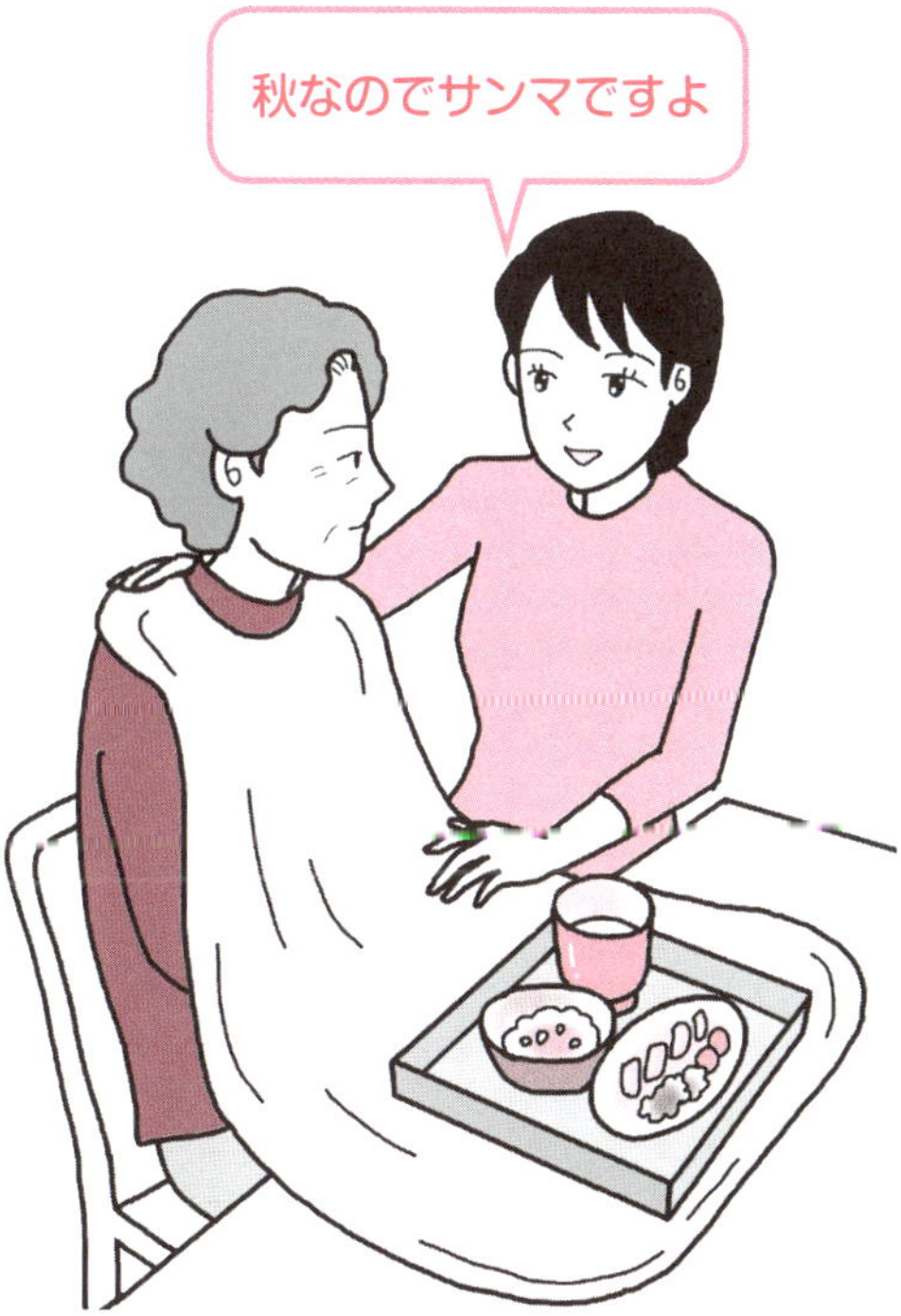

②お茶を出す

食事の前にお茶を飲む習慣をつけるとよい。

③食事の説明をする

食欲を促すためにどんな料理かと説明する。とくにミキサー食のように形が残っていない献立は、説明が必要。

◆食事の声かけの例

・おいしそうですね
・冬のかぼちゃはおいしそうですね
・どの料理から食べますか?
・この緑色のペーストは枝豆ですよ

④本人と同じ高さで行う

介護者は本人と同じ高さで介助する。片マヒの人の介助は、マヒのない側に座る。箸やスプーンが歯や歯ぐきにあたらないように注意する。

⑤汁物から順番に

好みがある場合は聞きながら、基本は汁物から出し、主食・副食を交互に介助する。

⑥嚥下障害のある場合

本人のペースに合わせて1回の量を決めて誤嚥のないように気をつける。1回ごとに飲み込んでいることを確認してから、次の分を口に運ぶ。

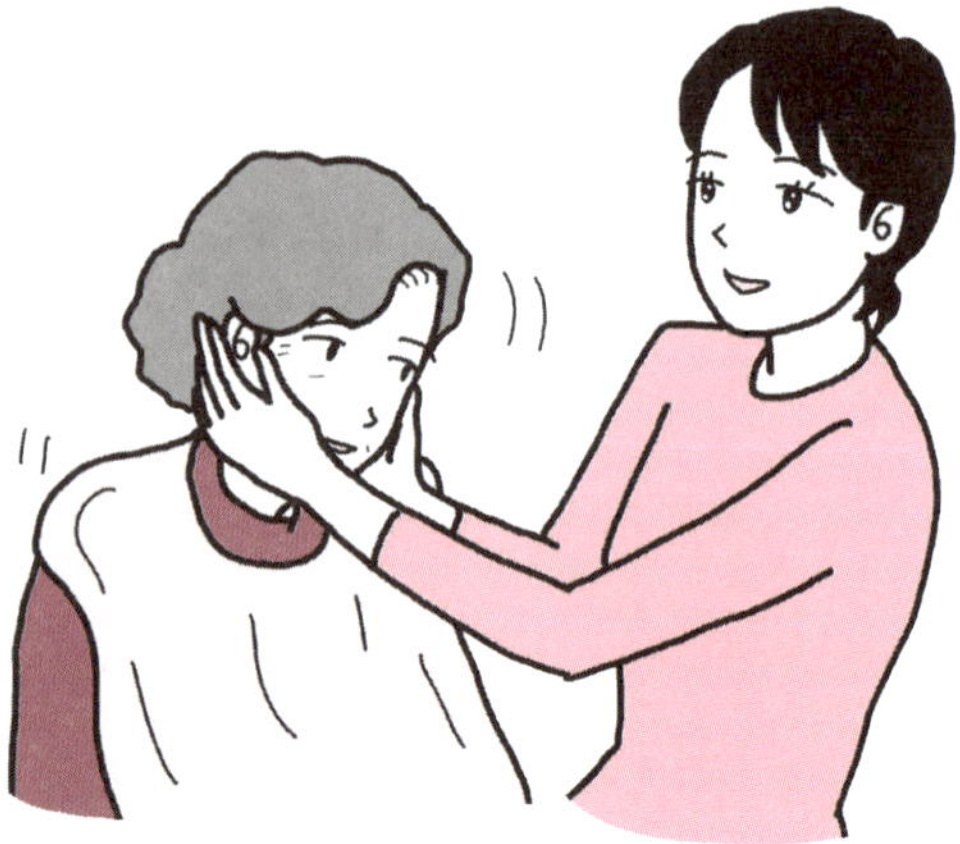

⑦片マヒのある場合

マヒのある側の口腔に食べ物を入れるとそしゃくできないことがあるので、その場合はマヒのない側から食事を入れる。食べかすが口腔内にたまるようなら、ときどき首を傾ける。

3 ベッドで食事介助をする

自力で座れない場合は、ベッドの背を上げたり、リクライニング車いすを利用して食事介助を行います。本人と同じ目の高さで行うのがポイントです。

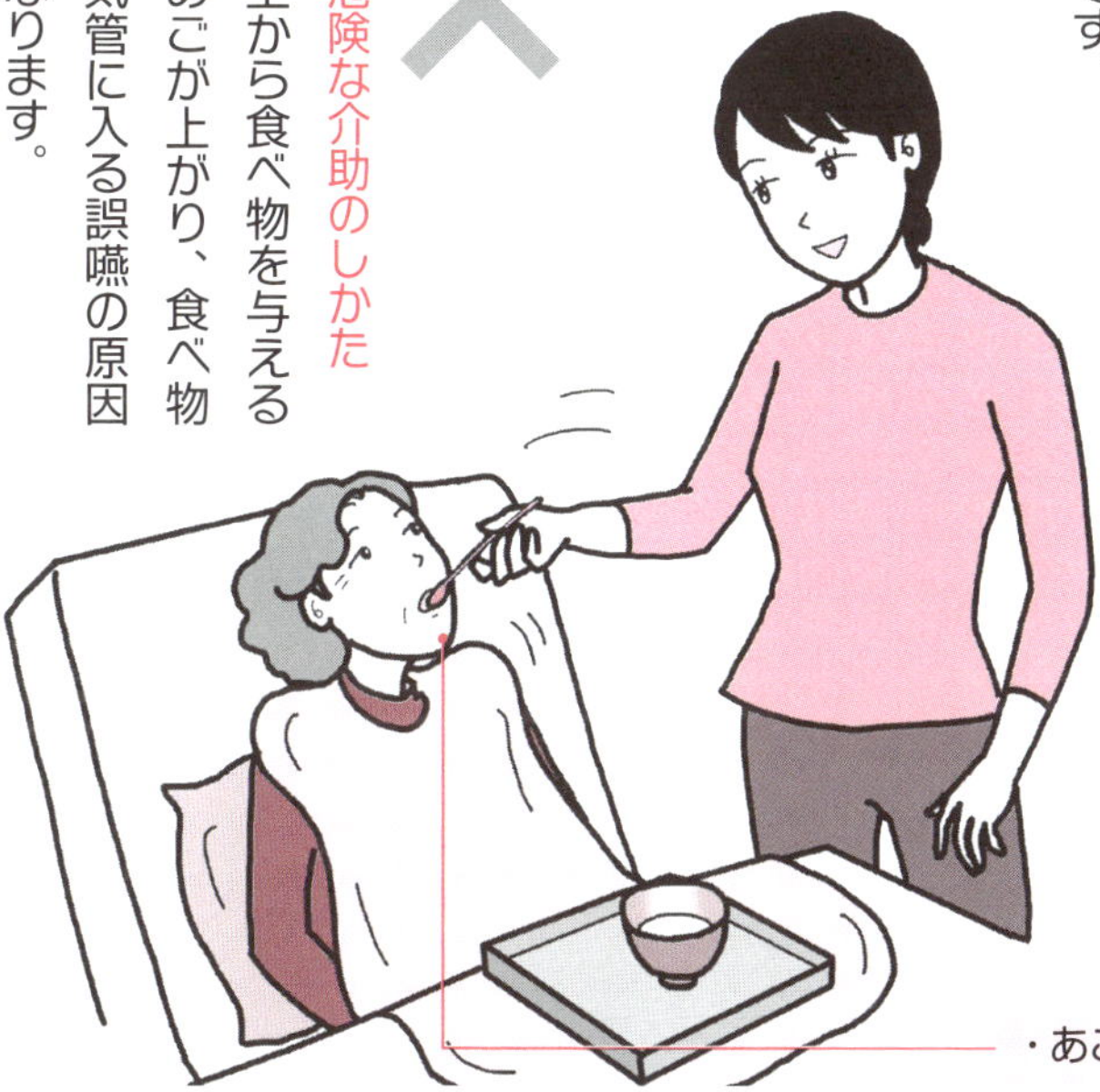
・あごが上がって危険

×

①危険な介助のしかた

上から食べ物を与えるとあごが上がり、食べ物が気管に入る誤嚥の原因になります。

もう、飲み込みましたか?
・飲み込んだのを確認して、次の食べ物を運ぶ

○

②安全な介護のしかた

座位が保てないようなら、ベッドやリクライニング車いすで食事介助を行う。同じ高さに座り、横か下から食べ物を口に運ぶ。片マヒの場合は介護者は必ずマヒのない側に座る。

自助具

自助具を使った食事

自助具とは、身体の不自由な人が日常生活をより便利に、より容易にできるように工夫された道具のことです。手の動きが不自由でも、自助具を使えば自力で食事ができます。介護者への負い目から食欲がなくなる人もいますが、自力で食事ができれば、食欲とともに生きる意欲も増します。

介護者は自助具を使って食事する高齢者を見守りますが、急かせたり、こぼすのを指摘したりしないで楽しく食べられるような雰囲気づくりをしましょう。

1 自助具を選ぶ

自助具の選び方は、「できないこと」、「不便なこと」、「困難なこと」に気づくことから始まります。できない部分をよく観察し、助ける道具を選びます。重さ、大きさ、形はもちろんですが、色やデザインも本人の意見をよく聞いて選びましょう。

2 自助具のいろいろ

スプーン、フォーク、箸といった道具から食器、すべ止めシートなどいろいろあります。

①スポンジの柄

スプーン、フォーク、歯ブラシ、くし、筆記用具など柄が細いものにはめて握りやすくするもの。

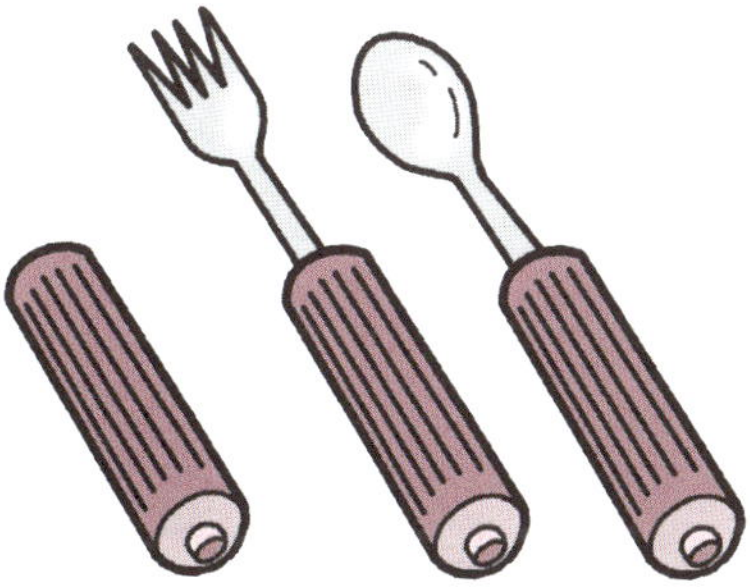

②ホルダー

スプーンなどが握れない人が手にはめて使用する。

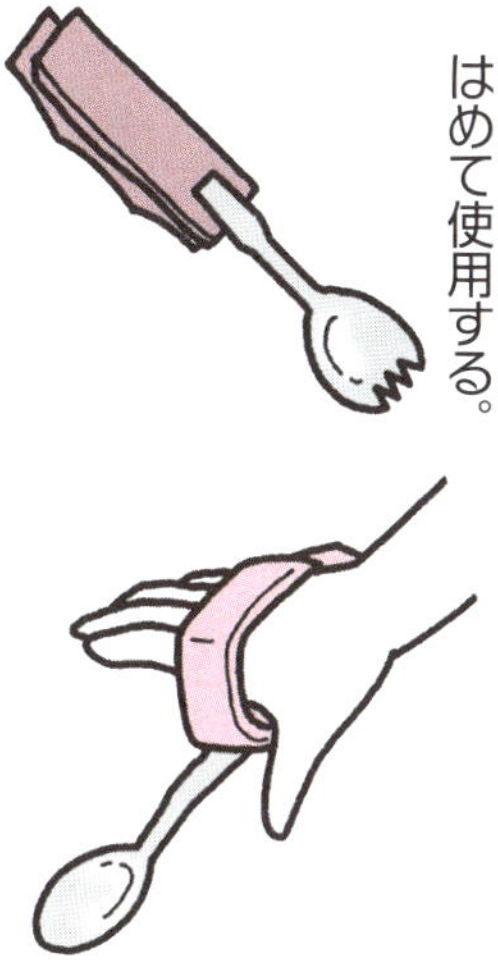

③曲げられるスプーン・フォーク

柄が曲がるので関節の動きが不自由な人でも使いやすい角度にできる。

④ピンセット箸

握力の弱い人でも、握るだけで簡単に食品がつまめる。

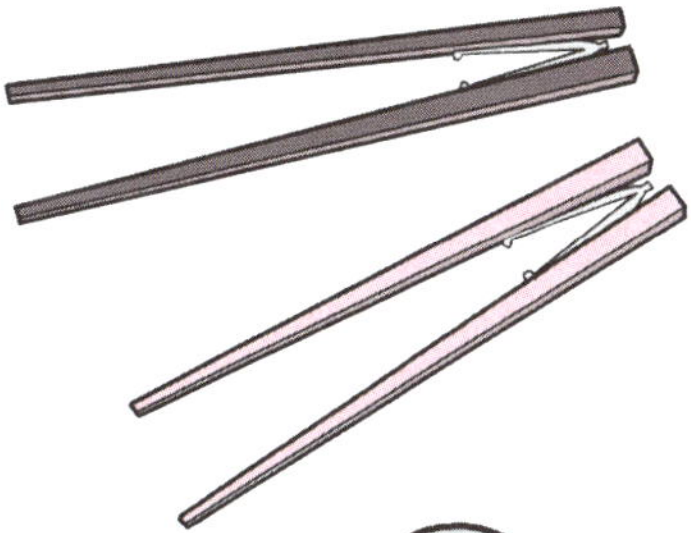

⑤反りある仕切り皿

仕切りの内側に「反り」がついているので最後まですくえる。

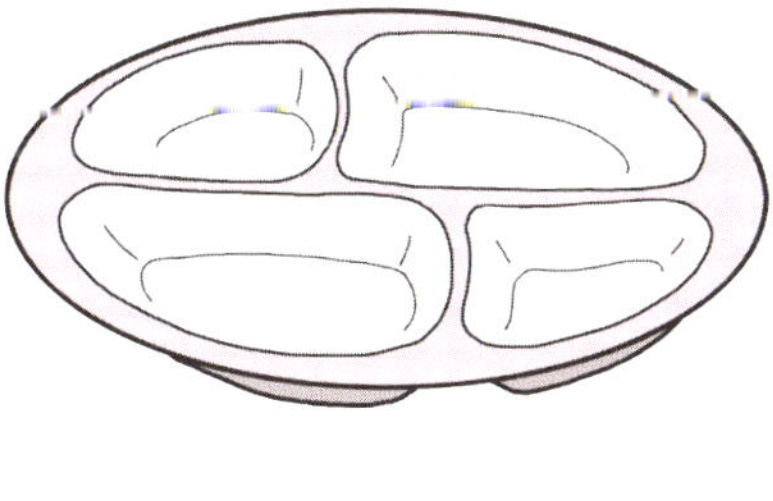

⑥反りのついたコップ

内側に反りがあり、少し傾けるだけで無理なく水が飲める。

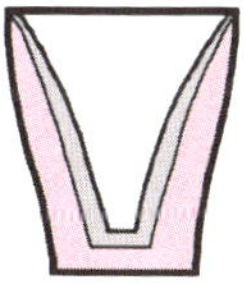

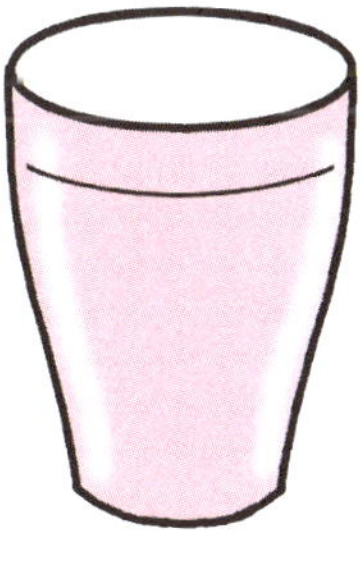

口腔ケア

自力で歯磨きできない人の口腔ケア

自力で歯磨きできない人には、口腔ケアの介助が必要です。食事のあとの口腔ケアは、虫歯や歯周病の予防に役立つだけでなく、誤嚥性肺炎の防止にも効果があります。このほかにも、口腔からの細菌感染の予防など医学的にさまざまな意味があります。

口腔ケアの方法には、「**ブラッシング法**」「**うがい法**」「**口腔清拭法**」などがあり、本人の意識レベルや歯の状態によって選びます。義歯の場合は、こまめな義歯の手入れが大切です。

1 ブラッシング法

本人の意識レベルが高い人には、普通かやや柔らかいブラシを使って、口腔内のすみずみまでブラッシングします。

①歯ブラシでブラッシング

介護者は手袋をして口腔の奥、歯の裏などすみずみまでブラッシングする。うがいがうまくできない人には歯磨き粉は使わない。

②舌の汚れもとる

舌の上は汚れがたまりやすいので、ていねいにブラッシングする。

・舌の汚れをとる

③うがいをする

誤《ご》嚥《えん》しないように、水量を注意しながら水をふくませる。

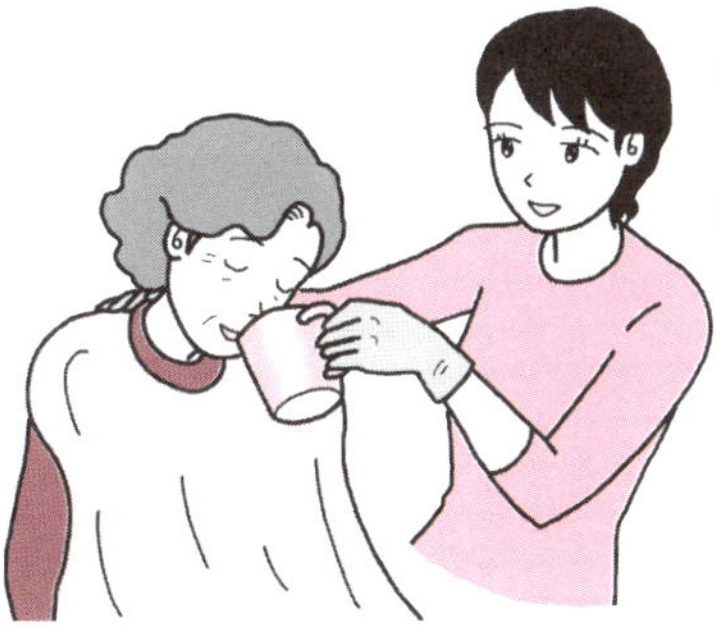

2 うがい法

口をすすぎうがいをすることで、食べ物の残りかすを取り除き、口腔粘膜や舌の汚れを除去する方法です。口臭を防ぎ、爽快感を与えます。

①うがい液を使う

うがい液を水で割り、口に含ませ、口腔内がきれいになるまでうがいをくり返す。

吐き出して
ください

3 口腔清拭法

意識障害があり、うがいができない場合や口腔内に出血や炎症があり歯ブラシが使用できない場合に行います。

①布にうがい薬を湿らす

手袋をして、やわらかい布やガーゼにうがい薬を湿らせ、よく絞る。

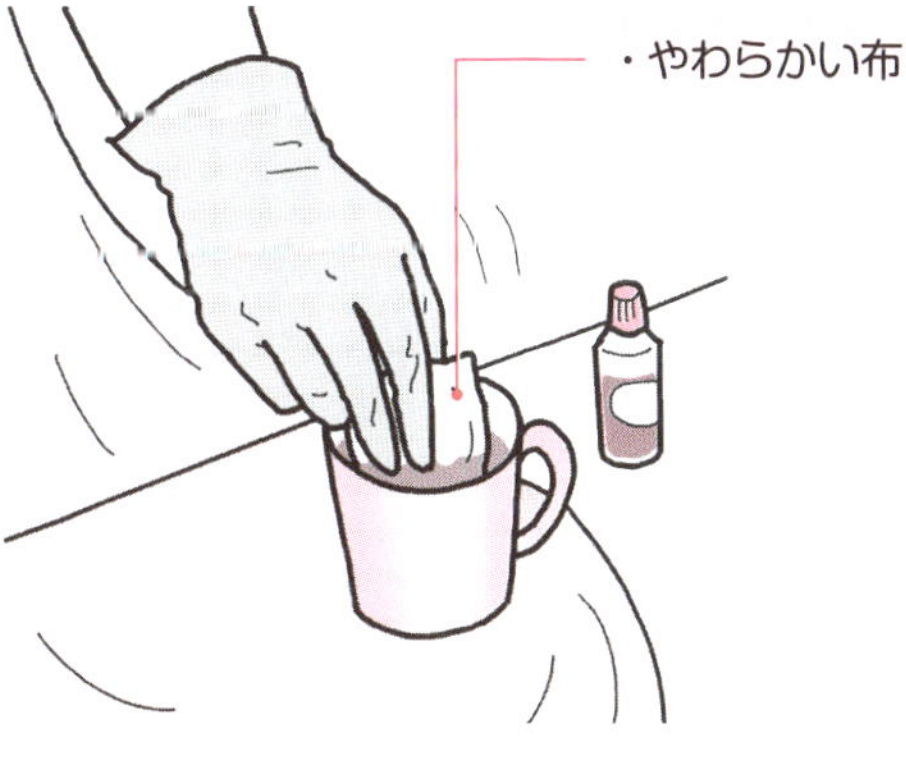
・やわらかい布

②汚れを拭きとる

歯の表裏、歯肉、口腔内の汚れをていねいに拭きとる。舌もていねいに清拭する。

・舌の汚れもていねいに拭きとる

4 義歯の手入れ

義歯は食べ物の残りかすが付着しやすく、それらが感染や口臭の原因になります。食後は忘れずに手入れをしましょう。

①食後は義歯を外す

食後は義歯を外して、歯ブラシでブラッシングする。

②流水で洗う

流水で汚れを洗い流す。義歯のプラスチック部が変形する恐れがあるので、熱湯消毒はしない。

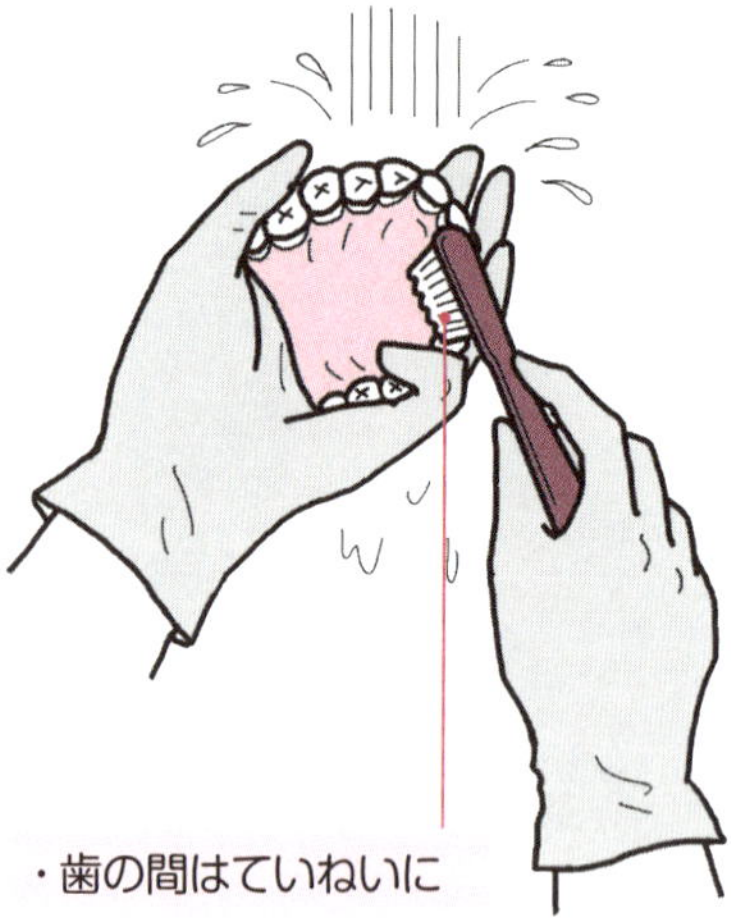

・歯の間はていねいに

③残った歯を磨く

口腔内のブラッシングが可能なら、残った歯を磨く。

④うがいや口腔清拭を行う

義歯を装着する前に、うがい液を薄めた水でうがいをする。うがいができない場合は、介護者がやわらかい布で口腔内の清拭を行う。

⑤寝る前に外す

誤嚥の予防と歯肉への圧迫刺激を解消するために、就寝前に義歯を外して水をはった専用の容器に保管する。

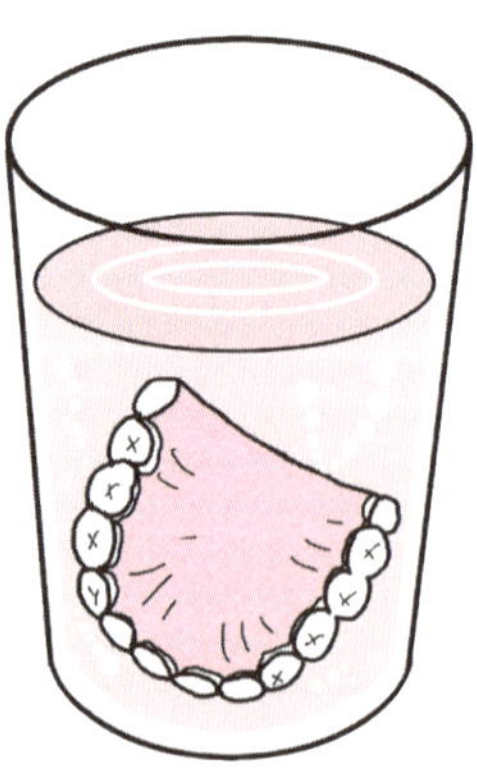

第3章

清潔・入浴の介助

清拭《せいしき》でいつも清潔を心がける

体の動きが不活発になり、寝ていることが多くなると褥瘡《じょくそう》が心配されます。褥瘡の予防は体位変換と清潔を保つことです。

介助が必要で頻繁に入浴できない場合は、濡れたタオルで体を拭き清潔を保つ方法もあります。

このように体を拭くことを「清《せい》拭《しき》」といいますが、汚れをとるだけでなく、マッサージ効果もあるので、血行不良によって起こる褥瘡の予防には有効です。ただし、褥瘡になってしまったら強くこすると悪化させることがあります。

1 清拭の効果

①感染の予防
細菌などを除去し繁殖を抑えることができる

②マッサージ効果
血行を良くすることで筋肉の凝りを改善するとともに、褥瘡を予防する

③拘縮《こうしゅく》の予防と改善
手足を擦ることで、拘縮の予防と改善に役立つ

④皮膚の状態を見る
皮膚の状態をチェックできるので、褥瘡や皮膚病の早期発見に役立つ

⑤爽快感が得られる
「さっぱりした」とだれもが感じる爽快感が得られ、生きる意欲につながる

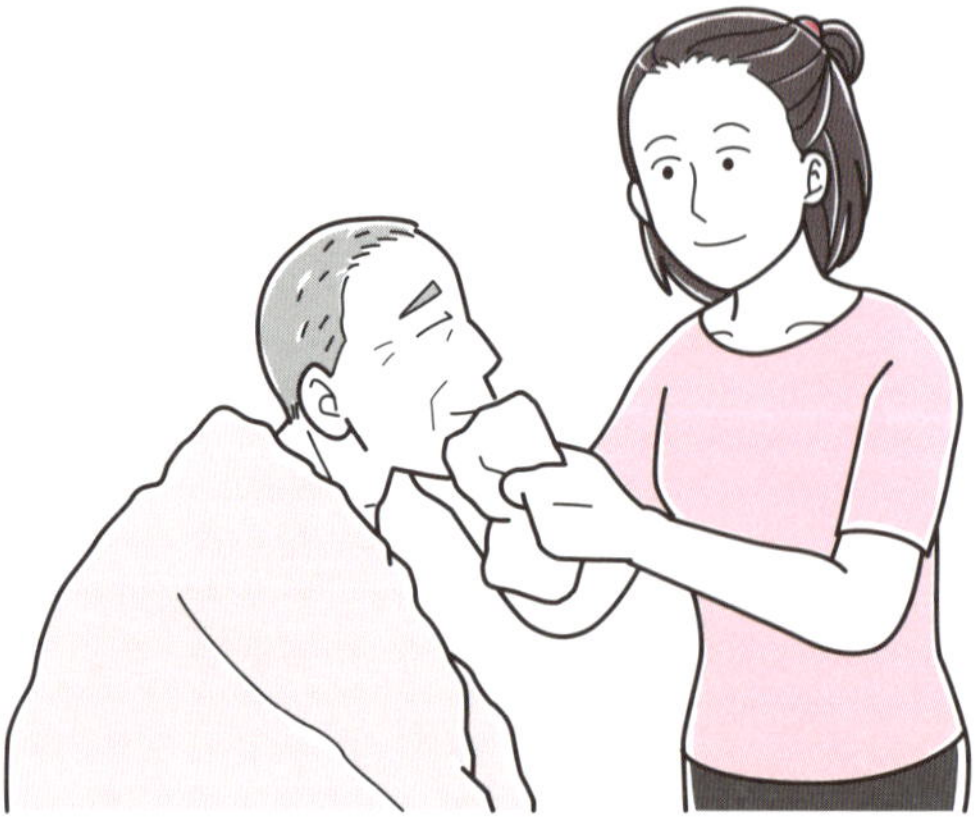

2 清拭を始める前に

清拭は本人の体調を見て、温かい昼間に行うのがよいでしょう。1度に全身を行わず、1日少しずつ行う方法もあります。次のような点に注意して行います。体調や室温によって違いますが10～15分をめやすにしましょう。

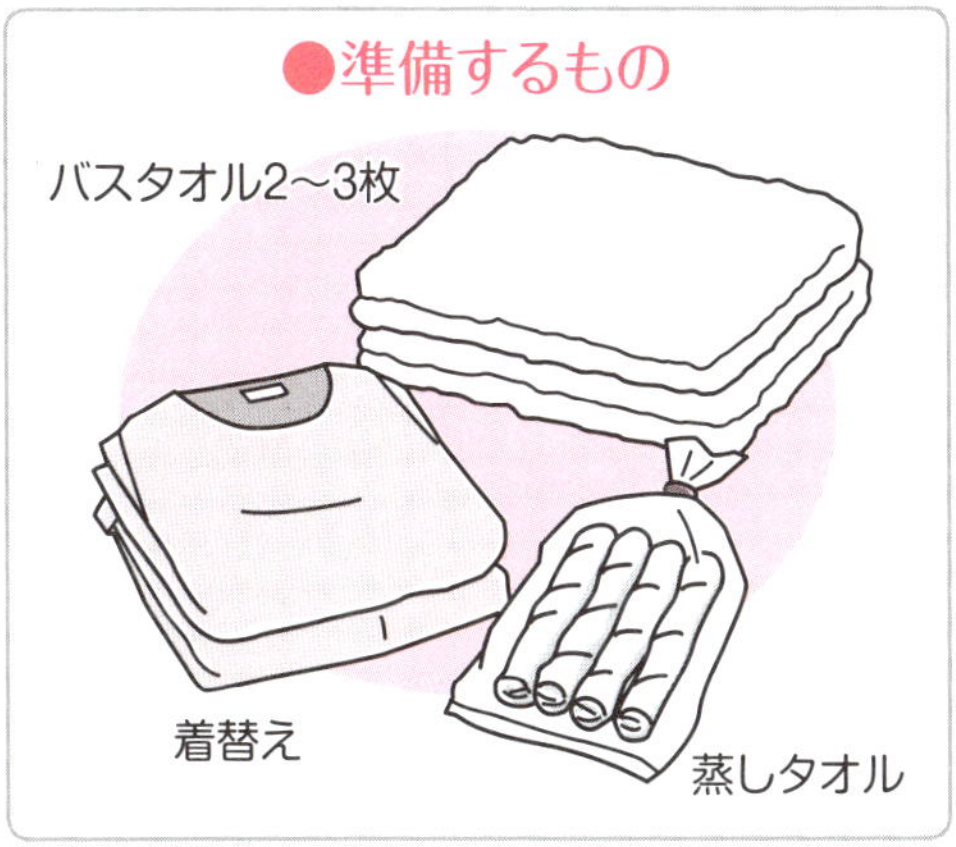

●準備するもの
バスタオル2～3枚
着替え
蒸しタオル

①蒸しタオルなどを用意する

温かい蒸しタオルを3～4枚用意する。ビニール袋に入れるなど、冷めない工夫をするが、熱すぎると危険なので介護者が触って、確認してから使用する

②体調を確認する

体調を見て行うが、顔色がすぐれないときは止める

③プライバシーを守る

だれでも体を見られたら恥ずかしいもの。カーテンを引いたり、タオルケットをおいたりしてプライバシーに気をつかう

④手を温めておく

肌に直接触れるので手を温めて介護を行う

⑤室温は23～25℃くらい

冬場は、清拭を行う前に部屋を暖めてから行う

⑥排泄を済ませておく

途中で中断しないように排泄を済ませておく

⑦食前・食後は避ける

空腹時や満腹時は体調が変化しやすいので、食事の前後1時間は避ける

⑧疲れたらすぐに中止する

全身清拭は疲れやすいので、疲労が見られたらすぐに中止する

清拭

ベッドで全身清拭を行う

拭く順序は顔から始めて、手腕→胸部→腹部→背中→足脚と移っていきます。陰部は別に洗浄します（66ページ参照）。拭いている以外の部分はタオルケットでおおい、プライバシーを保護しながら体が冷えないようにします。血行をよくするためのマッサージの目的もあるので、拭く方向は心臓に向かって行います。

スムーズに行うには本人とのコミュニケーションが不可欠ですから、これからどこを拭くか、必ず声をかけながら行いましょう。

1 顔を拭く

座位が保てるようなら座ってもらいます。「目の周囲」「額・頬・あご」「鼻・耳」を拭きます。目は洗顔用タオルで、目頭から目尻に向けて拭きます。反対の目もタオルの面を替えて拭きますが、感染の心配があるので1度拭いた面で再度拭かないようにします。

●顔の拭き方

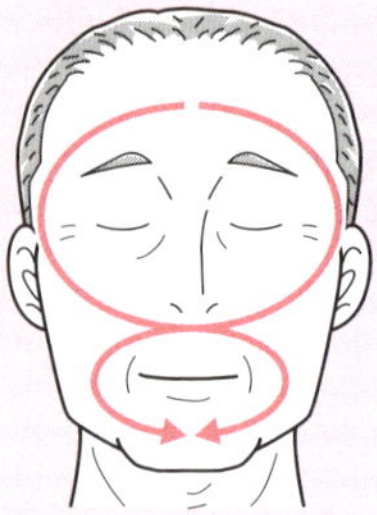

「額→頬→あご」の順にS字を描くように拭く

顔を拭きますよ
・顔以外はタオルケットでおおう

2 手腕を拭く

まず指を開いて1本ずつ拭きます。指先から心臓に向かって拭きます。わきの下は汗をかきやすいのでていねいに拭きます。

①指をきれいにする

指を1本ずつていねいに拭く。指の間やつめの間もきれいに。

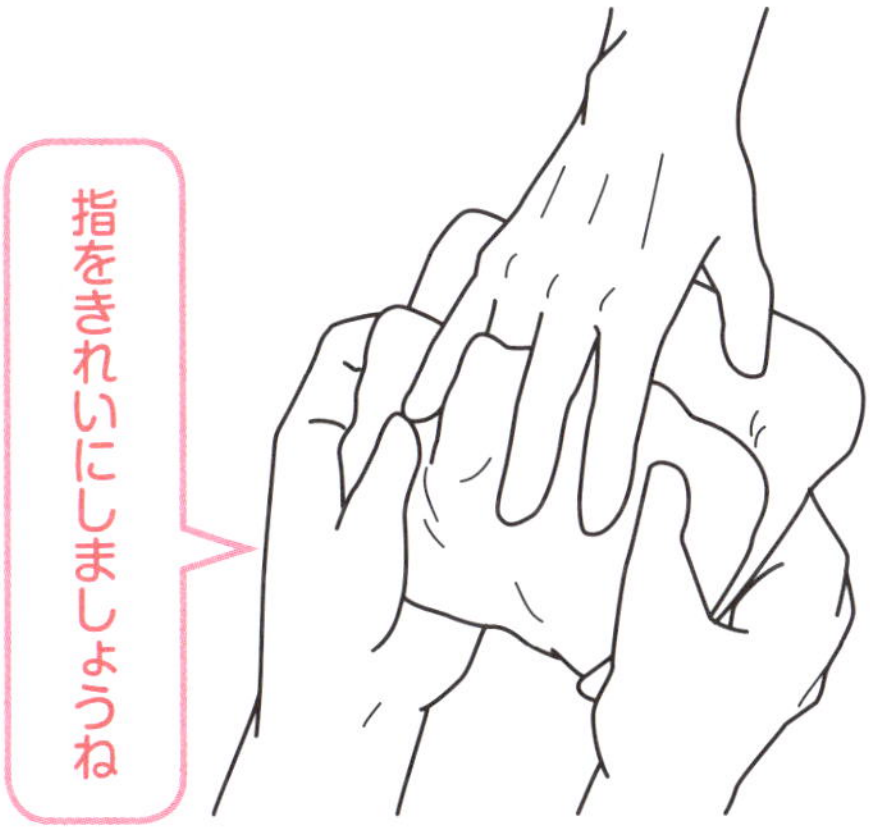
指をきれいにしましょうね

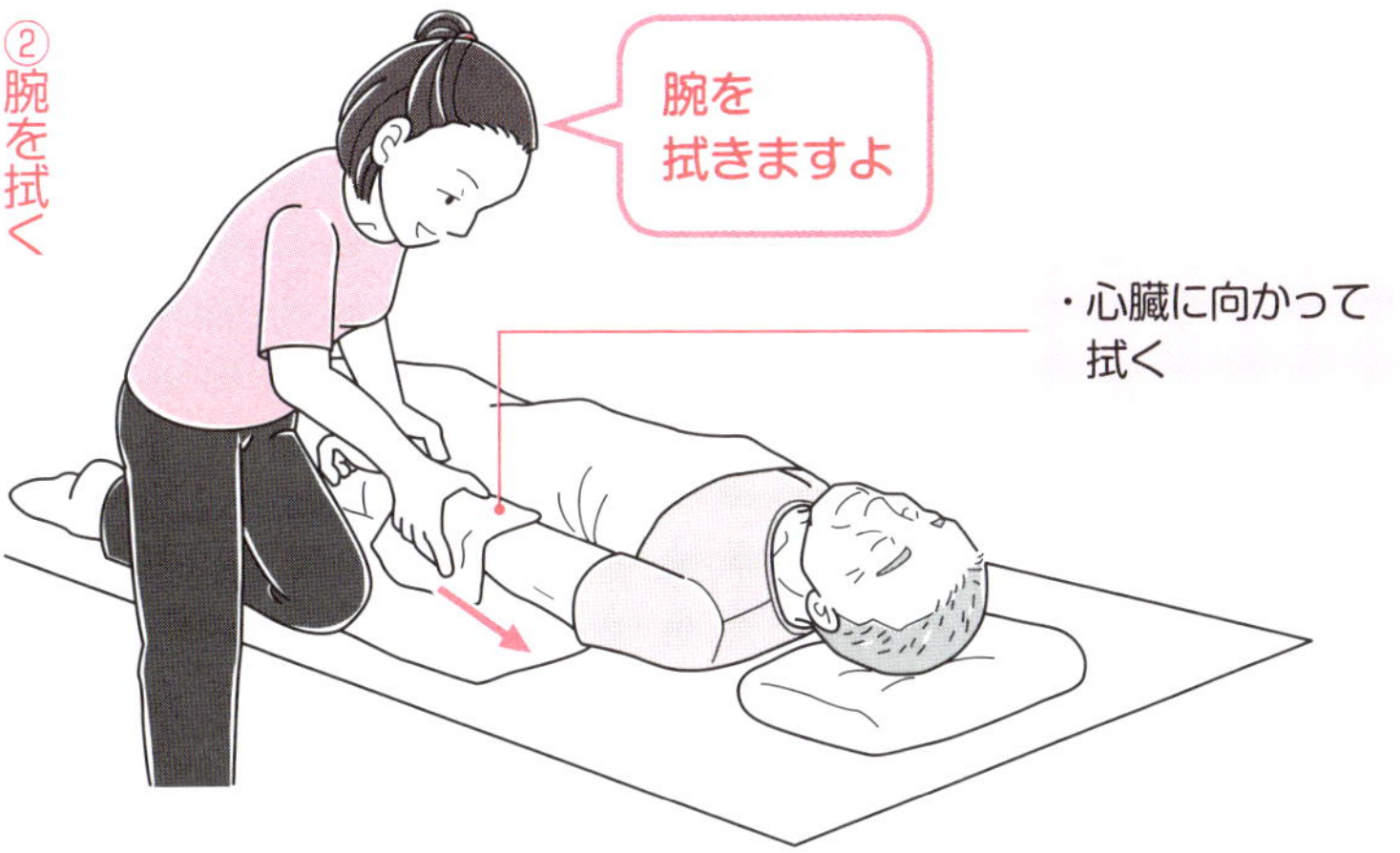
腕を拭きますよ
・心臓に向かって拭く

②腕を拭く

心臓に向かって血液の流れを良くするようなイメージでマッサージする。

③わきの下を拭く

汗をかきやすいわきの下はとくに念入りに拭く。

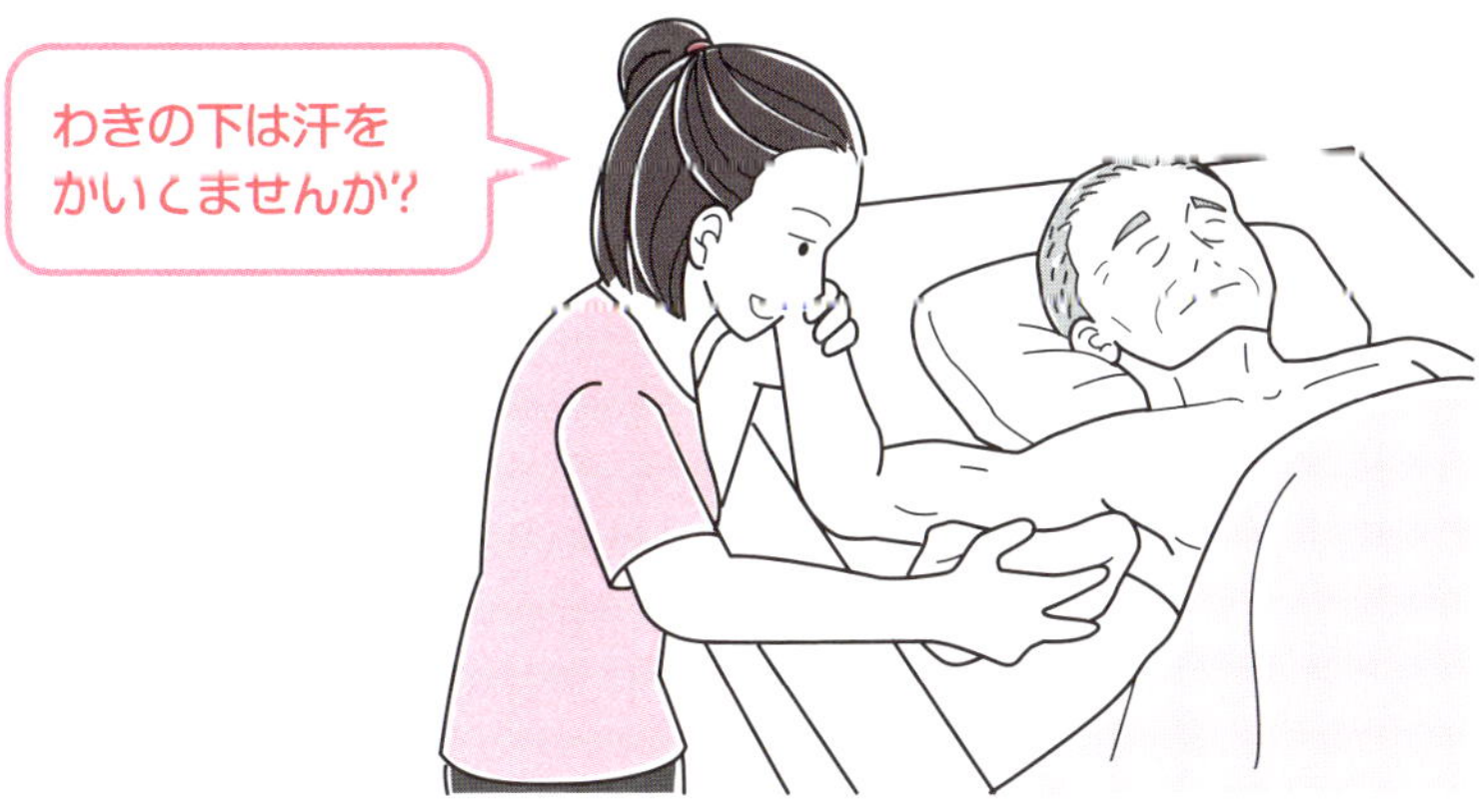
わきの下は汗をかいてませんか?

3 胸部を拭く

露出する部分はなるべく少なくするように、タオルケットを動かしながら拭きます。女性の場合は乳房の下側が汗をかきやすく、汚れがたまりやすいので、ていねいに拭きます。

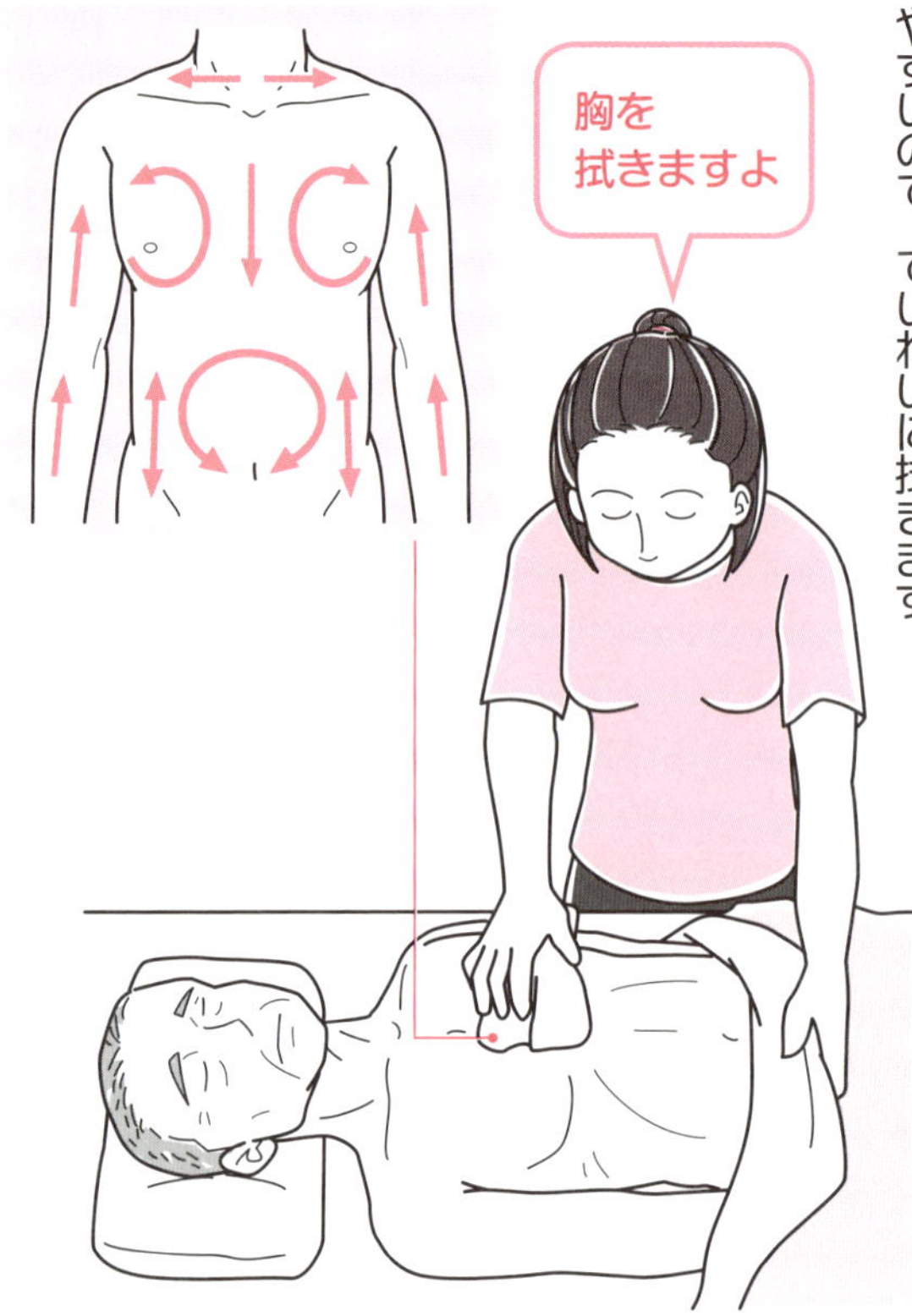

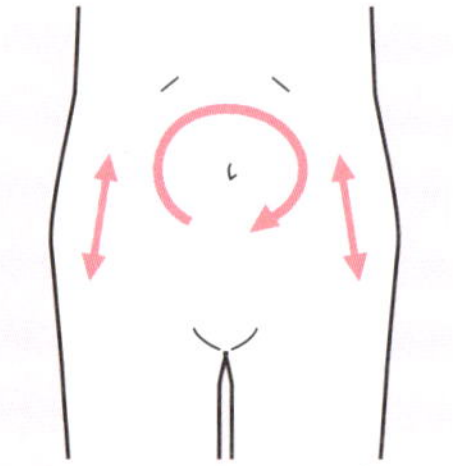

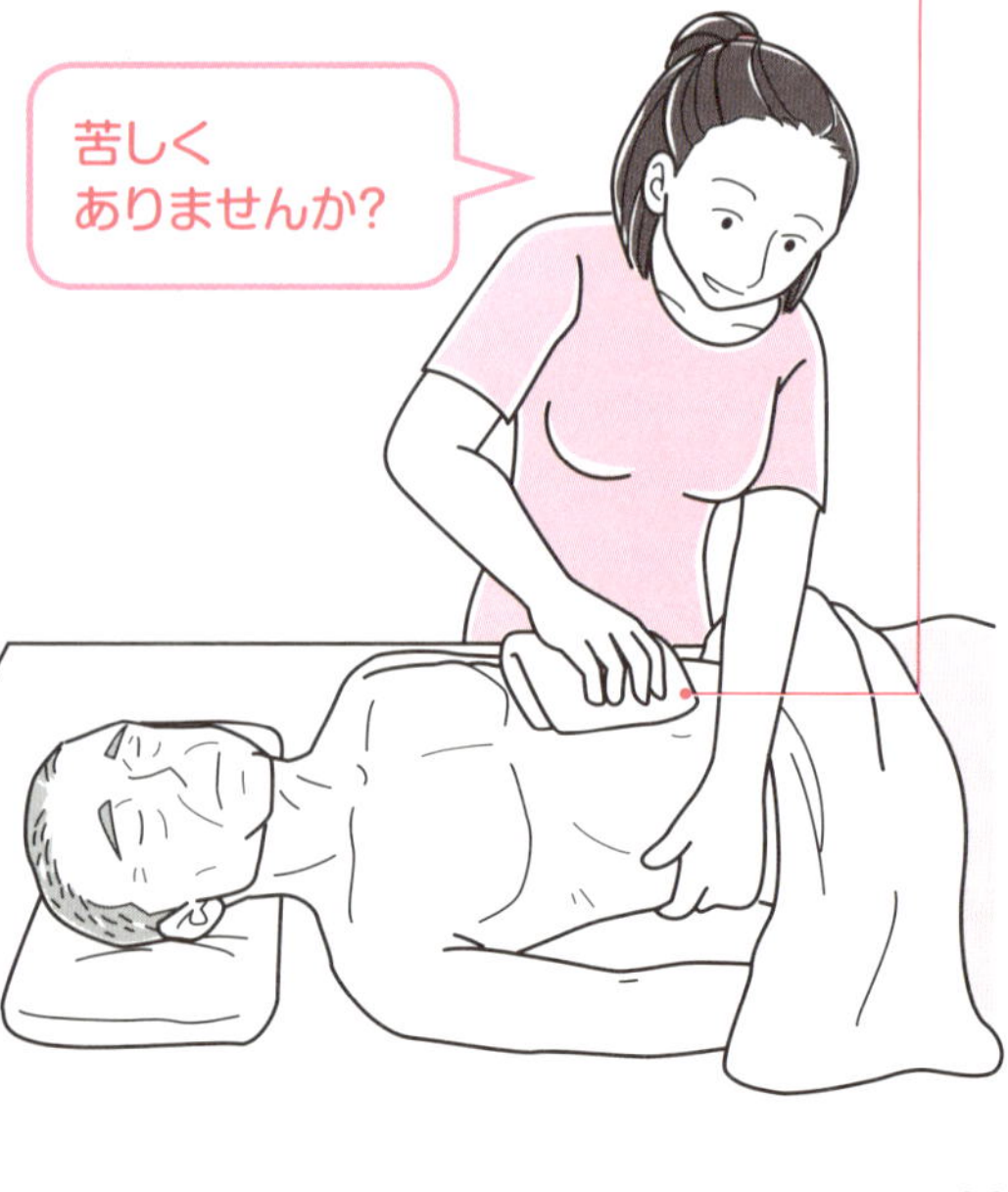

4 腹部を拭く

腹部に移るときは胸部にタオルケットをかけましょう。内臓を押すようにすると痛みが出るので、腸の走行に沿って「の」の字を描くようにやさしく拭きます。

5 背中を拭く

マヒのない側を下側に、体を横向きにして背中を拭きます。円を描きながら下から上へ少し力を入れて大きく拭きます。お尻は外側から内側に円を描くように丸く拭きます。

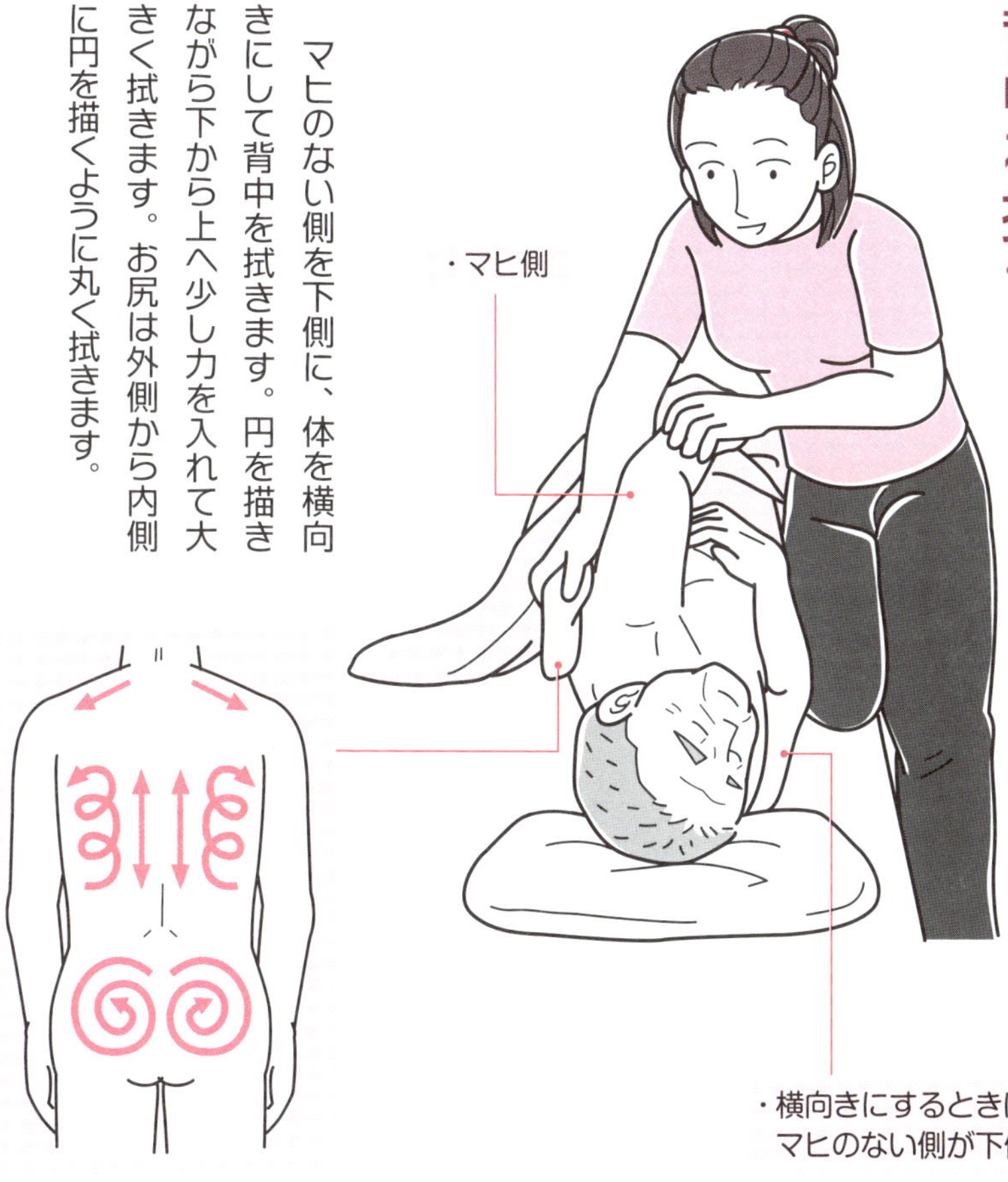

・マヒ側
・横向きにするときはつねにマヒのない側が下側

6 足脚を拭く

腰から上に毛布などをかけます。片手で足脚を支えながら、足首からつけ根に向かって拭きます。汚れがたまりやすい指の間、足の裏、ひざの裏はていねいに。

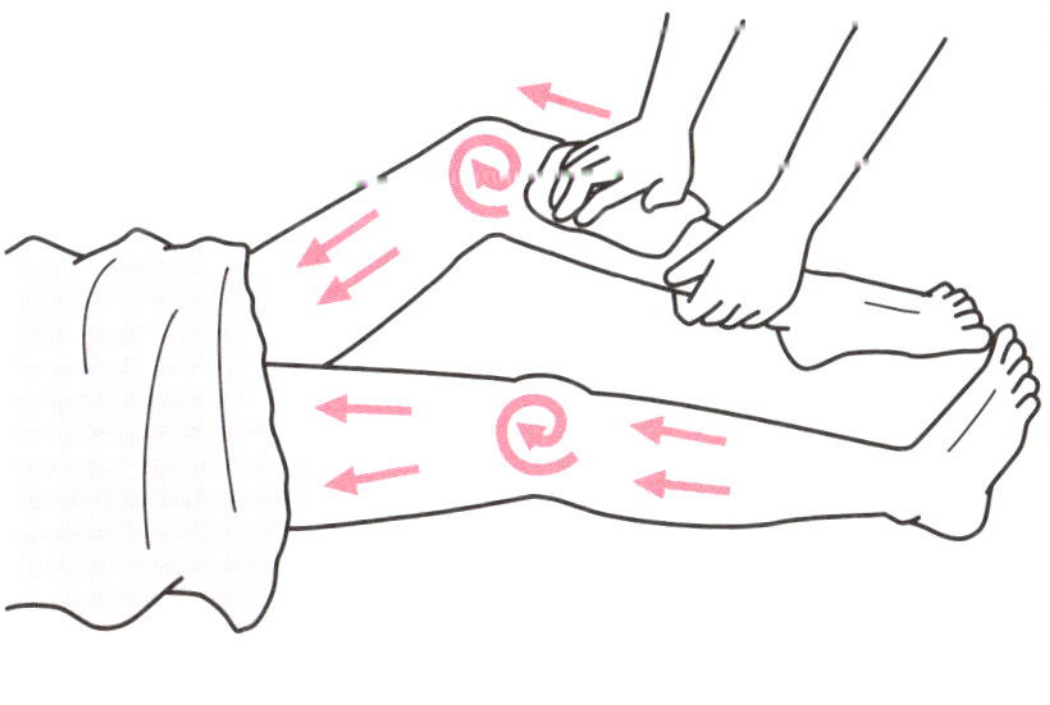

部分浴

ベッドで手浴を行う

寝たきりの要介護者の入浴介助や全身清拭は、介助者に大きな負担がかかります。入浴は月に数回、介護保険の訪問入浴介護を利用し、体調を見て全身清拭を行い、さらに陰部の洗浄、手や足の清拭を行えば、小さな負担で清潔が保てます。手を洗うときはお湯でマッサージしながら洗う「**手浴**」という方法があります。

温かいお湯の中では指も動かしやすいので、マヒによる拘縮《こうしゅく》のある要介護者には、有効なリハビリになります。

1 座って洗う場合

座位が保てるようなら、ベッドテーブルに洗面器を置いて行います。

①座位を安定させる

体を起こし、ひざ下に枕などを入れて、体を安定させる。

②マヒのない手から

マヒのある人は、お湯の温度を確かめるためにマヒのない側の手から入れる。

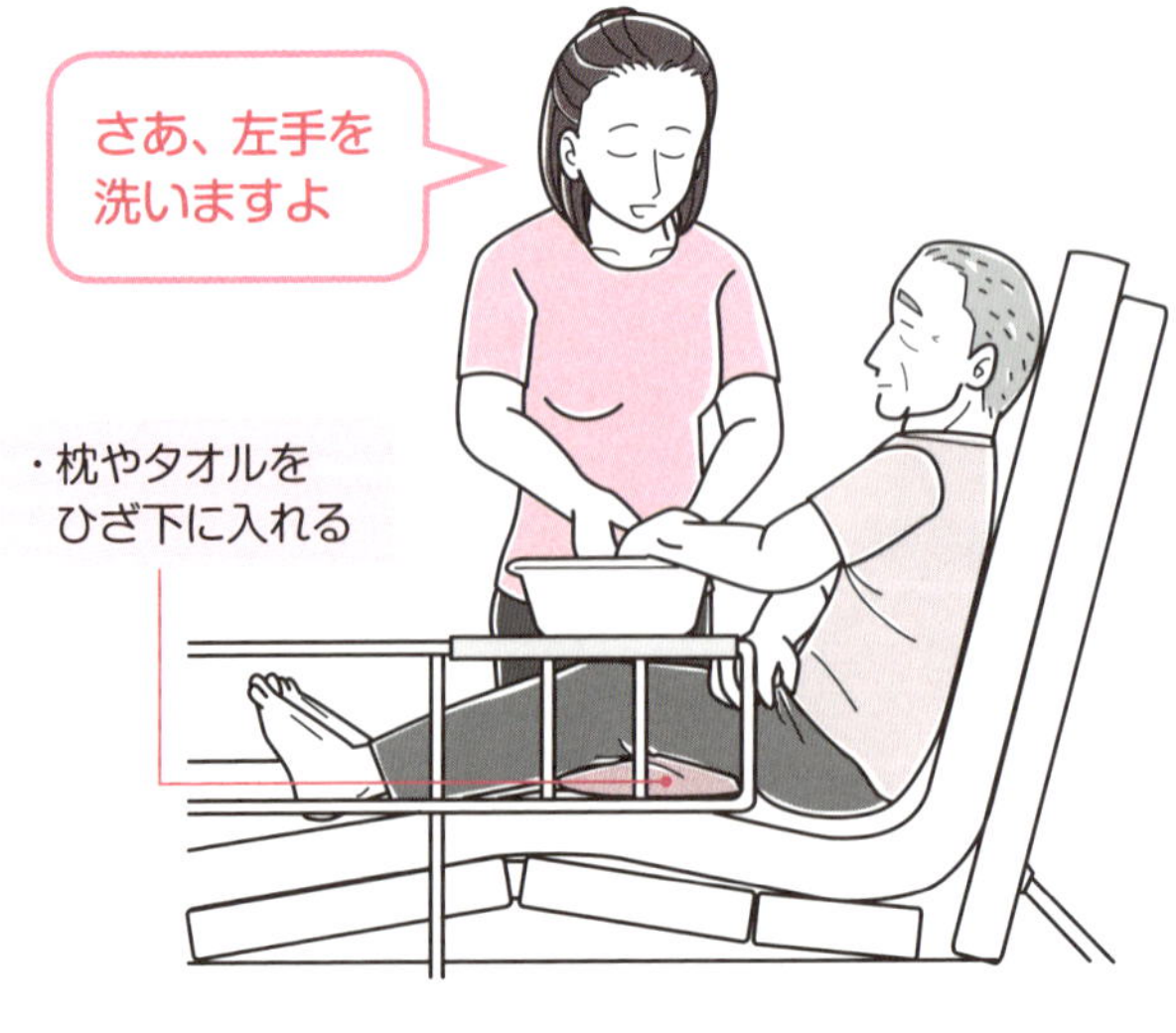
さあ、左手を
洗いますよ
・枕やタオルを
ひざ下に入れる

③手を開く

拘縮のある場合、無理に手を開けると危険なので、手の甲を軽く押してゆっくり開けるようにする。

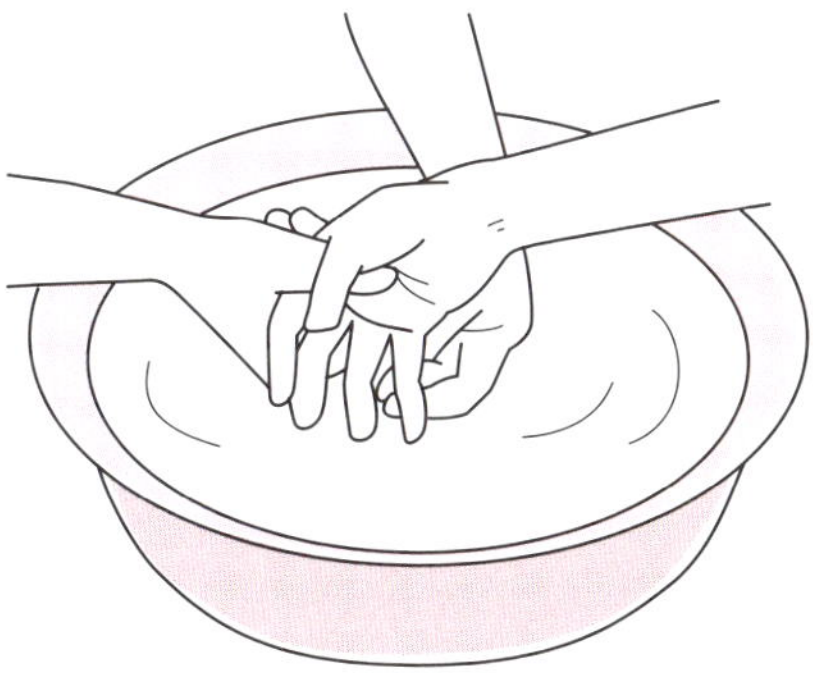

⑤水気を拭きとる

洗い終わったらお湯をかえて石鹸をすすぎ、乾いたタオルで水気を拭きとる。

2 寝たまま洗う場合

座位が安定しない人の場合は、寝たまま洗います。洗面器を横に置きますが、マヒがあり腕が安定しない場合は、バスクオルなどを腕の下に置いて安定させます。皮膚病などの薬をつけるときは、水気をよくとり、乾燥させてからつけます。

④指の間をていねいに洗う

手が開いたら、石鹸をつけて指を1本1本洗っていくが、指の間やつけ根は汗や汚れがたまりやすいので、ていねいに洗う。

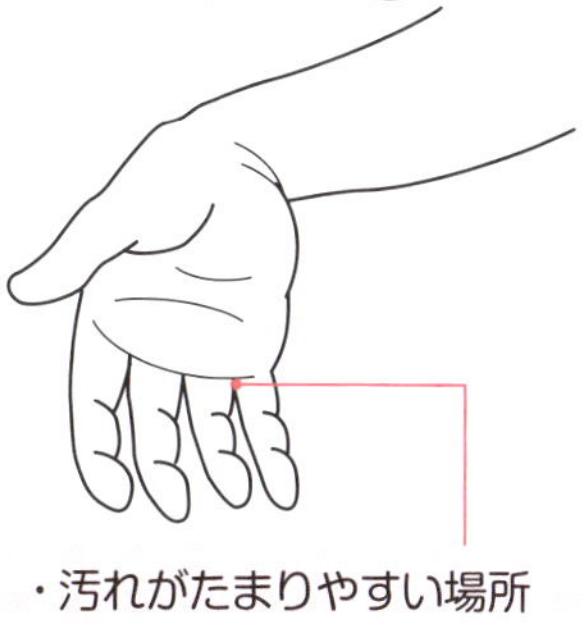
・汚れがたまりやすい場所

指の間をきれいに
しましょうね

部分浴

ベッドで足浴を行う

足浴とはお湯で足だけを洗うことですが、足の清潔だけでなく、血行を良くする目的でも行われます。冬場は冷え予防にもなります。座位が保てるようなら座ってもらって行います。座位が困難なようなら寝たまま行います。

足浴も手浴と同様にマッサージをイメージしながら行えばリハビリとしても有効です。

洗面器を使ってもできますが、温める効果を高めるためには、深さのあるバケツを使うほうがいいでしょう。

1 座って洗う場合

座位が安定しているようなら、座って足浴を行います。寒い季節はタオルケットなどをかけて、脚から上が冷えないようにします。

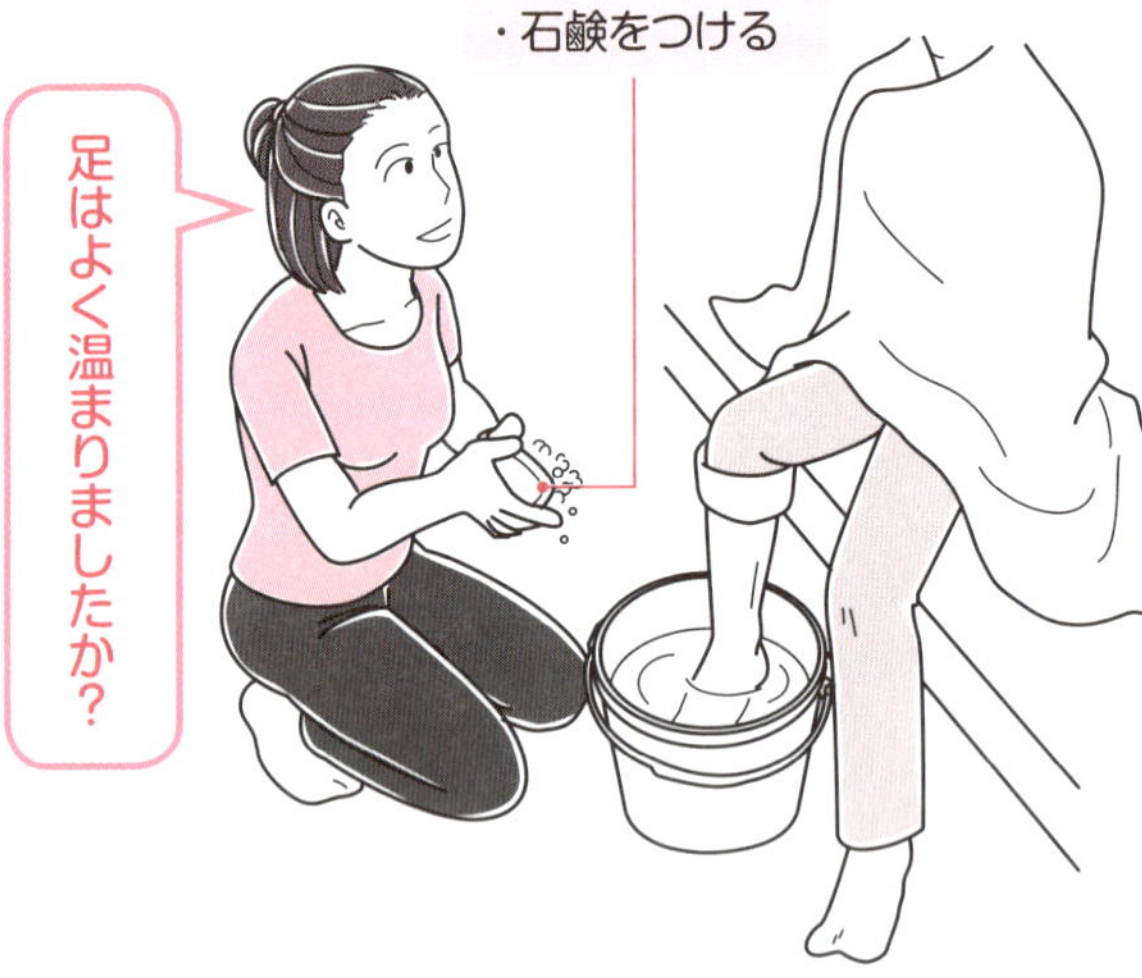

①足をバケツにつける

バケツに張ったお湯に足をつけてよく温める。温まったら石鹸をつけてよく洗う。

②指をていねいに洗う

足首からつめまで洗うが、つめや指の間は汚れがたまりやすいので、ていねいに洗う。手で包み込むように洗うとマッサージ効果も期待できる。

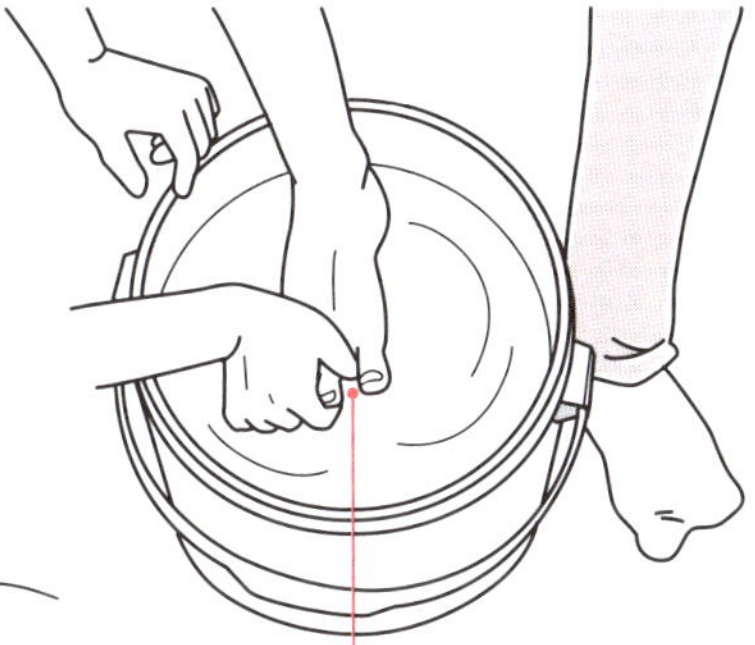

・指の間をていねいに洗う

③石鹸を落とす

洗い終わったら水を換えてすすぎ、指の間などに残った石鹸をきれいに洗い落とす。

④水気を拭きとる

すすぎ終わったら乾いたタオルで水気をとり、十分乾かしてから靴下をはかせる。

どこか
かゆいところは
ありませんか?

・乾いたタオルで水気をとる

2 寝たまま洗う場合

ベッドを平らにして、体を上方に少しずらして、足元を広くしてから始めます。洗い方は座って洗う場合と同じ。洗わない部分はタオルケットなどをかけて寒さ対策を忘れずに。

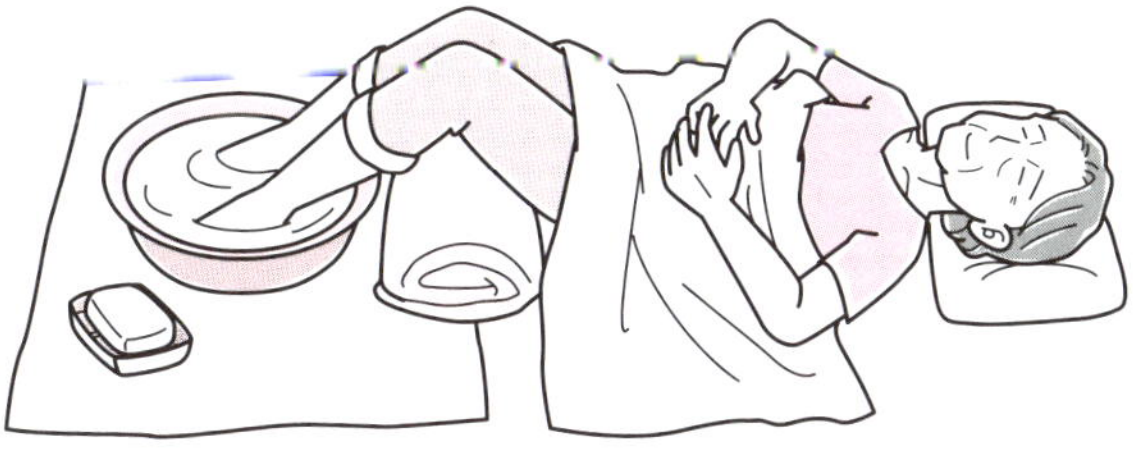

陰部をきれいにする

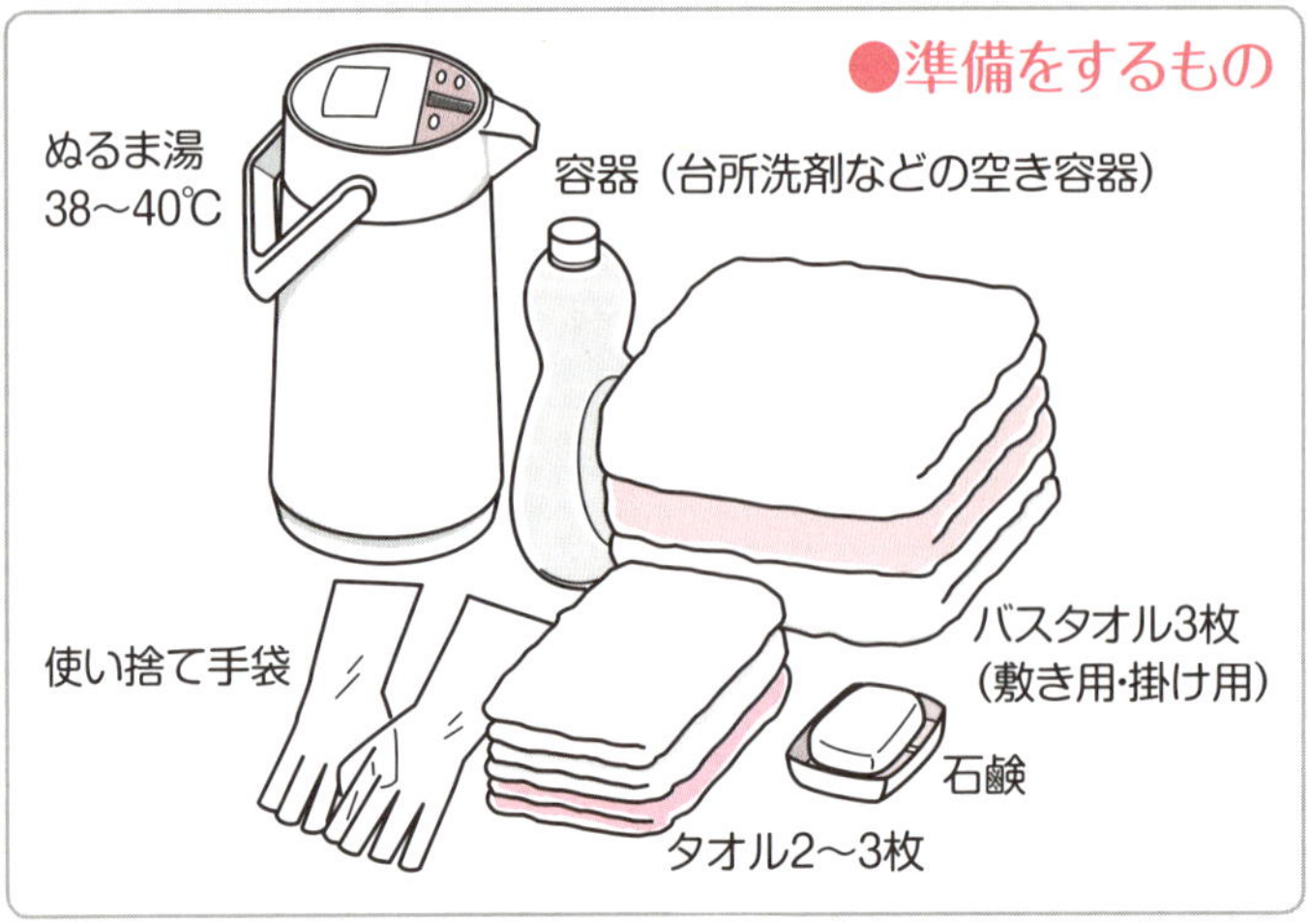
●準備をするもの
ぬるま湯
38〜40℃
容器（台所洗剤などの空き容器）
バスタオル3枚
（敷き用･掛け用）
使い捨て手袋
石鹸
タオル2〜3枚

1 寝たまま陰部の洗浄

トイレやポータブルトイレが使えない場合は、ベッドで寝たまま陰部の洗浄を行います。感染予防やおむつかぶれ予防のために1日1回は洗浄しましょう。

①おむつを開く

おむつを開き便・尿を確認する。排泄があれば、尿とりパッドを外し、便をきれいに拭きとる。

②陰部にお湯をかける

台所洗剤などの容器に入れたお湯を陰部にかけ、片方の手で石鹸を泡立てて洗う。

さっぱり
しましょうね

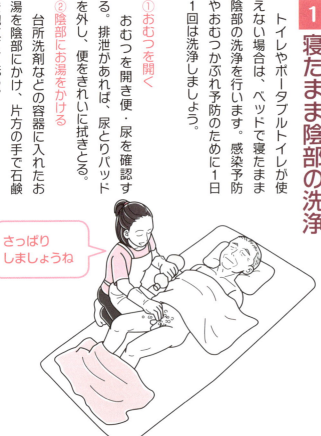

③しわを広げるように洗う

前側からしわを広げるように洗う。

女性の場合

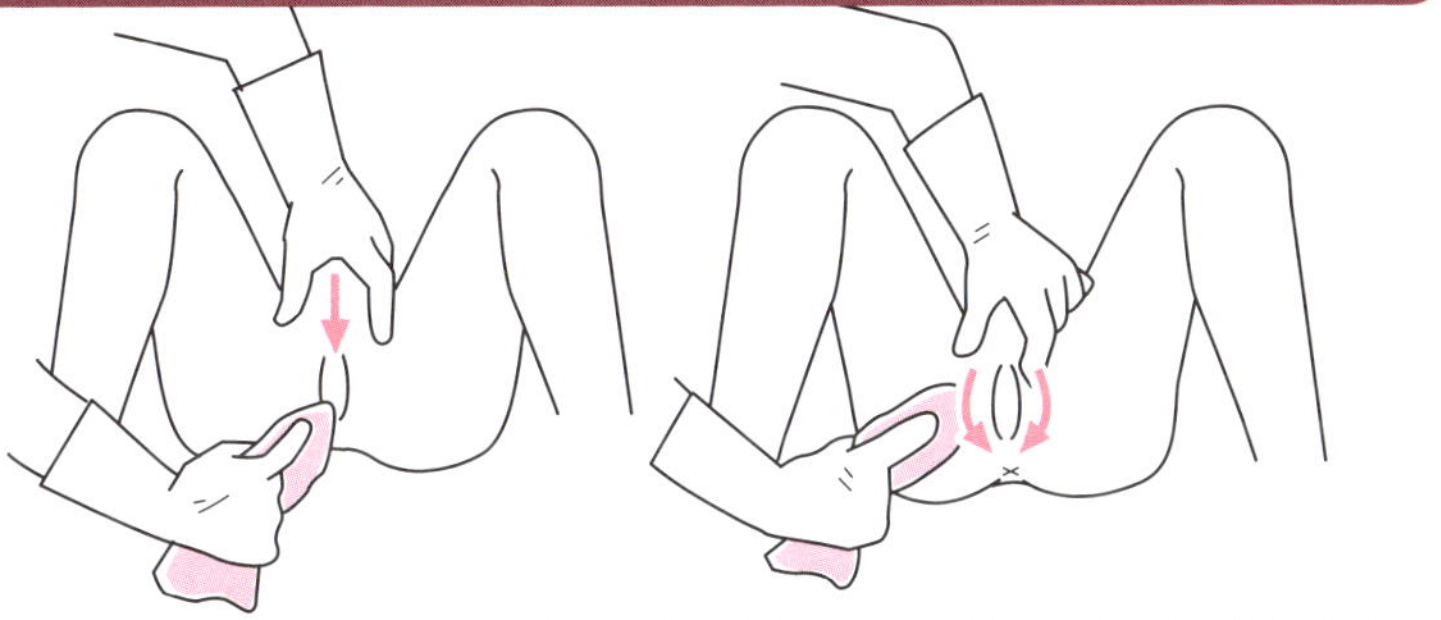

恥骨部から肛門に向けて拭き下す。大陰唇、小陰唇に汚れがたまりやすいのでよく洗う。

男性の場合

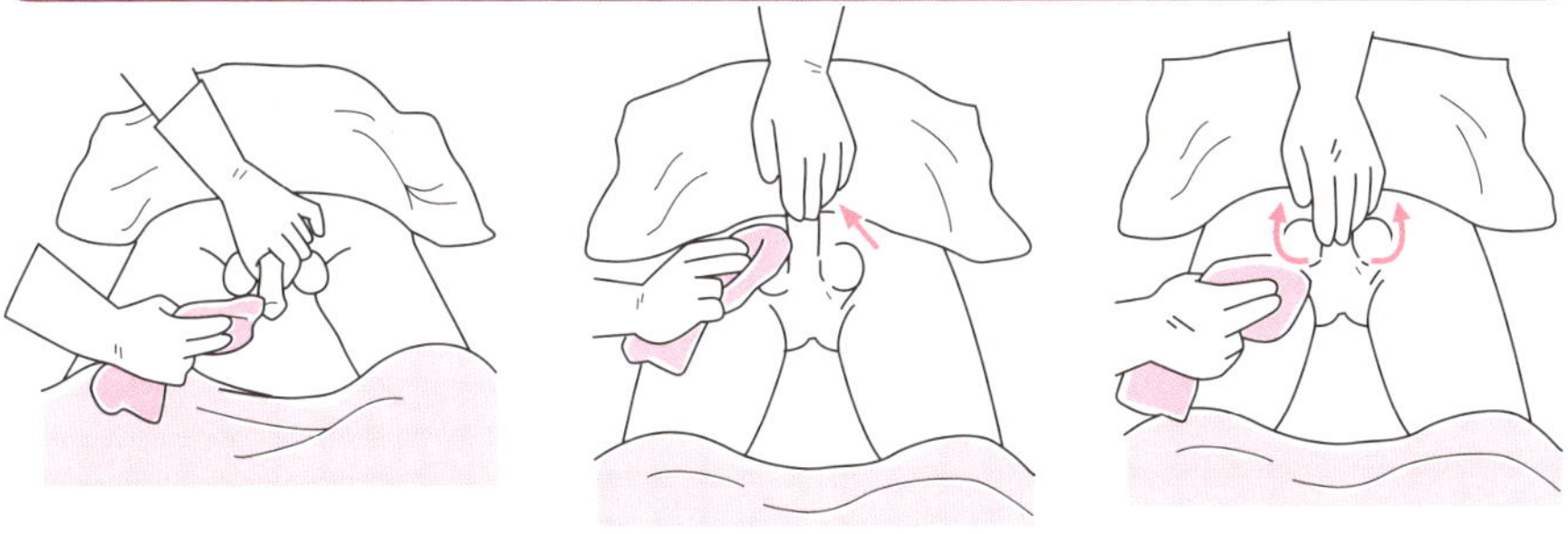

陰茎のしわの間に汚れがたまりやすいので、よく洗う。陰のうの裏もよく洗う。

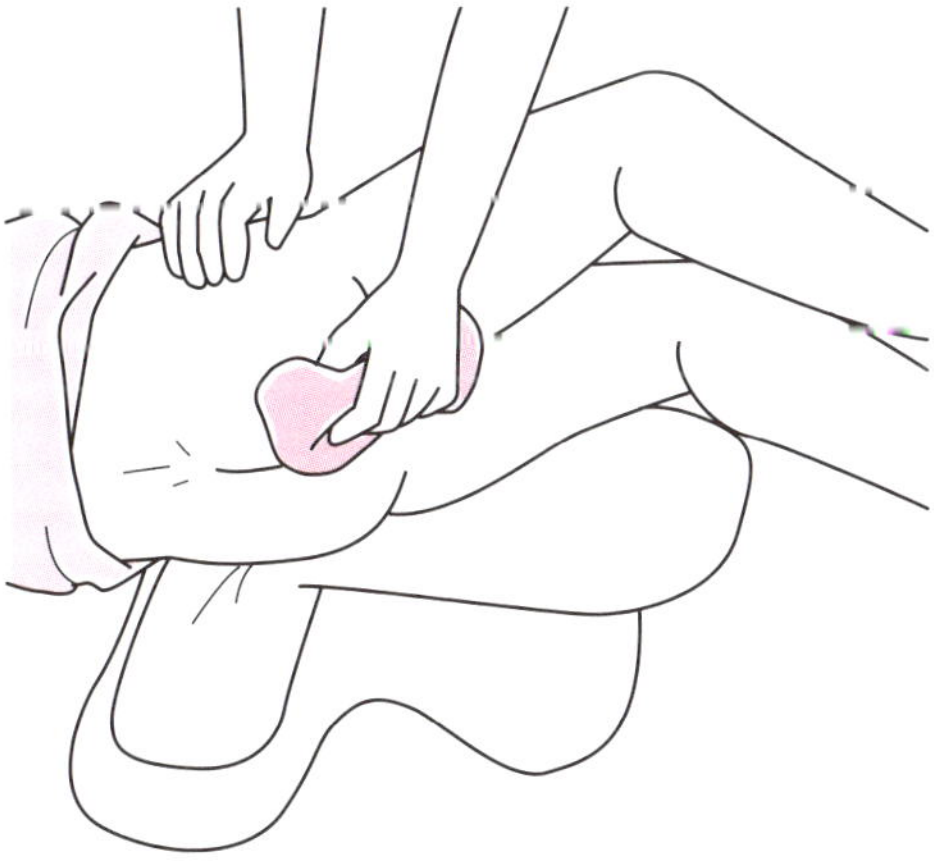

④お尻を洗う

体を横に向け、肛門周辺、お尻の汚れを拭きとる。

⑤水気を残さない

石鹸をぬるま湯でよく洗い流し乾いたタオルで全体を拭き、新しいおむつをつける。

陰部の清拭

ポータブルトイレを使った陰部洗浄

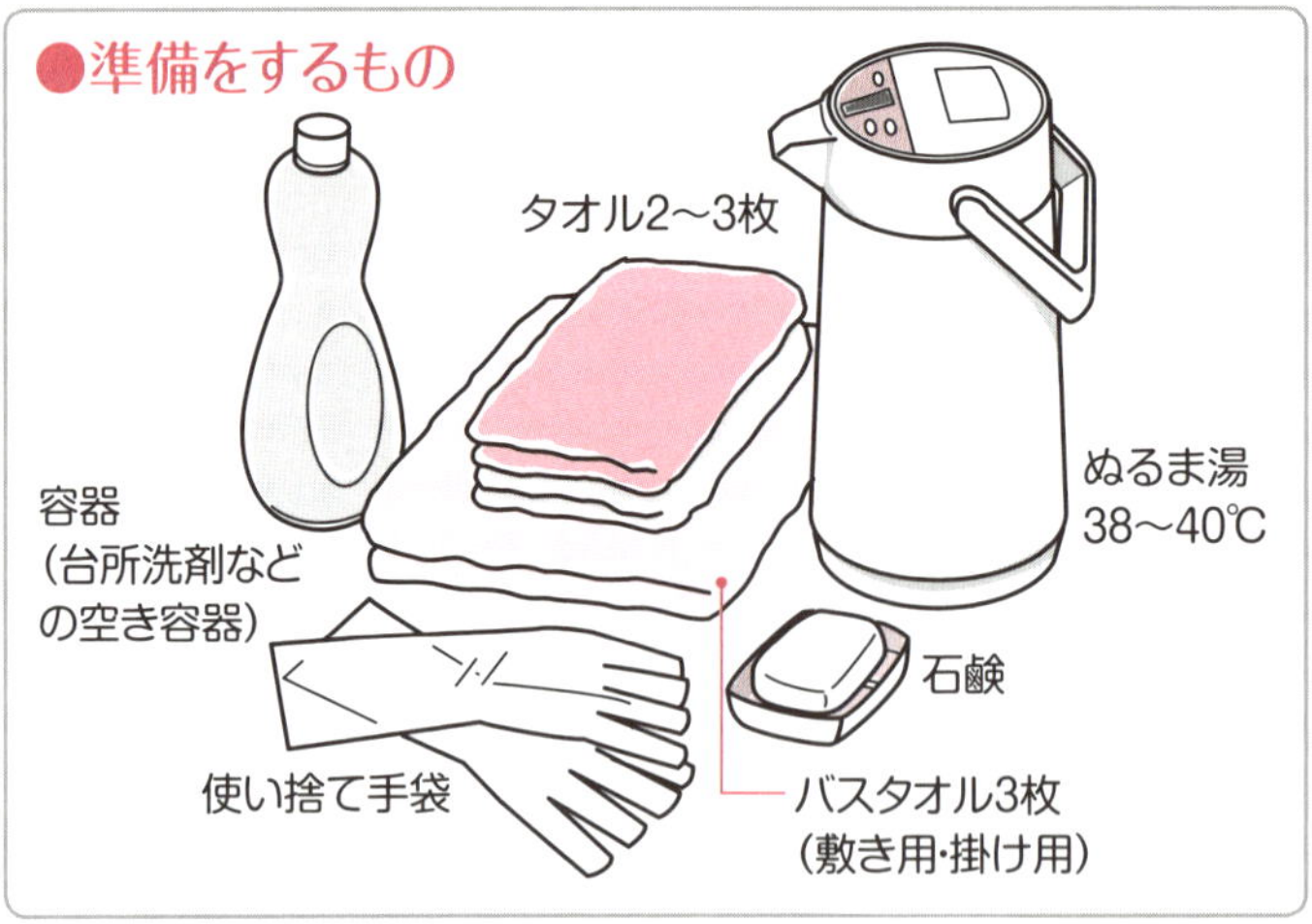
●準備をするもの
タオル2～3枚
ぬるま湯
38～40℃
容器
（台所洗剤など
の空き容器）
石鹸
使い捨て手袋
バスタオル3枚
（敷き用・掛け用）

1 ポータブルトイレを使った洗浄

座位保持ができる人なら、ポータブルトイレで陰部の洗浄ができます。寝たままよりも水の飛散を気にせず、たっぷり水が使えます。

①陰部にお湯をかける

湯の温度を確認してから容器に入ったお湯を陰部にかける。

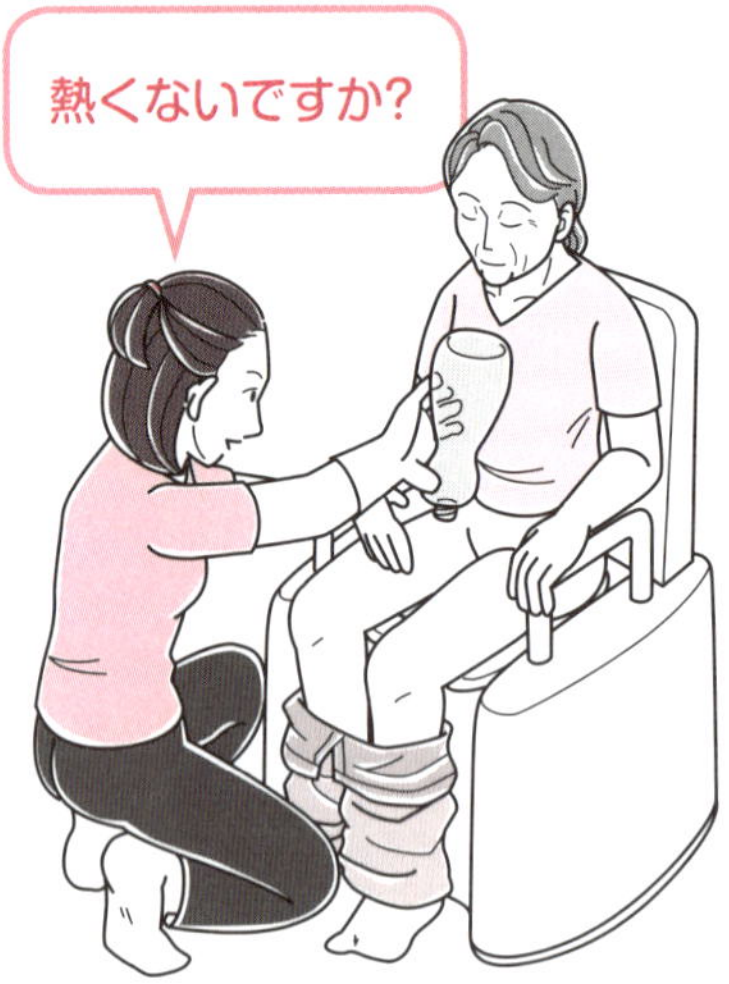
熱くないですか？

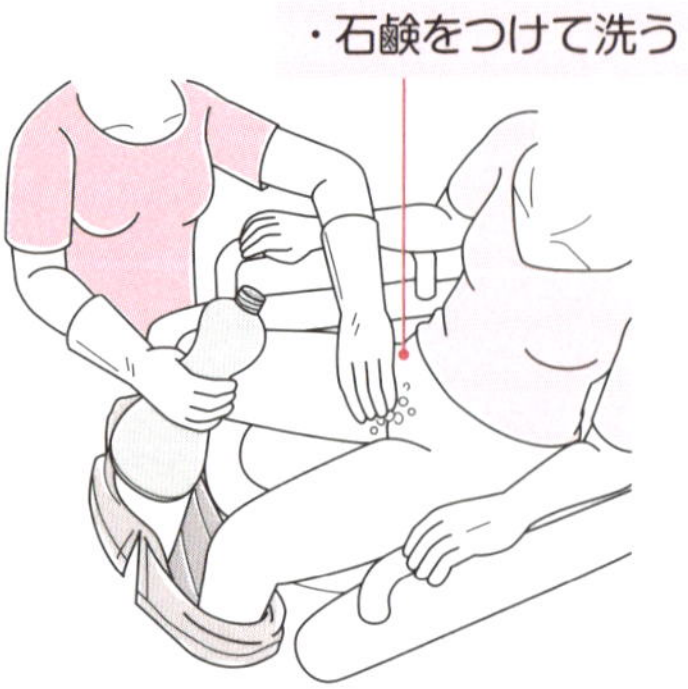
・石鹸をつけて洗う

②石鹸をつけて洗う

石鹸を泡立たせて陰部を洗う。

③石鹸を洗い流す

容器のお湯をかけて、陰部と手についた石鹸を洗い流す。

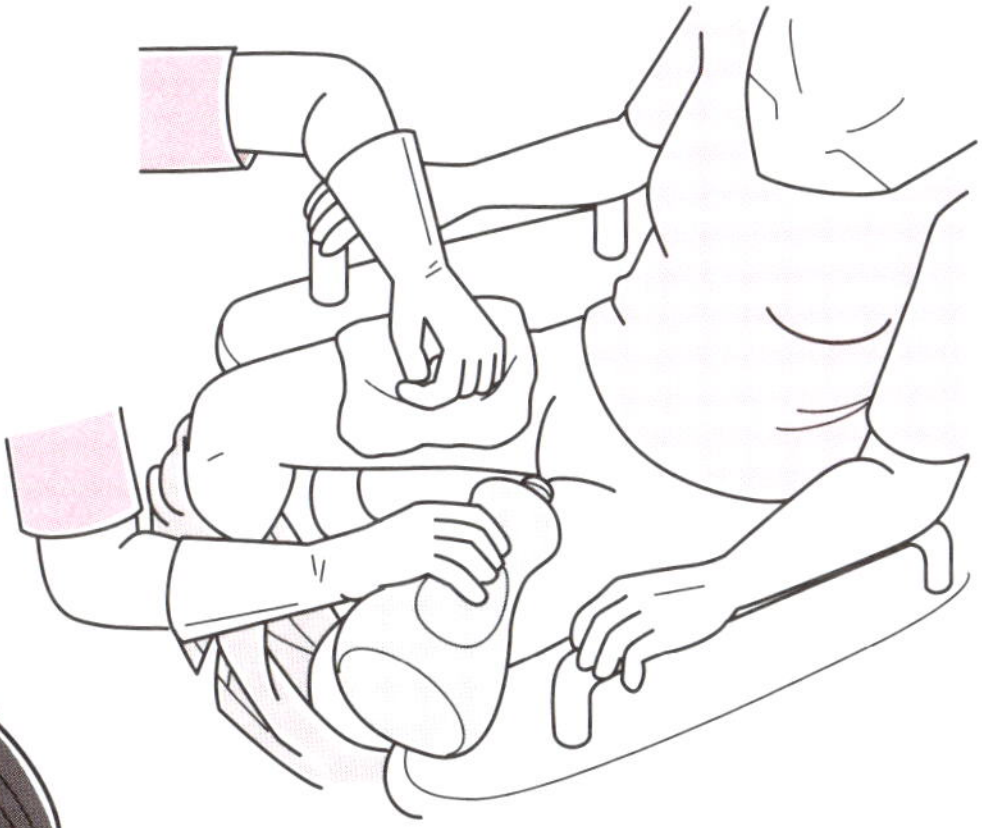

④後部を洗う

前部の汚れが落ちたら、本人に少し前に動いてもらい、背中と背もたれの間に手を入れてお尻を洗う。

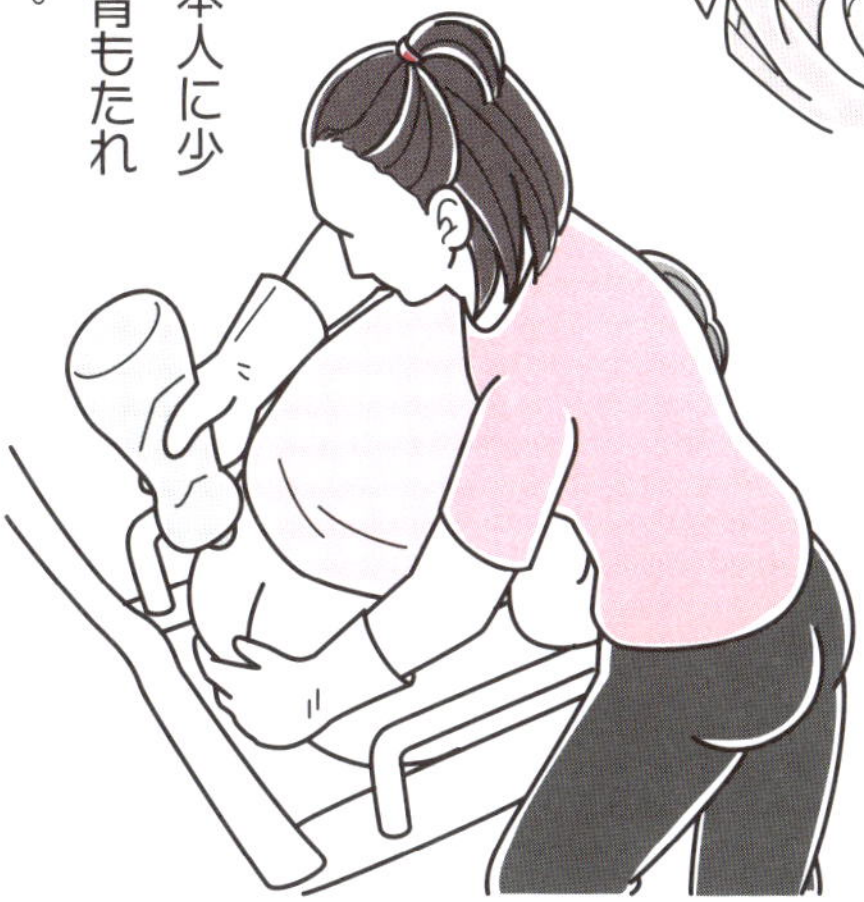

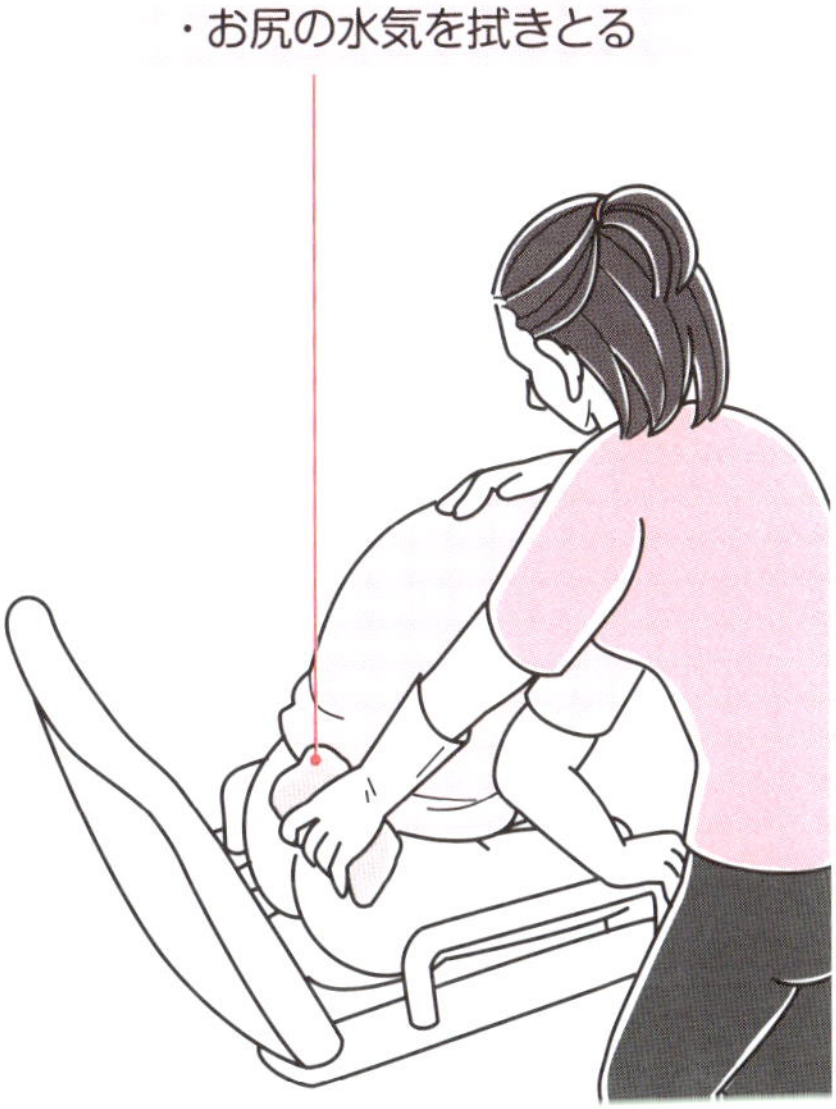

⑤後部の水気をとる

お尻につけた石鹸を洗い流したら、よく水気をとり、本人に少し後ろに動いてもらう。

⑥前部の水気をとる

お尻を拭きとった別のタオルで前部の水気を残らず拭きとる。

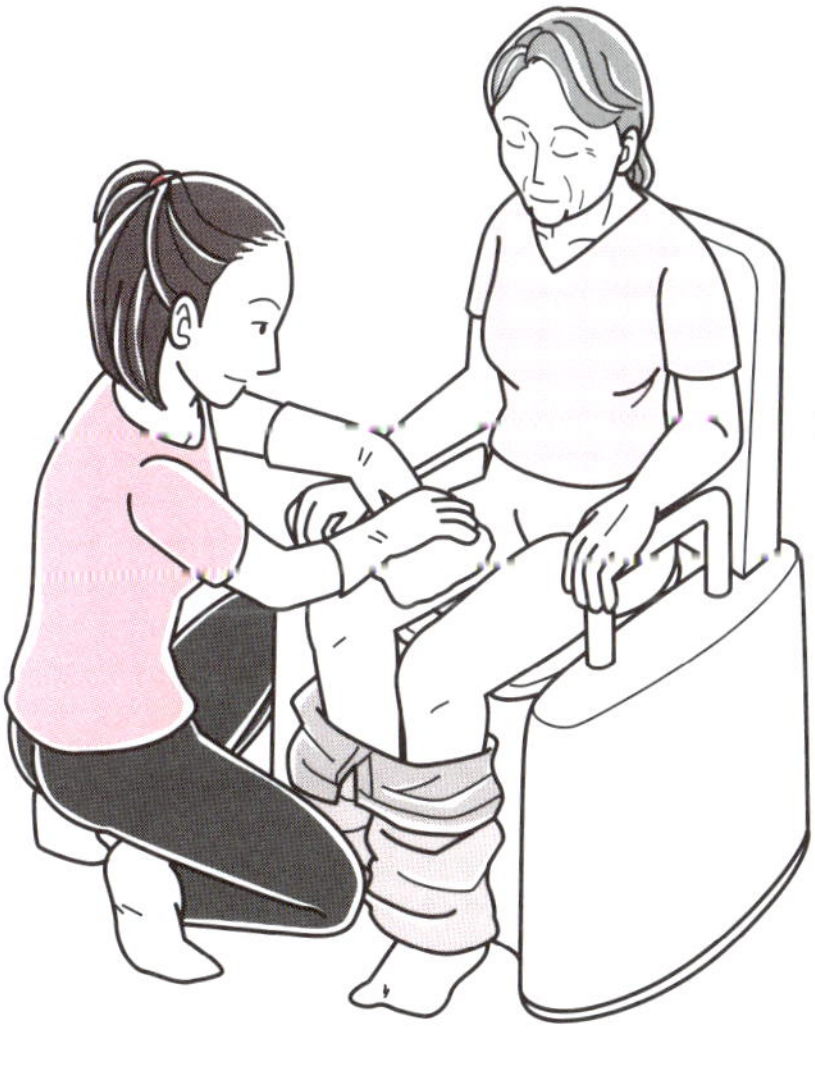

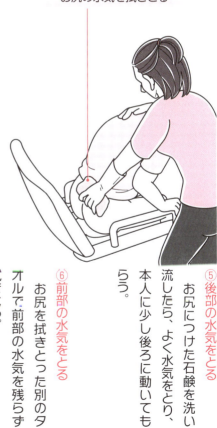

清潔

耳・鼻・つめの手入れ

耳・鼻・つめは、いつも清潔に保つことを心がけましょう。耳あかなどを放っておくと不衛生なだけでなく、清潔でいたいという本人の意欲を減退させます。自身でできるようなら、介護者は定期的にさりげなくチェックを行います。自分でできない場合は、介護者がこまめに手入れを行いましょう。ただ、顔の近くの手入れはだれでも怖いものなので、「さあ、はじめますよ」「痛くないですか」と声をかけながら行うと、安心して受けてもらえます。

1 耳の手入れ

声をかけても反応が遅いので認知症を心配したら、耳あかがたまっていただけ、というケースが少なくありません。

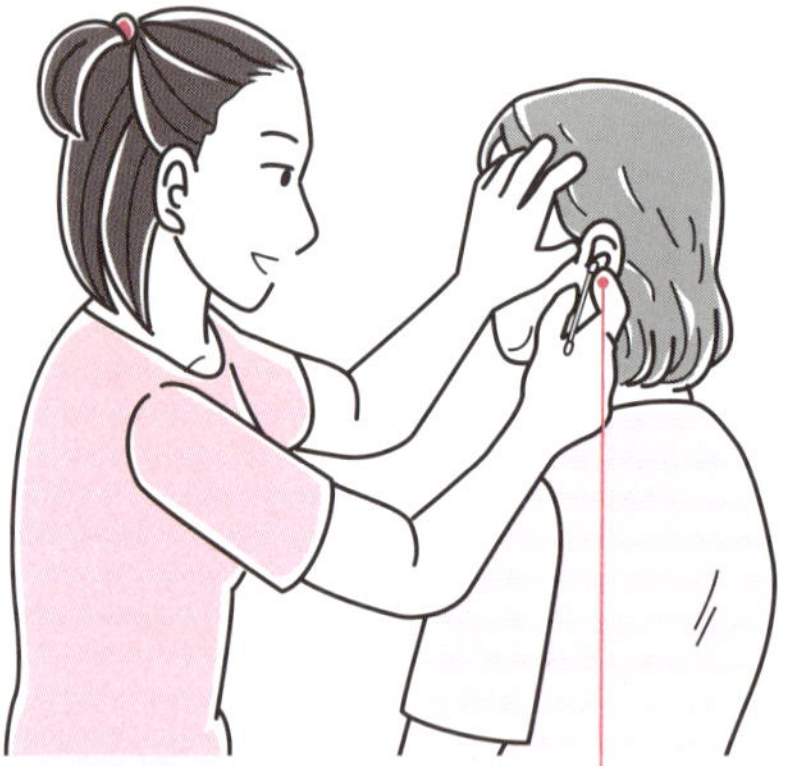

・乾いた耳あかは耳かきを使い、湿った耳あかは綿棒がとれやすい

2 鼻の手入れ

蒸しタオルで鼻を湿らせてから行うとスムーズにできます。

①鼻を湿らす

蒸しタオルで鼻の周囲を湿らせると鼻汁が出やすくなるので、鼻をかむとすっきりする。

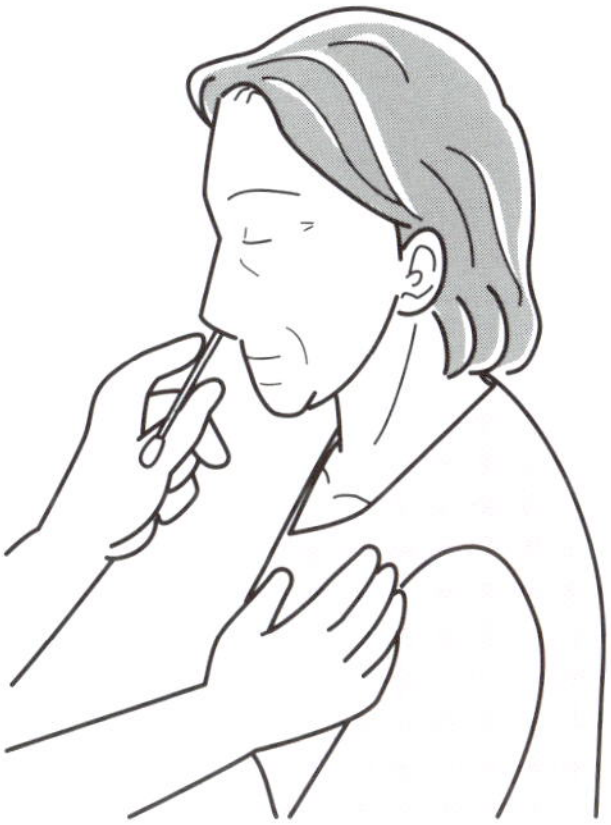

②綿棒で掃除する

お湯やオリーブオイルで湿らせた綿棒をくるくる回しながら鼻腔内を掃除する。強くこすると粘膜を傷つけ鼻血が出ることもあるので注意する。

3 つめの手入れ

高齢者のつめは硬く割れやすくなっているので、少しずつ切っていくのがポイントです。深づめにならないように気をつけ、痛くないか確認しながら切ります。

①マヒのある場合

指が離れにくいので、介護者は指の間に自分の指をはさんだり、タオルをはさんだりして、指を離してから手入れを始める。

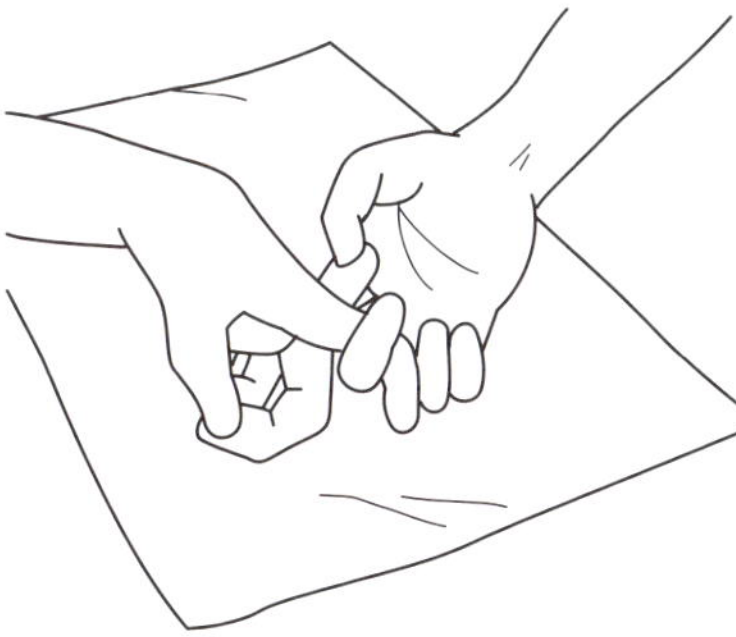

②保湿してからつめを切る

蒸しタオルで温めてから切ると割れにくい。

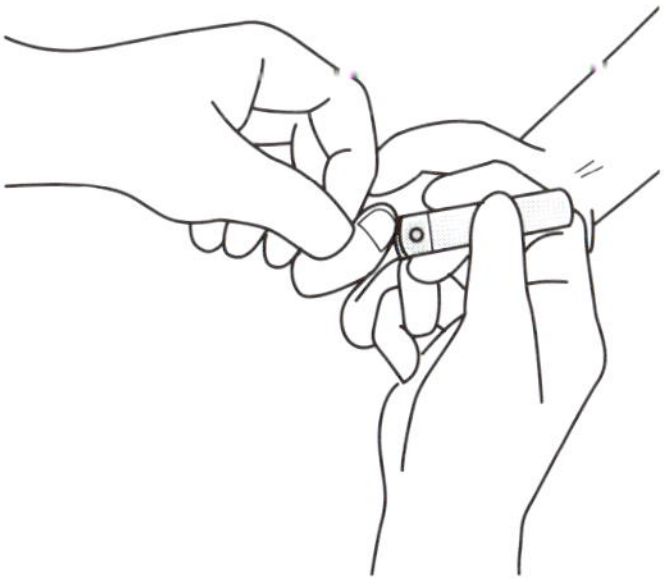

③やすりで整える

引っかかるところはやすりで整える。

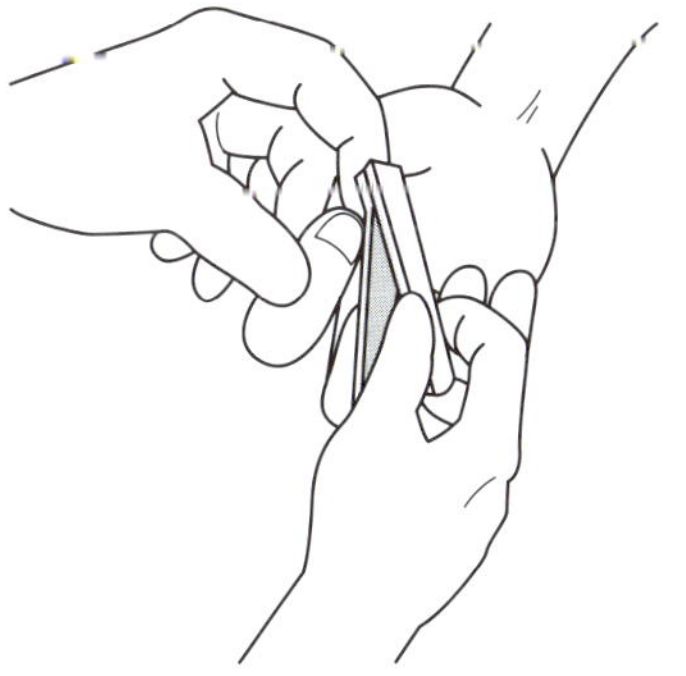

洗髪

ベッドの上で洗髪する

寝たきりの人の洗髪は、市販のケリーパッドという用具を利用する方法もありますが、おむつや新聞紙、ビニール袋といった身近にあるものを使った洗髪パッドが手軽です。訪問入浴介護、入浴サービスのある通所介護などを利用して洗髪を行う方法もあるので、うまく組み合わせて洗髪の負担を軽くしましょう。

また、水を使わない「ドライシャンプー」を使えば手軽ですが、水を使って洗い流す洗髪に比べて、爽快感は劣るようです。

1 手づくりパッドを使った洗髪

ゴミ出し用のビニール袋の中におむつを入れ、水が外に出ないように棒状にした新聞紙で土手をつくる方法です。ビニール袋に頭部を入れて水を流して洗髪しますが、一般的なおむつで1500cc程度の水が使えます。

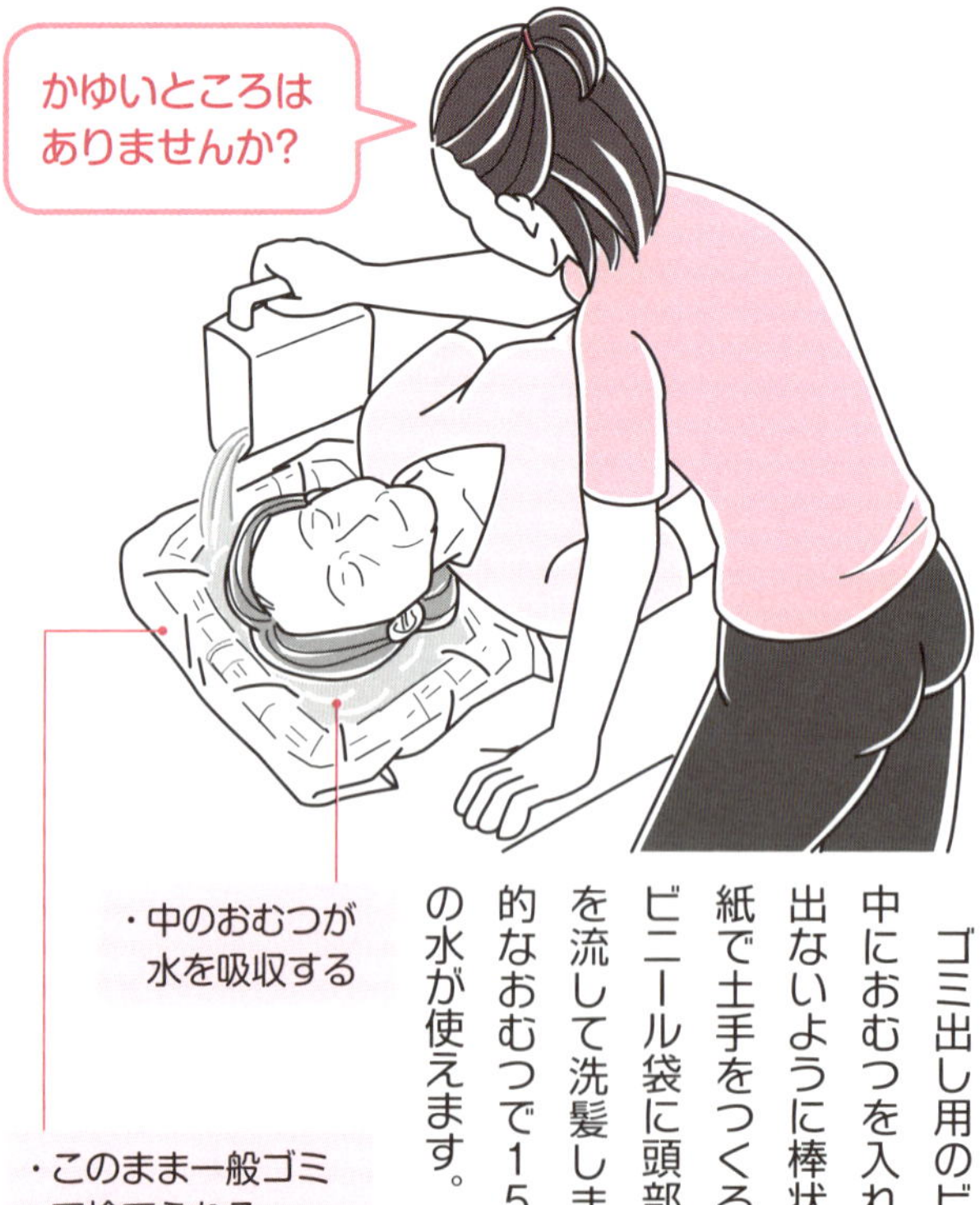
かゆいところはありませんか?
・中のおむつが水を吸収する
・このまま一般ゴミで捨てられる

●洗髪パッドの作り方

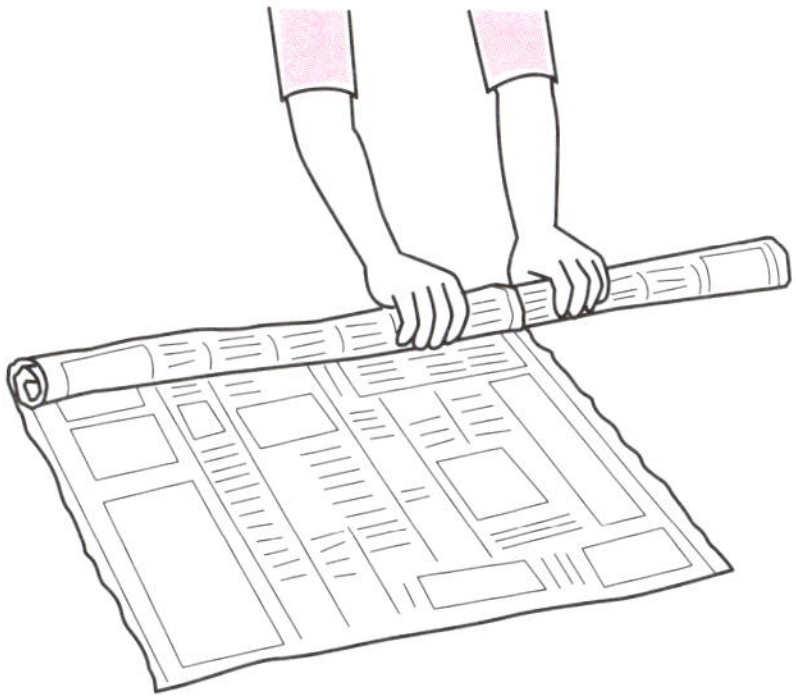

①新聞紙を丸めてつなぎ棒状にする

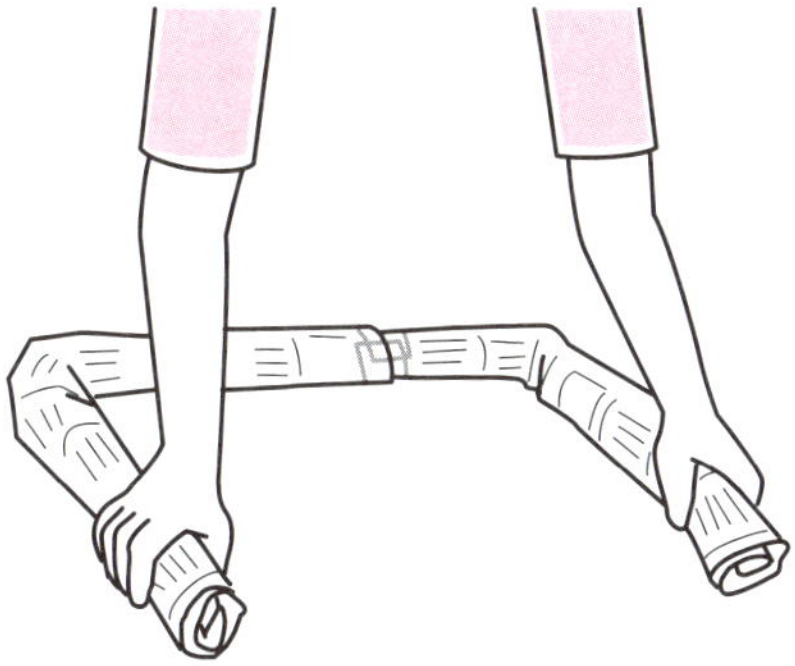

②棒にした新聞紙折り曲げる

③新聞紙を丸めてテープでとめて土手にする

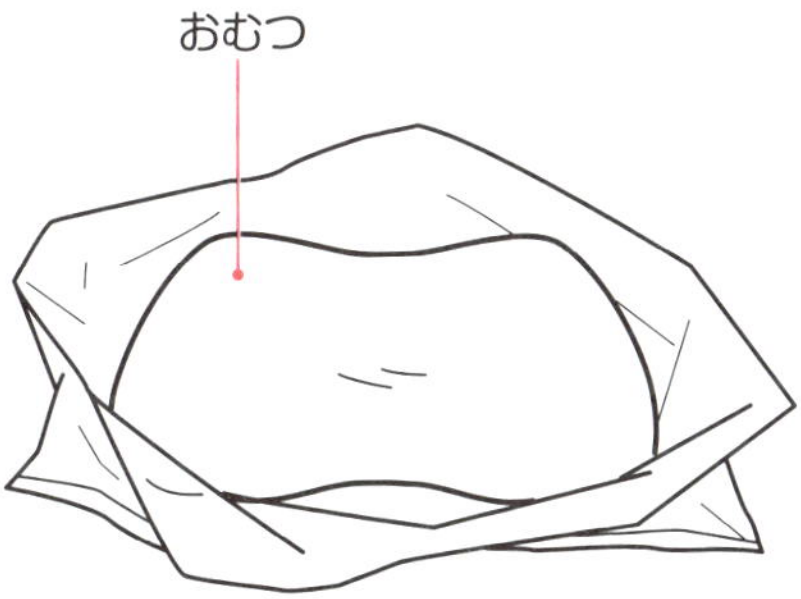

④ビニール袋の中におむつを入れる

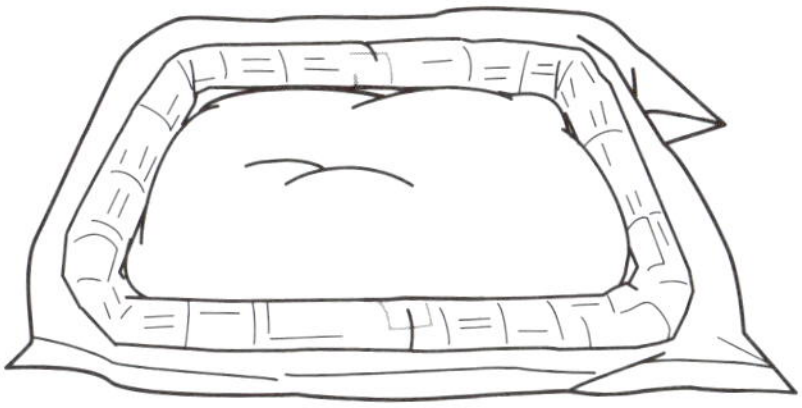

⑤おむつの上に新聞紙の土手を置いて完成

●市販のケリーパッド

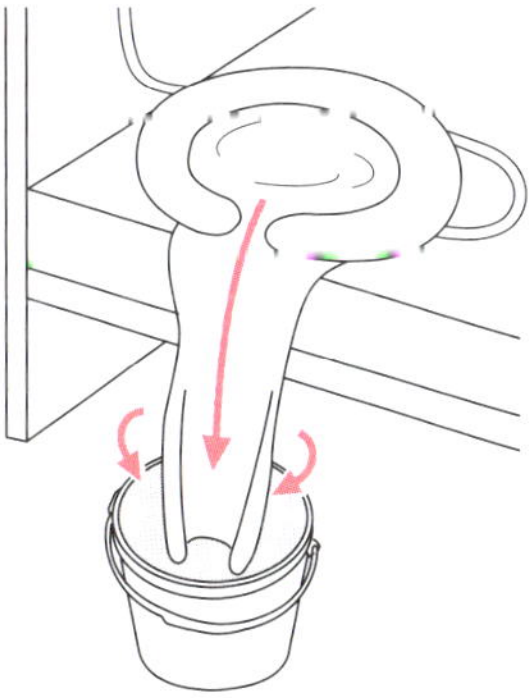

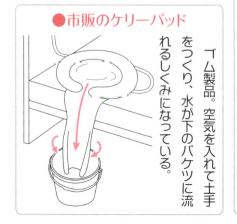

ゴム製品。空気を入れて土手をつくり、水が下のバケツに流れるしくみになっている。

着替え

片マヒの人のパジャマの着替え

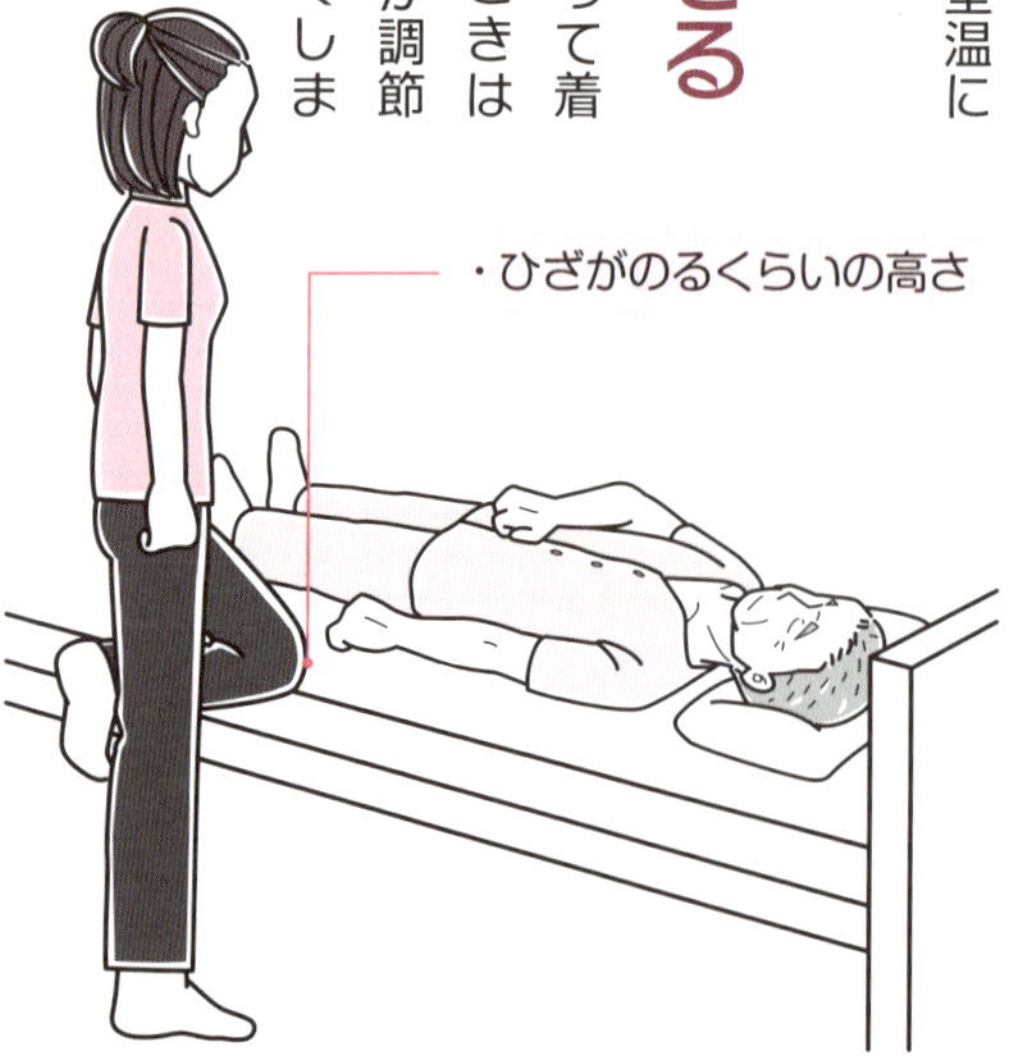

パジャマの着替えは、清潔の保持だけでなく気分転換にもなります。足や手を動かすのでリハビリにも有効です。おもらしをした場合は別ですが、1週間に1回程度など、定期的に行うと本人も心づもりができて協力してくれやすくなります。本人と力を合わせて行えれば、とてもスムーズに着替えられます。マヒのある人の衣類の着替えは、**健側**《けんそく》(=マヒのない側)から脱がせ、**患側**《かんそく》(=マヒのある側)から着せるのが原則です。

①ベッドの高さを調節する

ベッドにひざをのせて行うと腰への負担が軽減できる。

1 着替えの準備

着替える前に、カーテンやブラインドを引きプライバシーを守ります。下着になるので冬は室温にも気をつけましょう。

2 上着を脱がせる

座位が保てるようなら座って着替えます。寝たまま行うときはベッドで行いますが、高さが調節できるベッドならやや低くします。ひざがのるくらいの高さに調節して行うと、腰を痛める危険性が減ります。

②上着の前を開ける

上を向いてもらい、上着の前を開ける。

③患側の肩を外す

健側から脱がせていくが、その前に患側の肩を外しておくと、健側のそでが抜けやすくなる。

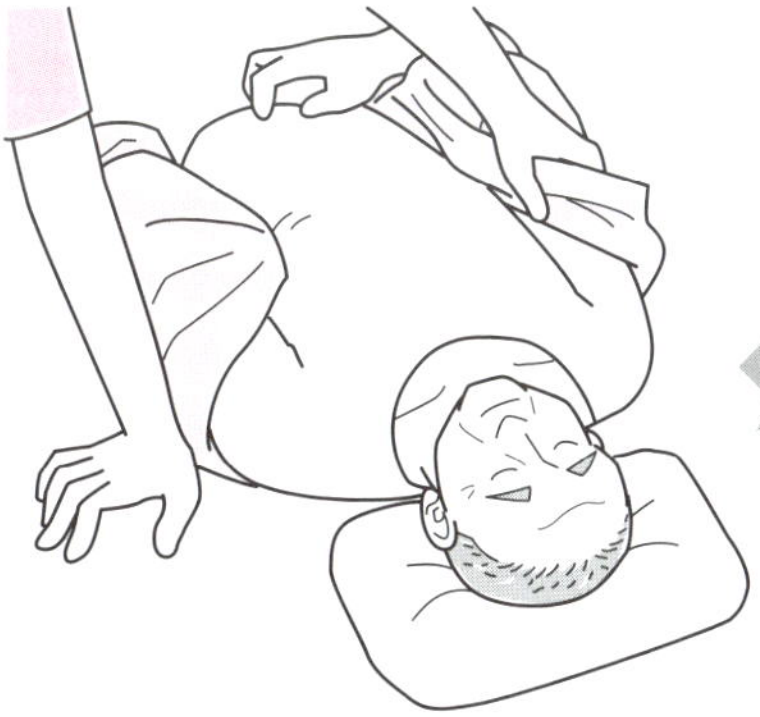

④健側の腕を抜く

健側の手を持ちながら、そでを抜いていく。

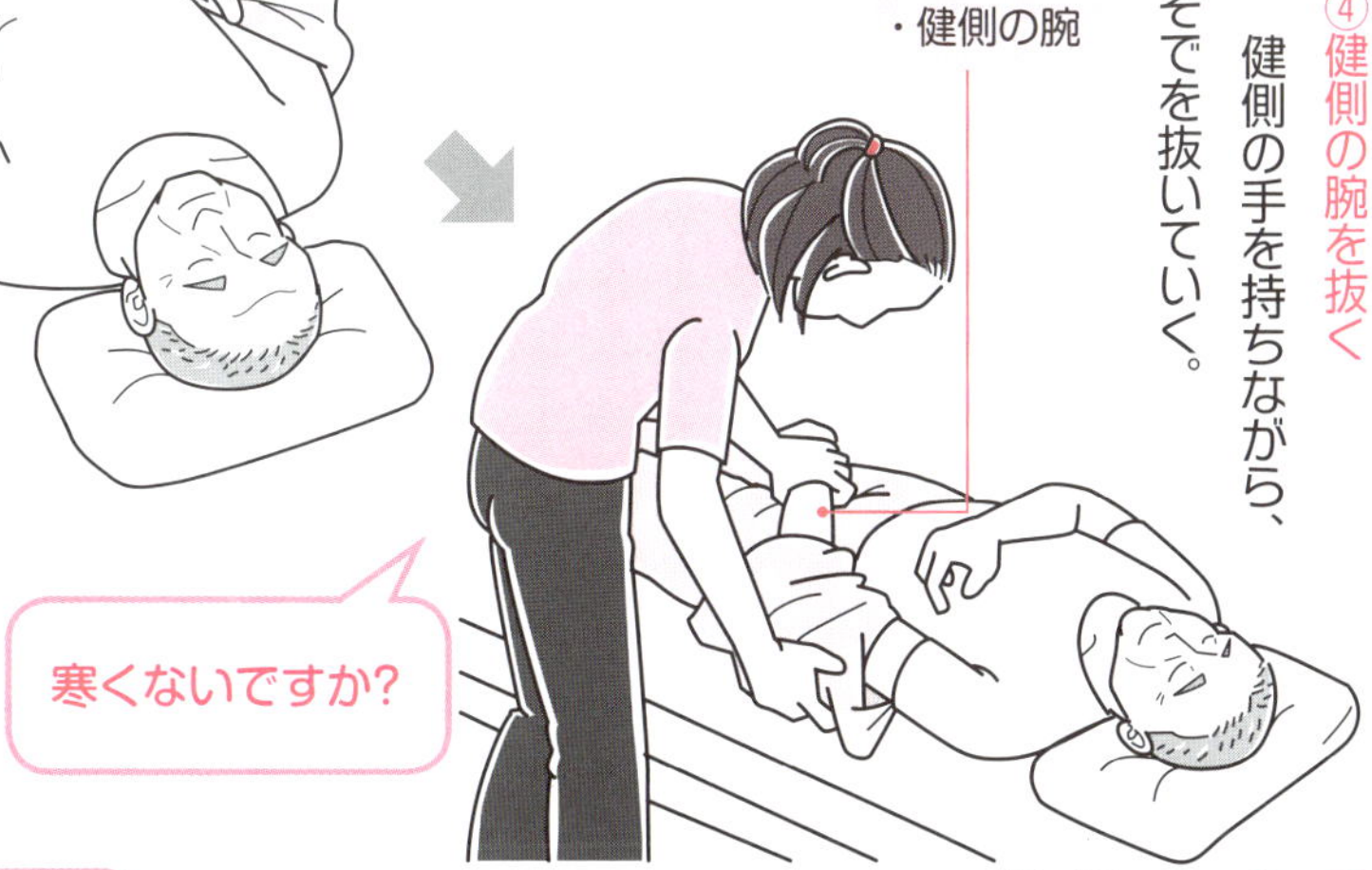

⑤患側を下に向かせ上着を折りたたむ

健側の手で柵を握り横向きになってもらう。患側の手腕に体重がのって痛めることがないか注意する。

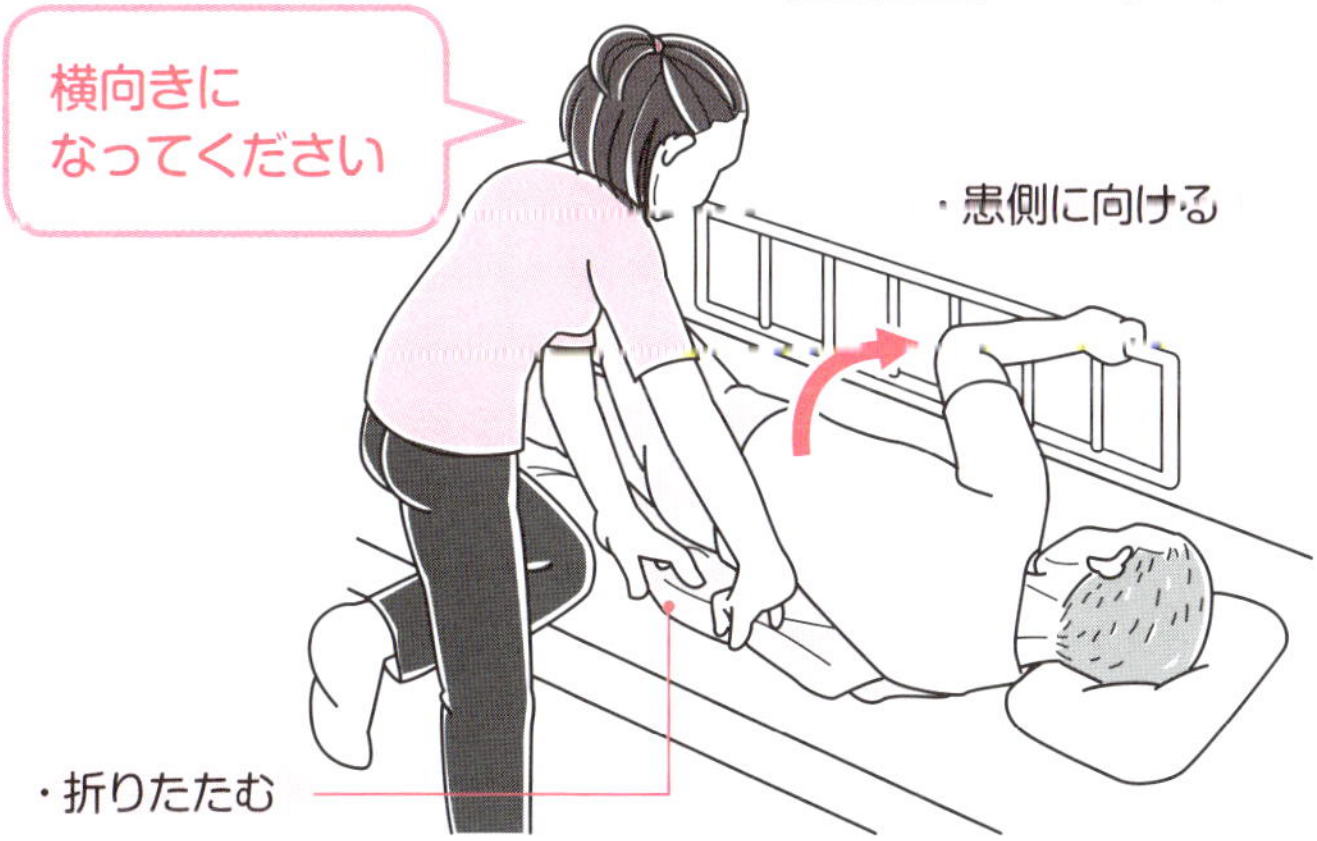

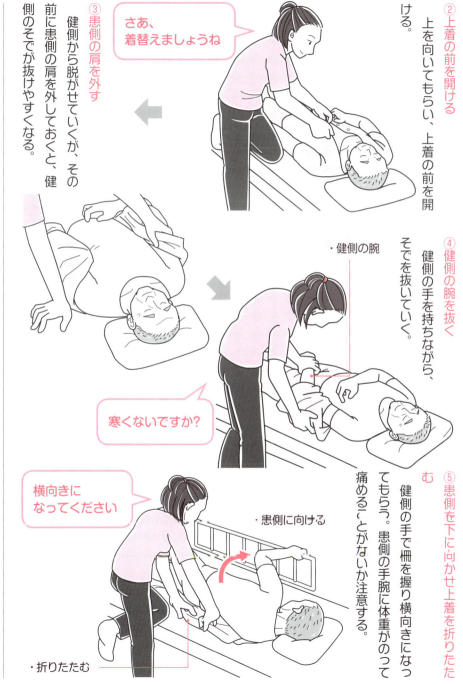

⑥体の下に上着を押し込む

十分にたたんだら、上着を体の下に押し込む。

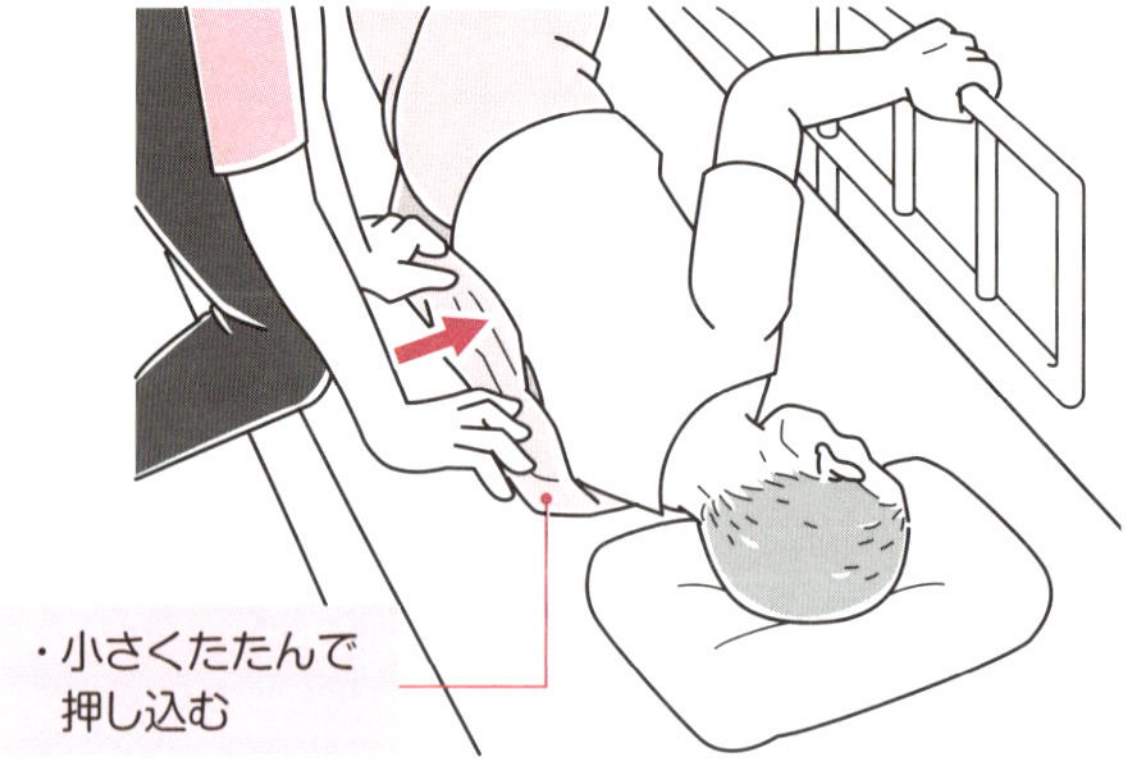
・小さくたたんで
押し込む

⑦こちら側に向きを変える

こちら側に向きを変えて、折りたたんだ上着の生地をたぐる。

⑧背中の生地を引っ張り上げる

肩に手を置いて横向きの体を支えながら、背中の生地を引っ張る。

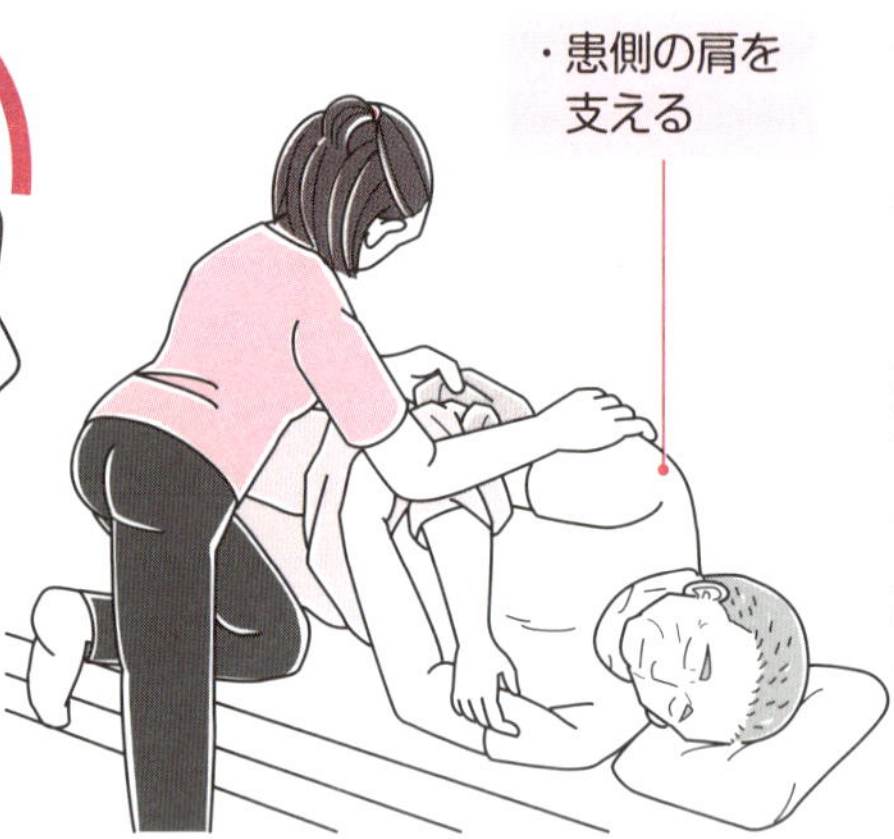
・患側の肩を
支える

⑨患側の腕を抜く

上向きになってもらって、患側の手を持ちながら患側の腕を抜く。

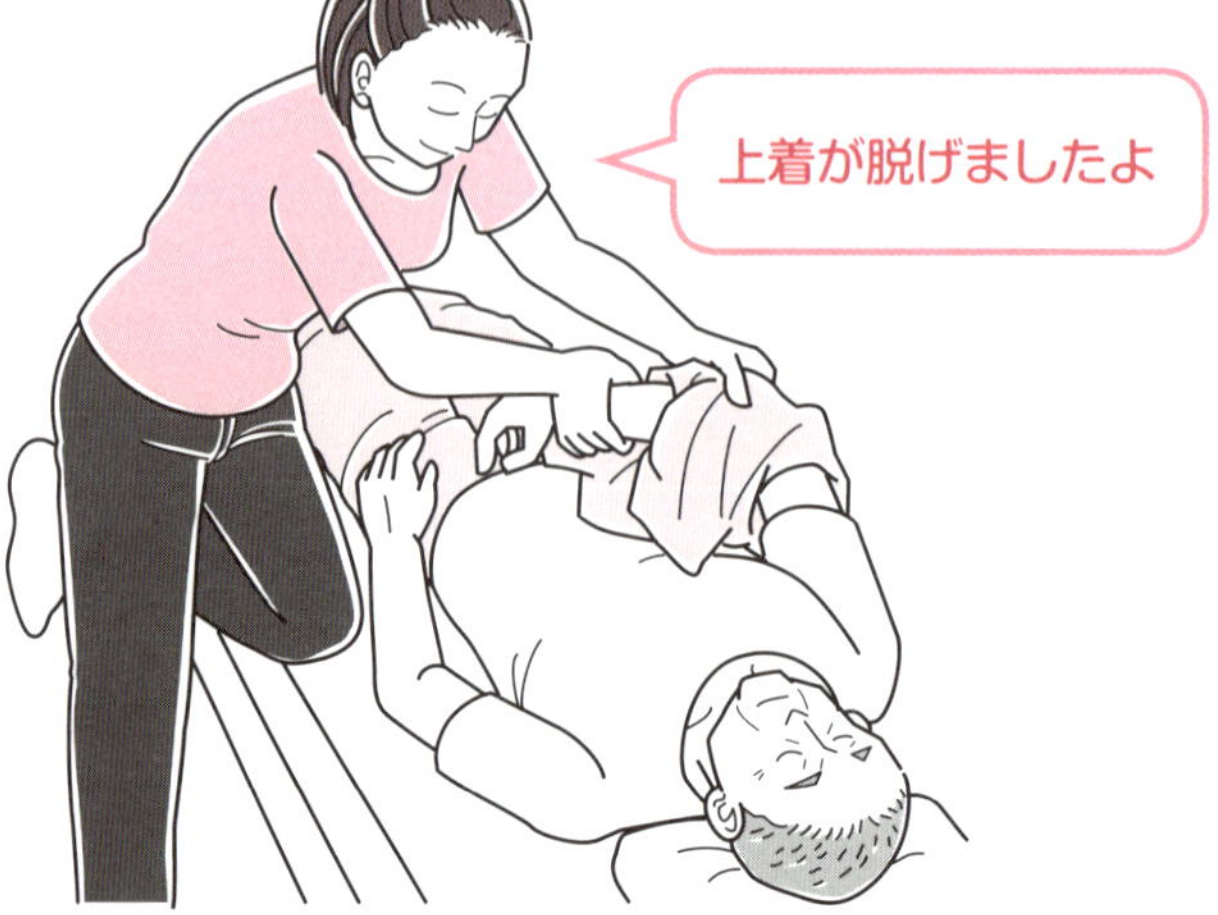
上着が脱げましたよ

3 上着を着せる

着るときは脱ぐときとは逆に、マヒのある患側から始めます。

患側の腕にそでを通して二の腕まで上げます。肩まで上げてしまうと、動きが不自由になるので健側の腕にそでを通してから、最後に患側の肩まで上げます。

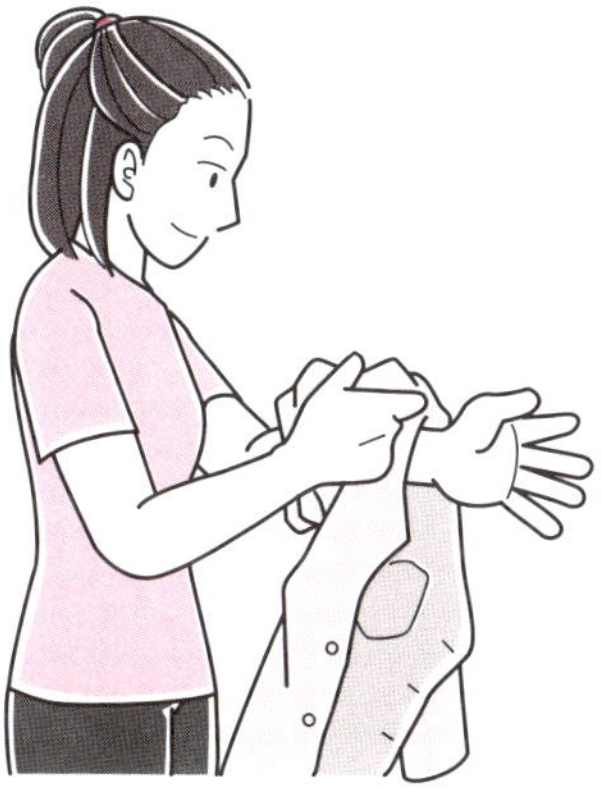

①上着のそでから手を入れる

介護者の手を患側のそでの口から入れる。

②患側の腕にそでを通す

上を向いた本人の患側の手を握り、そでを上げていく。

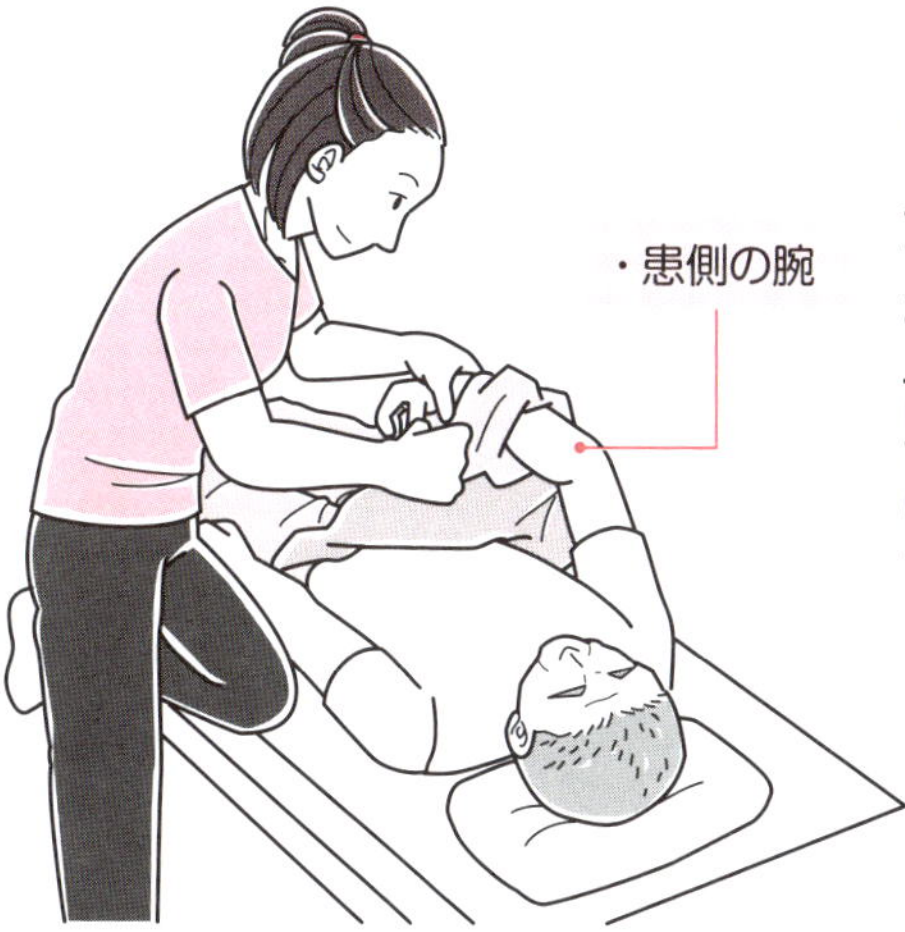
・患側の腕

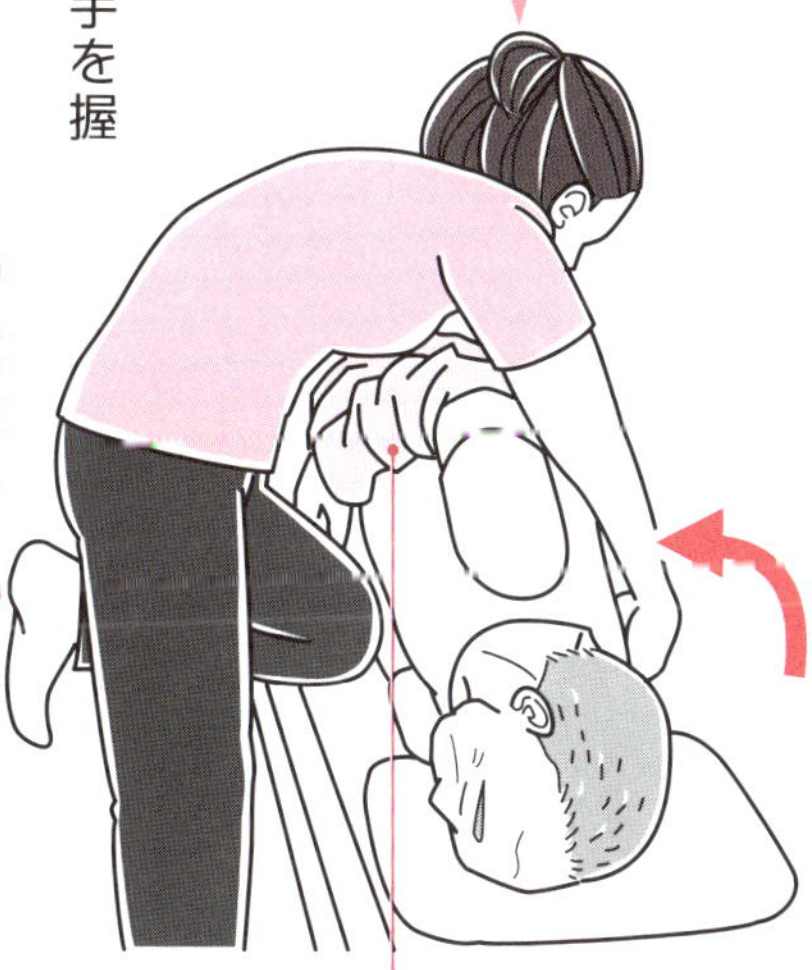
こちらを向いてください
・二の腕で止める

③二の腕まで上げる

上着のそでを二の腕まで上げて止める。体を健側に横向きにする。

④体の下に上着を押し込む

上着をたたんで、体の下に押し込む。

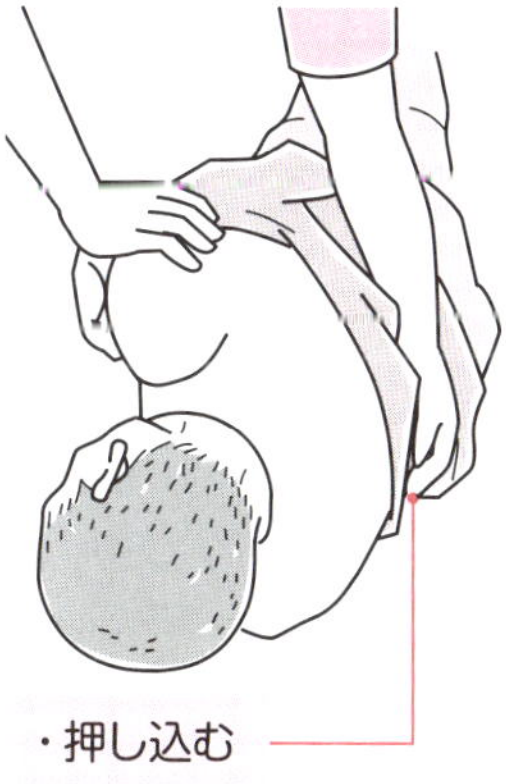
・押し込む

⑤体の患側に向けて上着を引っ張る

体を患側に反転させて、体の下にはみでた上着を引っ張る。

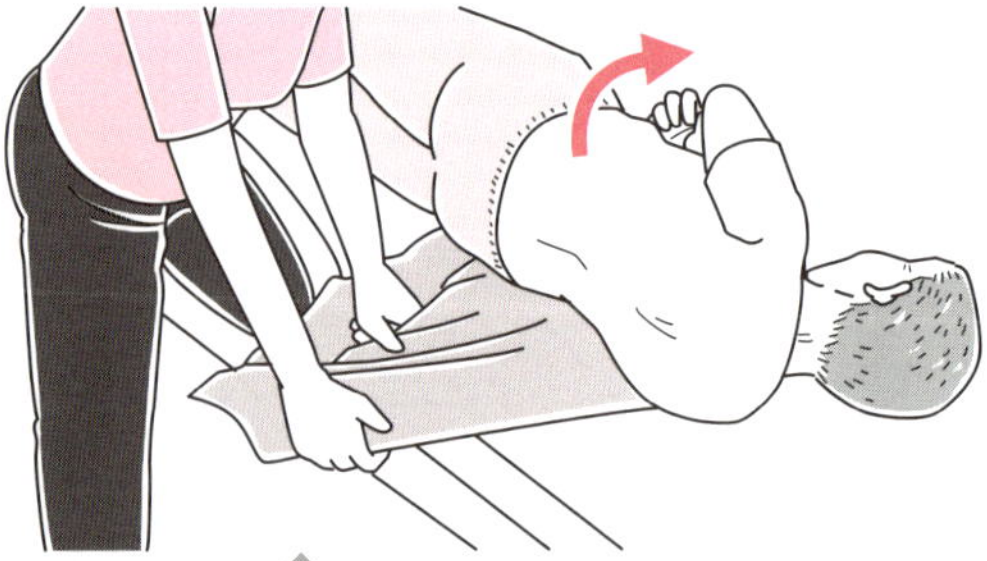

⑥健側の腕を通す

上向きにして健側の腕にそでを通す。

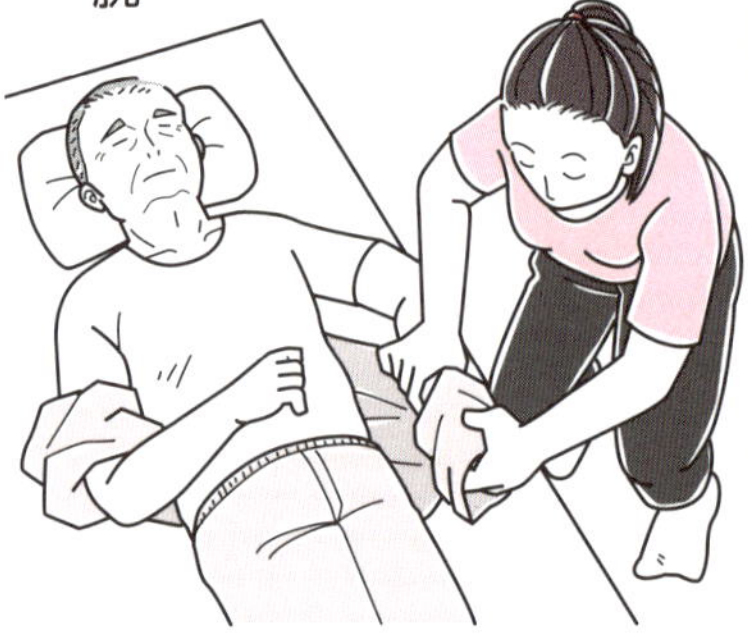

⑦背中のラインをまっすぐにする

患側に向きを変えて、背中のラインをまっすぐにととのえる。

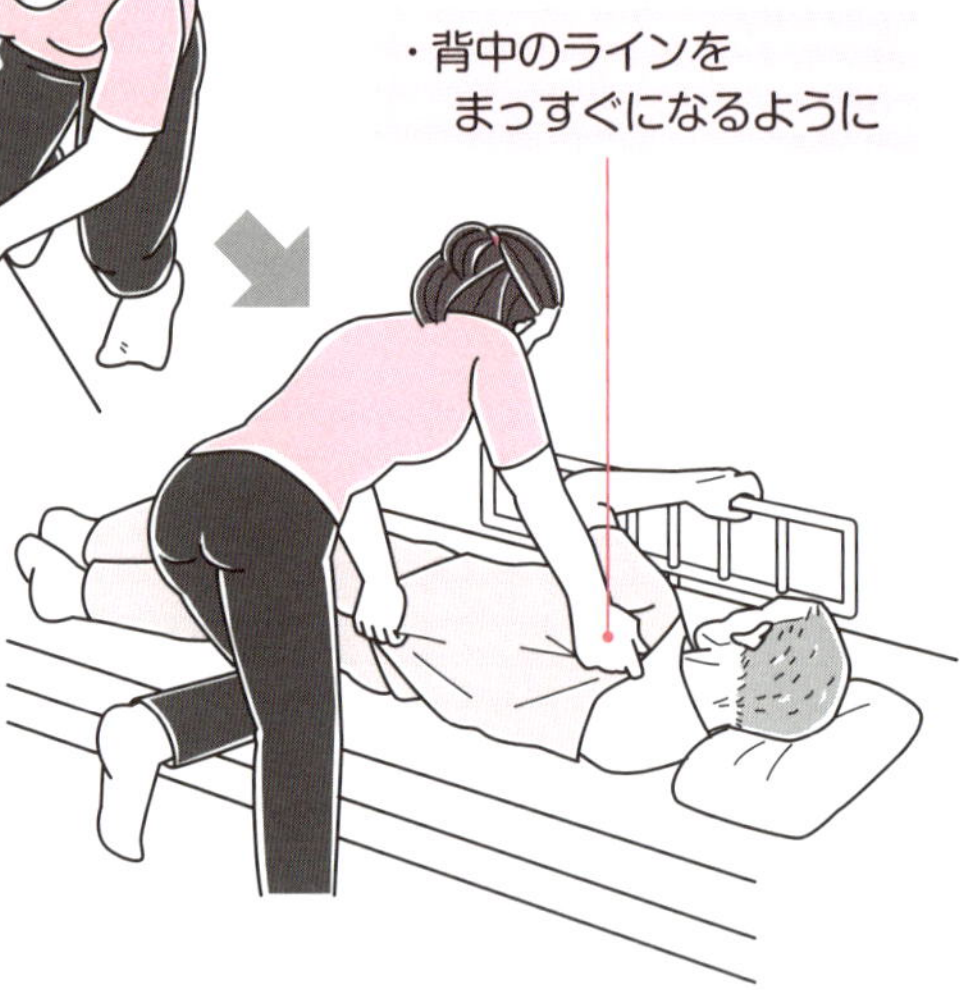
・背中のラインを
まっすぐになるように

⑧患側の肩を入れる

健側に向きを変えて、患側の肩を入れて全体をととのえる。

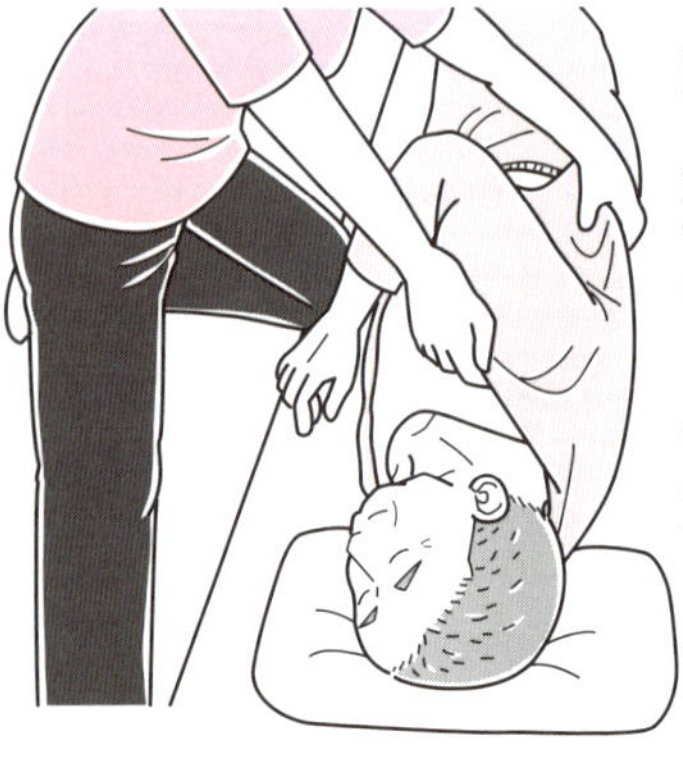

⑨前をとめる

上を向いてもらい、前をとめる。

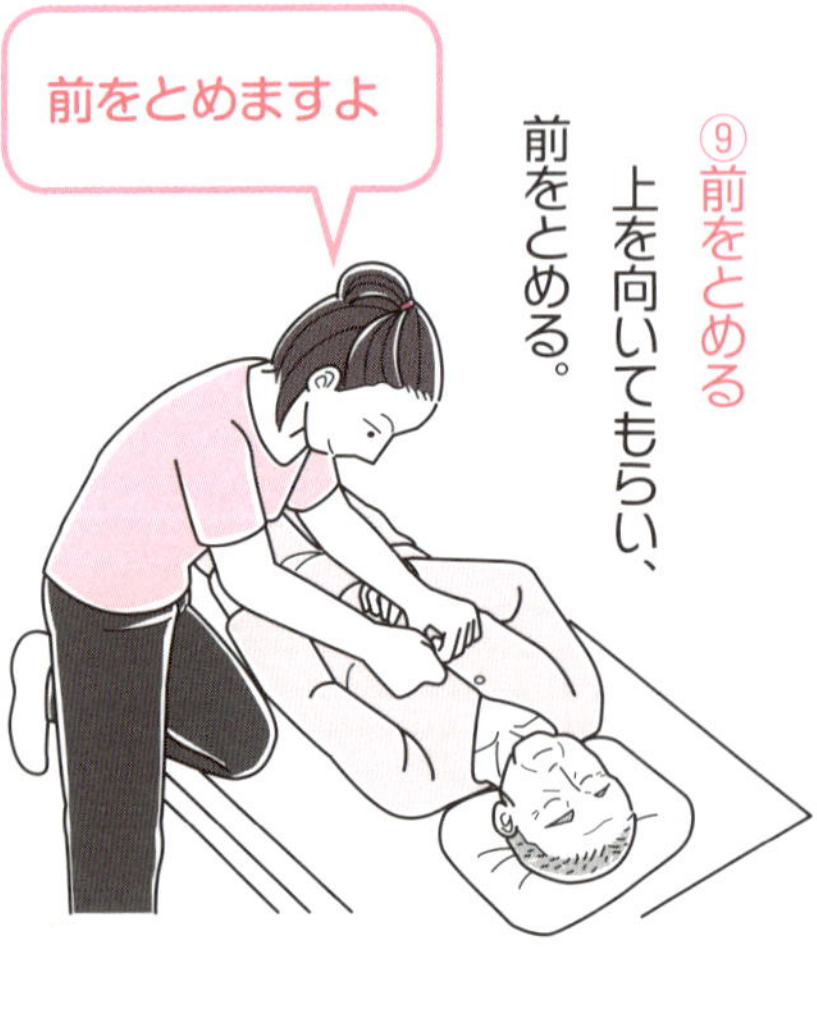
前をとめますよ

4 ズボンを脱がせる

上着の着替えが済んだら、下半身の着替えに移ります。下半身の着替えはだれでも恥ずかしいものなので、手早く行いましょう。

腰が上がる人なら腰を上げてもらうと、ずっとらくにできます。腰が上がらない人を着替えさせるときは、横向きをくり返しながら大腿までズボンを下ろします。

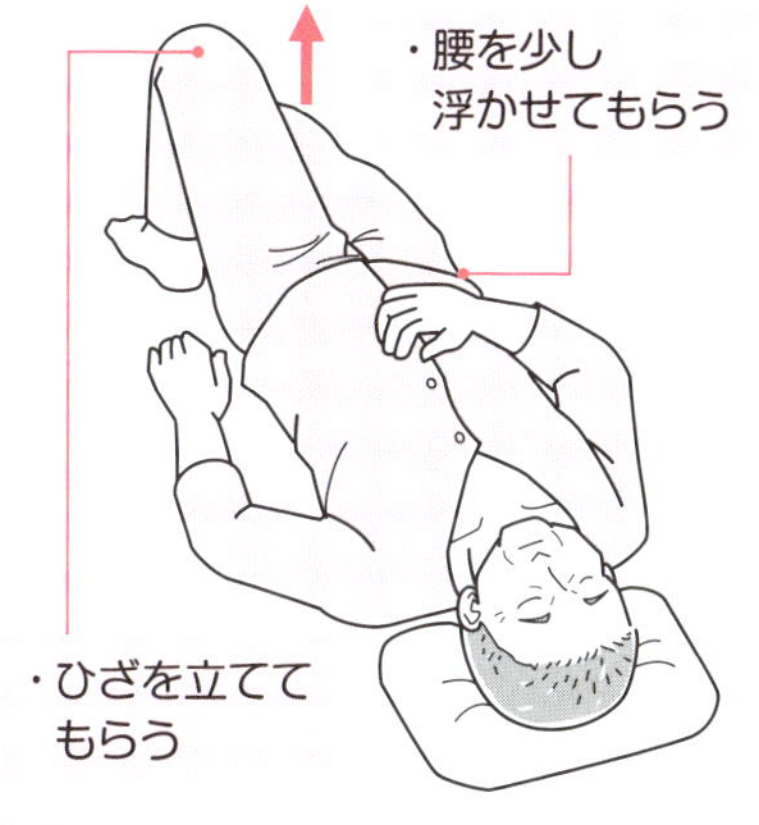
・腰を少し浮かせてもらう
・ひざを立ててもらう

①健側のひざを立ててもらう

腰が上がる場合は、まず健側のひざを立て、腰を少し浮かせてもらう。

②ズボンは健側から下ろす

ズボンをずり下ろすときは、健側から大腿まで下げ、次に患側を同じように大腿まで下ろす。

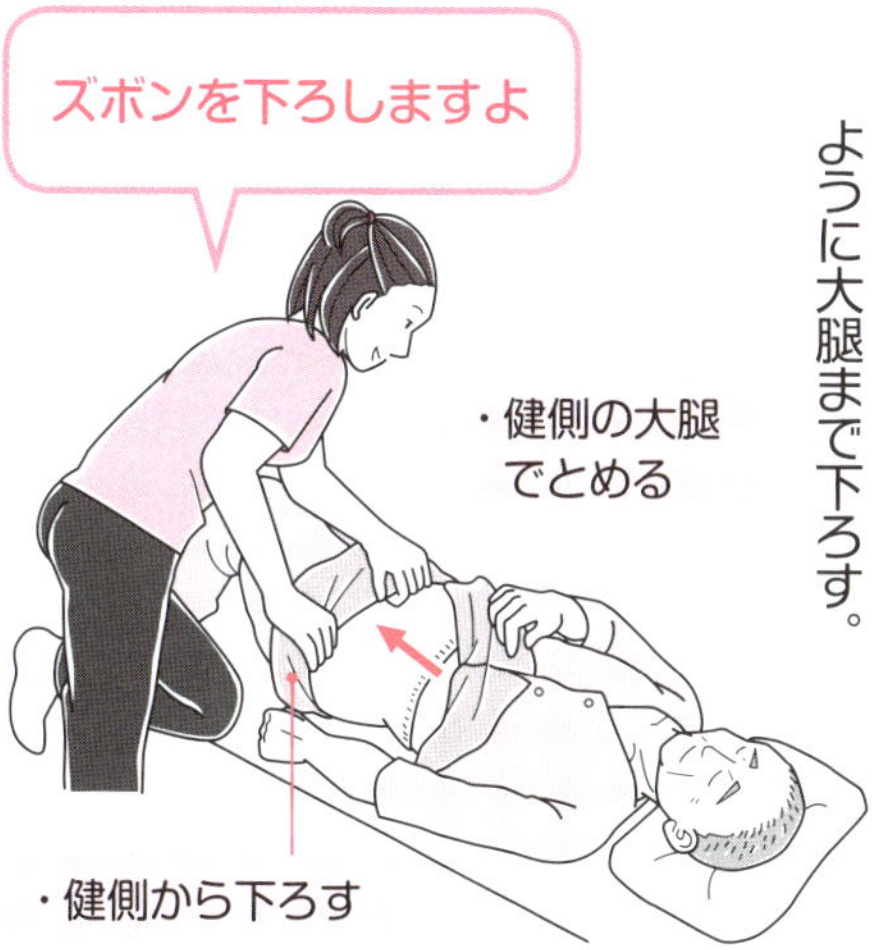
ズボンを下ろしますよ
・健側の大腿でとめる
・健側から下ろす

③ふくらはぎまで下ろす

大腿まで下ろしたら、健側→患側の順にふくらはぎまで下ろす。

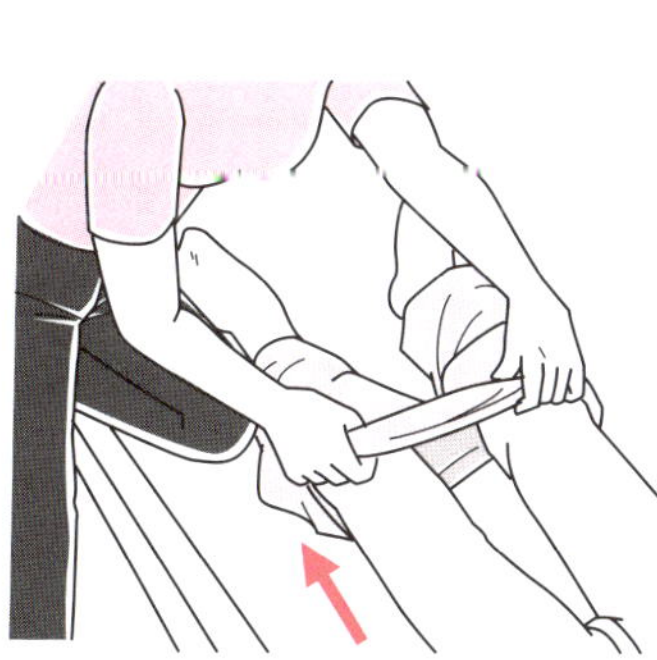

④健側から足を抜く

健側の足を引き抜き、患側の足を抜く。

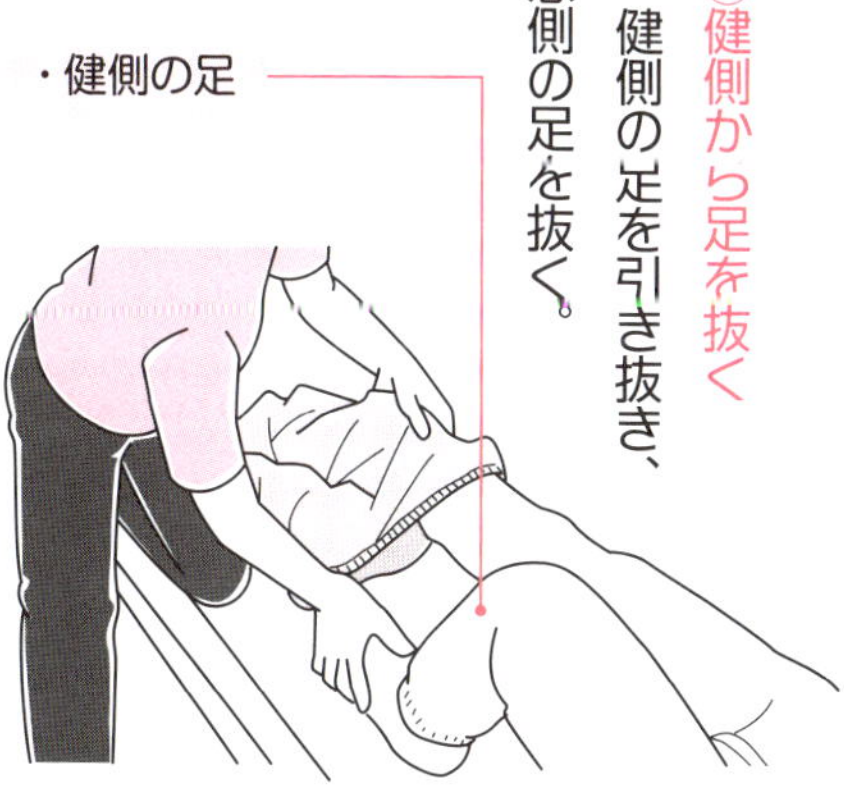
・健側の足

5 ズボンをはかせる

ズボンをはかせるときは、脱がせるときとは逆に患側からはかせます。はかせ終わり、着替えが終わったら上着と背中のラインをまっすぐにととのえて、しわやたるみを再チェックしましょう。パジャマの生地だけではなく、ベッドのシーツのしわも要注意。生地のしわは褥瘡《じょくそう》の原因になるので十分注意しましょう。

①患側の足を通す

ズボンのすそから手を入れて、その手で患側の足を持ち、すそを通す。

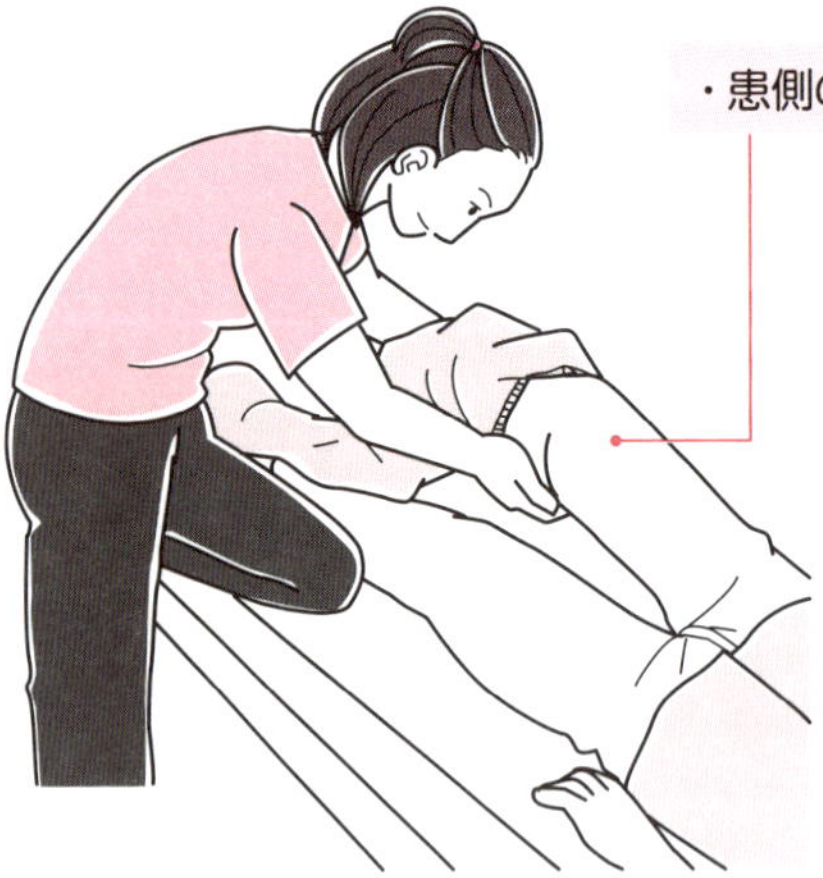

②健側の足を通す

次に健側の足にズボンのすそを通す。

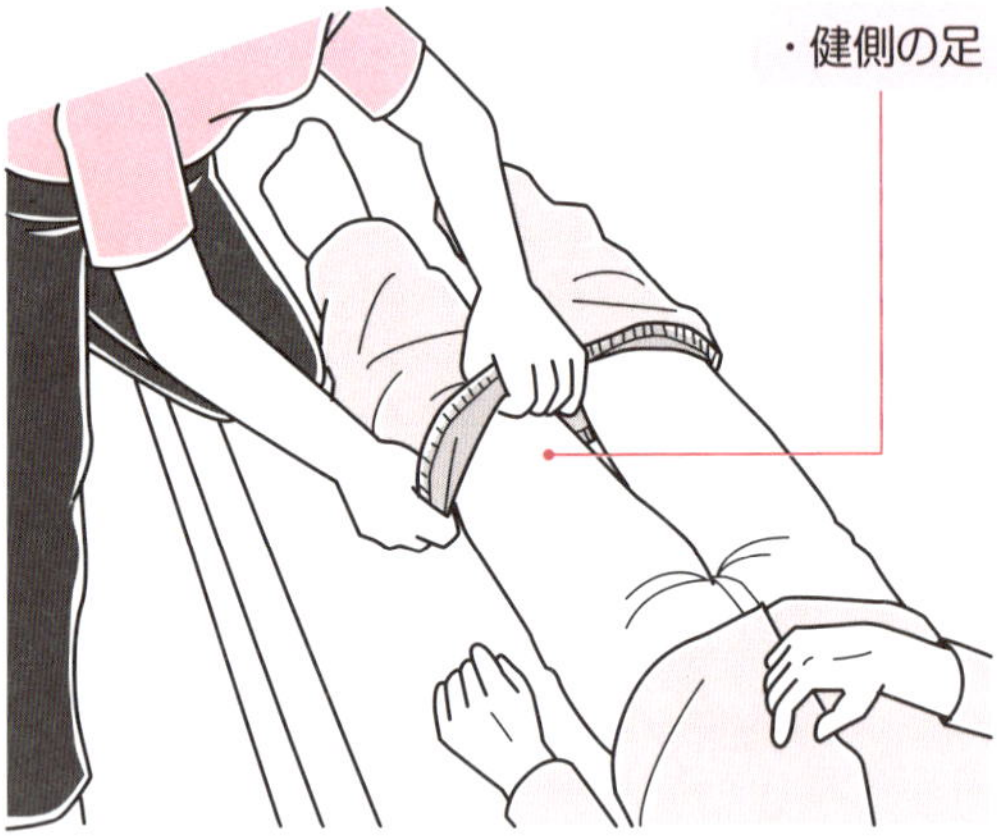

③大腿まで引き上げる

健側、患側のズボンを交互に引っ張って、大腿まで引き上げる。

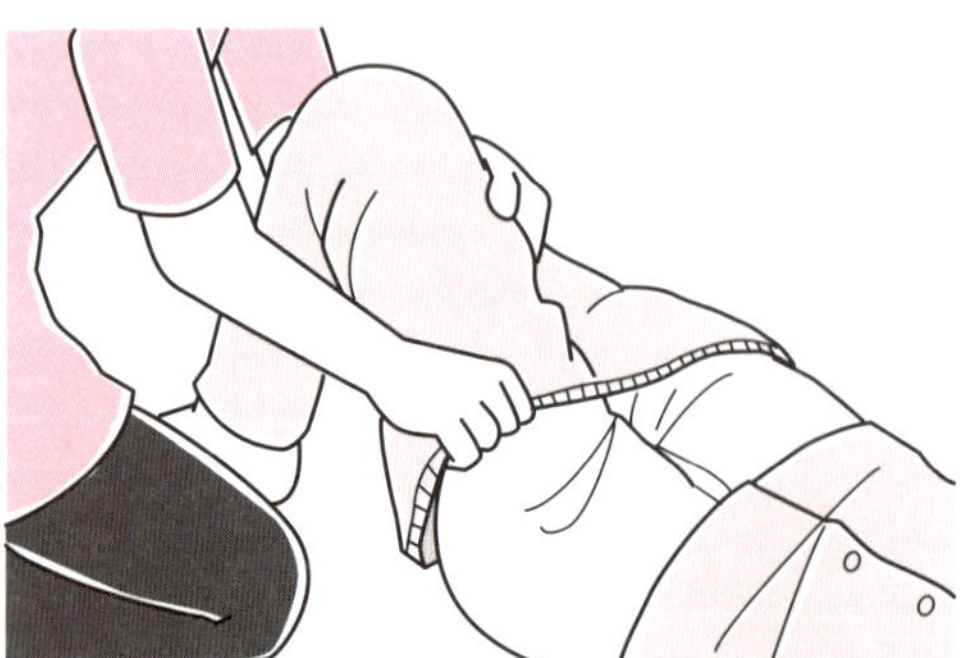

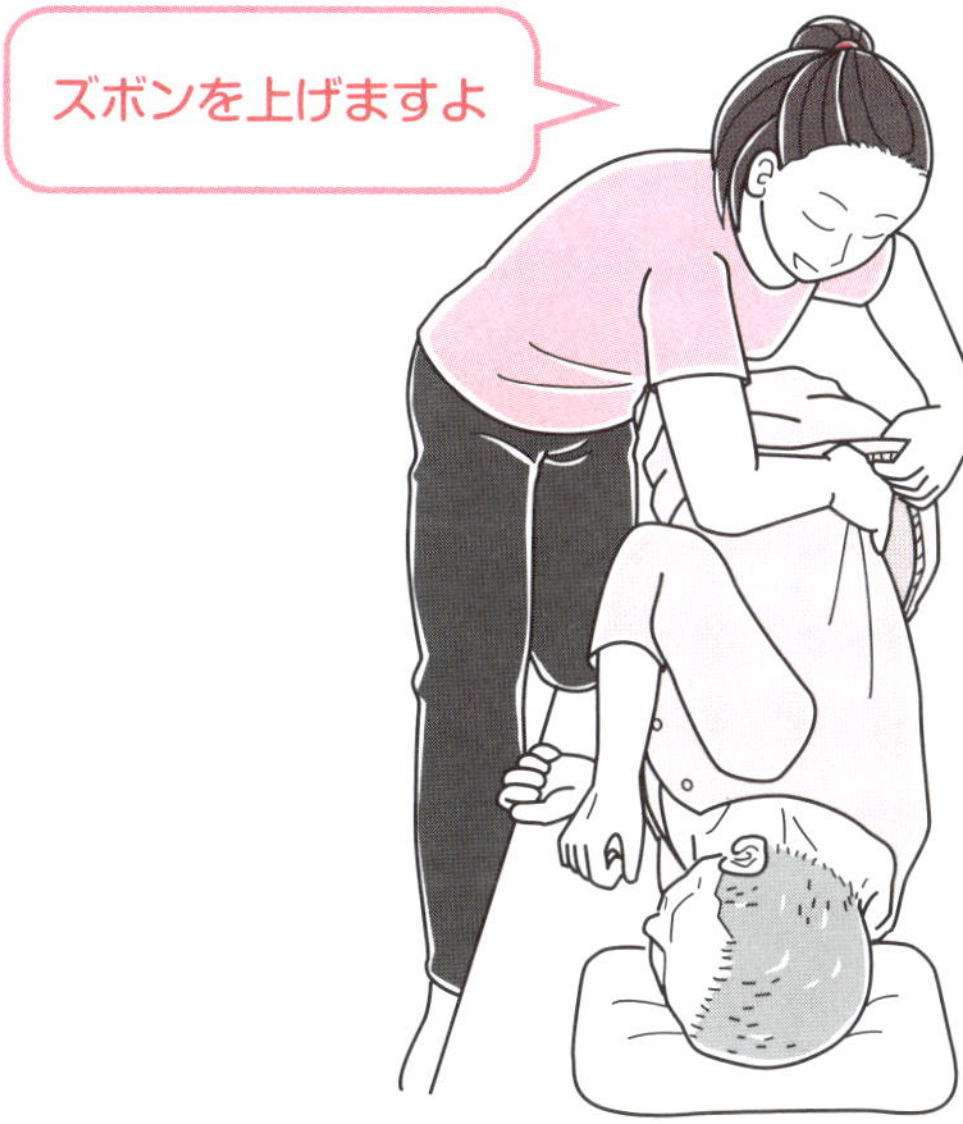
ズボンを上げますよ

④腰が上がらない場合

腰が上がる人なら上げてもらい、腰までズボンを上げる。腰が上がらない人の場合は、患側、健側と交互に横向きになってもらい、腰までズボンを引き上げる。

⑤ズボンをととのえる

しわやたるみがでないように上着といっしょにズボンをととのえる。

肌にあたるところはありませんか?

⑥背中のラインがまっすぐになるようにチェック

パジャマの中央が背中の中央にまっすぐくるようにする。ラインがひと目でわかるように、チェック柄が望ましい。

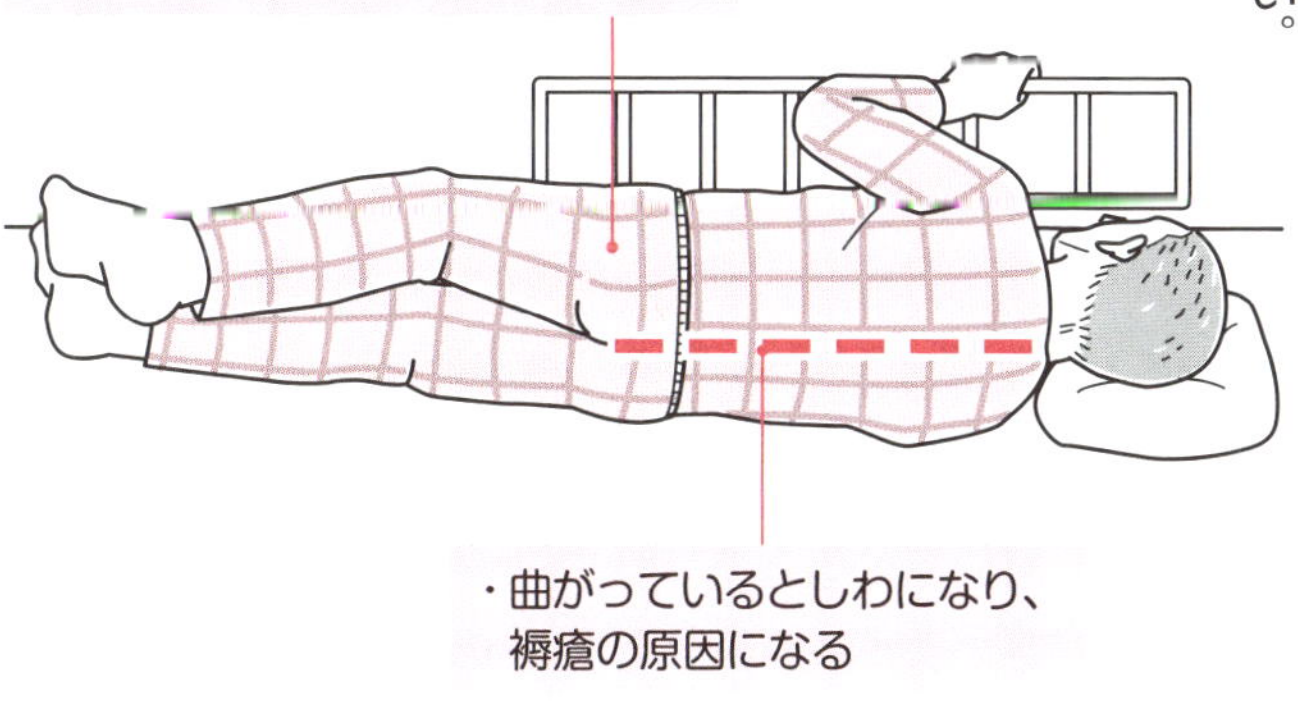
・チェックや縦ジマの柄なら曲がっているのがひと目でわかる
・曲がっているとしわになり、褥瘡の原因になる

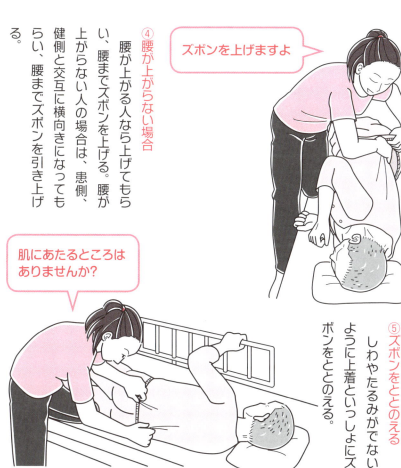

着替え

片マヒの人の寝巻きの着替え

上着とズボンが分かれたパジャマは着替えが難しい、という要介護者であれば、ワンピースタイプの寝巻きがラクです。入浴や全身清拭のときに着替えはもちろんですが、汚れがあったり、臭いが強かったり、しわが目立つようなら着替えをしましょう。本人もさっぱりしますし、体を動かすことでリハビリにもよい効果があります。

片マヒの人の着替えのポイントは、パジャマと同様に健康な側から脱がせ、マヒのある側から着せることです。

1 寝巻きを脱がせる

室温を23～25℃程度に保ち、冷えないように気をつけましょう。脱がせるときは、いったん患側の肩から寝巻きを外しておくと、健側のそでを抜きやすくなります。

①寝巻きの前を開く

高さが調節できるベッドであれば、ひざがのせられるくらいの高さにしておくと腰の負担がすくなくてすむ。

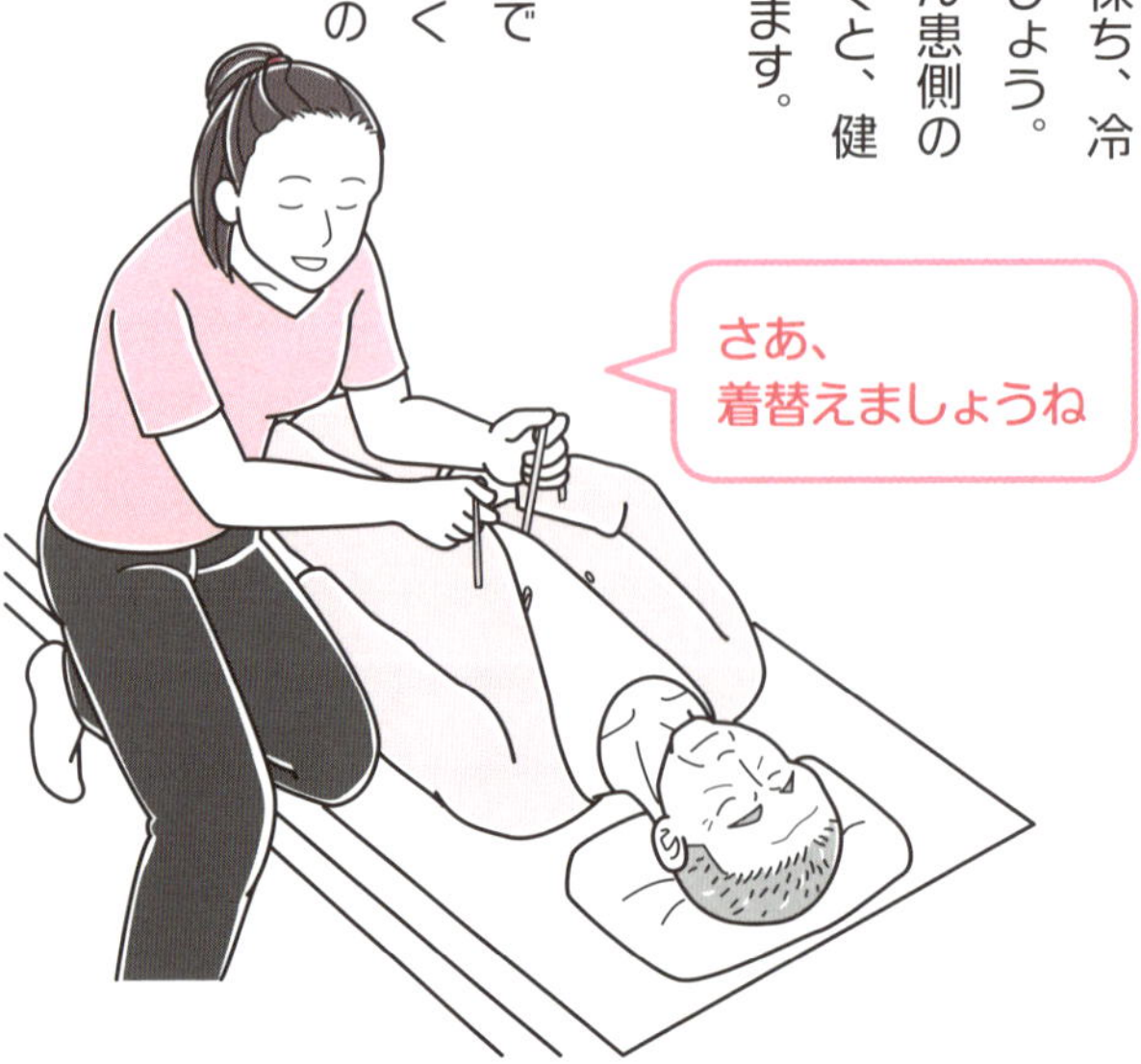

②患側の肩を外す

いったん患側の肩の寝巻きを外しておくと、「遊び」が生まれ健側のそでが抜けやすくなる。

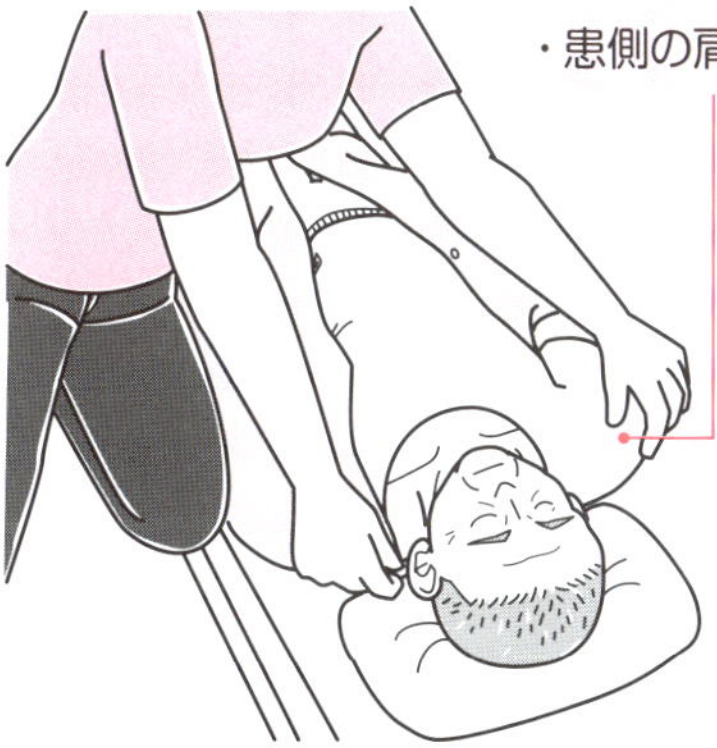

③健側の肩を外す

自分で持ち上がるようなら、本人に持ち上げてもらい肩から寝巻きを外す。

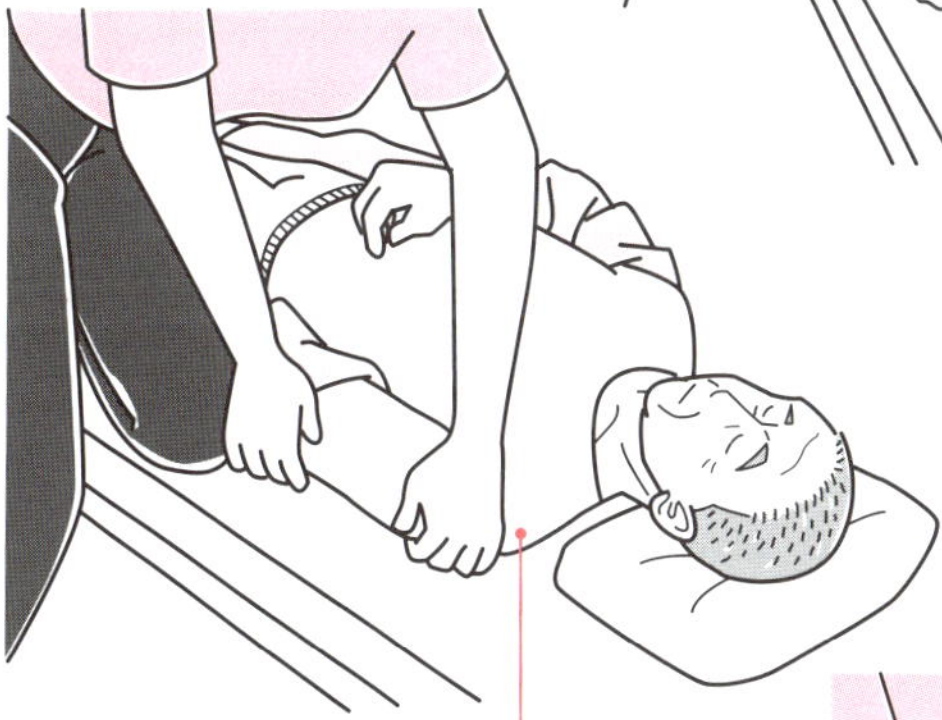

④健側の腕を抜く

寝巻きを引っ張りながら、健側の腕からそでを外す。

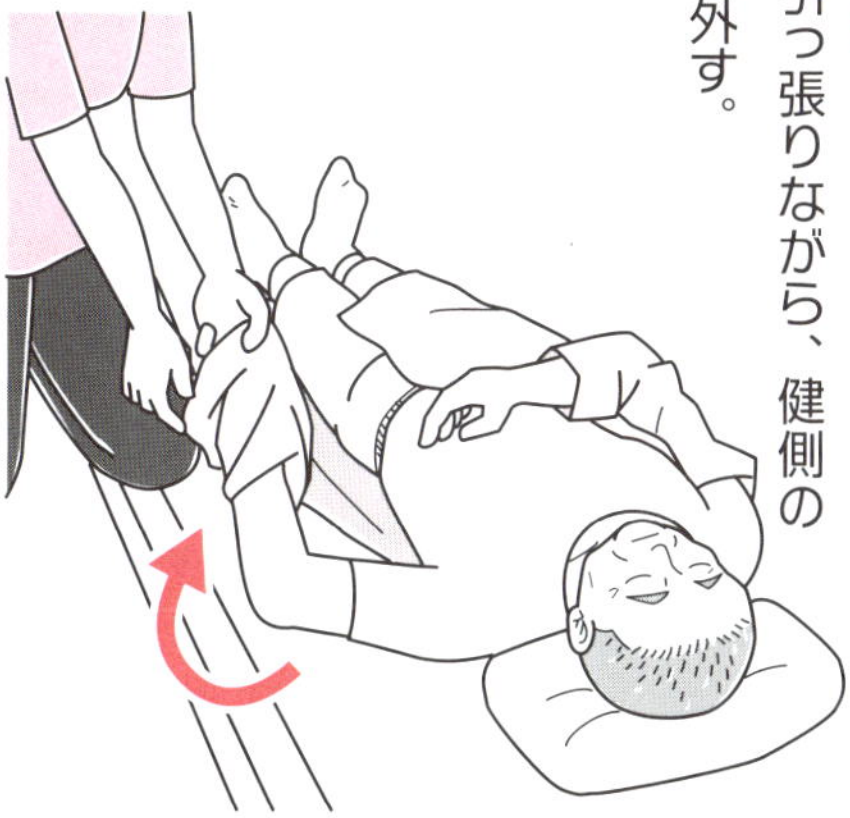

⑤寝巻きを折りたたむ

患側のベッドの柵に健側の手をかけ、横向きになってもらい、寝巻きを折りたたむ。

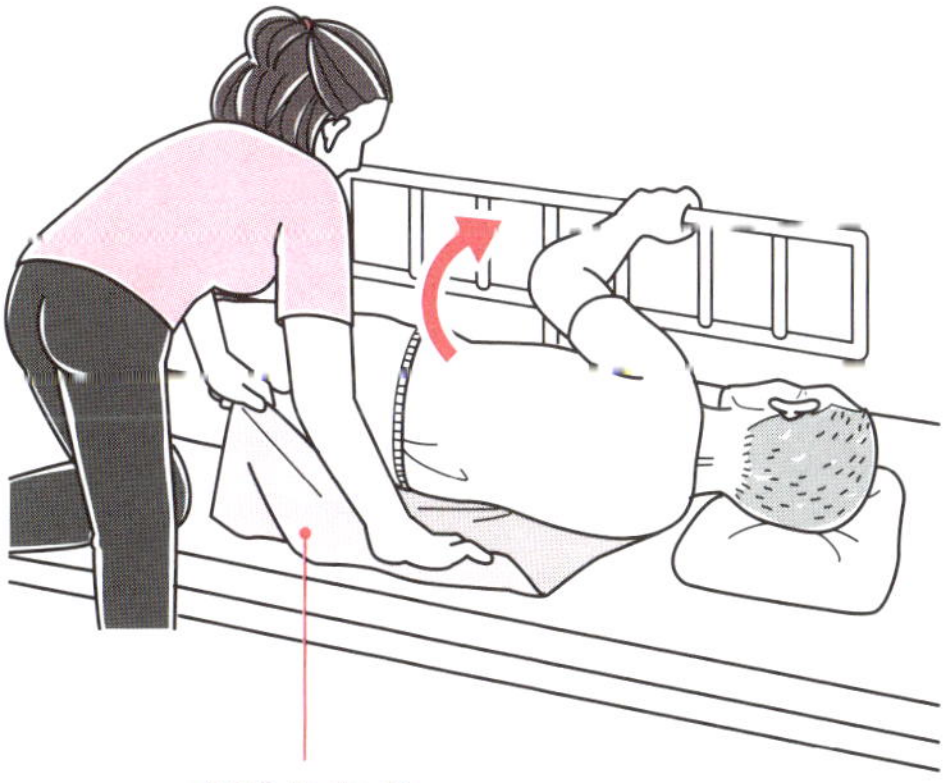

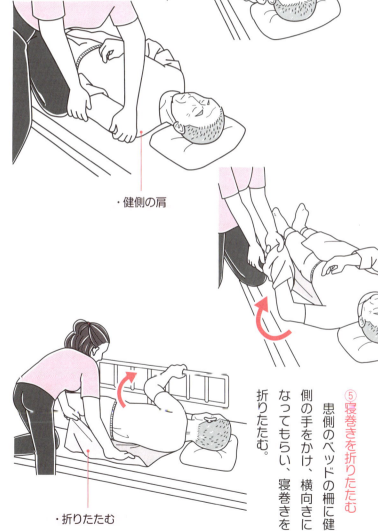

⑥体の下に押し込む

十分にたたんだら、体の下に押し込む。

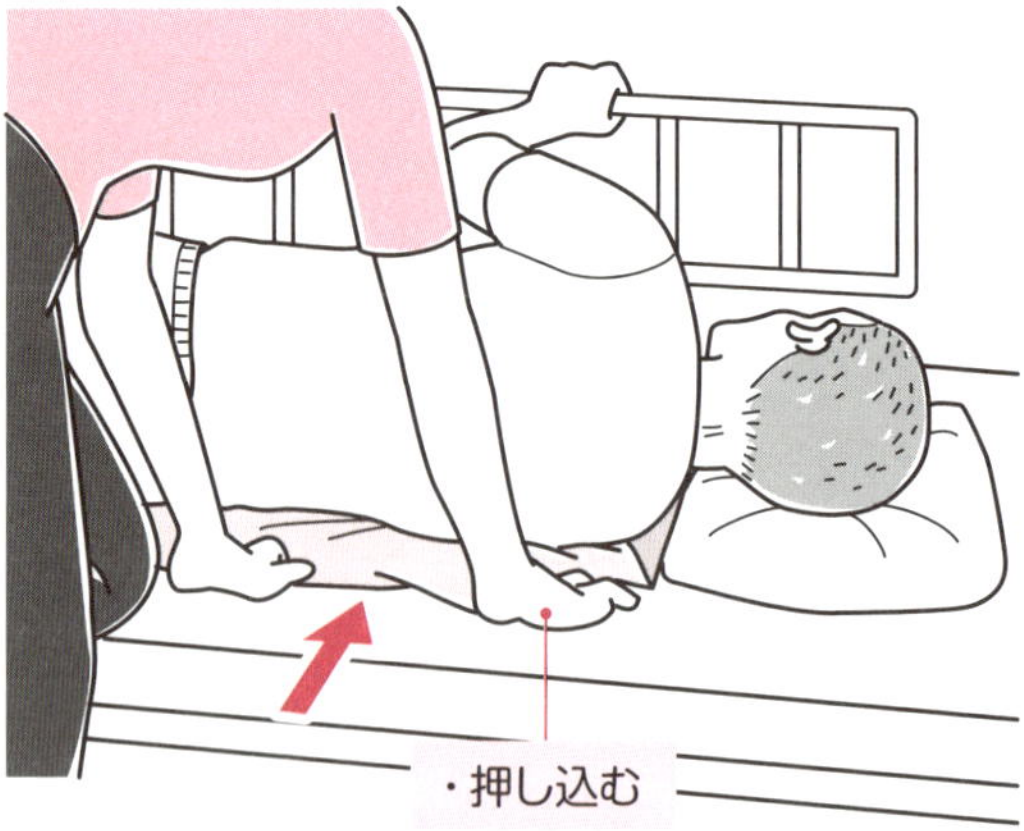

⑦体の向きを変える

寝巻きを体の下に十分に押し込んだら、体の向きを手前に起こして、体の下敷きになった寝巻きをたぐり寄せる。

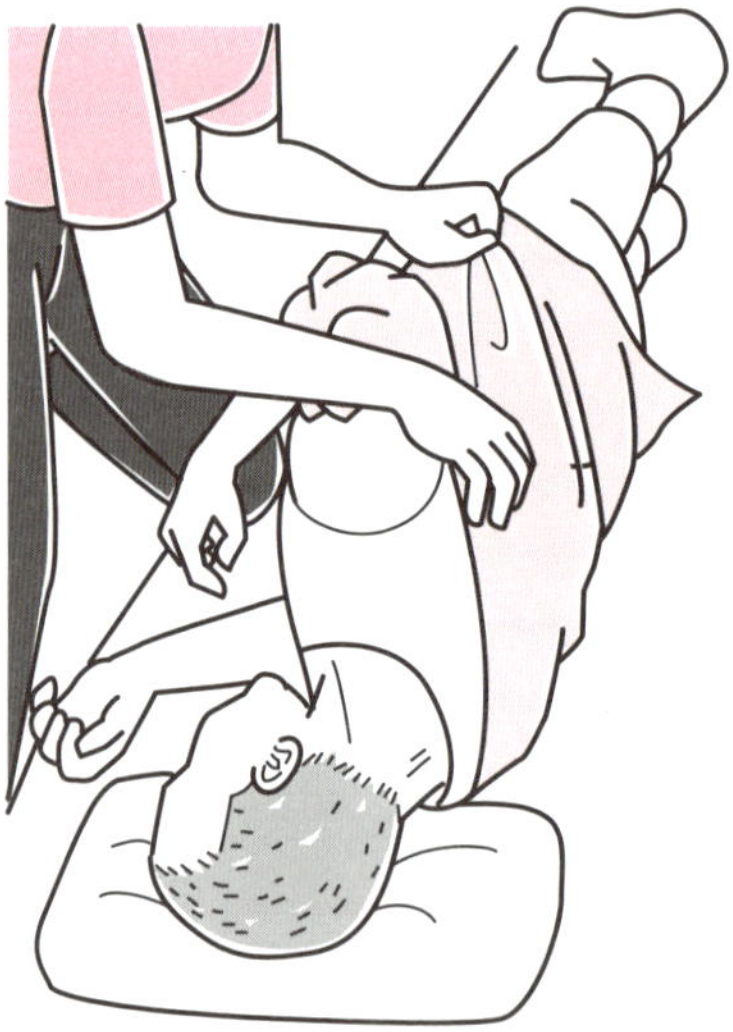

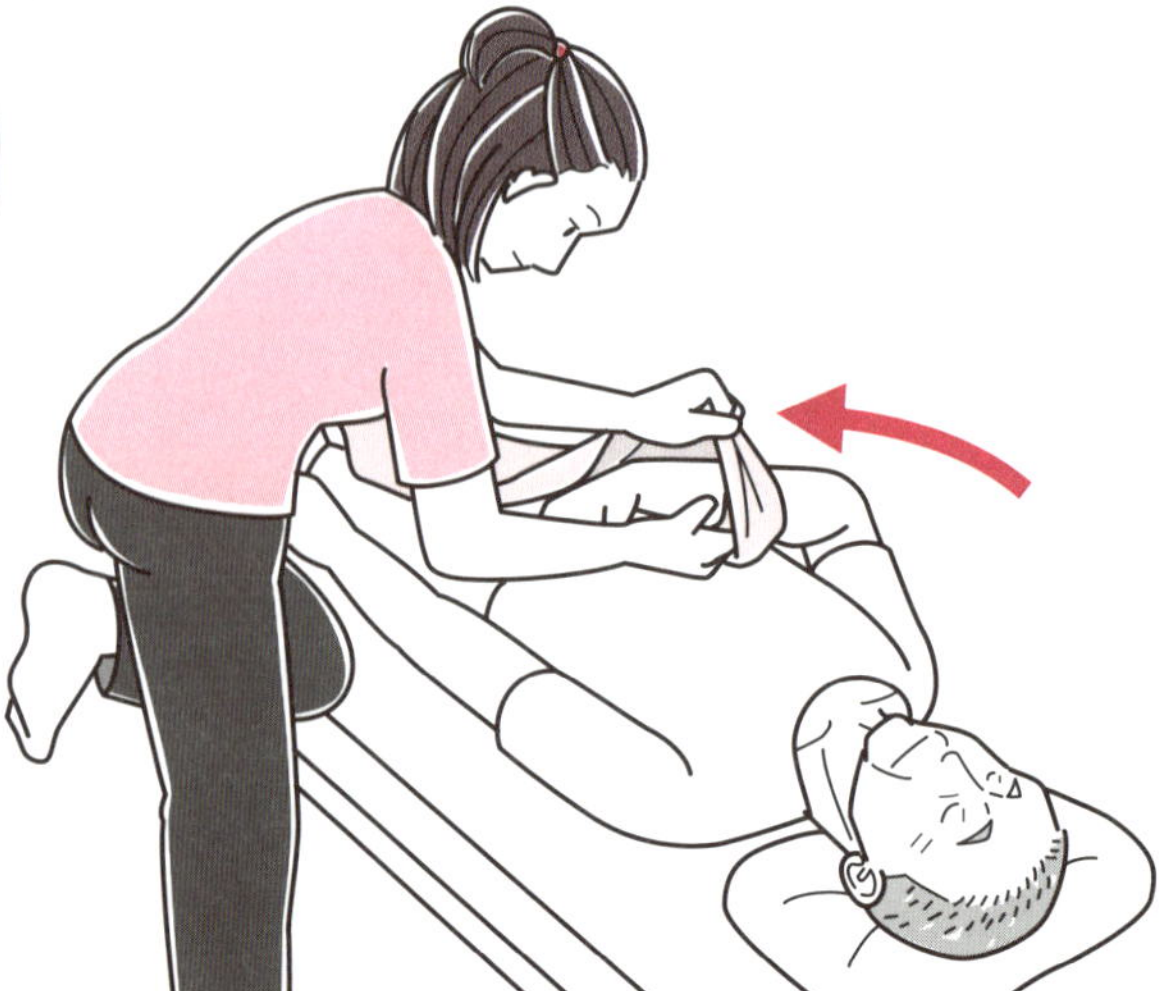

⑧患側のそでを抜く

体を仰向けにして、患側の手を持ちながら患側のそでを抜く。

2 寝巻きを着せる

着るときは脱ぐときとは逆に、患側から始めます。手足を強く引っ張ったりせずに、体の向きを変えながら、無理せずに行いましょう。着替えが終わったら、褥瘡《じょくそう》が起きないように、背中のラインがまっすぐか、しわやたるみがないかよく確認しましょう。

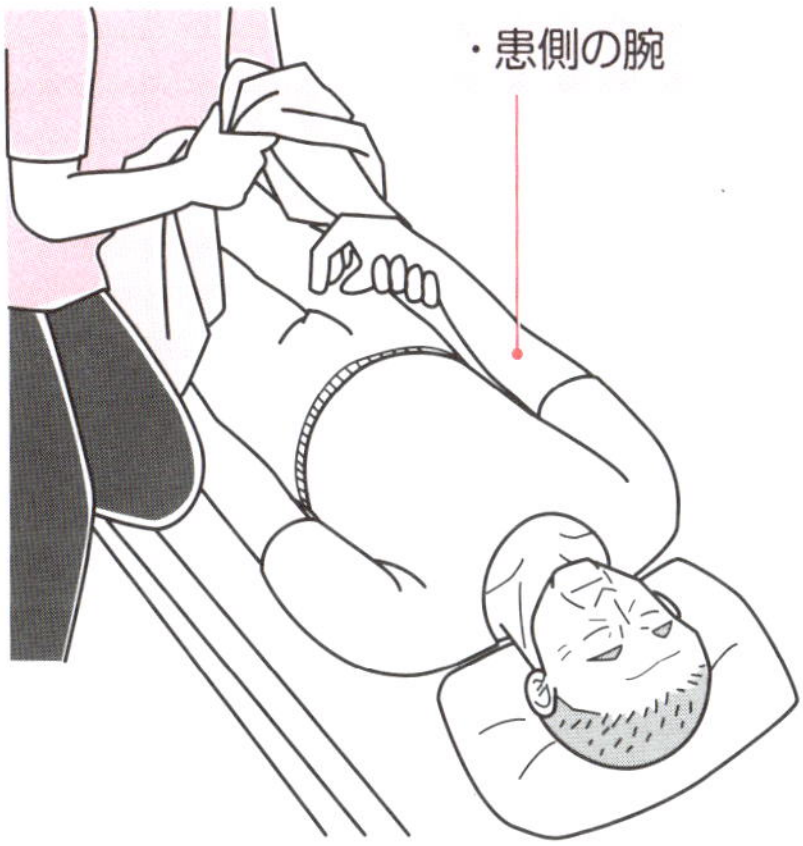

①患側の腕にそでを通す

寝巻きのそでに手を通し、患側の手を握り、そでを二の腕まで上げていく。

②体を健側に起こす

二の腕まで寝巻きを上げたら、そこでとめて体を健側に起こす。背中側にたるんだ寝巻きを、体の下に押し込む。

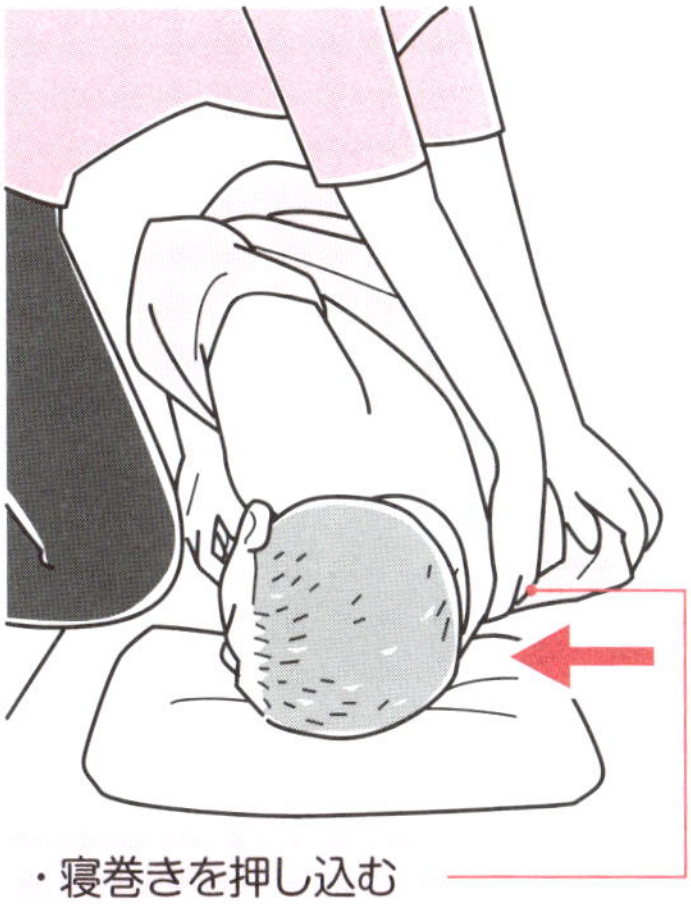

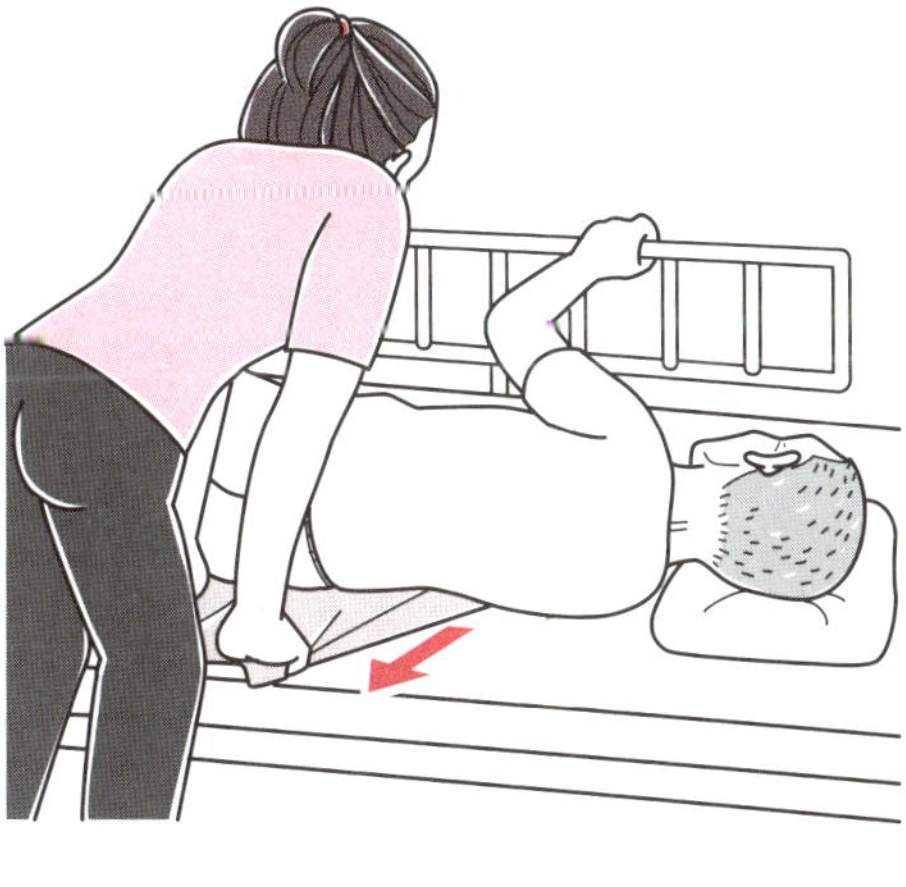

③体を反転させて寝巻きを引っ張る

体を患側に反転させ、寝巻きを腰のあたり下に引っ張る。

④健側の腕にそでを通す

上向きにして、健側の腕にそでを通す。

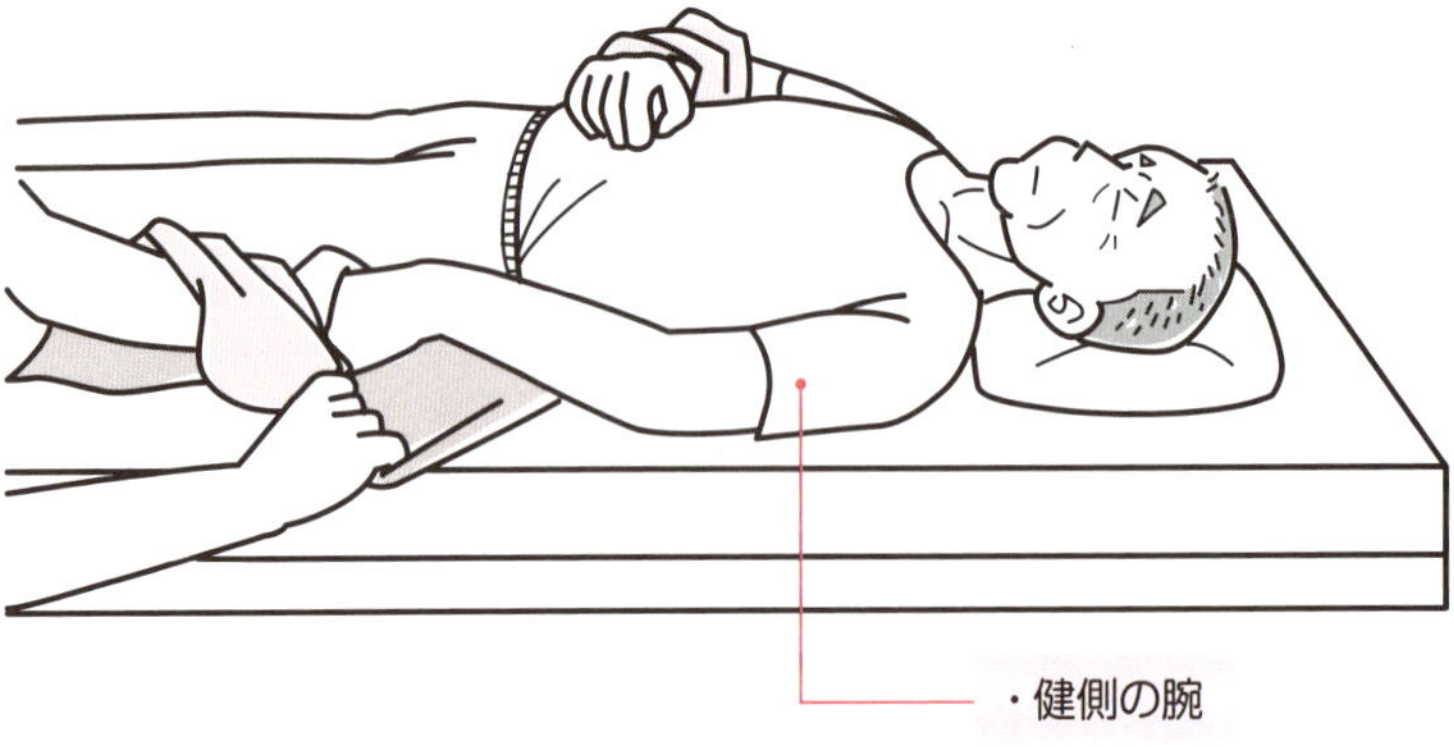

⑤健側の肩を入れる

本人の意志で少しでも肩が上がるなら上げてもらい、健側の肩を入れる。

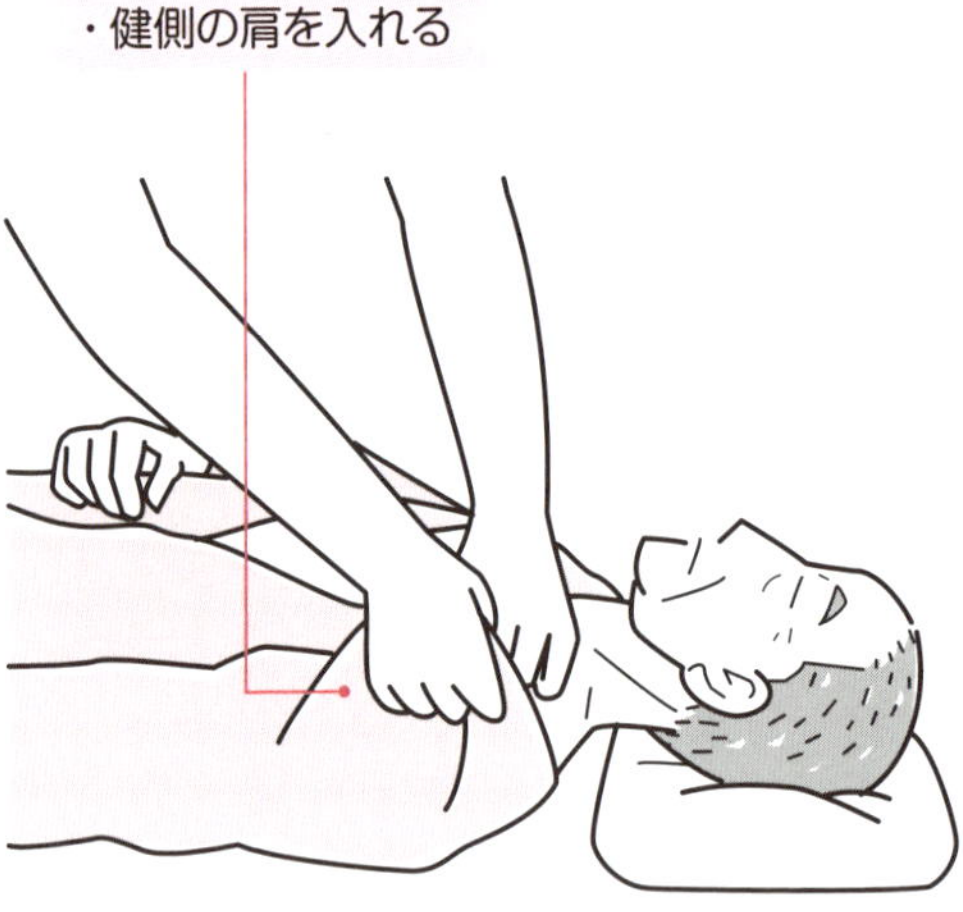

⑥患側に向きを変える

健側の肩を入れ、背中の部分を上げながら患側に体を起こす。

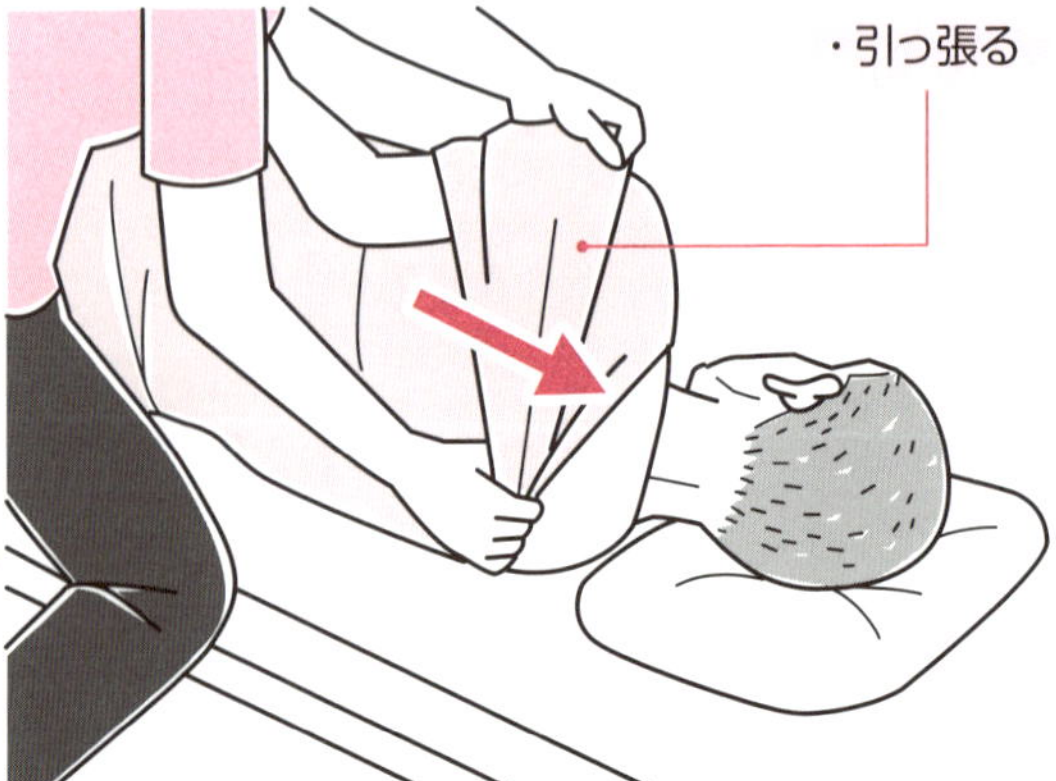

⑦背中のラインに注意

背中の中央のラインがまっすぐになるようにととのえる。しわやたるみが出ると褥瘡の原因になる。

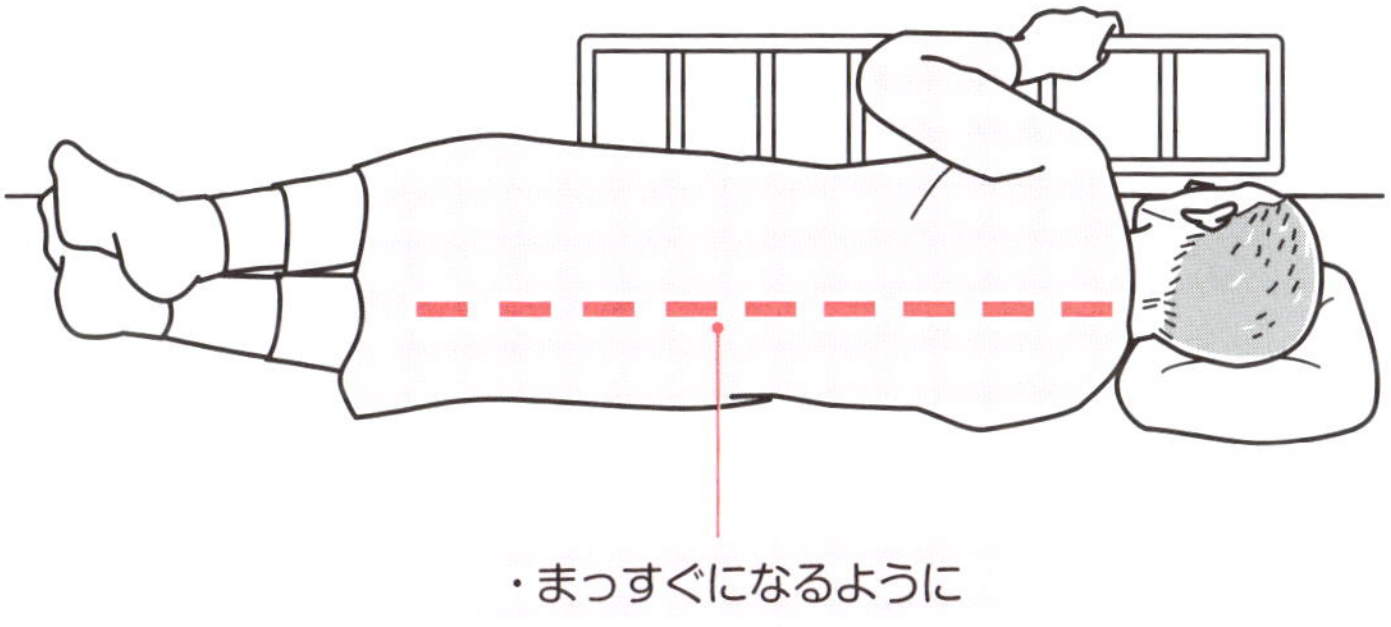

⑧患側の肩を入れる

健側に向きを変え、患側の肩をととのえる。

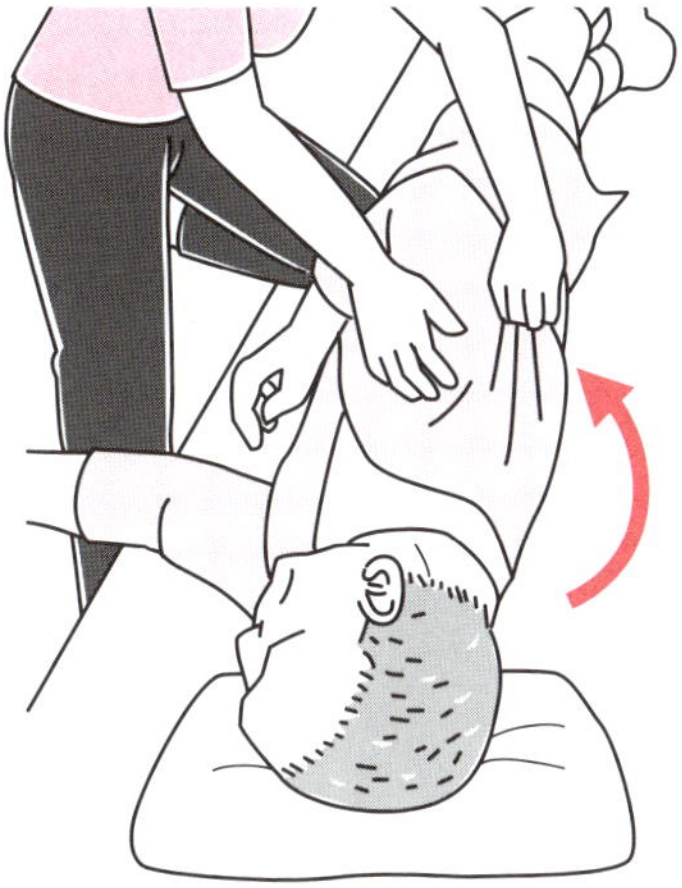

⑨前をとめる

仰向けにして前をとめる。

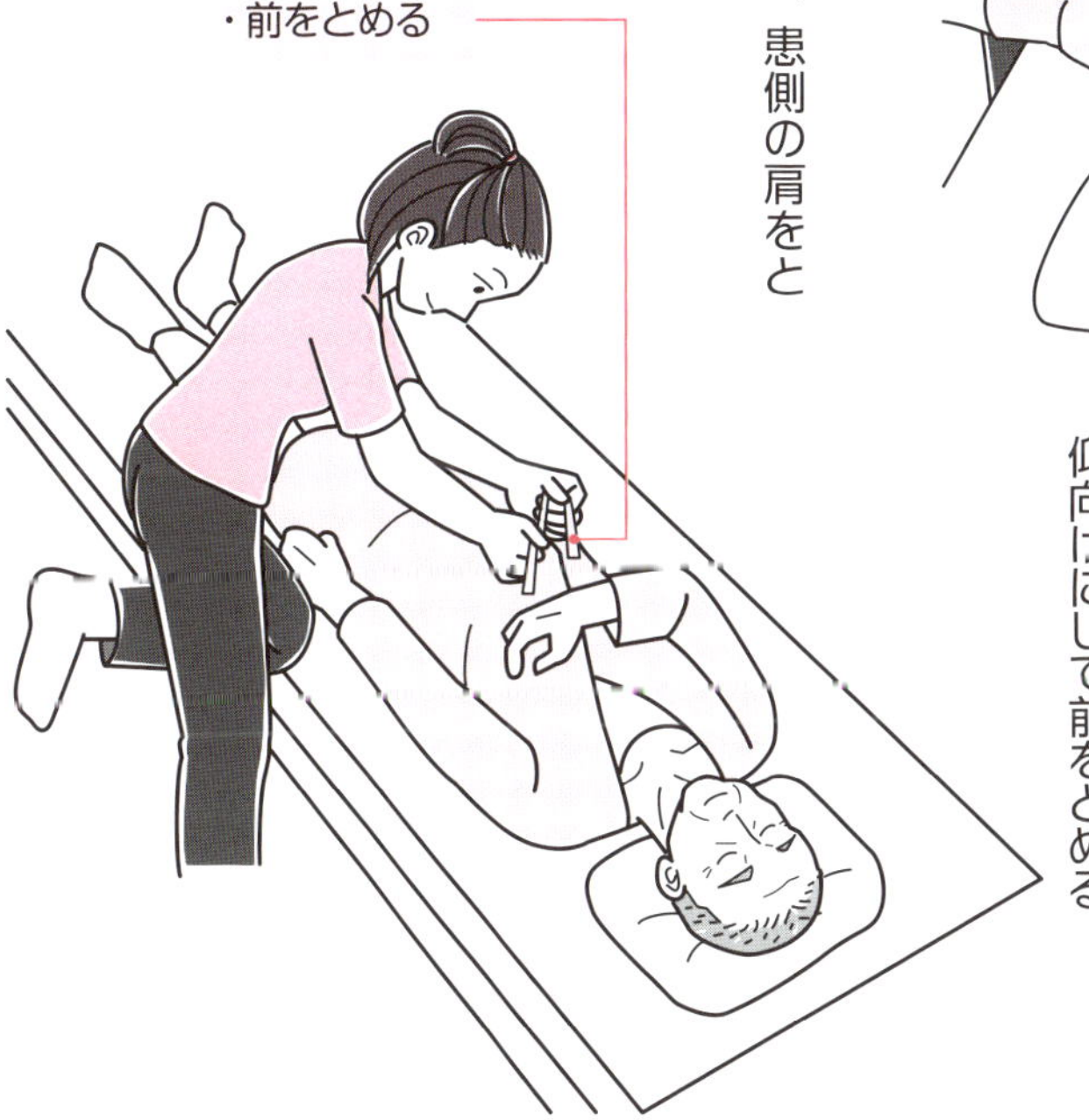

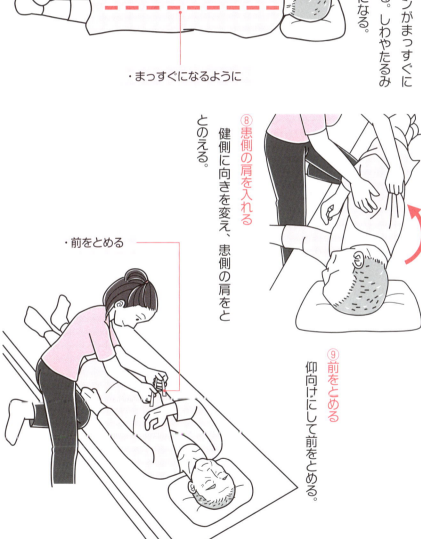

入浴

安全な入浴のために

衛生面で意義があるだけでなく、疲れを癒し心身ともにリラックスさせてくれる入浴タイムは、高齢者にとって楽しみな時間です。温まることで腰痛やひざ痛などにも効果があり、生活意欲を高めるためにも有効です。このようにメリットの多い入浴ですが、いっぽうで転倒事故が起きやすく、裸になるために体調が崩しやすいといった危険もあります。安全かつ快適に入浴してもらうためにも、お年寄りの体調をよく把握したうえでの万全な準備が必要です。

1 体調をチェックする

入浴は心臓などに負担をかけるので、入る前に体調のチェックが必要です。声をかけて反応が鈍かったり、食欲がなかったり、顔色が優れないようなら入浴を見合わせましょう。熱があるようなら入浴はできませんから、体温のチェックも必要です。また、血圧が高めな人や、心臓に持病のある人は、血圧の数値が異常なら入浴は取りやめましょう。

2 安全な入浴のしかた

体調チェックのほかにも入浴前に、トイレを済ましておくなども必要な習慣です。安全に入浴してもらうために、次のような点を注意しましょう。

①転倒予防を万全にする

浴室や浴槽への出入りがしやすくなるように、手すりをつけると安全です。さらに浴槽内などにすべり止めを敷いて、すべりにくい浴室・浴槽にします。

②空腹時や食後すぐは避ける

空腹時や食後すぐは入浴は控えます。

③冬場は早めに入浴する

冬場は遅い時間になると、居室と浴室の温度差が大きくなるので早い時間に入浴しましょう。

④熱い湯につからない

熱い湯につかっていると血圧が変化しやすく危険です。

⑤半身浴が安心

肩までつかる入り方は心臓に負担をかけます。心肺に疾患のある人や高血圧症の人は半身浴を。

⑥脱衣場と浴室を暖める

寒い時期は、裸になる脱衣場の室温を上げておくと安心です。浴室も浴槽のふたを開けたりして室温を上げておきます。

3 介護保険を使った入浴

入浴介助は要介護者の状態によって、1人では負担が大きすぎることがあります。介助者の手が足りないようなら、介護保険を利用すると、介護者の負担の軽減でき、介護される高齢者も快適な入浴ができます。在宅で介護保険による入浴サービスを利用する方法には、次のようなものがあります。

①訪問入浴介護

看護師などのスタッフが自宅に浴槽を持ち込んで入浴の介護を行ってくれます。要支援1以上の人が利用できます。

②通所介護

デイサービスセンターなどで日中を過ごしますが、そのとき入浴設備のある事業所であれば、入浴ができます。要介護1以上の人が利用できます。

浴槽の出入り介助

浴槽の縁が高い位置にあると出入りがしにくいので、浴室をリフォームするとき、やや低めにしておくと介助がラクです。シャワーチェアーという介護用のいすと同じ高さの浴槽であれば、お尻を横にずらすだけで、浴槽の縁から中に入れます。片マヒがある場合は、本人に洗い場の手すり、浴槽の手すりを握ってもらい、いったん浴槽の縁に腰をかけさせ、マヒのない側の足から入るようにします。足が上がりにくいようなら、介助者が支え上げて出入りさせます。

1 本人と介助者の位置

バランスは悪いが立位が保てる人は浴槽の縁に腰かけて入る方法があります。浴槽の高さと見合ったシャワーチェアーを使い、浴槽にぴったり横づけします。

●右マヒの方の浴槽との位置

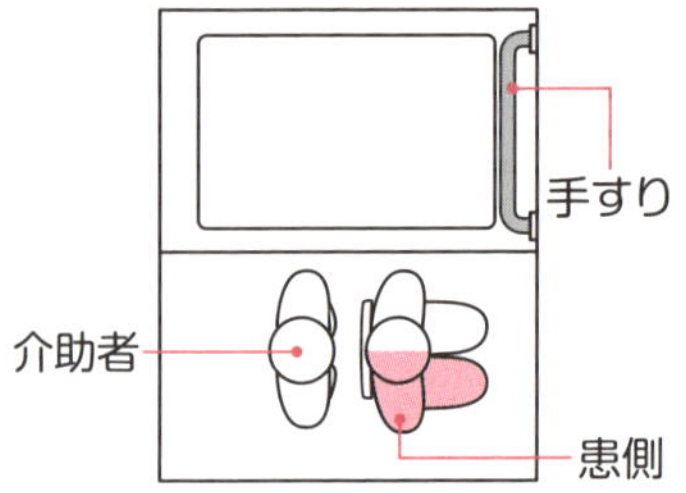

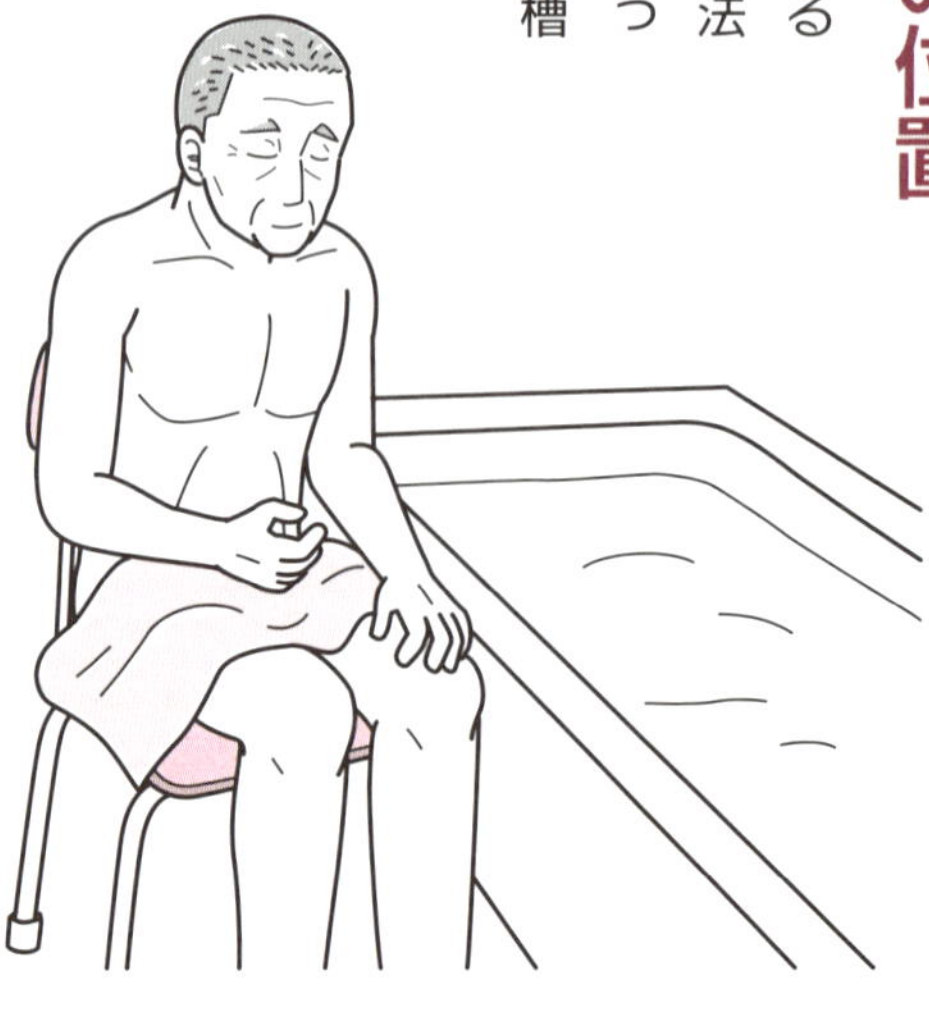

①シャワーチェアーを横づけする

シャワーチェアーの向きを健側が浴槽側にくるようにぴったり横づけする。

2 浴槽に入れる

本人は健側の手で手すりを握り、シャワーチェアーからお尻をずらし、浴槽の縁に腰をかけます。介助者は常に患側に立ち、体を支えます。

①本人は手すりを握る

健側の手で浴槽の手すりを握り、浴槽の縁に腰をかける。

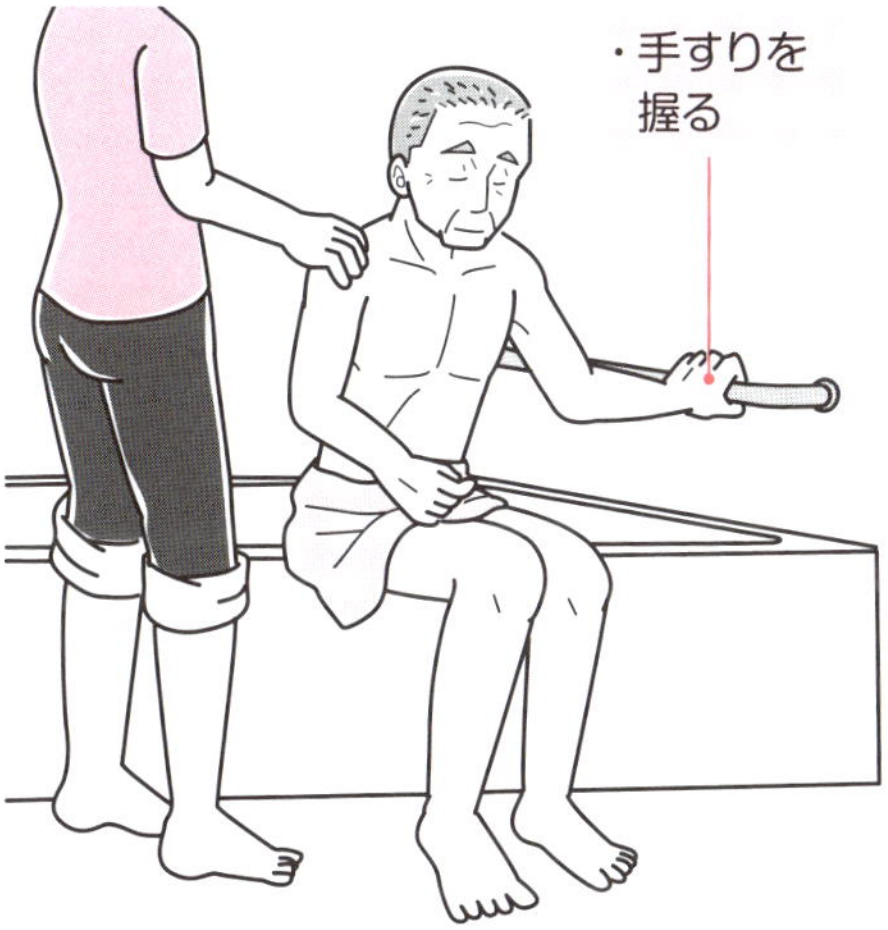
・手すりを握る

②介助者は体を支える

本人は手すりを握り、浴槽の縁に腰かけ健側の足を浴槽に入れる。介護者はふらつかないように体を支える。

足を入れてください
・介護者は体を支える

③患側の足を浴槽に入れる

自力で上がらない場合は、介助者が患側の足を持ち上げて浴槽に入れる。

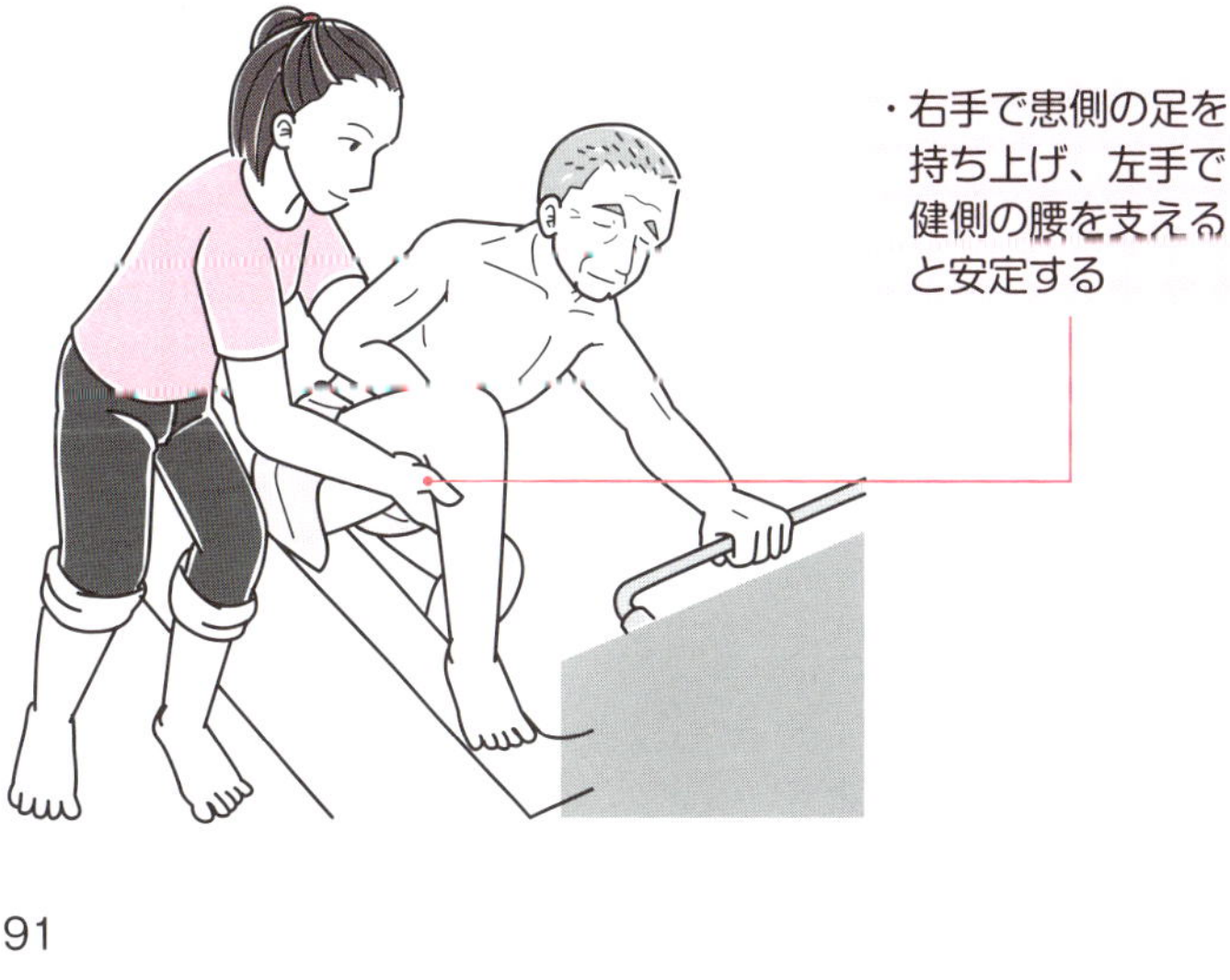
・右手で患側の足を持ち上げ、左手で健側の腰を支えると安定する

④腰を安定させる

両足が浴槽内に入ったからといって、いきなり腰を下ろさせるのは危険。浴槽の縁にかけた腰を安定させる。

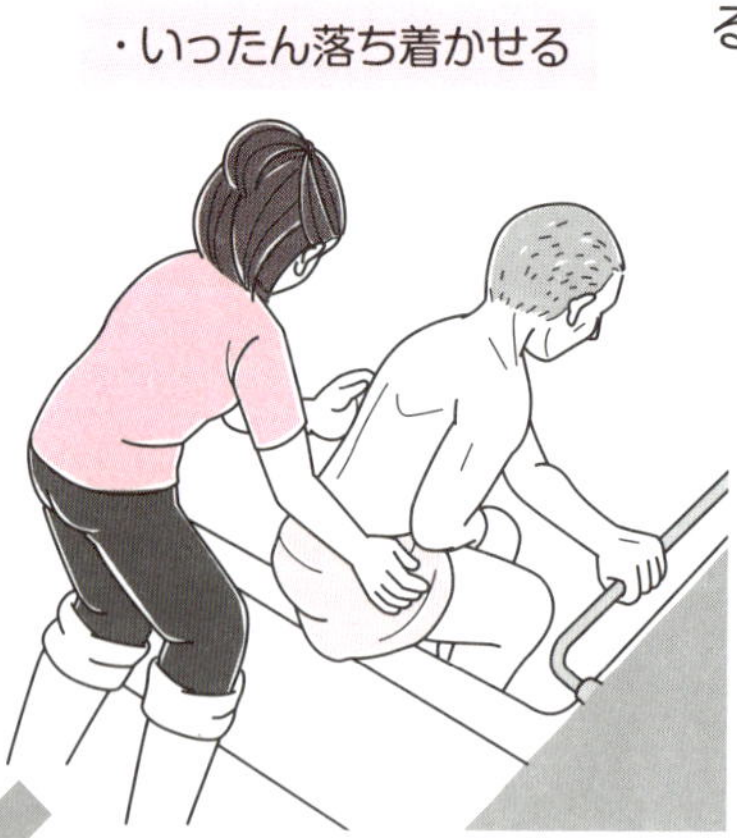
・いったん落ち着かせる

⑤立ち上がらせる

本人は手すりを握ったまま立ち上がる。介助者は本人の腰を支える。

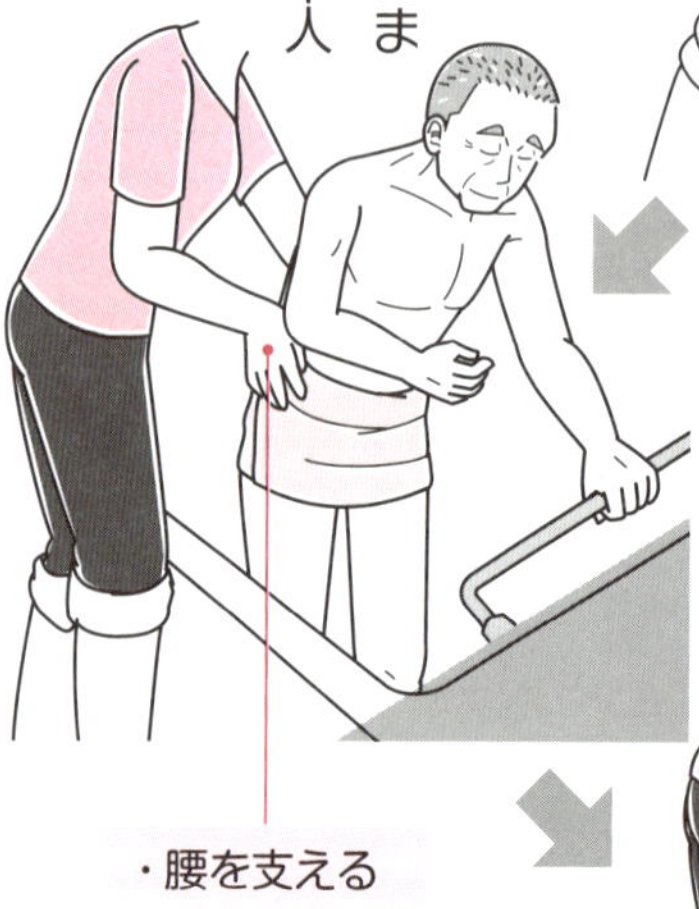
・腰を支える

⑥ゆっくり腰を下ろさせる

本人は手すりを握ったまま腰を下ろす。介助者は体がゆっくり下りるように支える。

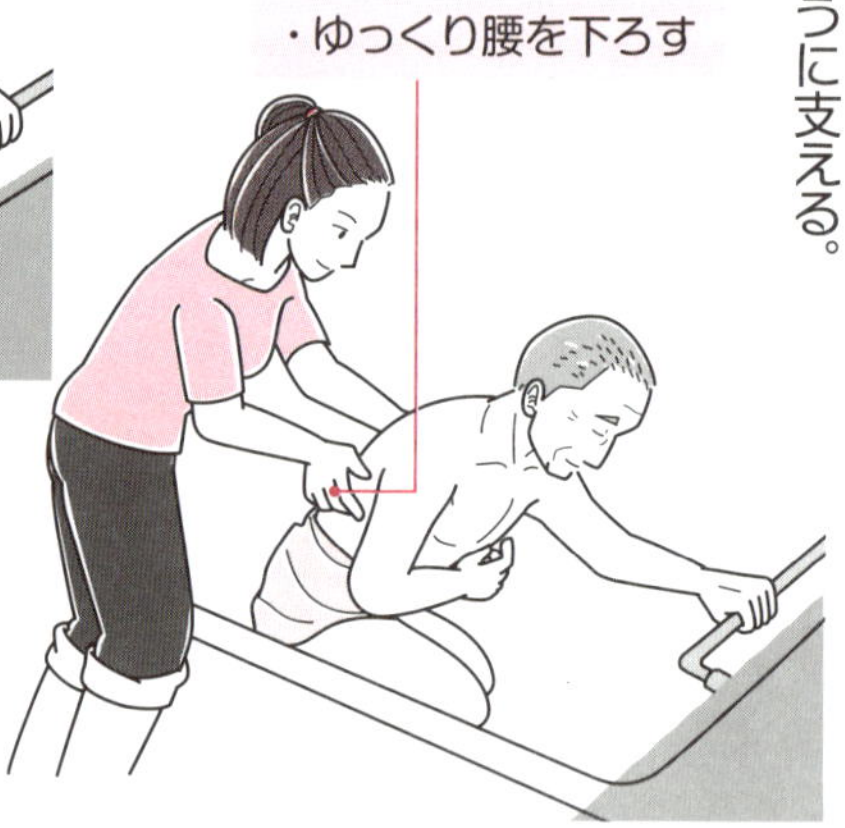
・ゆっくり腰を下ろす

3 バスボードを使う場合

自力で浴槽の出入りを行う場合、浴槽の上に渡すバスボードを使うと、より安全です。

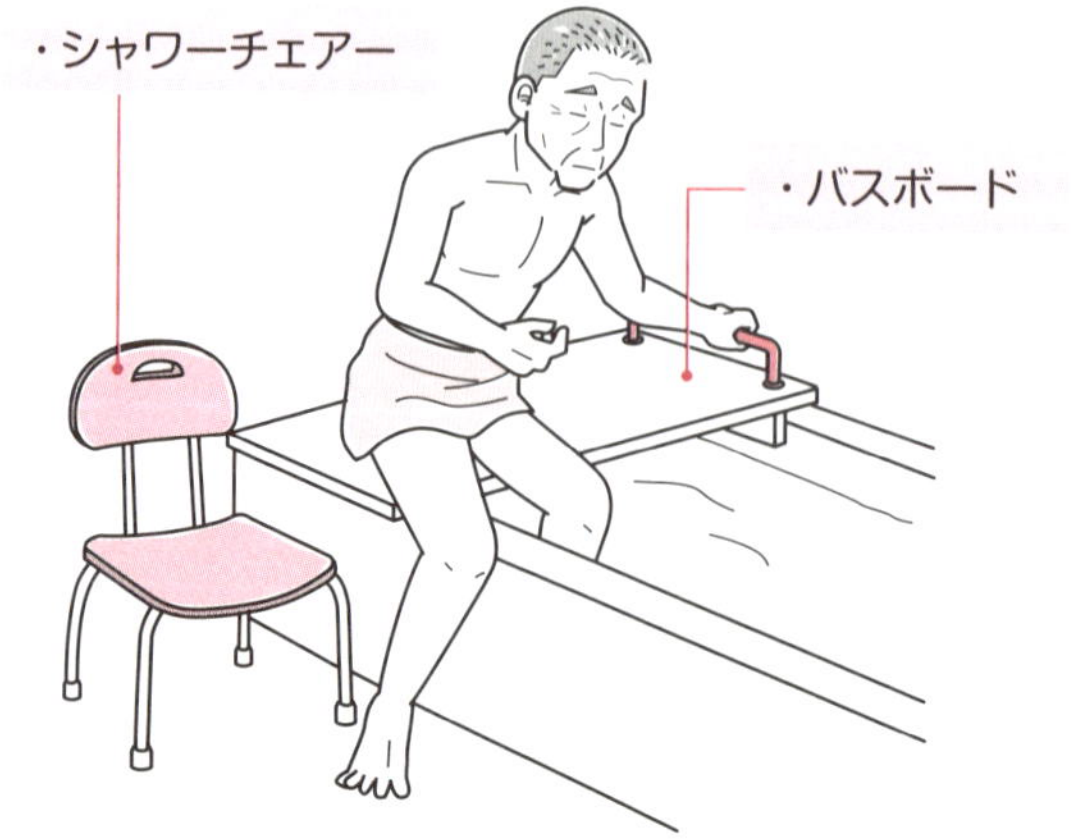
・シャワーチェアー
・バスボード

4 浴槽から出る

湯につかっている時間は5分がめやすです。体調がすぐれない場合は肩までつからず、半身浴が安全です。

①立ち上がらせる

本人は手すりを握って立ち上がる。介助者はふらつかないように腰を支える。

②浴槽の縁に腰をかけさせる

しっかり立ち上がったら浴槽の縁に腰かけさせる。

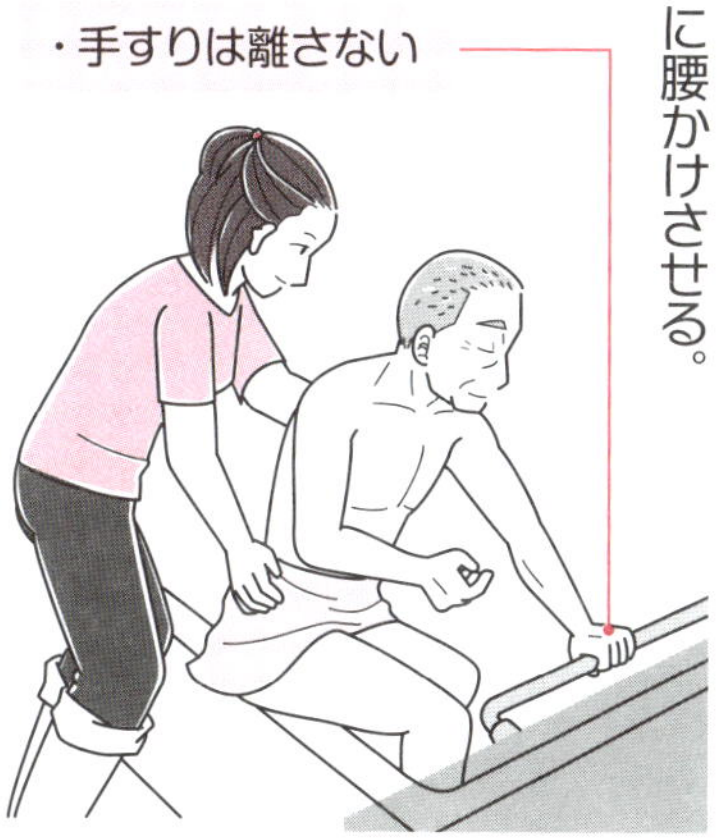
・手すりは離さない

③患側の足を外に出す

本人は手すりを握ったまま。介助者は患側の足を持ち上げて外に出す。

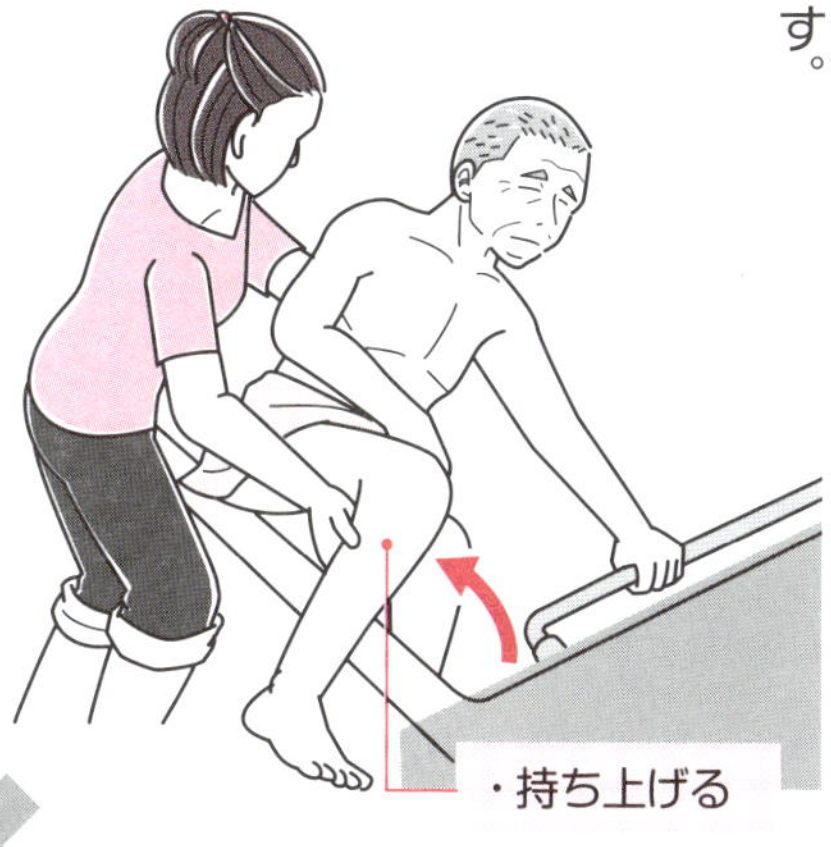
・持ち上げる

④次に健側の足を出す

続いて本人には手すりを握ってもらい、健側の足を外に出すが、介助者は患側のひざを押さえると、患側の足が持ち上がりやすい。

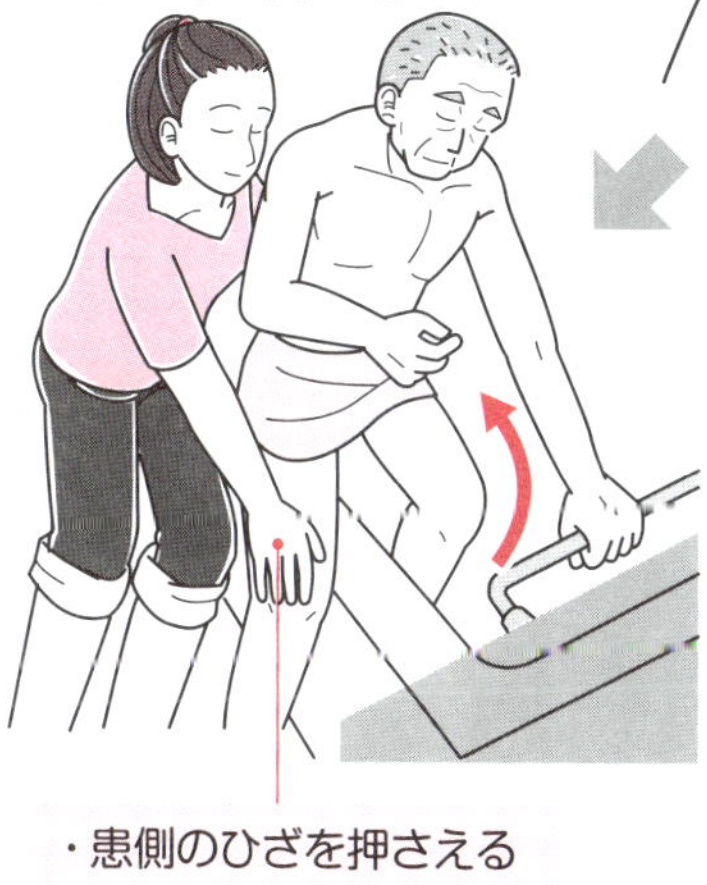
・患側のひざを押さえる

⑤腰を安定させる

両足が外に出てもすぐに立ち上がらず、浴槽の縁に腰かけた姿勢を安定させる。

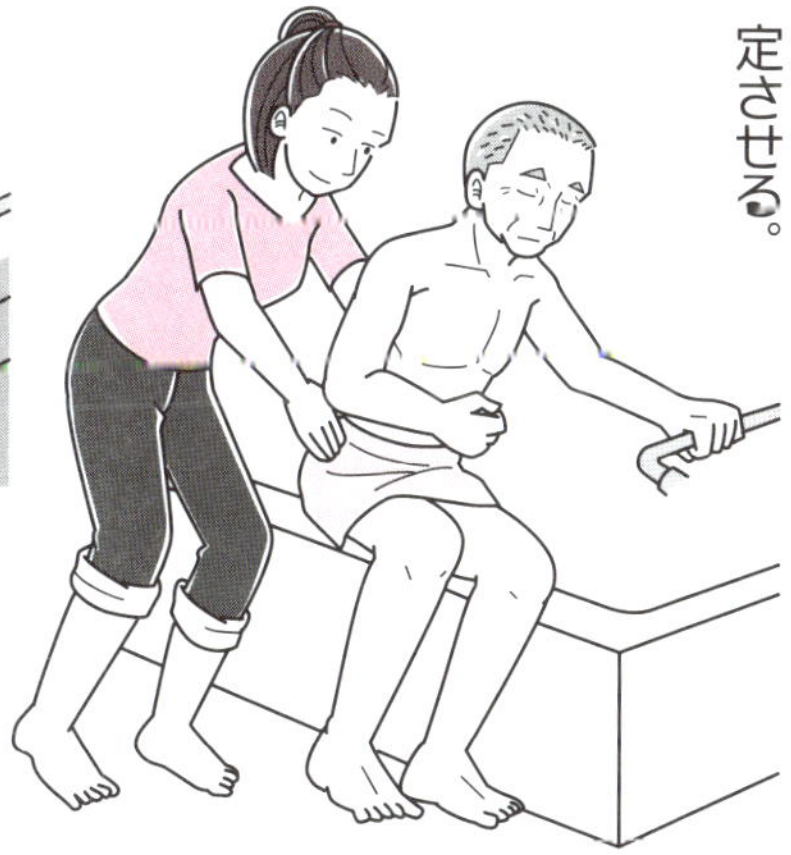

入浴

体を洗う介助

体を洗う介助は清潔を保つだけでなく、本人にとっては気分転換にもなります。さらに洗いながら皮膚の状態や体調のチェックもできるうえ、マッサージ効果も期待できます。

かゆいところや痛いところはないか、声かけをしながら洗っていくと、本人も気持ちよく介助を受けることができます。ただし、全面的に「洗ってあげる」というのではなく、できる部分は自分で洗い、できない部位は介助で行うのが基本です。

①シャワーの湯温を確かめる

まず介助者がシャワーの湯温を確かめ、そのあと本人の手や足で適温かどうか確認してもらう。

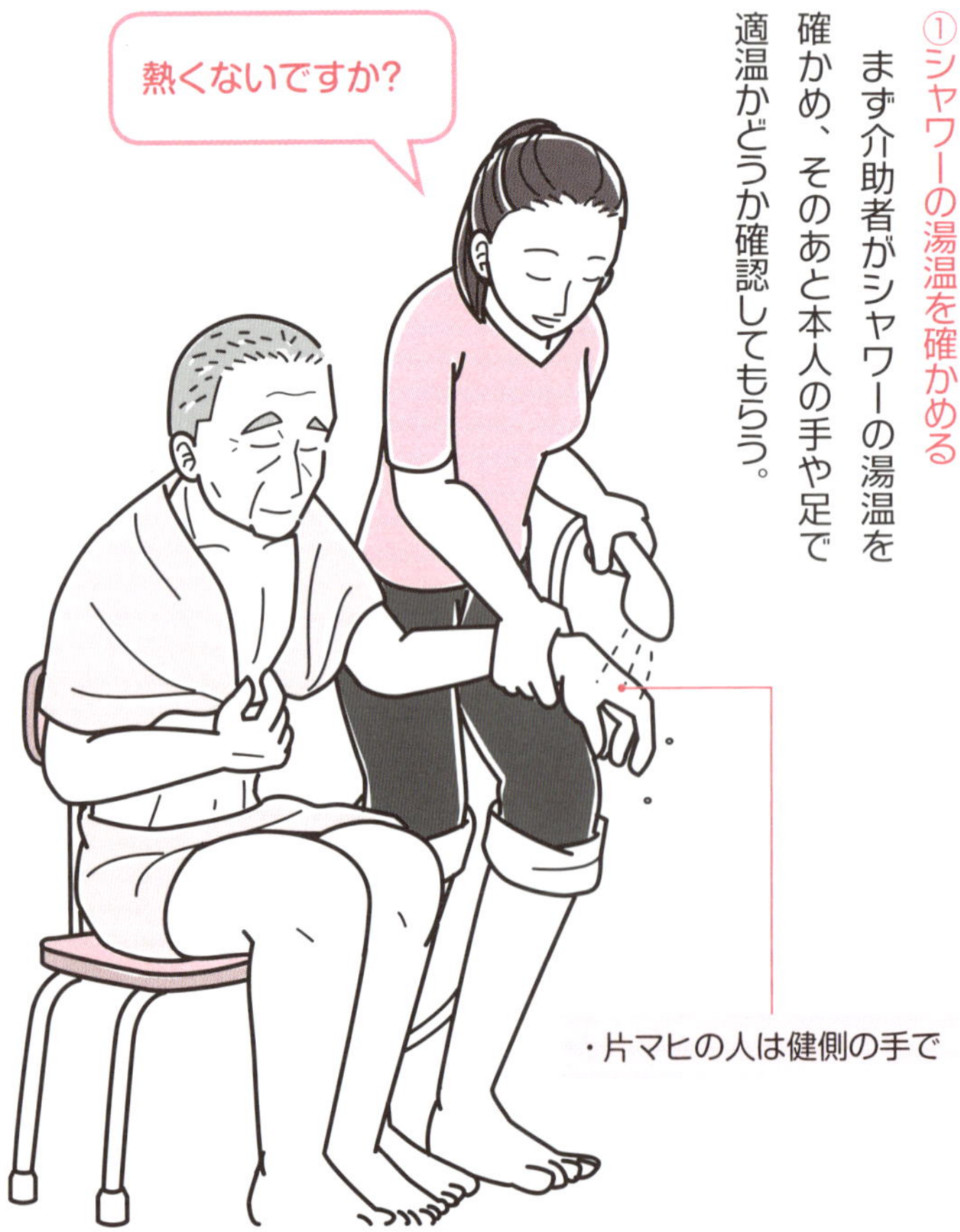

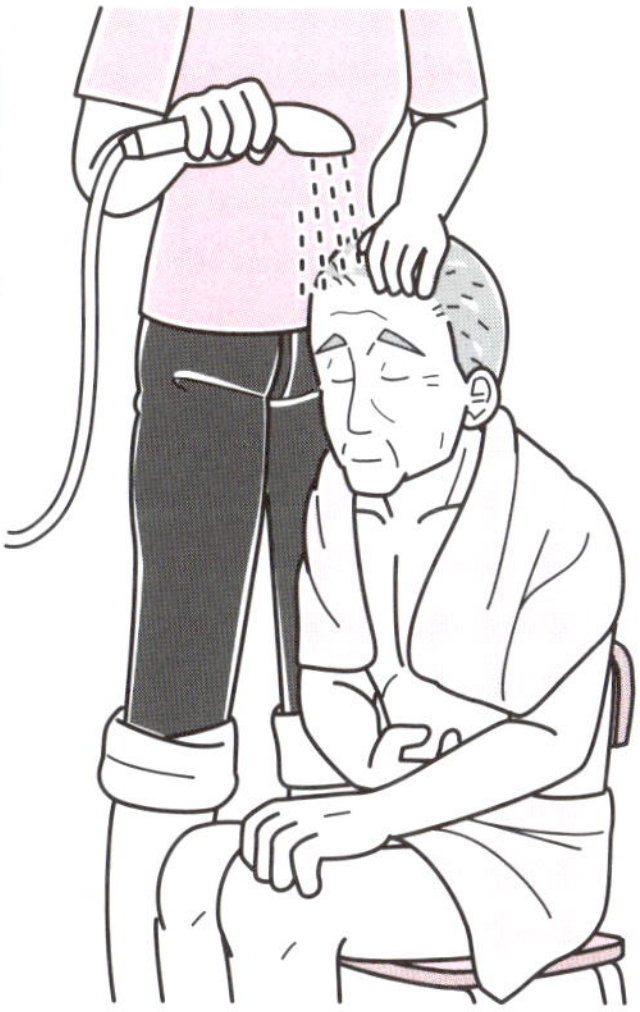

②湯をかける

足元から湯をかけ、手と陰部を流し全身に湯をかけて石鹸で洗う。肩にタオルをかけると体が冷えにくい。

③手足を洗う

手足の洗い方は「ベッドでの手浴・足浴のしかた」（62～65ページ）を参照し、拘縮《こうしゅく》のある場合はゆっくり手を開いて手のひらや指の間を洗う。

④背中とお尻を洗う

首から下に向けて背中を洗う。お尻を洗うときは手すりにつかまってもらうと安定する。

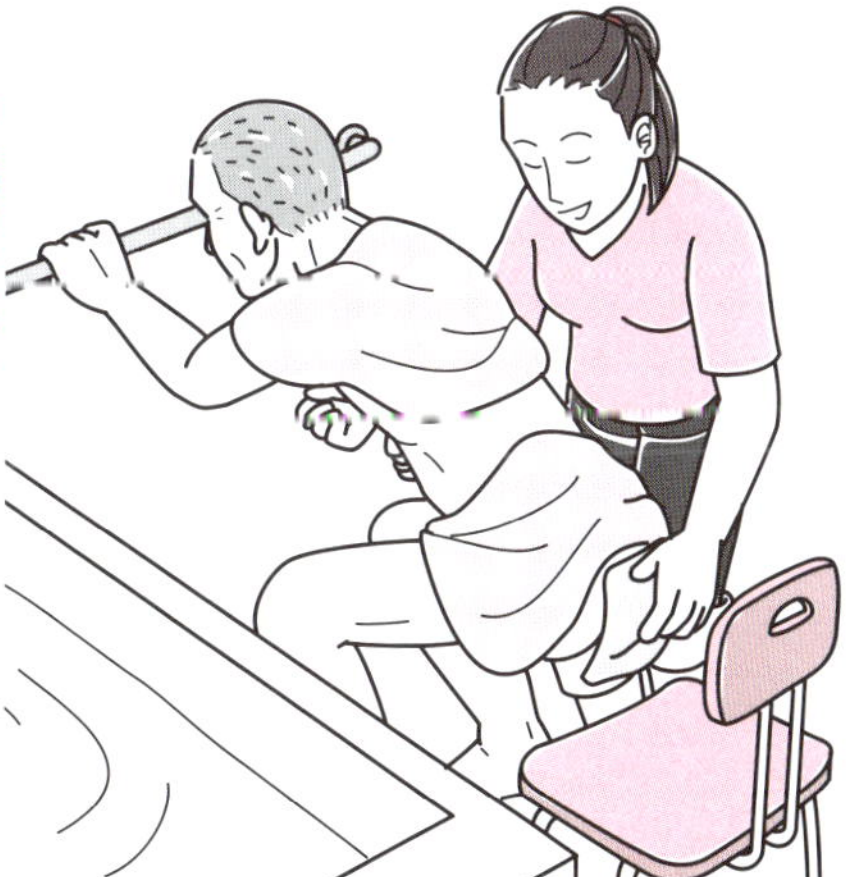

⑤陰部を洗う

石鹸をつけ陰部のしわなどにたまった汚れをていねいに落とす。汚れと石鹸の洗い残しがないように十分水をかける。

⑥髪を洗う

耳や目に水が入るのを恐れて、洗髪や入浴を拒否する高齢者が少なくない。痛くないか声をかけながら洗髪する。どうしても怖がるようならゴーグルや耳栓を使う。

入浴後に行うこと

入浴後は、ていねいに水気を拭きとり、皮膚の状態をよく観察します。発疹や傷などがないかチェックしましょう。肌が乾燥しているようなら、保湿クリームなどを塗って、肌の状態をよくしましょう。乾燥肌の高齢者はかゆがって、掻いて傷をつくること多いので大切なケアです。気温が低い季節は体を冷やさないように、時間をかけずに着衣します。着衣したらドライヤーで髪を乾かします。発汗作用で水分が不足しがちなので、水分補給をしてゆっくり休んでもらいます。

1 皮膚の状態をチェック

「かゆいところがないか」声をかけながら、発疹や水疱などがないかよく調べます。自分では見えない背中や、介護者もふだん見えにくい脇の下や太ももの内側などは念入りに観察します。異常を発見したら医師に相談しましょう。

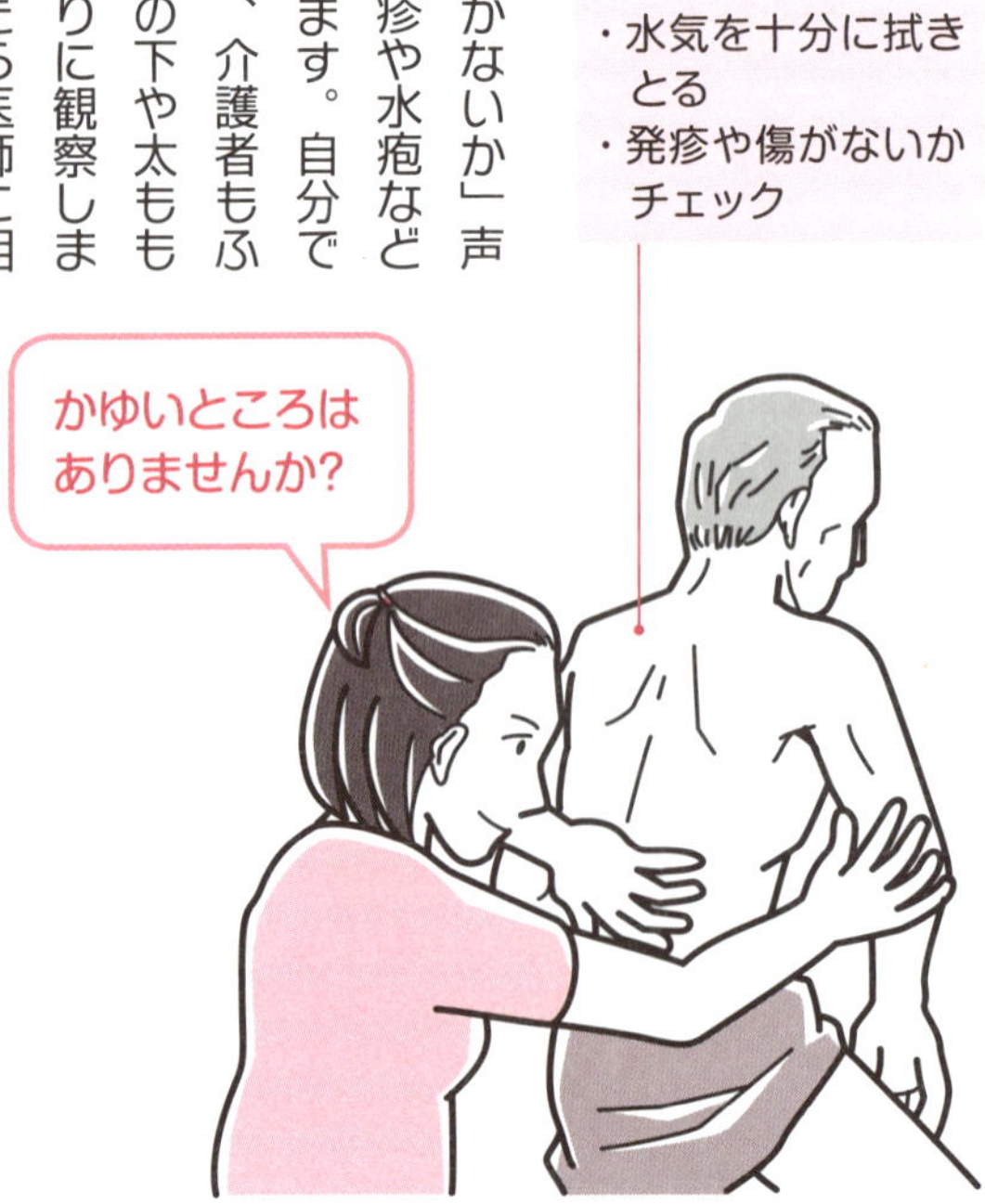
・水気を十分に拭きとる
・発疹や傷がないかチェック
かゆいところはありませんか?

2 乾燥肌へのケア

乾燥肌の高齢者はかゆがり、引っかいて傷をつくりやすいので要注意。保湿クリームなどを塗って、肌をよい状態にしておきましょう。

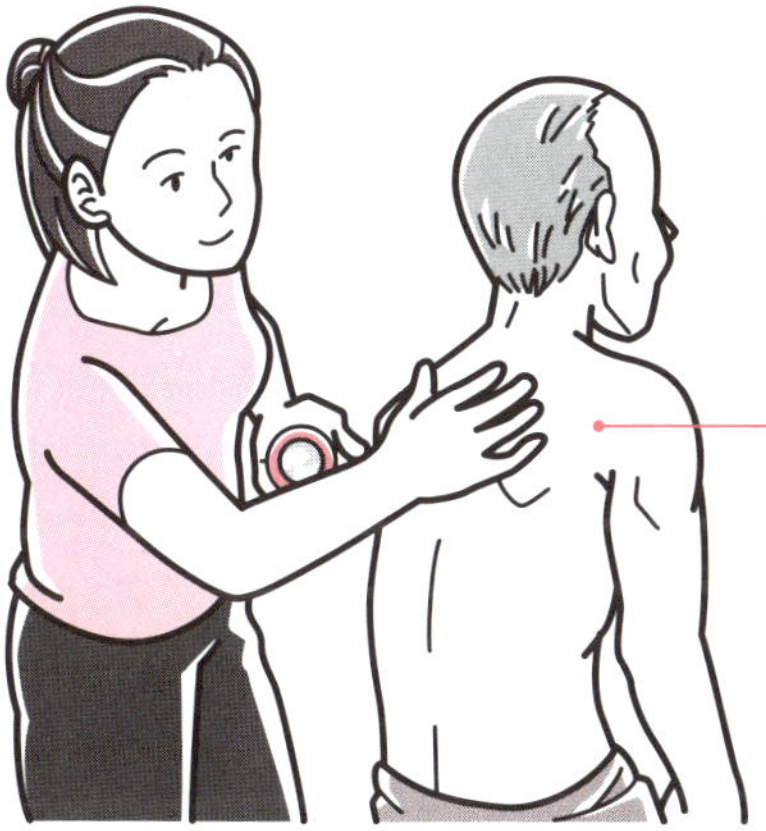
・保湿クリームを薄く、伸ばすように塗る

3 水分を補給し休息

入浴後は体内の水分が減っているので、水分補給を。また体力を消耗しているので、すぐに動かしたりしないようにします。

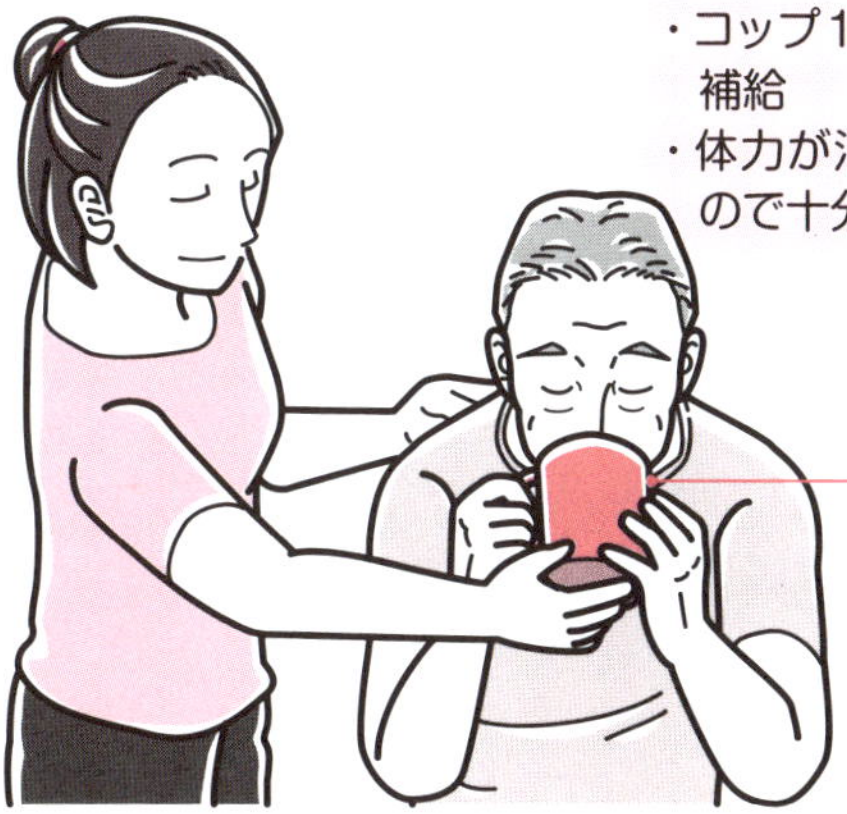
・コップ1～2杯の水分補給
・体力が消耗しているので十分な休息を

4 つめ切りや耳アカのケア

入浴後のつめはやわらかくなって切りやすい状態です。また耳あかもとりやすいので、入浴後の休息時間にチェックしてケアしましょう。

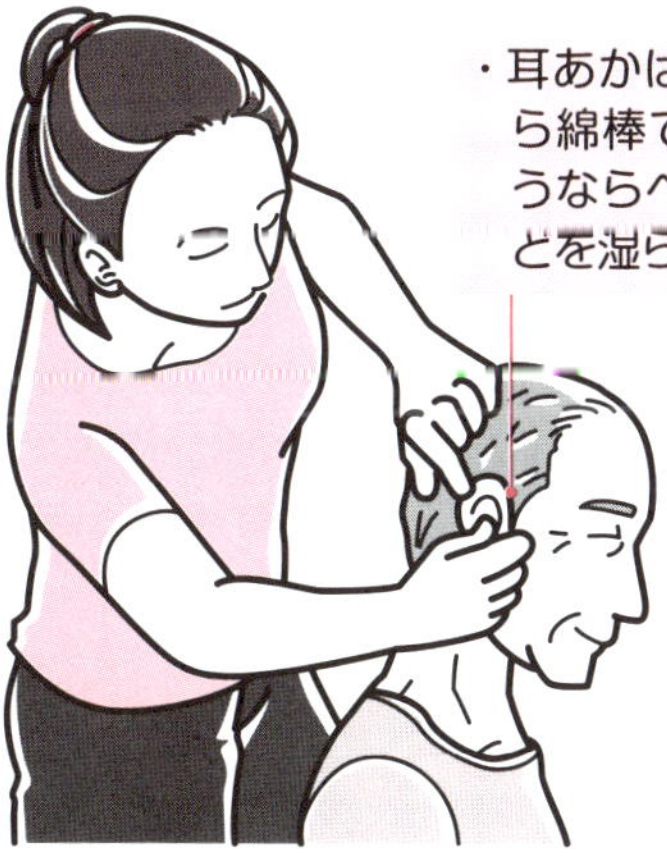
・耳あかは見えるようなら綿棒で取り、固いようならベビーオイルなどを湿らせてからとる

褥瘡の原因を知ろう

一般的には「床ずれ」と呼ばれることもある褥瘡《じょくそう》は、体の一部にできる傷のことです。はじめは皮膚が赤くなる程度ですぐに治りますが、放っておくとあっというまに進行して、ただれて骨が見えるほどえぐれ、治すのが難しくなります。

ベッドでの生活時間が長い人の介護では、第一に気をつけなければいけない疾病ですが、長時間の圧迫で生じるとは限りません。3時間程度の圧迫でできることもあるので常に注意が必要です。

1 褥瘡の原因

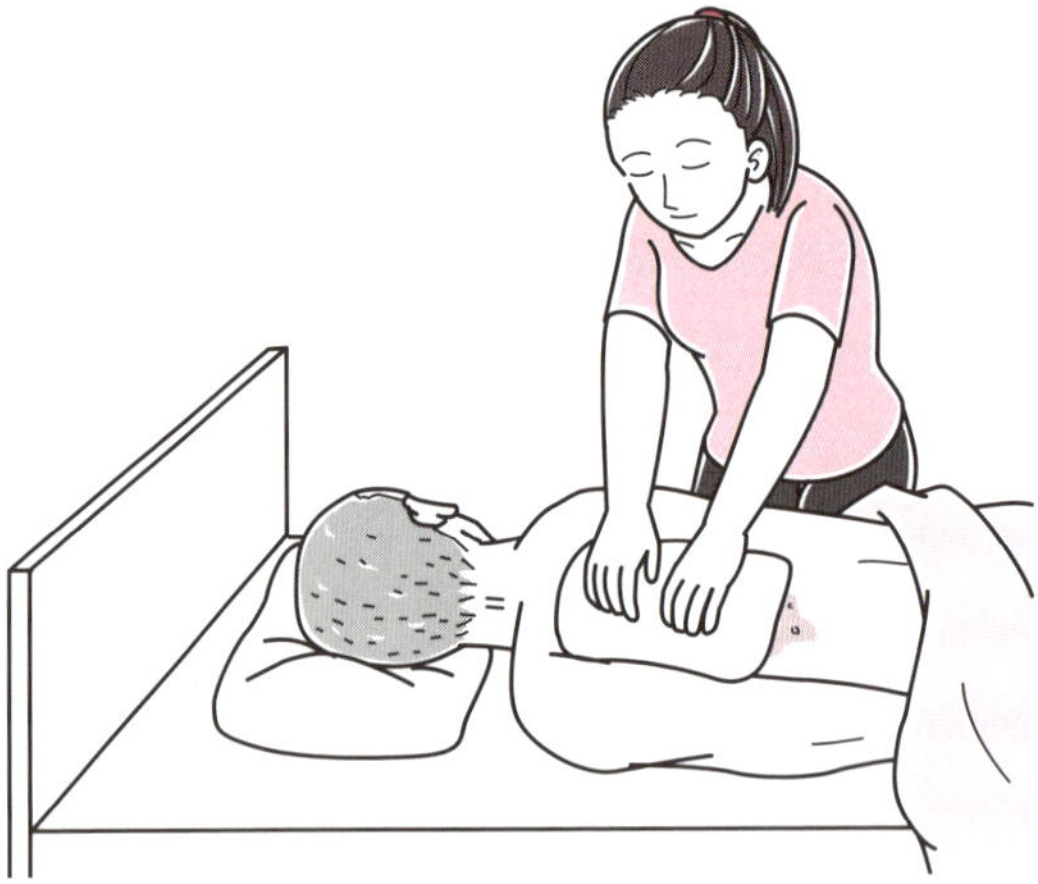

褥瘡はさまざまな原因によって起こります。現象的には圧迫やすり傷によってできますが、それ以前に体が汚れていたり、栄養不足がそもそもの原因というケースもあります。

●褥瘡の原因

①慢性的な状態

- 栄養不足
- 不衛生

＋

②突発的な現象

- 圧迫
- 摩擦・ずれ
- 皮膚の汚れや傷

①圧迫

自分で寝返りが打てないなど、体の向きを変えられない人が長い時間同じ姿勢でいると、体の中で骨が出っ張った部分は、ほかよりも常に圧力がかかります。すると、その部分の血液の循環が悪くなり、皮膚が赤くなったり、ひどいときは黒くなってきます。

②摩擦・ずれ

介助で体の位置を変えるときに引きずったり、車いすで座位が保てずにずり落ちたりすると、摩擦により皮膚を傷つけることがあります。また、パジャマの縫い目が擦れて皮膚を傷つけることがあります。

③皮膚の汚れや傷

尿や便で皮膚が汚れると、かぶれたりただれたりします。また、そこに小さな傷でもできれば、細菌がつきやすく化膿しやすくなります。

④栄養不足

褥瘡とは直接関係ありませんが、第一に気をつけたい要因です。栄養状態が悪いと皮膚がむくみ、傷つきやすくなります。抵抗力や回復力も低下するため、褥瘡にかかりやすく、治りにくい体になります。

2 褥瘡ができやすい人

ベッドの上での不活発な生活が続くと血液の循環が悪くなり、褥瘡ができやすくなります。とくに栄養状態と関係が深いので、栄養不足には気をつけましょう。

抵抗力・回復力を高めるために栄養価の高い食品を食べるように介護します。（第2章　食事の介助を参照）食べにくいようなら、食品の形状、硬さなどを考慮して食べやすい食事を提供しましょう。食事にこだわらず、おやつなども有効です。

●こんな人は要注意!!

①マヒや拘縮《こうしゅく》があり、自分で寝返りができない人
②「痛い」「かゆい」などの知覚が鈍くなっている人
③栄養状態が悪い人
④尿や便が付着し不衛生な人
⑤汗をかきやすい人
⑥糖尿病の人
⑦衰弱がひどい人
⑧むくみがある人
⑨やせている人

褥瘡の予防

褥瘡の予防と介助

褥瘡《じょくそう》を予防する一番の方法は同じ部分を長時間、圧迫しないことです。そのためには重介護の人も、車いすなどを利用して、寝たきりの生活にならないことです。自分で寝返りができない場合は、体位変換といって、ときどき体の向きを変える介助が必要です。また、低栄養や不衛生な生活も褥瘡の原因になるので、きめの細かい介護が大事になります。さらに重症化させないために早期発見が重要なので、入浴時などの皮膚のチェックが欠かせません。

1 褥瘡ができやすいところ

褥瘡ができやすい部位は、骨が出っ張った部分です。早期発見が決め手になりますから、できやすい場所がどこか頭に入れて、日々観察するようにしましょう。

最初は本人も気づかないことが多く、介助者も見落とすことが多いので、皮膚が少し赤くなっていると感じたら、対処しましょう。

2 褥瘡を予防するケア

褥瘡予防の方法は、「褥瘡の原因」（98ページ参照）をよく知り、原因を取り除くことです。「圧迫」に対しては、除圧をしたり長時間同じ姿勢でいないように介助することが有効です。原因に対して、次のような具体的な対策を行いましょう。

①長時間同じ姿勢にしない

例えば、仰向けのまま、あるいは横向きのまま、座ったまま同じ姿勢で長時間いると、体の重みを同じ部位が支えることになりその部位に圧

●褥瘡ができやすい部位

横向きに寝ているとき

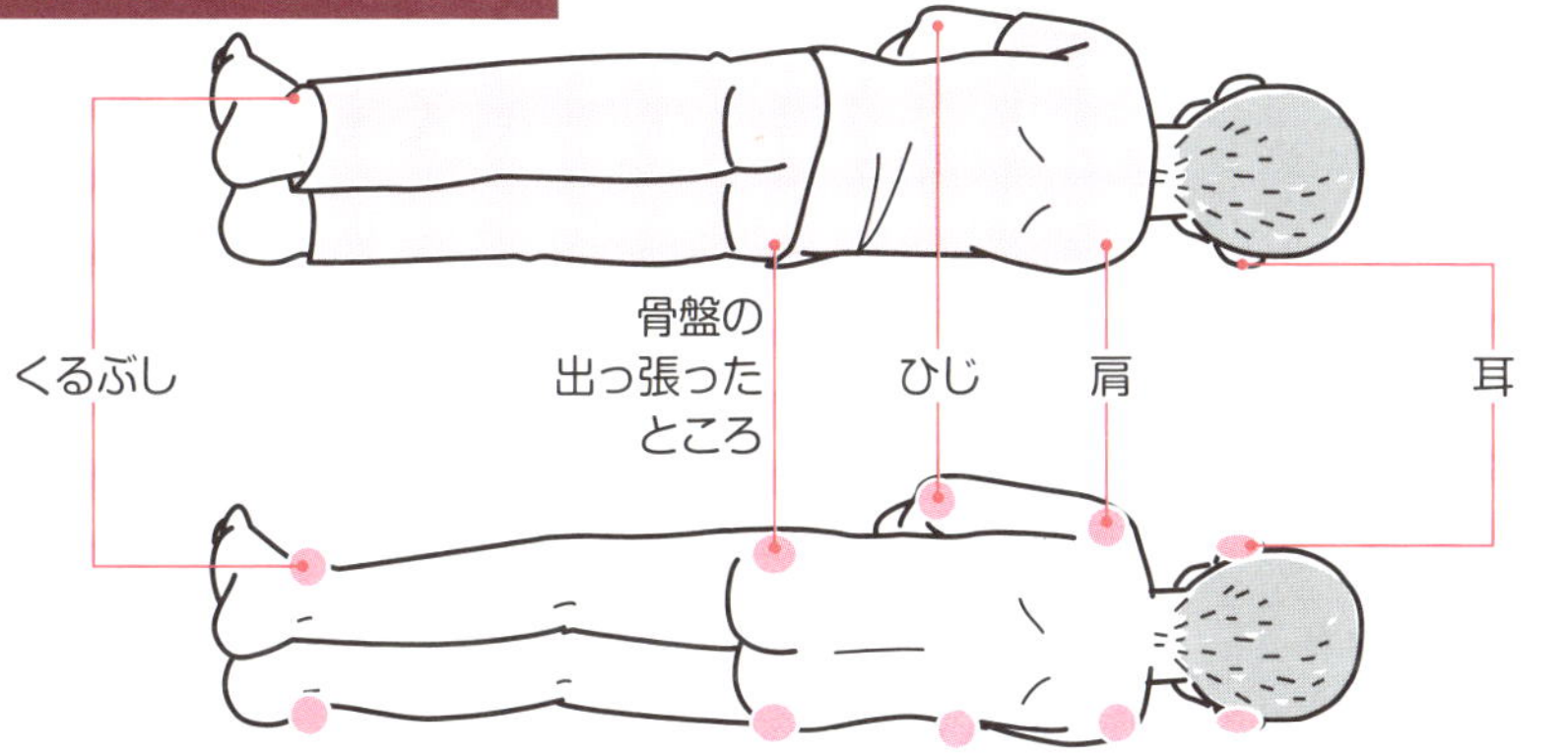

仰向けに寝ているとき

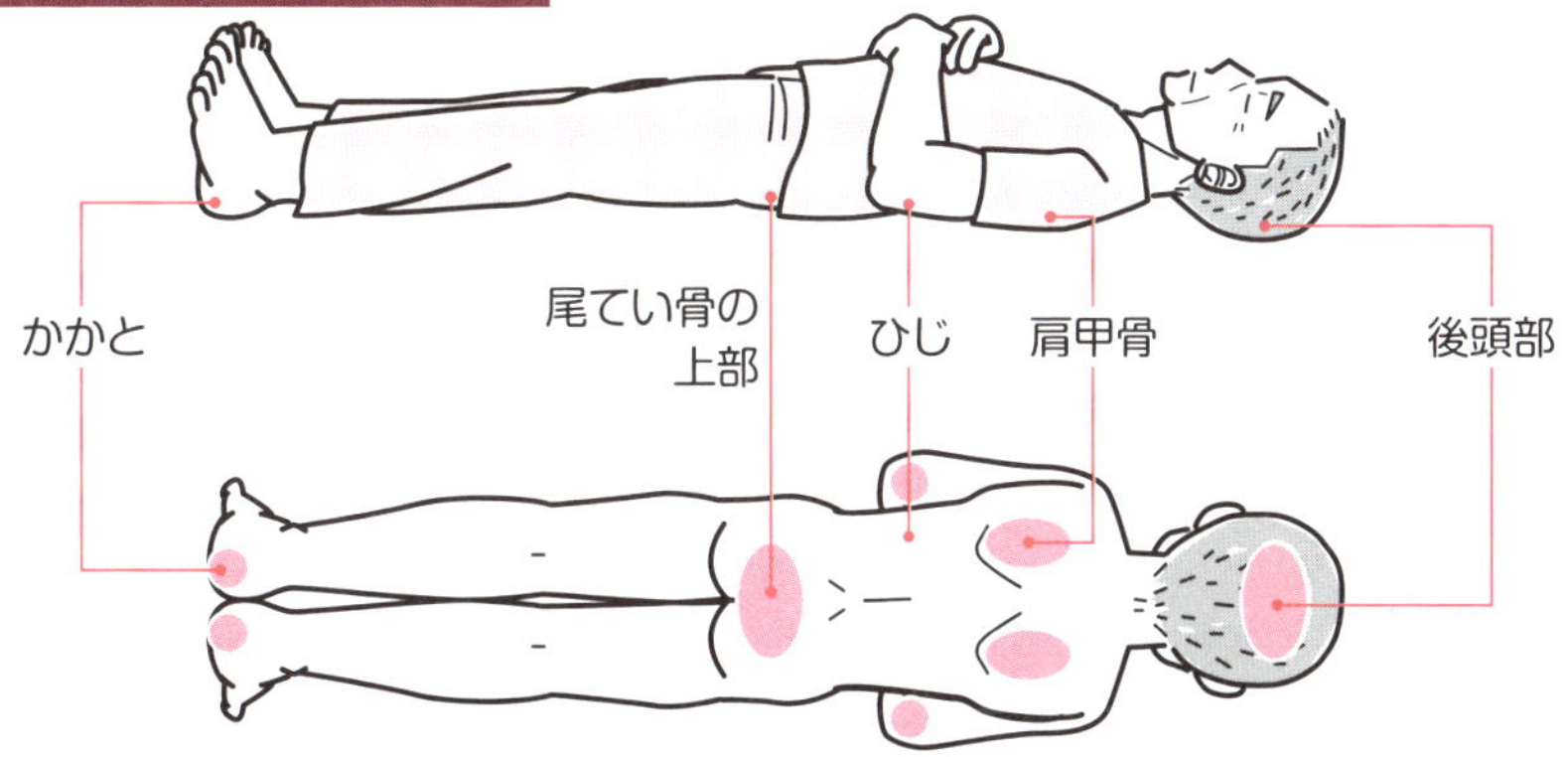

座っているとき

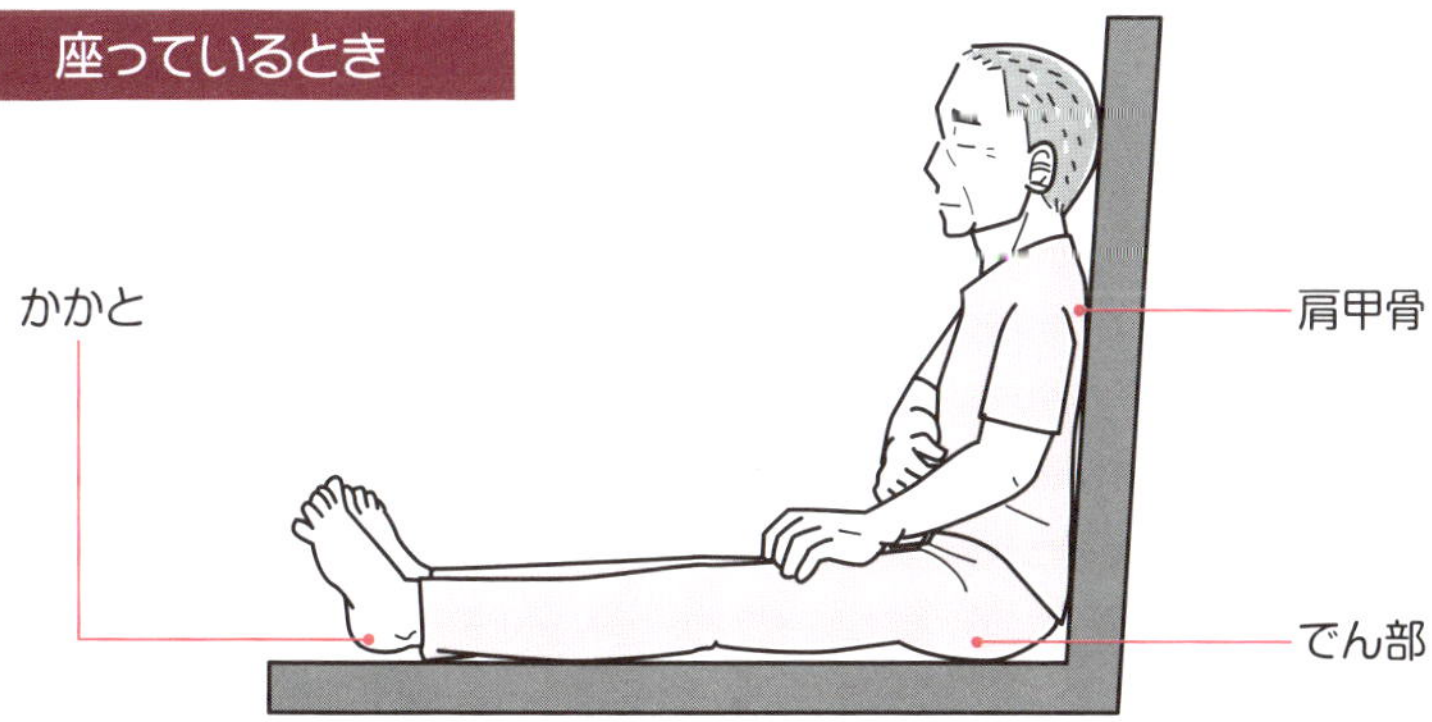

力がかかります。2~3時間をめやすに体の向きを変えましょう。背の上がるギャッジベッドなら、ときどき背を起こし、圧迫箇所を変えましょう。

②除圧する

寝返りによる体位変換が除圧《じょあつ》の第一の方法ですが、寝返りをひんぱんにしなくても、圧迫を軽くするために、エアマットやクッションなどの除圧用具（左ページ参照）を使う方法があります。

③引きずる移動は危険

体を引きずるように移動させると、シーツや衣類との摩擦によって傷つき褥瘡になります。無理に引きずったりせず、皮膚に負担をかけない体重移動を行いましょう。

④シーツのしわなどに注意

パジャマの縫い目やシーツのしわなど、わずかな出っ張りが皮膚にあたり傷がつくことがあるので注意しましょう。

⑤体をいつも清潔に

汗、尿、便がついたらよく拭きとり清潔を心がけます。湿り気も褥瘡の原因になるので、よく洗ったあと水気をしっかりとりましょう。

⑥栄養不足に気をつける

高齢になると食事量が少なくなり、栄養が偏る傾向にあるので、栄養価の高い食品を摂りましょう。

●褥瘡防止用具

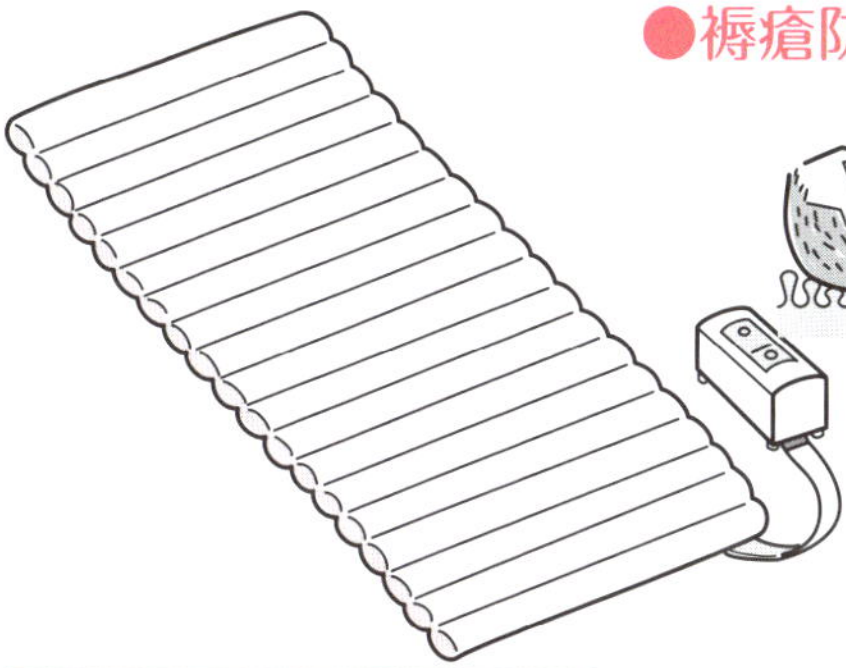

褥瘡予防エアマット

空気噴出型は褥瘡部を乾燥させ、むれを解消

褥瘡防止パッド

波状の凹凸が皮膚にかかる圧力を分散し褥瘡をできにくくする

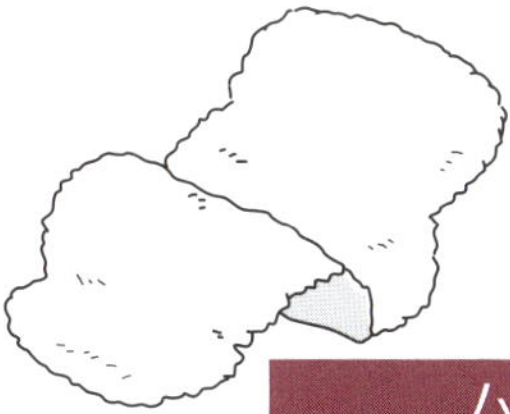

ムートン

やわらかく吸湿性、通気性に優れている

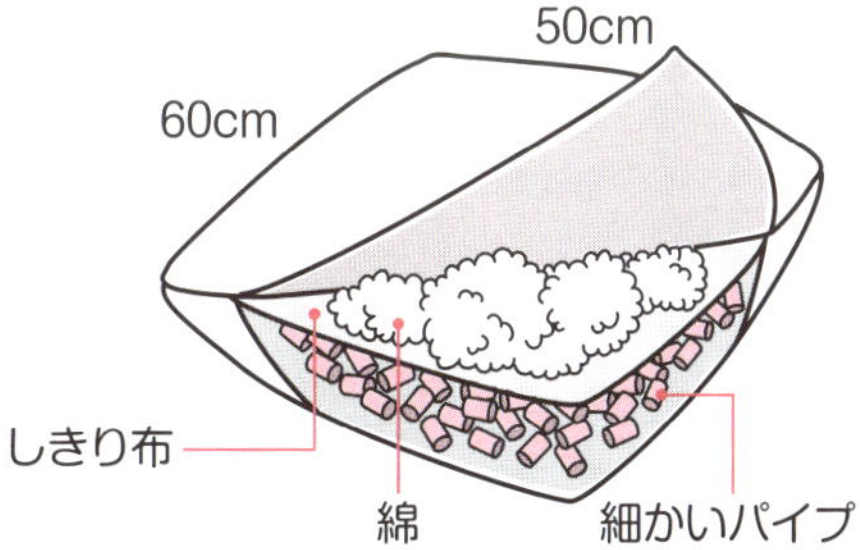

足枕

足の間にはさみ、圧力を軽減する

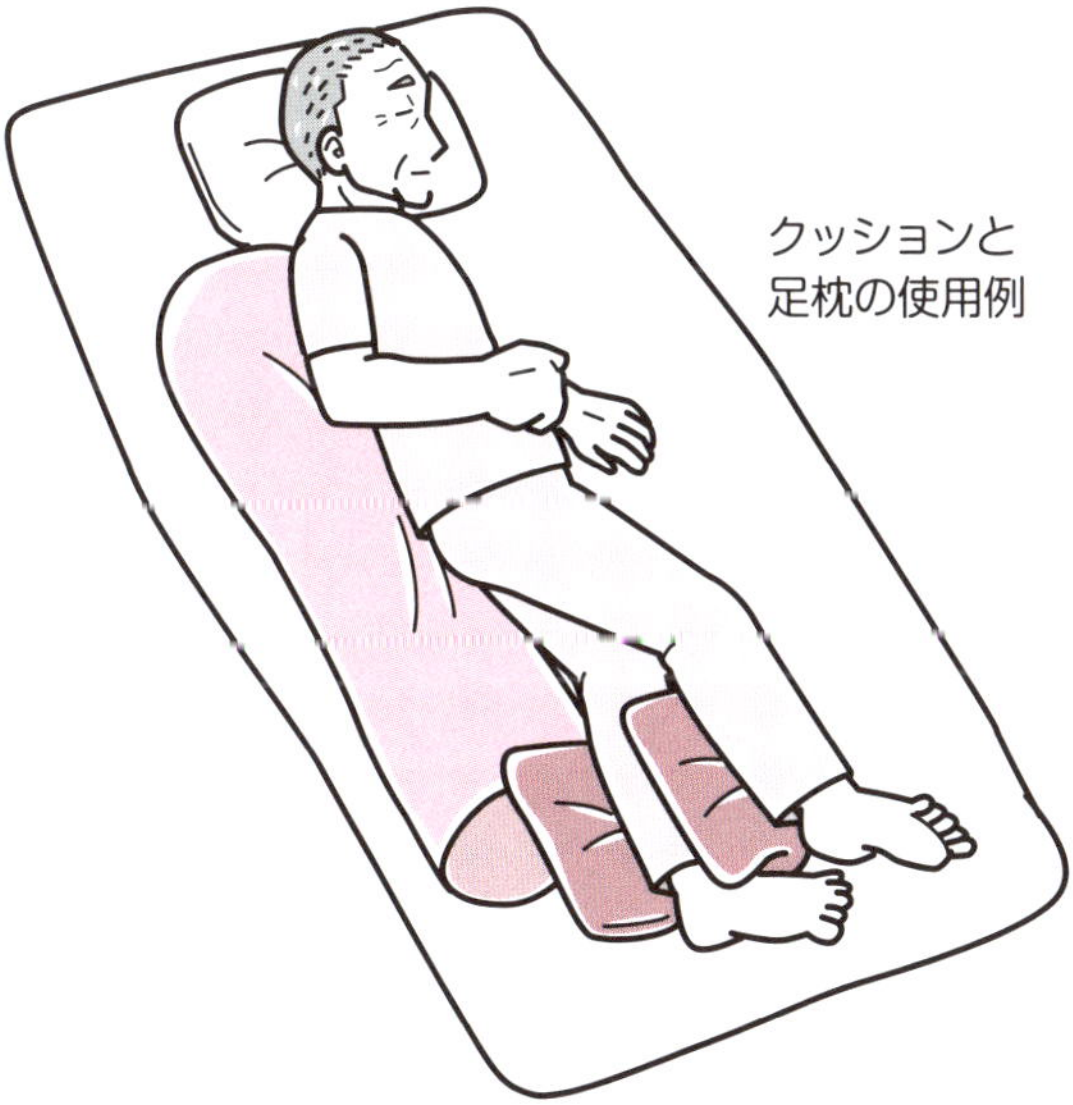

クッションと足枕の使用例

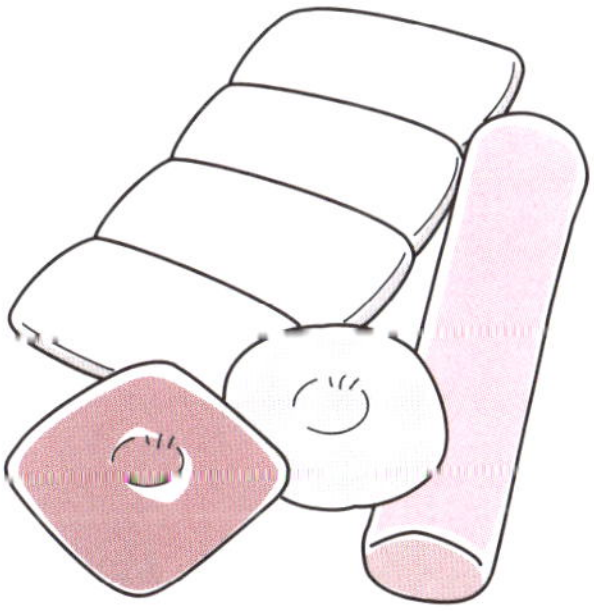

クッション

サイズいろいろ。長いものは横向きのとき背中にあてる

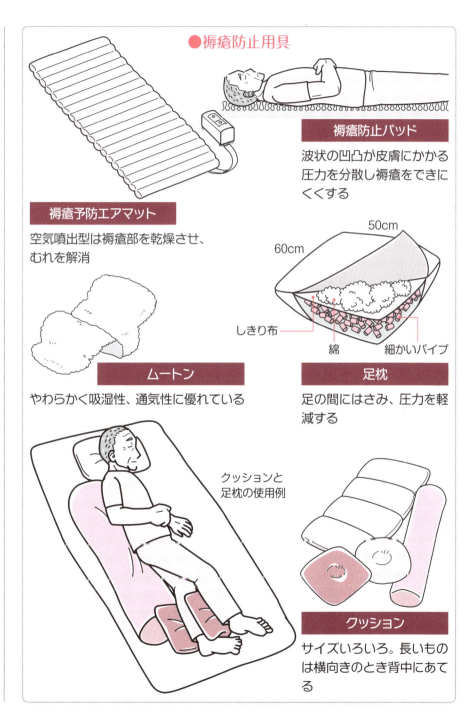

褥瘡が出たときの対処法

褥瘡《じょくそう》が出たときの対処法は、進行度によって違います。軽い段階であれば、血行を良くするためのマッサージは有効ですが、やや進んだら水疱を傷つけたり、傷を広げたりすることもあるので危険になります。どのくらいの状態なのかを観察によって把握し、早めに見つけて医師に相談することが大事です。褥瘡は手厚い介護をしていても、体調によって短時間ででききてしまうこともあるので、介護する家族の責任などと考える必要はありません。

1 褥瘡の進み方

早期発見のために、ふだんの観察が重要です。一般的に次のように進行するので、気がついたら早めに医師に相談しましょう。

●早い段階で手当てをしましょう

できるだけこの段階で手当てをしましょう
①痛み
↓
②発赤
↓
③水疱
↓
医師による治療が必要
④ただれ
↓
⑤浅い潰瘍
↓
入院加療が必要
⑥深い潰瘍

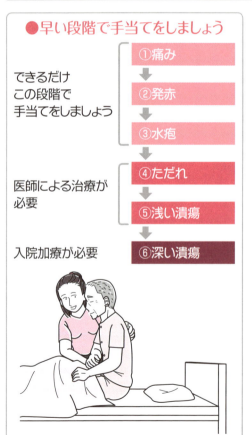

2 褥瘡ができたら

①痛みが出たら

痛みがわかりにくい人がいますが、本人が痛みを訴えたら要注意です。こまめに体位を変えたり、痛がらないようなら軽くマッサージをします。栄養十分に補給しましょう。

②発赤《はっせき》に気がついたら

圧迫を取り除いても赤みがとれないようなら、褥瘡の初期が疑われます。体位変換をこまめにやったり、除圧用のクッションを使ったりします。肌を乾いた状態に維持することが重要なので日光浴をしたり、洗ったあとは必ず水気をとります。

③水疱が出たとき

感染予防を第一に考え、水疱を破らないようにします。皮膚が破けなければ水は自然に吸収され乾燥します。圧迫が加わらないようにさらに注意します。赤みが強くなったり水疱が目立ってきたらマッサージは危険です。

④ただれが出たら

医師による治療が必要な段階です。清潔、栄養・除圧に気を配り医師の指示に従って、傷口の手当をします。

この段階が過ぎたら医師による治療が中心になり、入院加療が必要になります。

2 入浴による改善

褥瘡は清潔を保つこと、血行をよくすることが大切です。それには入浴が効果的。初期の段階であれば傷表面の細菌が洗い流せるので、衛生的です。ただし、症状が進み傷口がえぐれてポケット状になっていたら入浴は無理です。

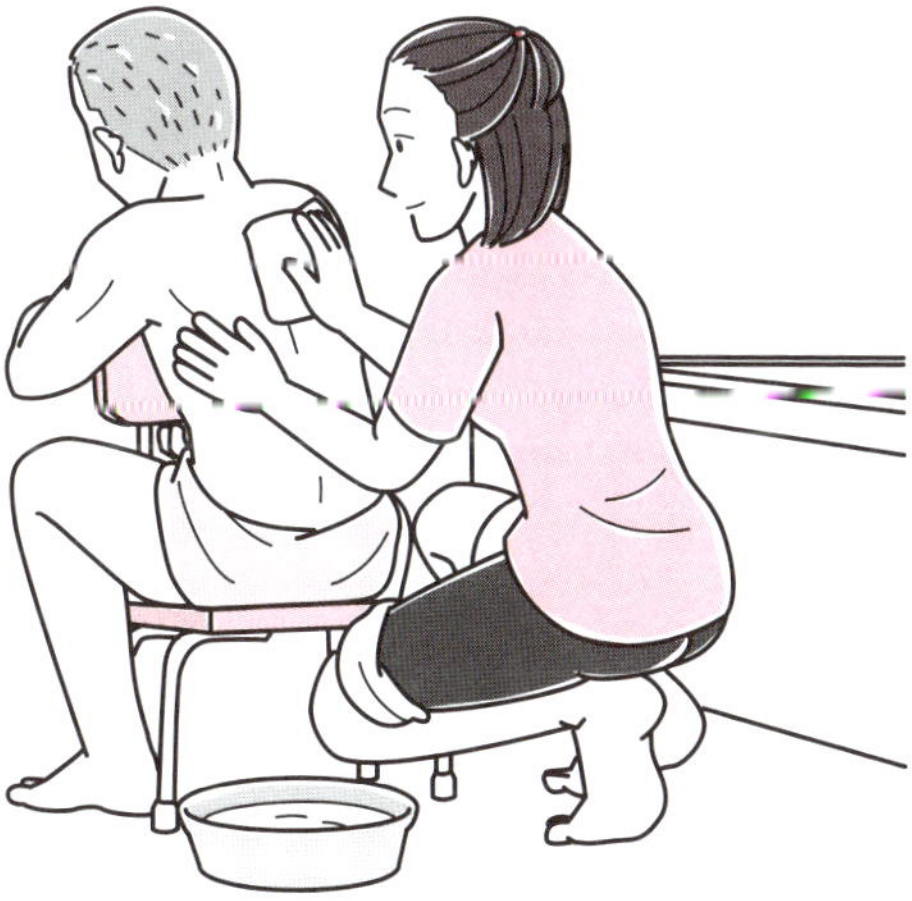

褥瘡の予防

褥瘡を防ぐラクな姿勢

自分で寝返りができにくい人は、同じ部位がベッドの表面に接し、その部分が圧迫を受けて褥瘡《じょくそう》になります。体の重みが皮膚を圧迫し血流を低下させることで起こるので、体を広い面で支えることが大事です。ポイントは「ラクな寝方」。複数のクッションなどを使い、圧力を分散させて寝ると姿勢が安定しラクに寝られます。背が上がるギャッジベッドで体を起こすときは、背中とベッドとの間のずれを直す「**背抜き**」という介助が必要です。

1 ベッドでのラクな寝方

通常の仰向けの寝方は、ベッドと体が接している面にかかる圧力が大きく、長時間同じ姿勢でいるとつらくなります。横向きになって、クッションや枕を背中や足の間に入れて寝ると、長時間ラクに寝られます。体の一部だけがベッドに接着するのを防ぎます。

2 体を起こすとき

背が上がるギャッジベッドは、食事や起き上がりの介助の際に役立ちます。「ひざ部分も上がるベッド」であれば、体がずり落ちないように、まずひざ部分を上げておきます。ラクな角度にベッドを固定したら、褥瘡予防のために、「背抜き」をします。

①ひざの部分のベッドを上げる

下肢を上げておくと、体がずり落ちにくい。

②ギャッジベッドを起こす

ラクな姿勢になれる角度でベッドの背を固定する。

背中を上げますよ
・ひざのあたりのベッドを上げておく

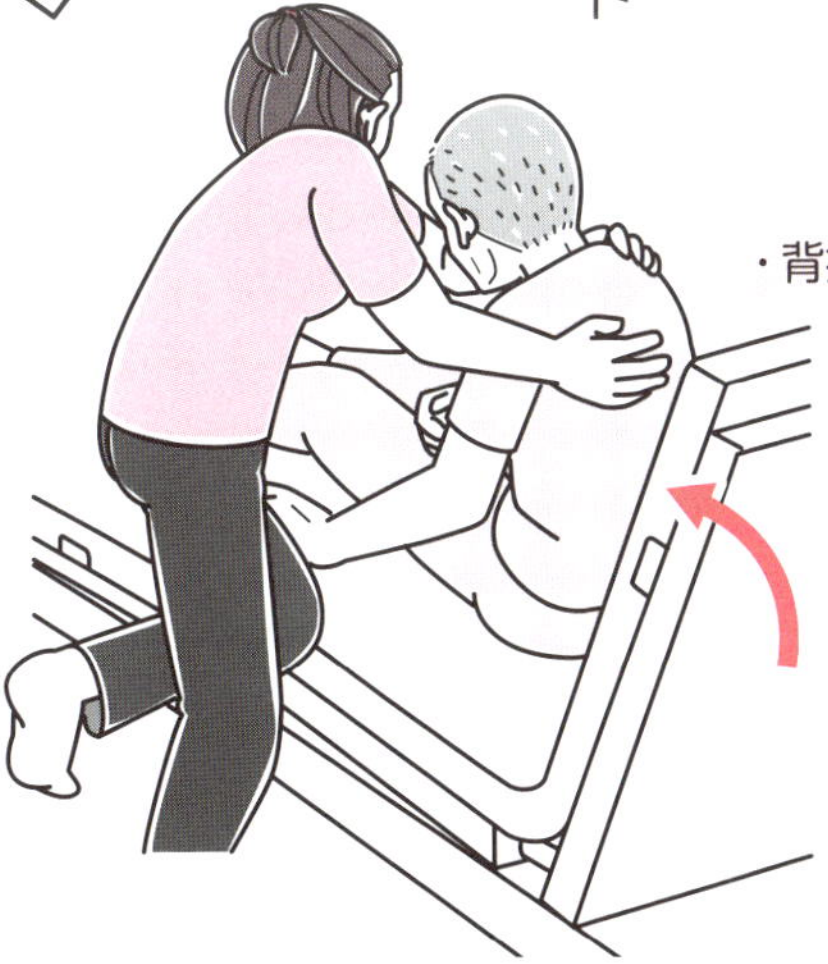
・背抜き

③背抜きをする

背抜きは、密着したベッドの間に生じた皮膚のゆがみを解消するもので、背中を圧迫する不快感を取り除き褥瘡を防ぐもの。具体的には体を前に起こし背中を浮かせる介助。

3 安定した姿勢で座る

ベッドの上に座るときも、クッションなどを支えにしてラクな姿勢をとるようにします。片マヒの人は患側に倒れやすいので、患側にクッションを置きます。

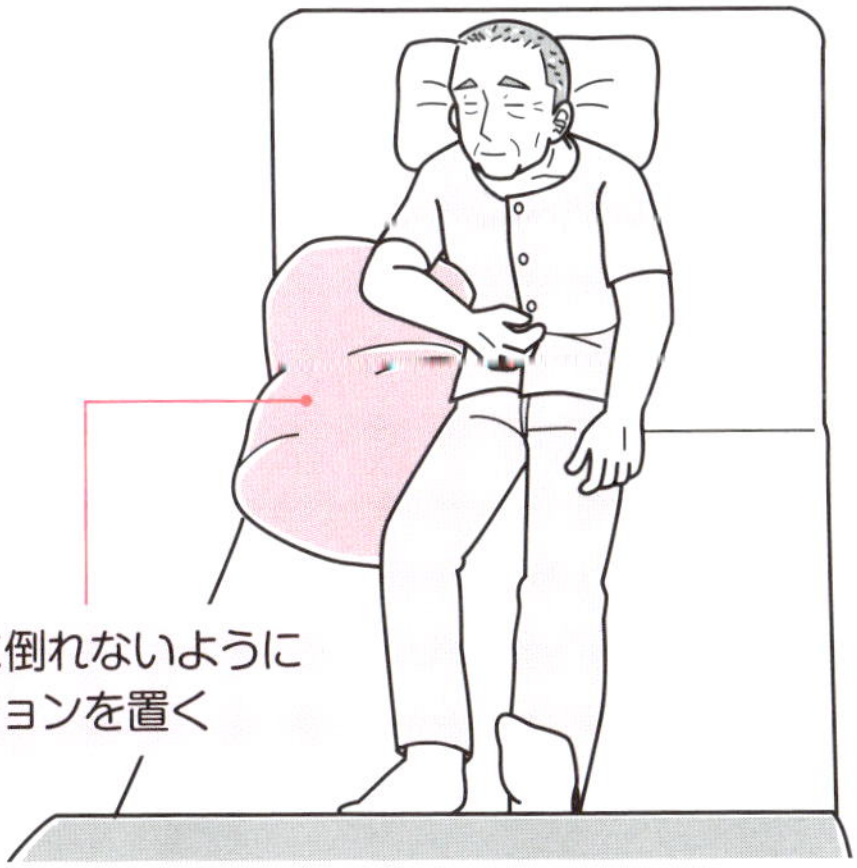
・患側に倒れないようにクッションを置く

4 体を寝かせる

ベッドの背を下げると、本人の体は足の方向にやや下がります。ベッドの背を上げたときと同じように、背中にゆがみが生じ突っ張った感じになります。横向きにして背抜きをしますが、寝衣がしわになっていたら整えます。

①ベッドの背を下げる

ベッドの背を下げると、本人の体を足元の方向に下がっている。

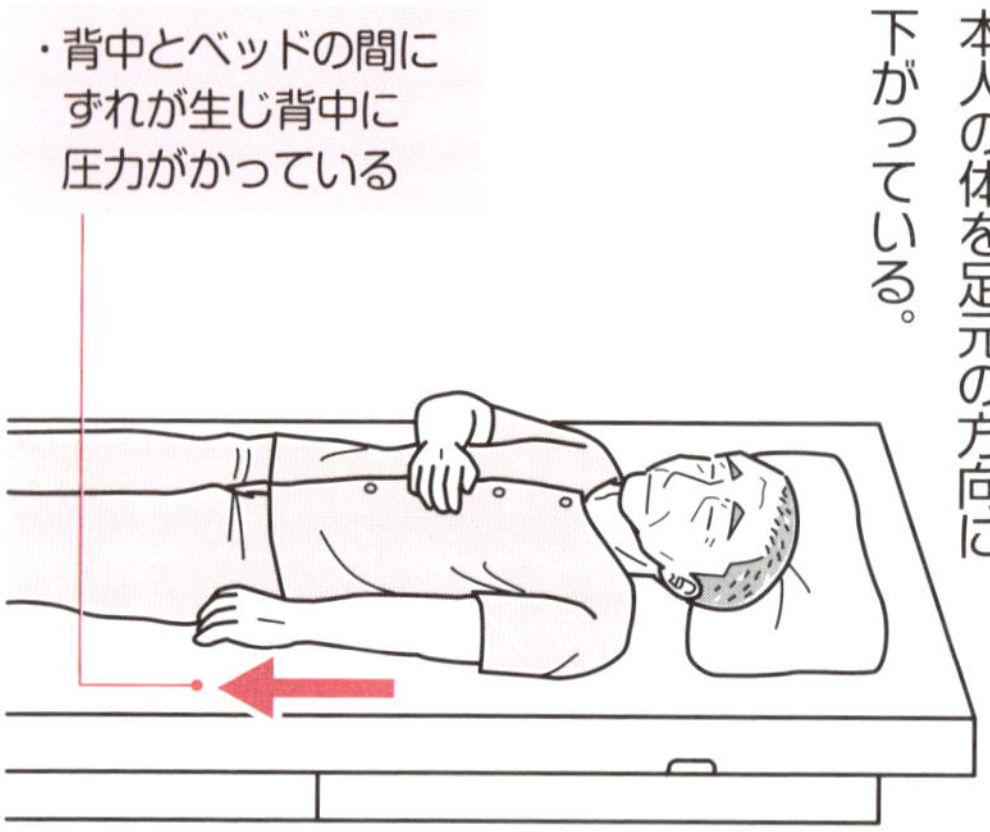

・背中とベッドの間にずれが生じ背中に圧力がかっている

②体を横向きする

背中にかかった圧力が褥瘡の原因になるので、背中の皮膚のゆがみを解消するために、横向きにして「背抜き」をする。

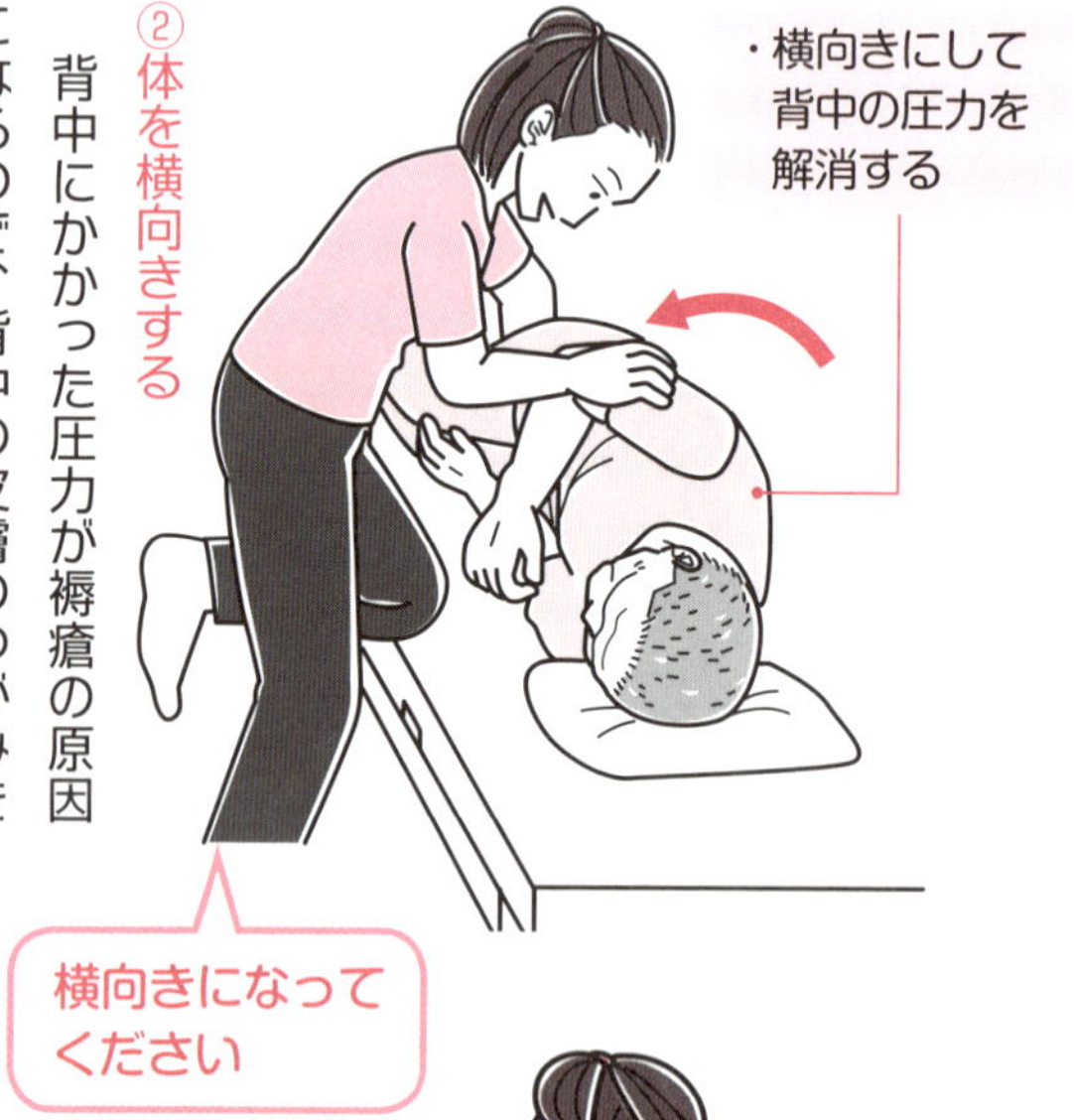

・横向きにして背中の圧力を解消する
横向きになってください

③寝る位置を調整する

体が足の方向に下がっているので、枕方向に上げる移動（144ページ参照）をし、枕の位置を調整する。

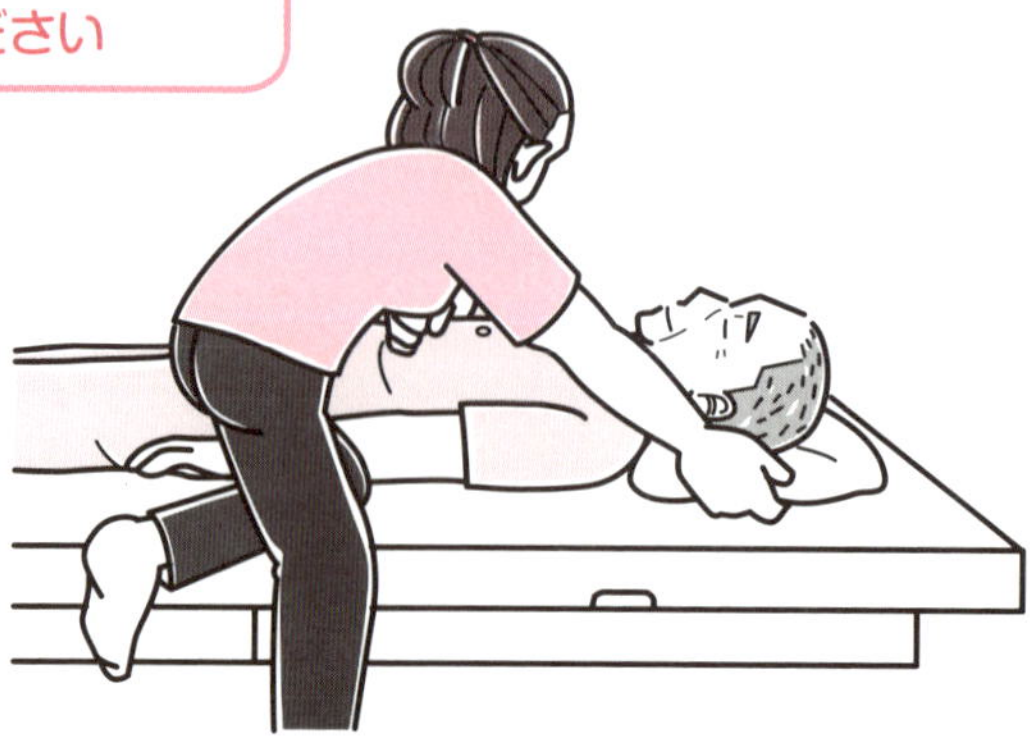

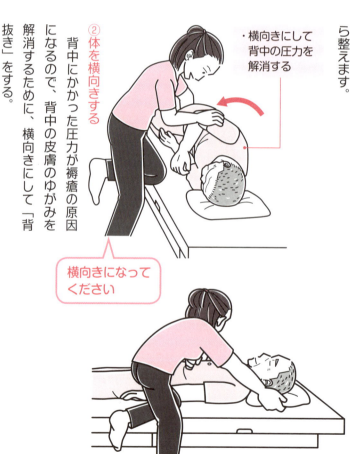

第4章

排泄の介助

排泄介助で大切なこと

だれでも排泄だけは、最後までひとの手を借りずに行いたいと思っています。それにもかかわらず、自分でできなくなったとき、大きなストレスを感じます。自尊心が傷つき、不安や絶望感を抱き、自立への意欲が減退することになります。排泄介助のポイントは、できる限りおむつに頼らずに、自立排泄ができるように支援することです。同時に、排泄のことなので羞恥心に十分配慮すること。プライバシーを尊重し、迅速かつていねいに始末を行います。

1 排泄介助の心構え

自立排泄が困難な高齢者は、意識的あるいは無意識に、飲食を控え排泄量を抑えようとします。その結果、便秘や脱水症状を起こしたり、良い睡眠がとれずに体調を崩したりします。栄養分や水分の不足は深刻な事態を招きかねないので、遠慮なく排泄介助が受けられる雰囲気をつくることが大切です。そのためには次のような心構えをしましょう。

①プライバシーに配慮する

ポータブルトイレやベッドの上で排泄介助を行うときは仕切りを立てるなど、プライバシーに配慮する。

②臭気を口にしない

臭気はだれでも気にすることなので、「くさい」などと冗談でも口にしない。

③失敗しても叱らない

自分で行おうとして失敗しても決して叱らない。叱ると消極的になる。

④迅速に始末する

排泄はゆっくりでも、後始末は迅速に行い、恥ずかしい思いを長引かせない。

⑤レベルに合った方法で排泄する

トイレでもできるのにおむつを使うなど、自立度を下げた方法はなるべく選ばない。

⑥不安感を取り除く

介助による排泄は不安なものなので、痛くないか、寒くないか、声かけを。

2 おむつを外すために

いったんおむつをする習慣がついても、トイレ誘導（便器・尿器を含む）によって外せる可能性もあります。尿意や便意が伝えられずにおむつに頼る人でも、1日の排泄パターンを把握すれば排泄時間を予測して誘導することができます。それには排泄記録ノートが有効です。なお、それぞれのパターンとは別に、食事の前後の誘導が有効です。

排泄ノート

	1回目	2回目	3回目	4回目	5回目
1日(月)	7:00 排尿=多い	8:30 排便=少ない	10:20 排尿=少ない		
2日(火)					
3日(水)					
4日(木)					
5日(金)					

レベルに合った排泄方法を選ぶ

寝たきり状態のまま、おむつでの排泄が続くと身体機能が低下します。「**日常生活動作能力**」(ADL)を改善するには、排泄レベルを上げることが重要です。おむつの使用から便器や尿器を使っての排泄へ。さらに座位が保てるようならポータブルトイレ。介助によって歩行可能であればトイレでの排泄と、レベルアップが図れると自立度が上がります。便意や尿意が伝えられない人でも、排泄のパターンを知れば誘導によるトイレ排泄も可能になります。

1 排尿のしくみ

1日の尿量は1～1.5ℓ。しかし発汗や下痢などによって0.5ℓ以下になることもあります。

排尿のしくみは、尿が膀胱《ぼうこう》にある程度たまると尿意を感じます。尿の回数は1日6～8回、多い人で10回以上あります。排尿における神経性障害があったり、排尿筋の働きが不完全だったりすると、尿がもれて尿失禁を生じます。また、脳血管障害により排尿筋の働きが低下していて、尿失禁や尿が膀胱内に残ってしまう残尿を生じさせたりします。女性の場合は尿道括約筋《にょうどうかつやくきん》の収縮力が低下して、わずかな腹圧で尿もれを起こしてしまうことがあります。

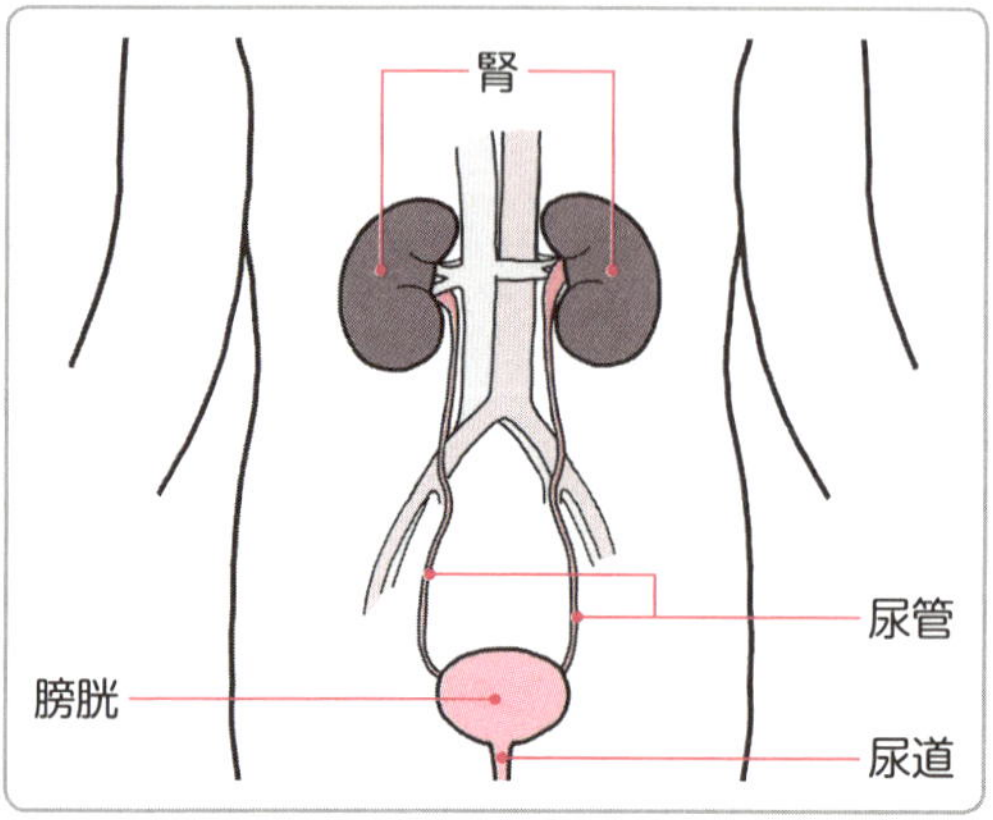

トイレ・排泄用品のいろいろ

	対象	ポイント
トイレ 	・便意・尿意があって座位や立位が保てる人 ・トイレまで行け、自力あるいは軽介助で車いすから便座への移乗ができる人	・できる限り自力でトイレへ行き自力で排泄できるように周囲は支援する ・トイレスペースは車いすが入れる広さや手すりなど転倒予防策の完備
ポータブルトイレ 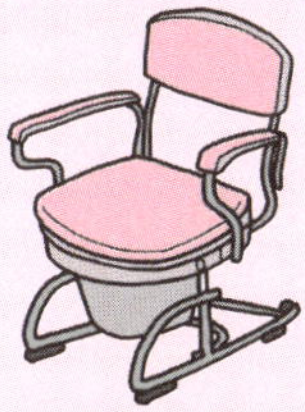	・便意・尿意があって座位が保てる人 ・ベッドの上での起き上がりはできるがトイレへ行くのが困難な人	・ポータブルトイレが使えれば通常のトイレを使えることも多いので、通常のトイレを試してみる ・自力でトイレに行けても夜間など不安ならポータブルトイレを使う ・個室でない場合は仕切りなどの配慮を
便器・尿器 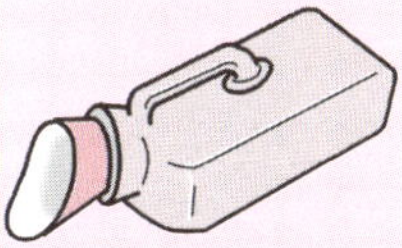	・ベッドが生活の中心で、座位が保てない人 ・便意・尿意が伝えられる人	・排尿は1日6〜8回、多い人で10回以上ある。自力で衣類の着脱や尿器の装着ができる人であれば、自力で排泄してもらう ・自力でできない人は、介助で便器・尿器による排泄
リハビリパンツ 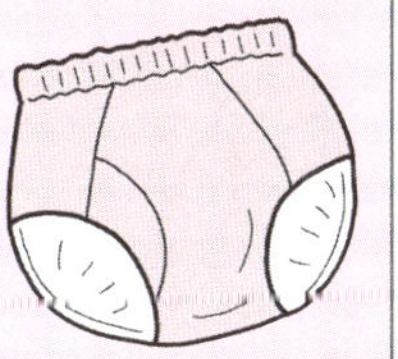	・便意・尿意が伝えられない人 ・履き替えができる人	・機能が改善され広いレベルで使われるようになった ・夜間タイプ、長時間タイプ、横もれ防止タイプなど種類いろいろ
おむつ 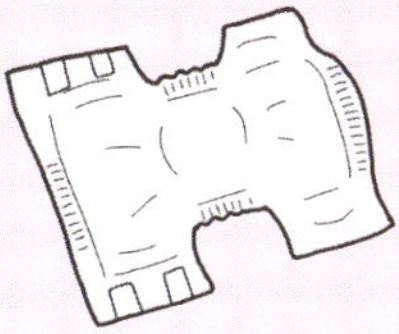	・便意・尿意が伝えられない人 ・履き替えができない人	・男性か女性、尿が多いか少ないかなどで選ぶ ・購入するときはサンプルを試用して選ぶとよい

2 排便のしくみ

便はふだん下行結腸《かこうけっちょう》からS状結腸にたまっています。便が直腸に送られてくると、その情報が大脳に伝わり、便意を起こします。すると直腸の蠕《ぜん》動《どう》運動と肛門の括約筋の弛緩《しかん》によって排泄されます。便の量は1日100～250g程度で、便秘になると小さく固く乾いた状態になります。便秘の原因は水分補給の不足、運動不足、環境の変化などによるストレスが考えられます。

快適な排便は、要介護者にとってとても重要です。とくに認知症の人の場合、便をいじる「ろう便」などの問題行動は便秘が原因のことが多く、規則正しい便を促すことで症状が軽くなるケースも少なくありません。

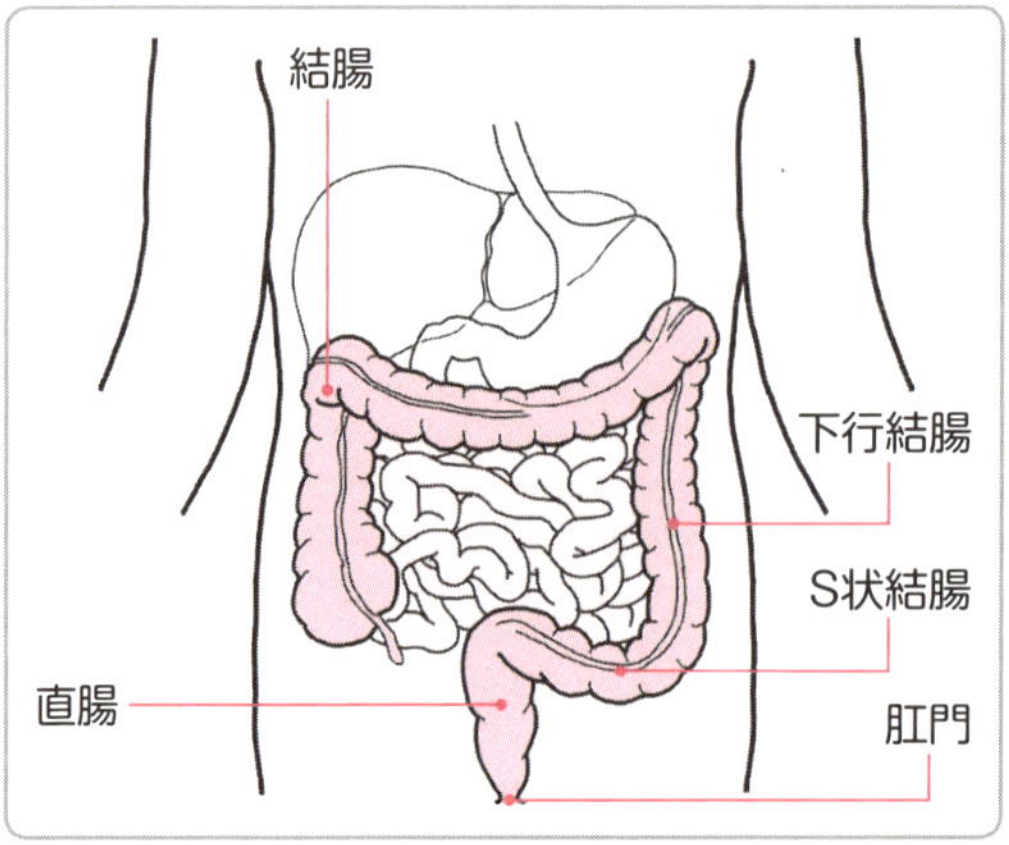

3 複数の方法を組み合わせる

排泄はその人のレベルに合った方法を選びますが、組み合わせることで排泄レベルが上がったり、介助の負担が軽減できたりします。

座位が保てる人でも、介護する人がいつもいないとポータブルトイレを利用できない場合、介護力がない時間はリハビリパンツを使用し、介護できる時間帯だけポータブルトイレを利用する方法もあります。

複数の排泄方法を組み合わせる例

自立度	昼間		夜間
高い	トイレ	＋	ポータブルトイレ
やや低い	ポータブルトイレ、尿器、便器	＋	リハビリパンツ
低い	尿器、便器	＋	リハビリパンツ

排泄チャート

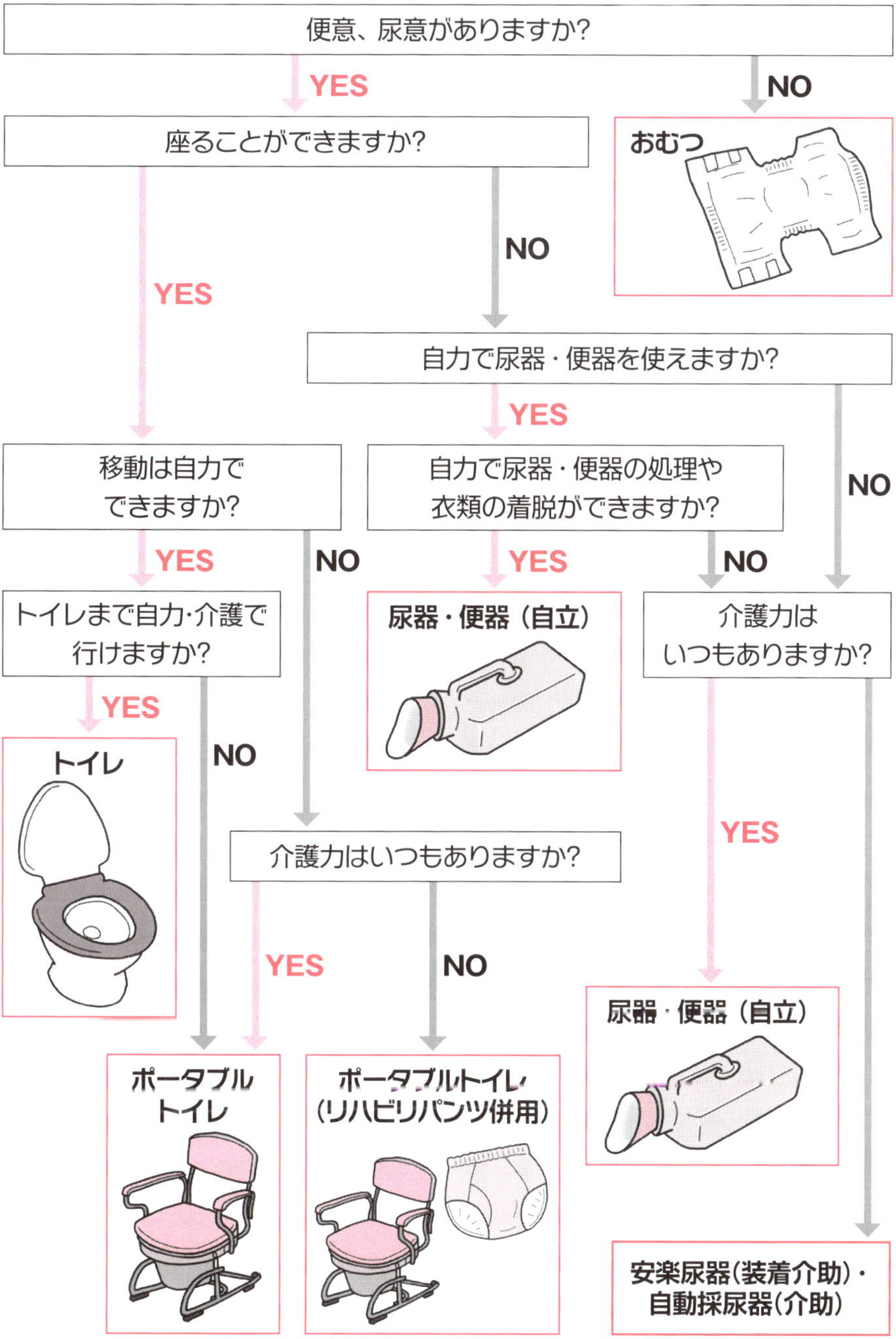

便意、尿意がありますか?
YES
NO
座ることができますか?
おむつ
YES
NO
自力で尿器・便器を使えますか?
YES
移動は自力でできますか?
自力で尿器・便器の処理や衣類の着脱ができますか?
NO
YES
NO
YES
NO
トイレまで自力・介護で行けますか?
尿器・便器(自立)
介護力はいつもありますか?
YES
トイレ
NO
介護力はいつもありますか?
YES
YES
NO
尿器・便器(自立)
ポータブルトイレ
ポータブルトイレ(リハビリパンツ併用)
安楽尿器(装着介助)・自動採尿器(介助)

トイレ介助

片マヒの人のトイレ介助を行う

便意や尿意があり座位が保てる人なら、トイレでの排泄を習慣化させましょう。自立で困難な場合は介助によって行います。トイレまで移動し、便座に座ったり便座から立ち上がったりする運動は、筋力維持のリハビリになります。車いすでの移動が可能な家、介助がないと歩行が困難な人など、いろいろな事情がありますが、介助者がいる場合はトイレで行い、いない場合はベッドの脇のポータブルトイレで行うなど、適宜便利なほうを選ぶ方法もあります。

1 車いすから便座に移る

車いすから立たせたり、便座に座らせたりするときは、体を密着させて自分の動きを相手に伝えるようにして移動介助を行います。本人にとって、座るために後方に体を傾ける動作は恐ろしいものなので、介助する側は必ず声をかけながら行います。

①車いすを近づける
車いすを便座の近くまで寄せ、ストッパーをかける。

②ズボンを握って立たせる
手すりや壁を支えにして、ズボンの胴回り部分を握って立たせる。

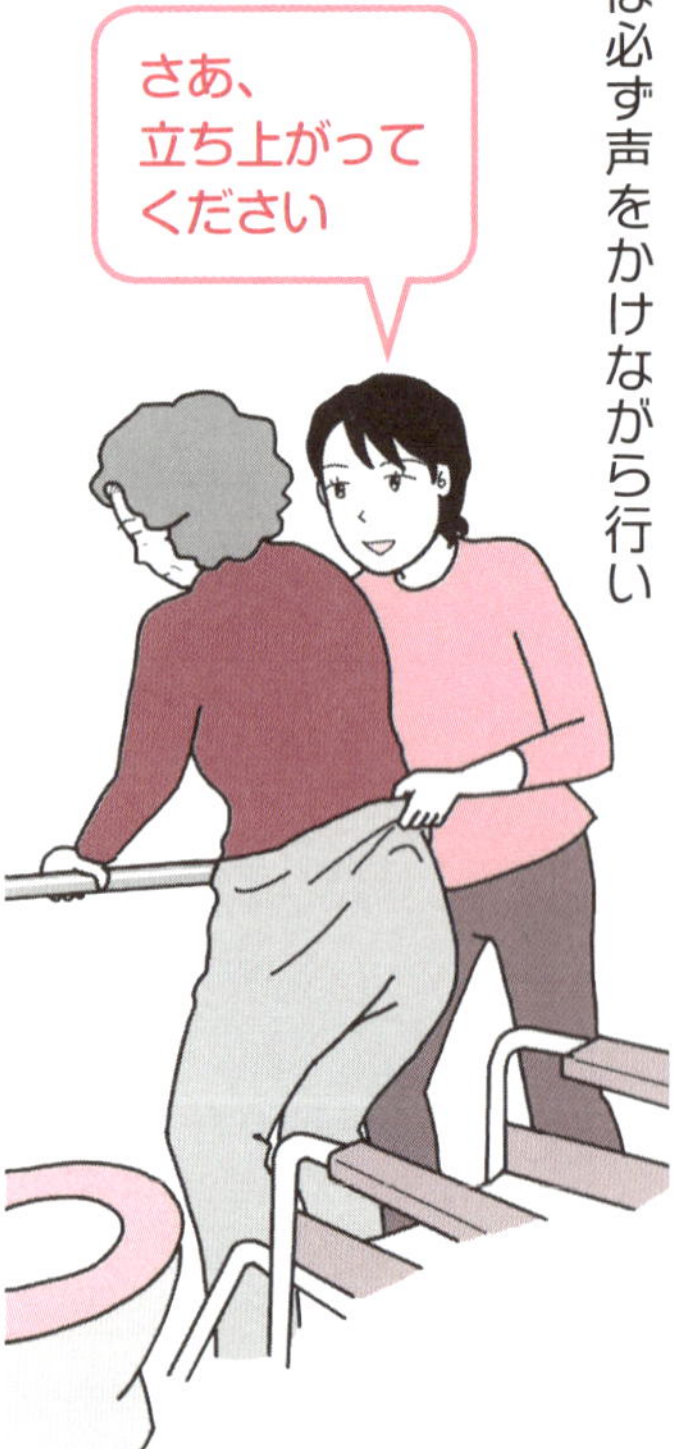

③体の向きを変えズボンを下ろす

立位が安定したら、お尻を便座のほうに向け背中を支えながらズボンを下ろす。

④便座に座らせる

声をかけながらゆっくり座らせる。座ったら、肩を支えて座位を安定させる。

⑤用を済ませる

本人が用を済ませるまで、危険がなければ外に出ている。カーテンで仕切られているなら閉める。

用を済ませたらお尻を拭きますが、本人ができるようなら時間がかかっても、自分で拭いてもらうようにする。

2 便座から車いすに戻る

用を済ませたことを確認して、車いすに戻ります。腰を痛めないように体を密着させ、呼吸を合わせて立ち上がります。

①本人に抱きついてもらう

介護者は本人の両ひざの間にひざを入れて、抱きついてもらう。

②いっしょに立ち上がる

体を密着させて、呼吸を合わせて立ち上がる。

③ズボンを上げる

マヒのない側の手で抱きついてもらい、立位を安定させてからズボンを上げる。

④ゆっくり下ろす

車いす方向にお尻の向きを変え、体を密着させたまま、ゆっくり下ろす。

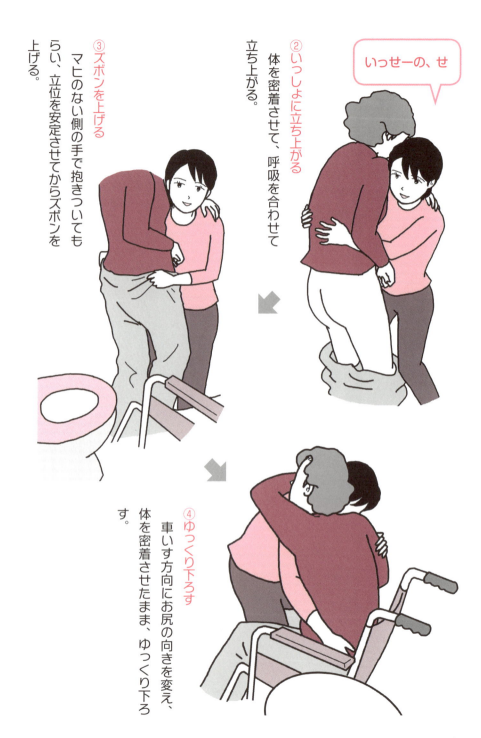

ポータブルトイレ

ポータブルトイレで排泄を行う

　ポータブルトイレはベッドの近くに置き、自力あるいは介助によってベッドからの立ち上がることができる人に向いています。トイレまで行くのが困難な人や、夜間は歩行が危険な人が用います。

　便意や尿意があり座位が保てるなら、差し込み便器や尿器で排泄介助を受けるのではなく、座って用をたすポータブルトイレのほうが爽快感もあり、リハビリにも有効です。自力でしてもらえると介護者の負担も軽減できるので、自力でのやり方も紹介します。

1 自力で利用する

ベッドから起き上がることができれば、介助用バーを利用して立ち座りを行い、自力で用を済ませることが可能です。

①ズボンを下ろす
介助用バーを利用して立ち上がり、立位が安定したら、マヒのない側の手でズボンを下ろす。

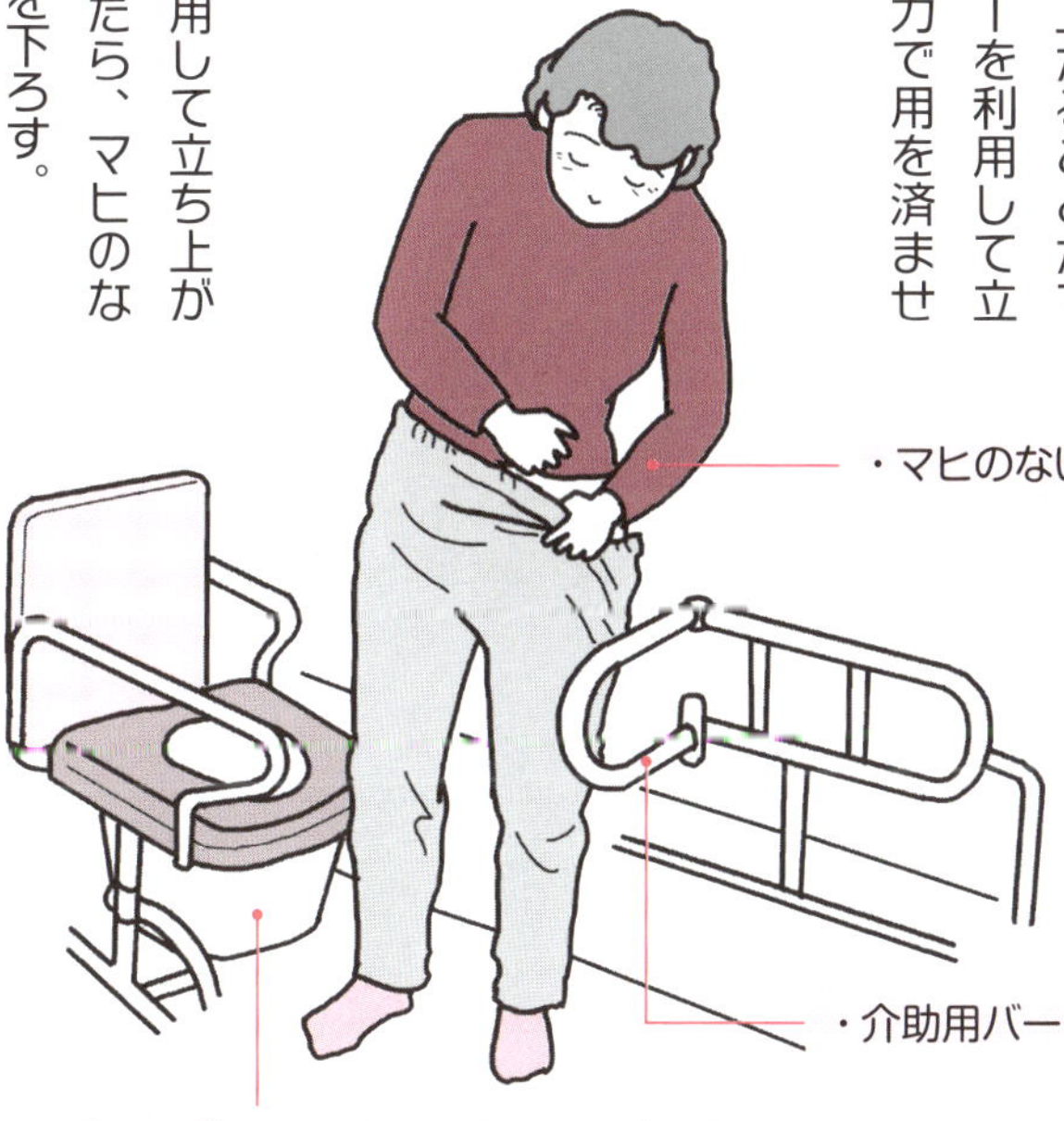

・マヒのない側の手
・介助用バー
・ポータブルトイレをベッドに横づけする

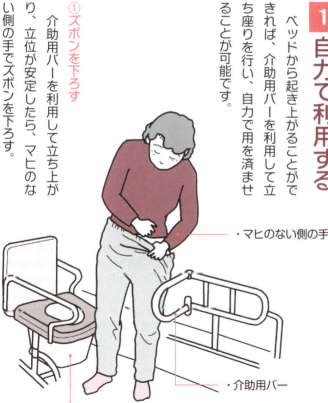

2 介助で行う

車いすからトイレの便座に移動させたのと同じ要領で、体を密着させ呼吸を合わせて、立ち上がり座ります。

①抱きついてもらう

本人の前に立ち、両ひざの間にひざを入れ、抱きついてもらいズボンの後ろを握る。

②便座に腰かける

介助用バーを握って便座にお尻を向けて座る。

③用を済ます

深く腰かけたら用を済ませ、介助用バーにつかまり、立ち上がって健側の手でズボンを上げる。

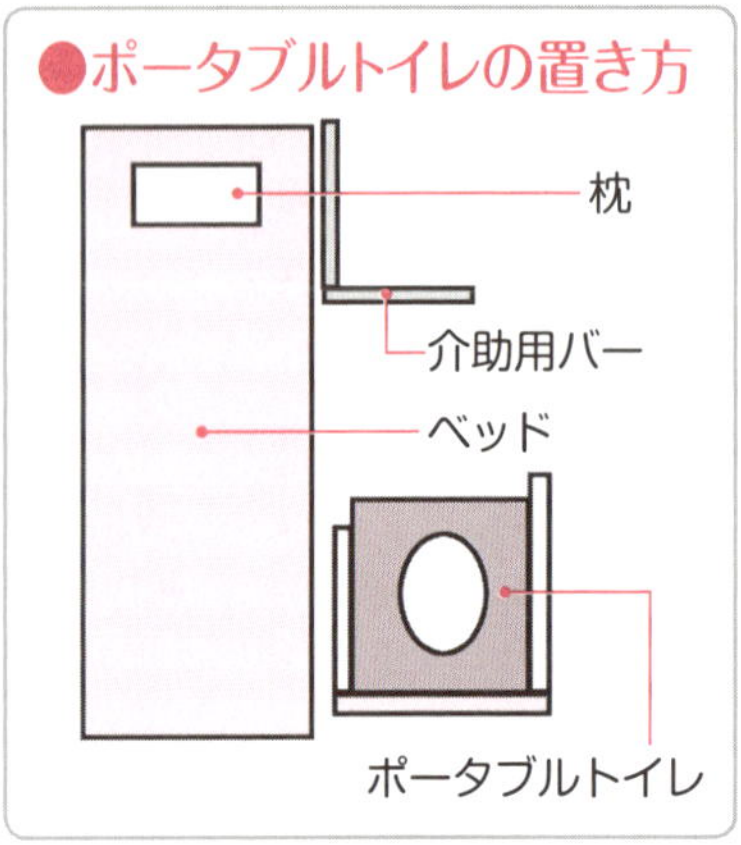
●ポータブルトイレの置き方
枕
介助用バー
ベッド
ポータブルトイレ

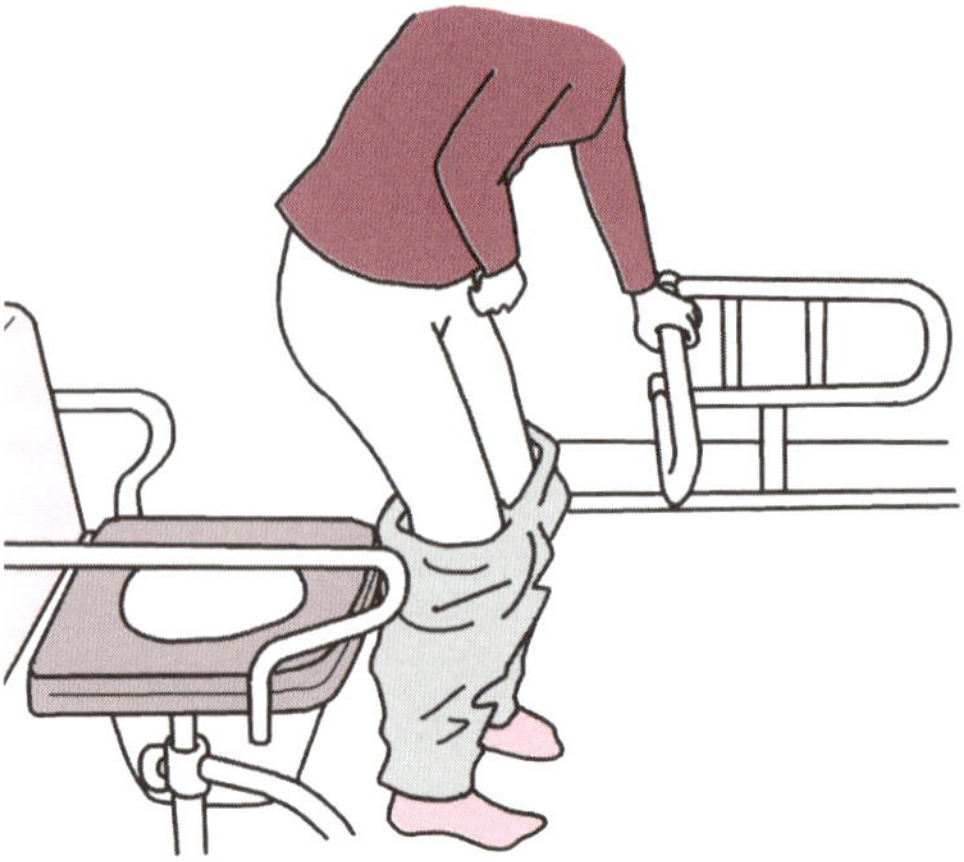

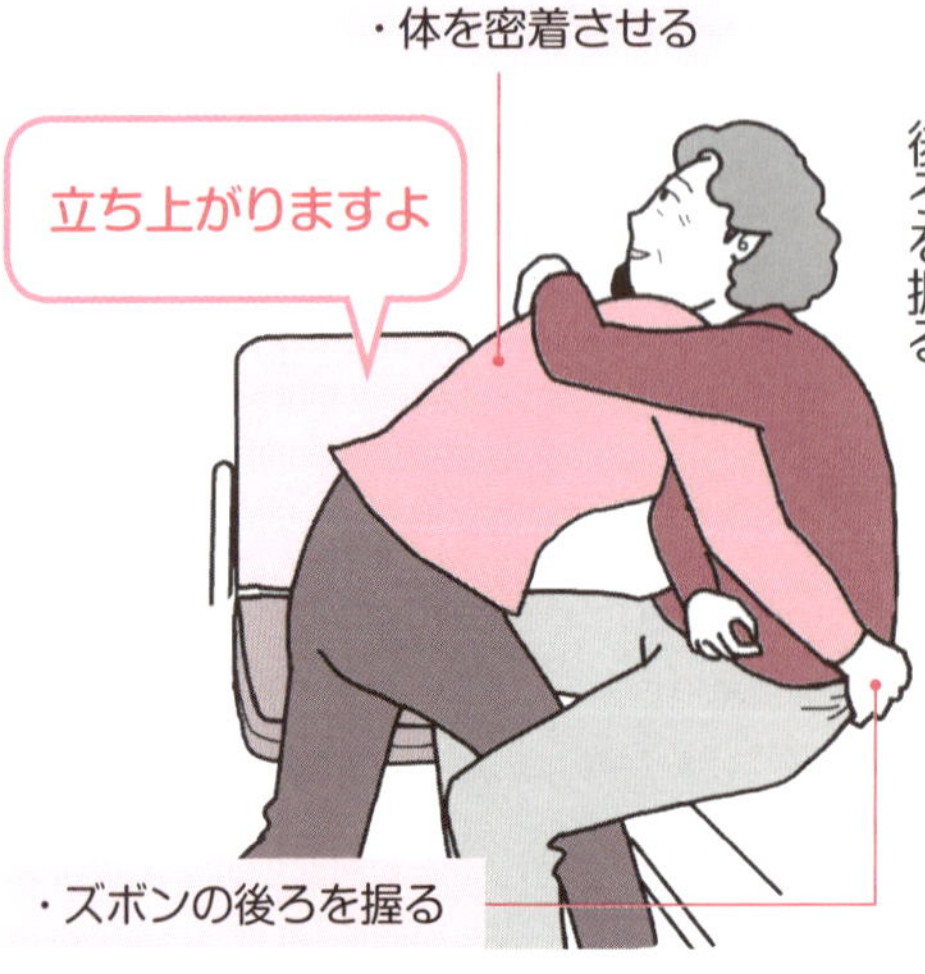
・体を密着させせる
立ち上がりますよ
・ズボンの後ろを握る

②いっしょに立ち上がる

呼吸を合わせていっしょに立ち上がる。

③ズボンを下ろす

立ち上がったら、背中を支え体を密着させたままズボンを下ろす。

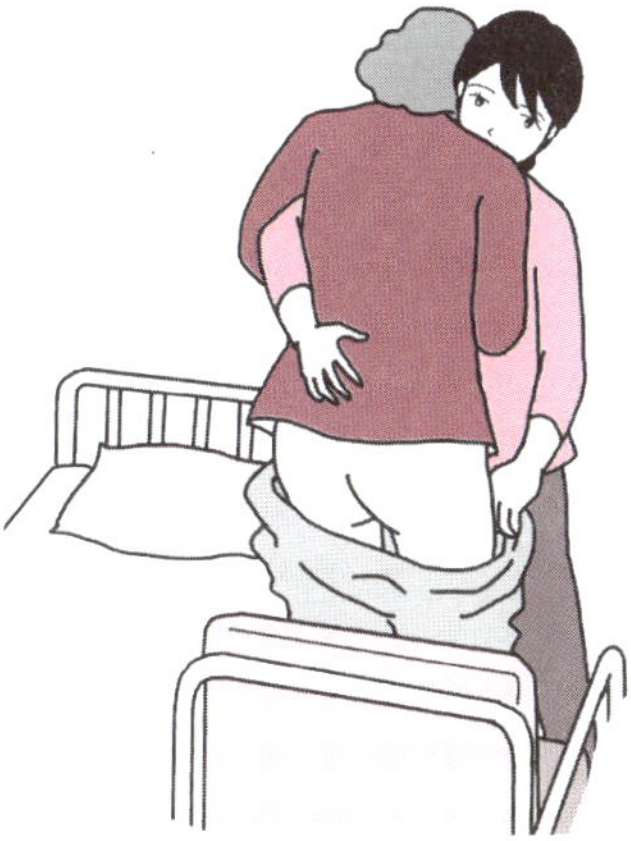

④ゆっくり下ろす

後ろ向きに腰を下ろすのは怖いので、ひざの裏を便座に触れさせると安心する。体を密着させたままゆっくり下ろす。

⑤ズボンをひざまで下ろす

座位が安定したら、ズボンをひざ下まで下ろし、用を足してもらう。用を済ませたあとは、「片マヒの人のトイレ介助を行う」（116ページ参照）と同じ要領でベッドに戻る。

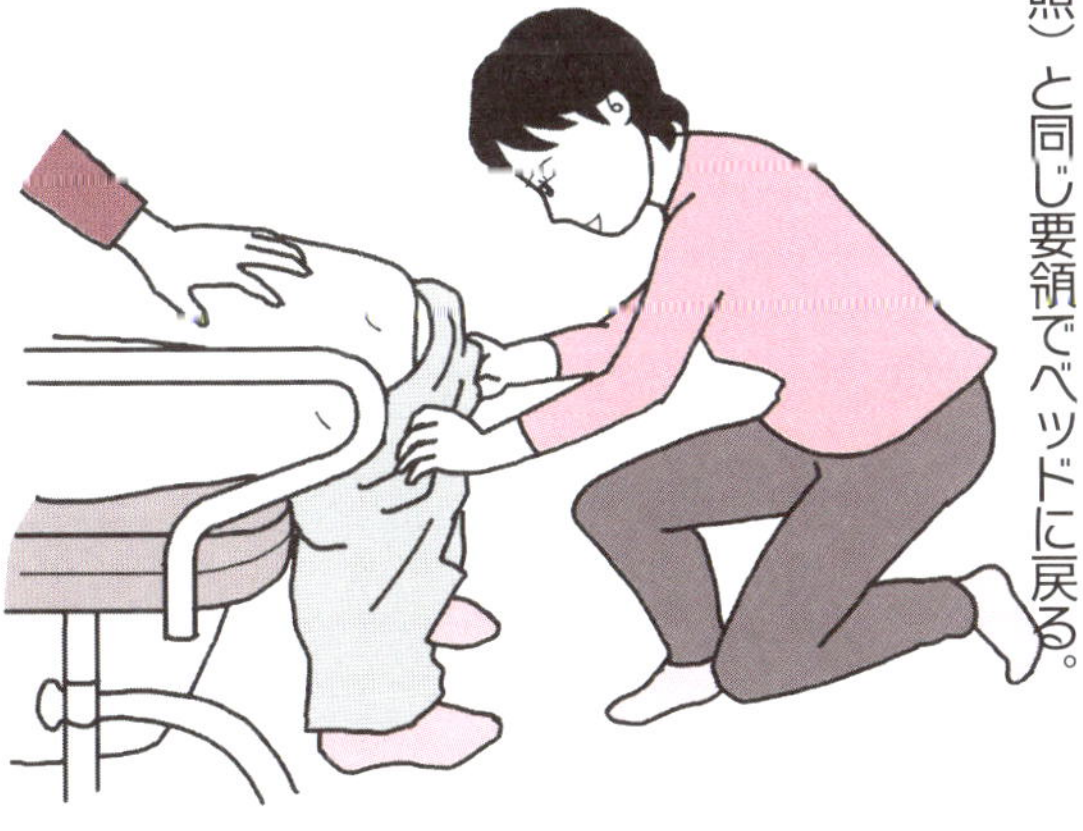

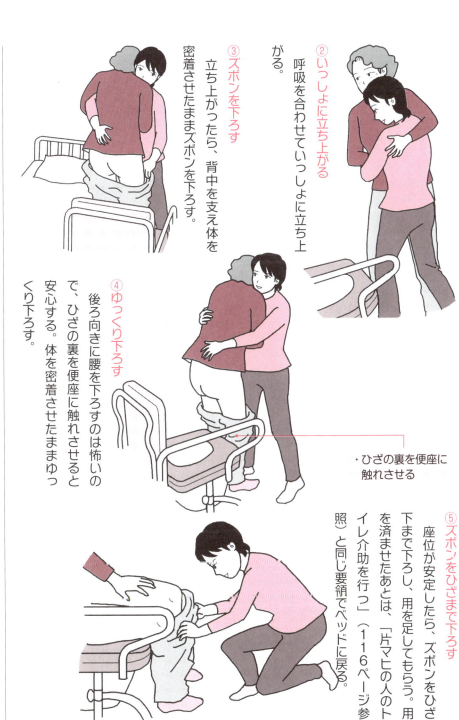

尿器を使って介助を行う

尿意がある人はおむつに頼らず、尿器を使った排泄が可能です。ベッドで座位を保てる人は、自力で行うこともできます。

尿器には男性用と女性用がありますが、女性は排尿でも差し込み便器が使われることが多いようです。おむつを使わなくてもよいレベルに上げるためにも尿器をうまく活用することは重要です。

尿意があっても伝えられない人を介助するときは、尿意のサインを見逃さず、声をかけて確認するようにしましょう。

1 尿器を使った介助

尿意が伝えられない人はサインを見逃さないことが大事です。

・おむつの中に手を入れる
・ふとんをはいでいる
・自分で向きを変えている
・下半身に注意がいっている

これらのサインが見られたら、「おっしこですか?」と確認しましょう。

①おむつを開く

おむつをしている人はおむつを開き、尿器をペニスにあてる。

②尿器を差し込む

ずれるともれることがあるので、根本までしっかり差し込む。

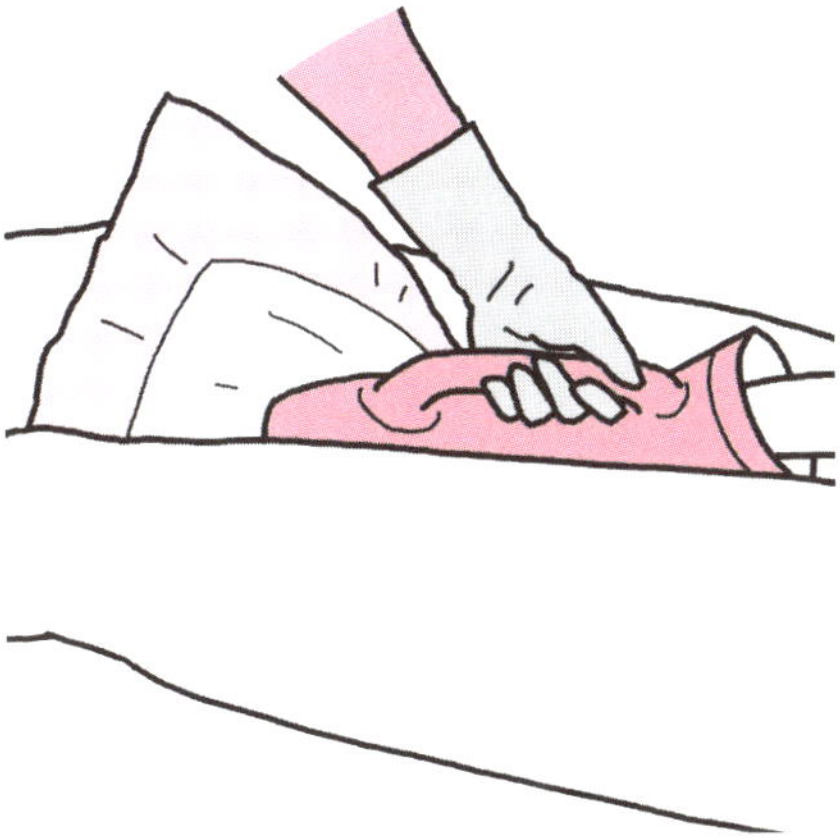

③尿器を外す

片手でペニスの根本をつかみ、尿器を外して尿を拭きとる。

4 自力でできる場合

座位がとれる人は座って行い、座位が保てない人は横向きで利用します。

尿器・便器

差し込み便器を使って介助を行う

寝たきりでも、便意や尿意が伝えられる人なら、おむつに頼らず尿器や差し込み便器を使って排泄を行いましょう。

便器を使うことで排泄への意識を高めることができ、排泄機能の低下防止や改善に役立ちます。便器で排泄することにより、爽快感を感じてもらうことも重要です。

排泄の介助を行うときはカーテンを閉めたり毛布をかけたりしてプライバシーに配慮しましょう。「下の世話」への負い目を感じさせないために声かけも必要です。

1 便器を差し込む

便器を差し込むとき、当たるところが痛くないか声をかけながら介助を行います。女性は尿が飛散しやすいので、陰部にトイレットペーパーをあてて行うと清潔です。

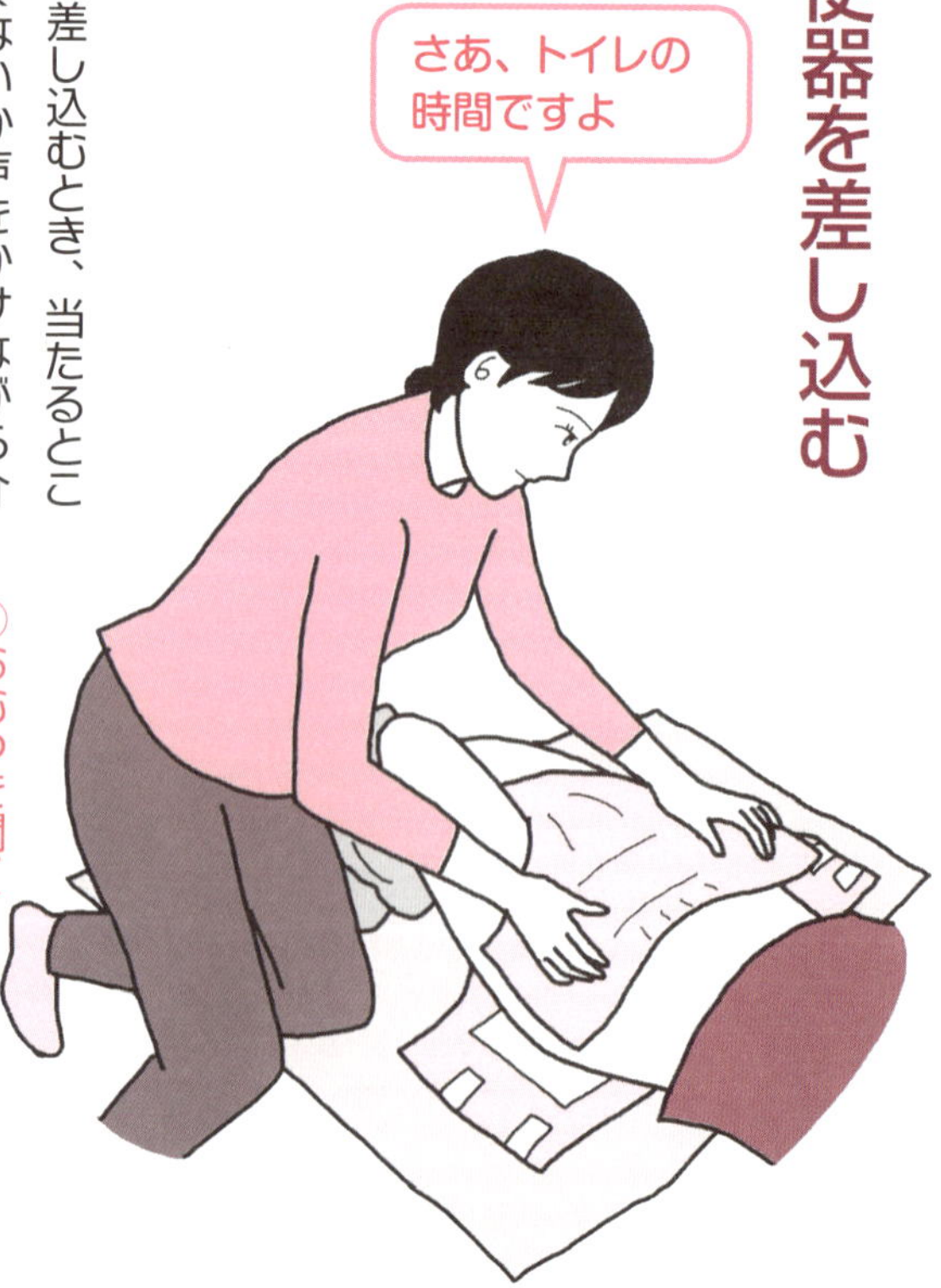

①おむつを開く

ズボンをひざまで下ろしたら、おむつを開き、尿とりパッドをたたんでとり出す。

②体の横向きにする

体を横向きにして、お尻の下に便器を差し込む。

③上向きにする

腰に手をおき支えながら、ゆっくり上向きにする。便器が冷たくないか、痛くないか、声をかける。腰が上がる人は横向きにせず、腰を軽く上げてもらって便器を差し込む。

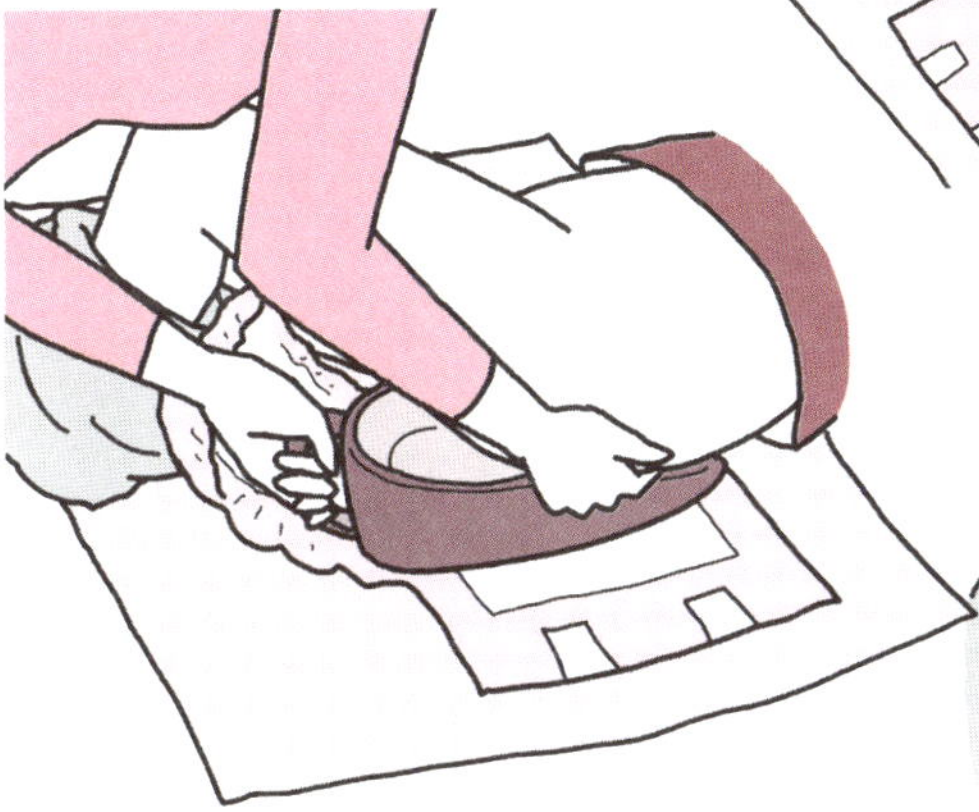

④タオルなどをかける

下半身はタオルなどで隠す。

⑤女性はトイレットペーパーをかける

女性は尿が飛散しやすいので、陰部にトイレットペーパーをかけると飛び散らない。

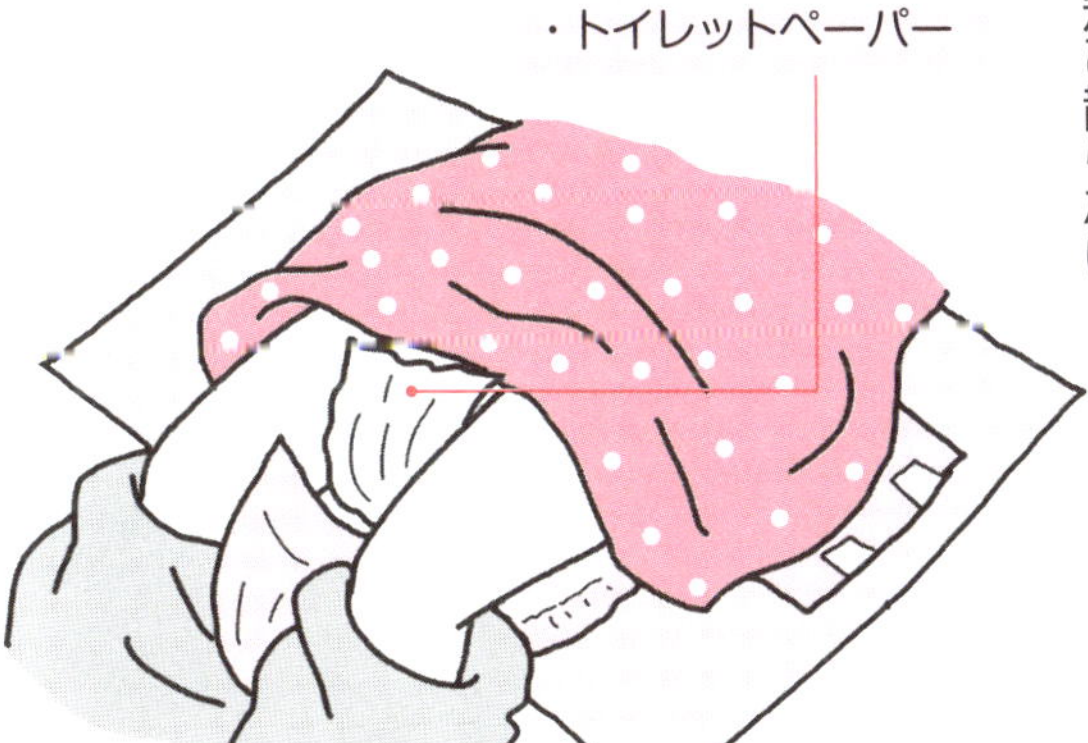

⑥毛布をかける

時間がかかるときは、体が冷えないように毛布をかける。

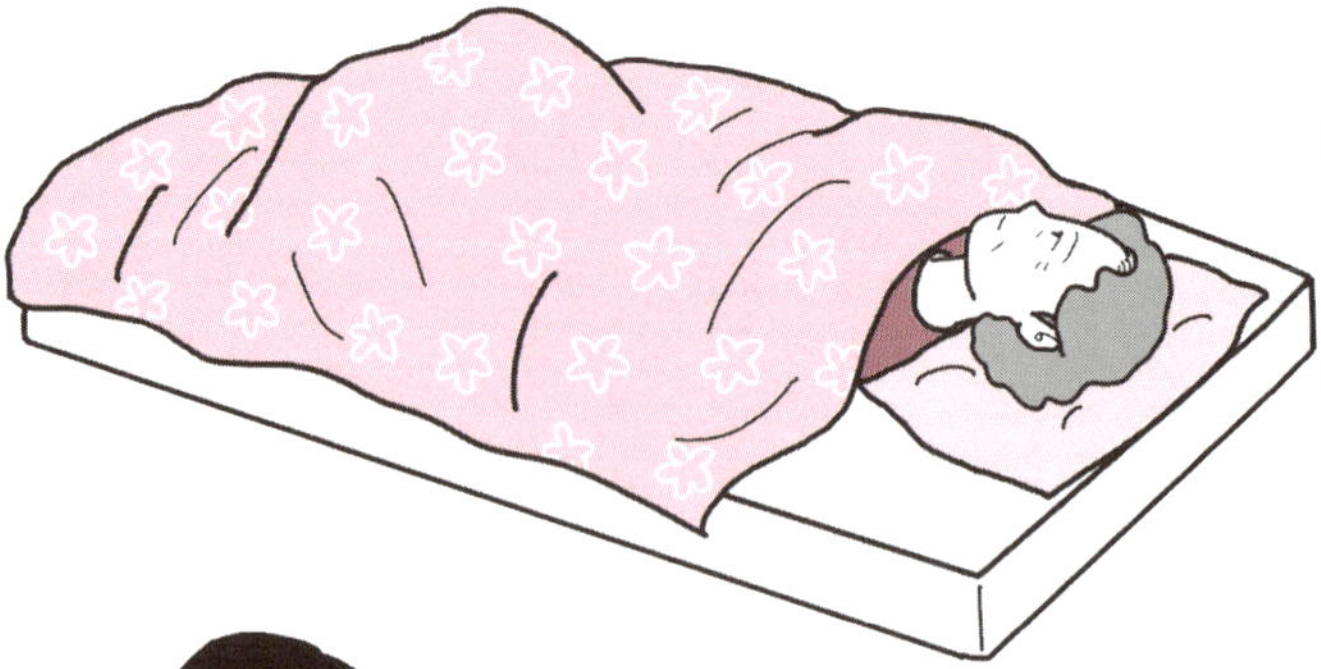

2 便器をとり出す

用を済ませたら、便器を取り出しますが、汚れていたら尿とりパッドも交換します。

①便器を外す

用が済んだことを本人に確認して、体を横向きにして便器を取り出す。

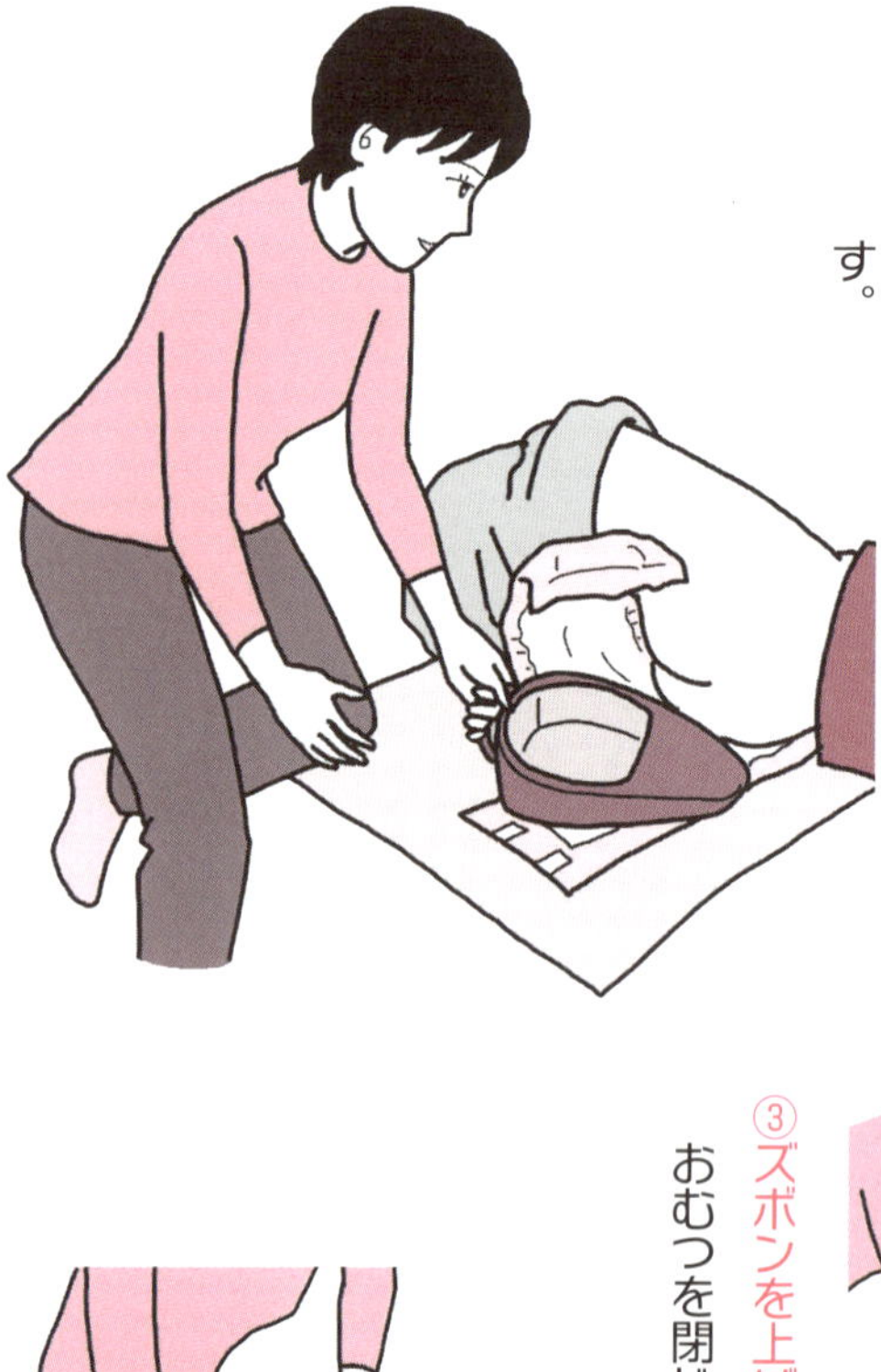

②尿とりパッドを交換する

汚れていたら尿とりパッドを交換する。

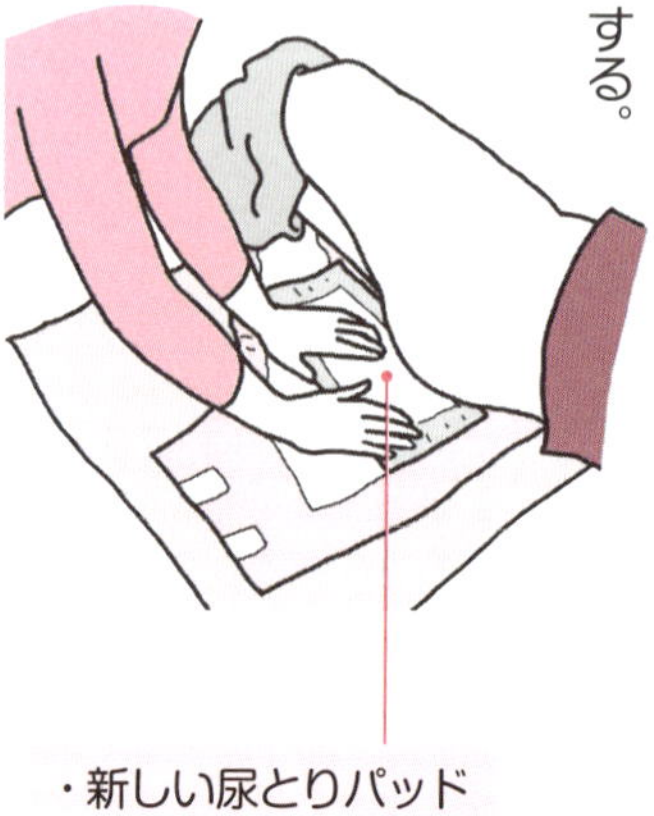

③ズボンを上げる

おむつを閉じ、ズボンを上げる。

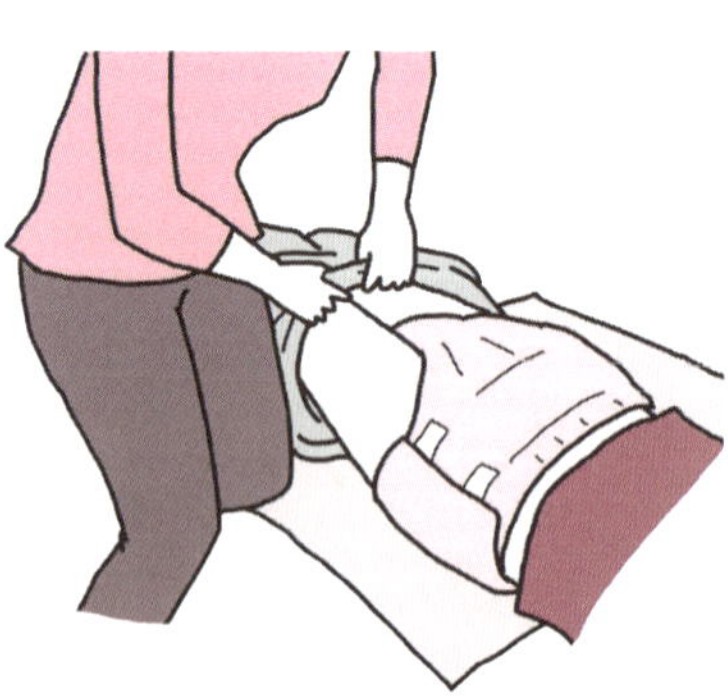

おむつ交換

おむつを交換する

1 失禁用品を選ぶ

失禁が日常化した場合は、おもらしで寝具を汚さないように、腰部付近を中心にビニールなどの防水シーツを敷いておくと安心です。

ベッドでの生活が中心で尿意・便意が伝えられなくなると、衛生上おむつの使用もやむを得ない選択です。介助力のある昼間はトイレ介助で行い、夜間だけおむつを使用するケースもあります。

おむつには布製と紙製がありますが、最近は家庭でも使い捨ての紙製のおむつを使用することが多くなっています。

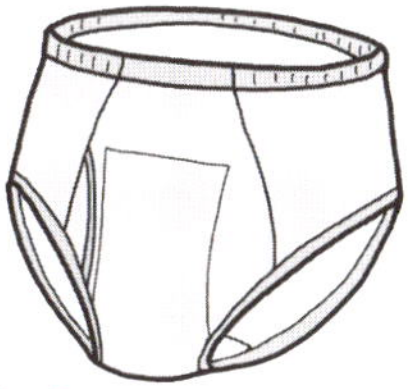

失禁パンツ

普通のパンツに近いが、吸水部が尿を吸収する軽失禁用。吸収量は15cc～100cc。

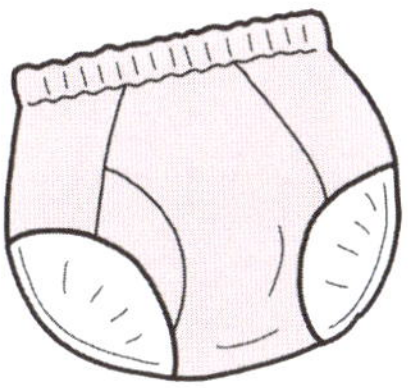

リハビリパンツ（紙製）

おもに紙製で、履くタイプの失禁用品。タイプによって吸収量は200cc～1200cc。

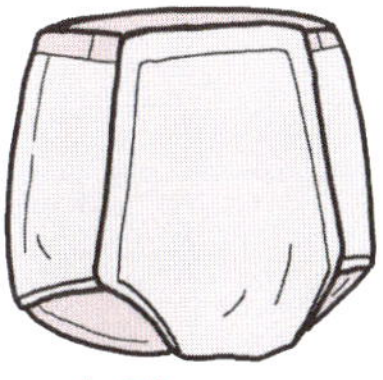

おむつカバー

布と紙のどちらか専用、両方に使えるタイプがある。洗えば何度でも使える。

テープ式紙おむつ

一般的な紙おむつ。尿とりパッドと組み合わせて使うと長持ちする。吸収量は500cc～900cc。

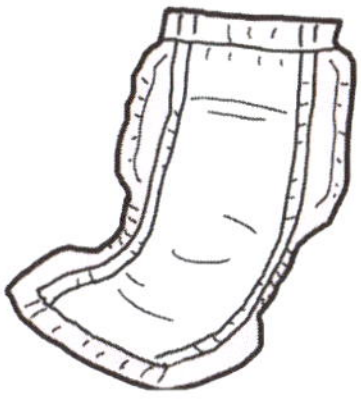

尿とりパッド

普通のパンツや失禁用品と組み合わせて使用する。タイプによって吸収量は20cc～900cc。

2 尿とりパッドを交換する

テープ式紙おむつは、通常おむつカバーは不要です。内側に尿とりパッドを敷けば、パッドから便や尿がもれない限り何度でも使えます。尿とりパッドの交換だけですむように、尿がおむつまでもれないようにしっかり固定しましょう。

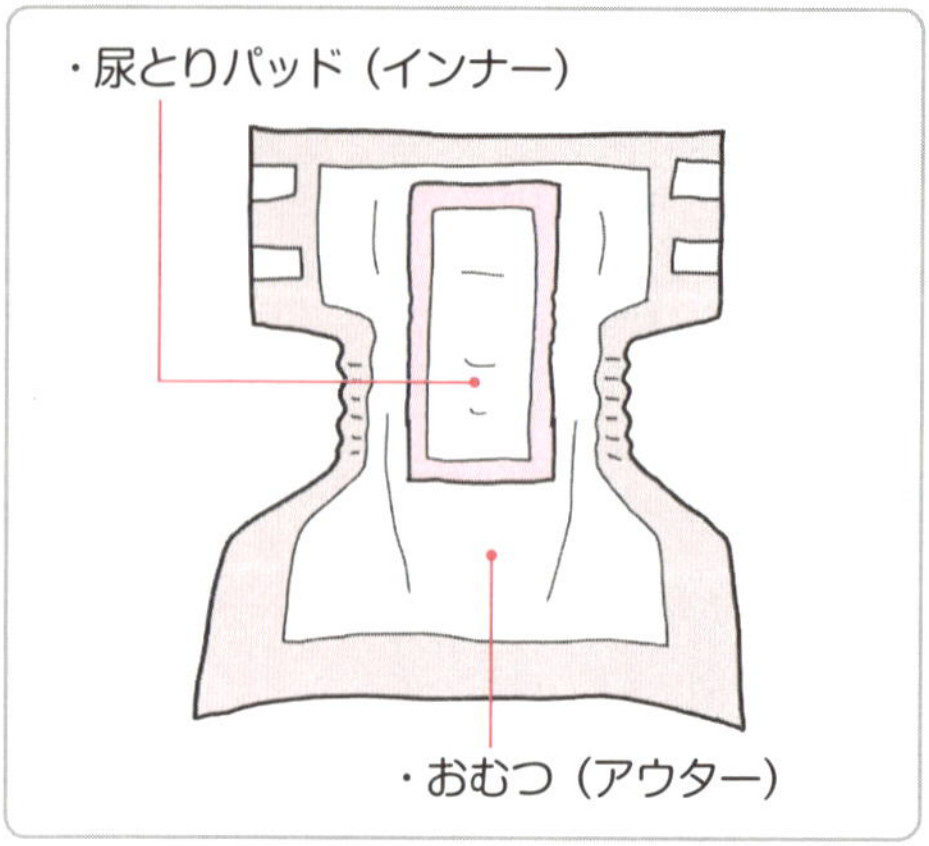

①おむつを開く

外側のおむつを開き、テープは内側にとめておく。

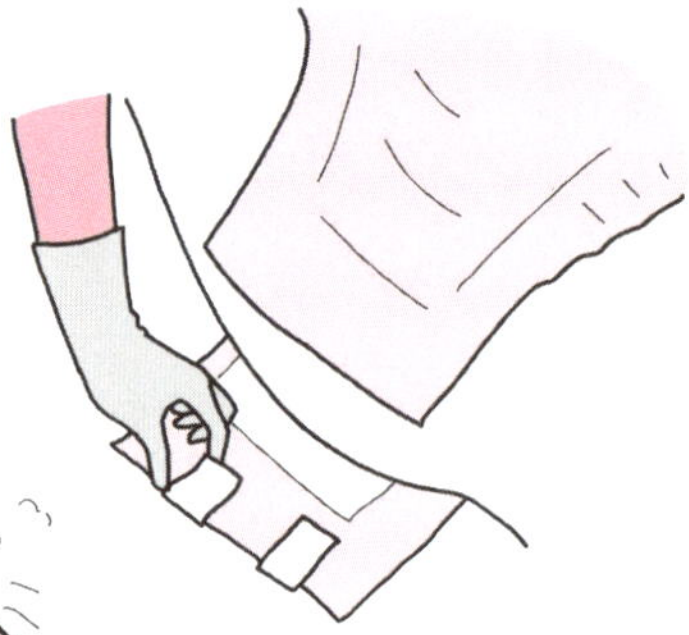

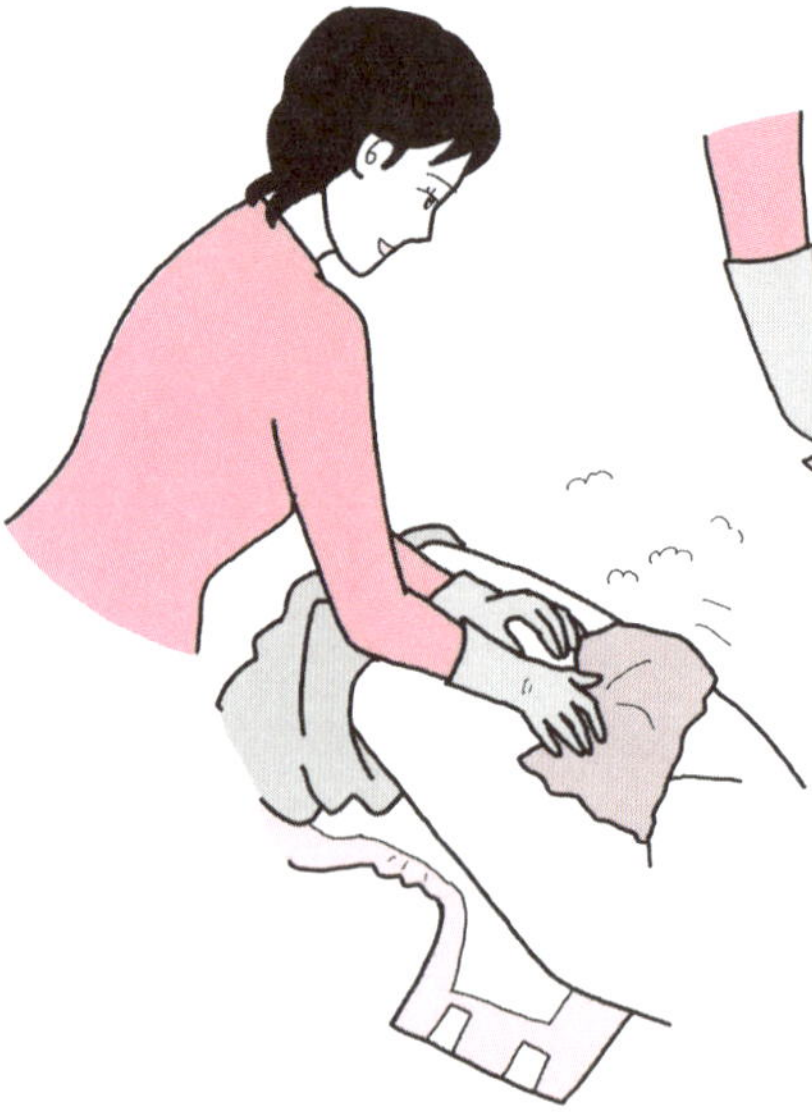

②汚れたパッドをとる

汚れたパッドをたたんでとり外す。

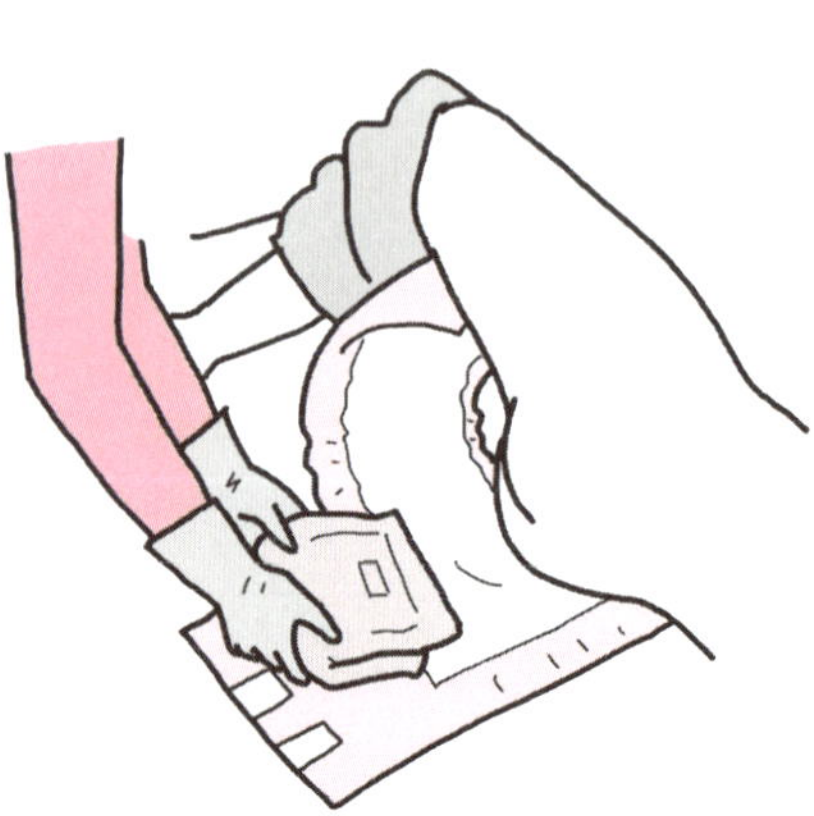

③蒸しタオルで拭く

蒸しタオルで汚れた部分を拭き清める。拭きにくい場合は、ひざを上げてもらうと拭きやすい。汚れていなくてもお尻全体を拭くと気持ちがよい。蒸しタオルは一度使った面では拭かない。

④新しいパッドを下に敷く

横向きになってもらい、腰のやや下あたりが上辺がくるようにパッドをお尻の下に敷く。

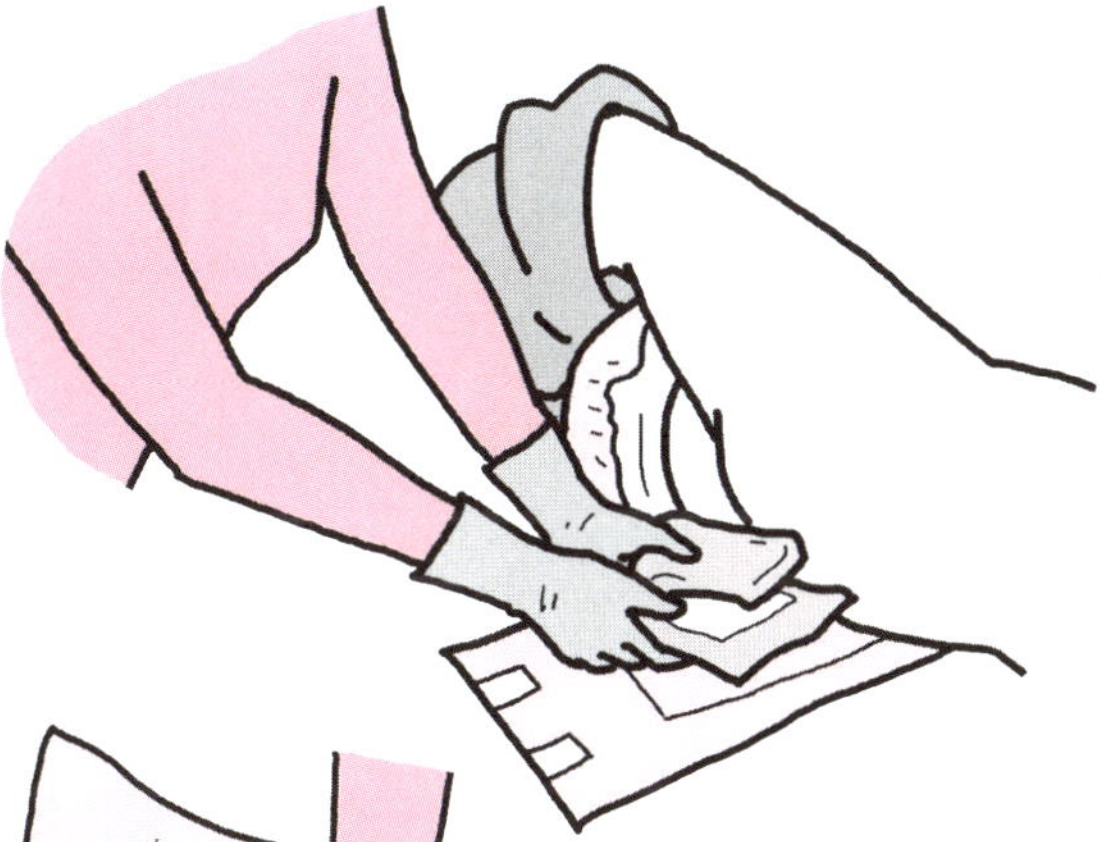

⑤陰部にあてる

ねじりがないように、まっすぐパッドを陰部にあてる。

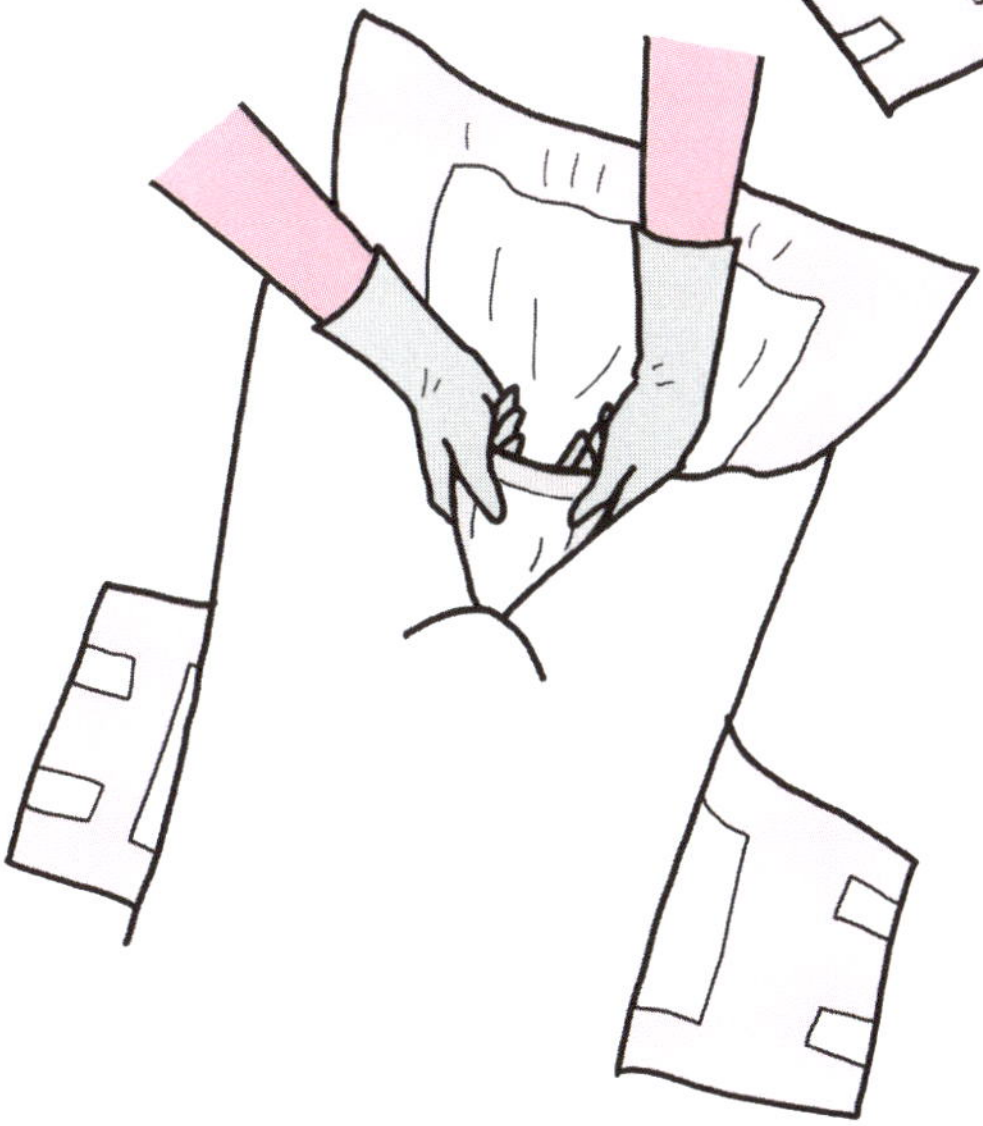

⑥おむつを閉じる

おむつを閉じたら、指２本が入る程度にゆとりをもたせてテープをとめる。

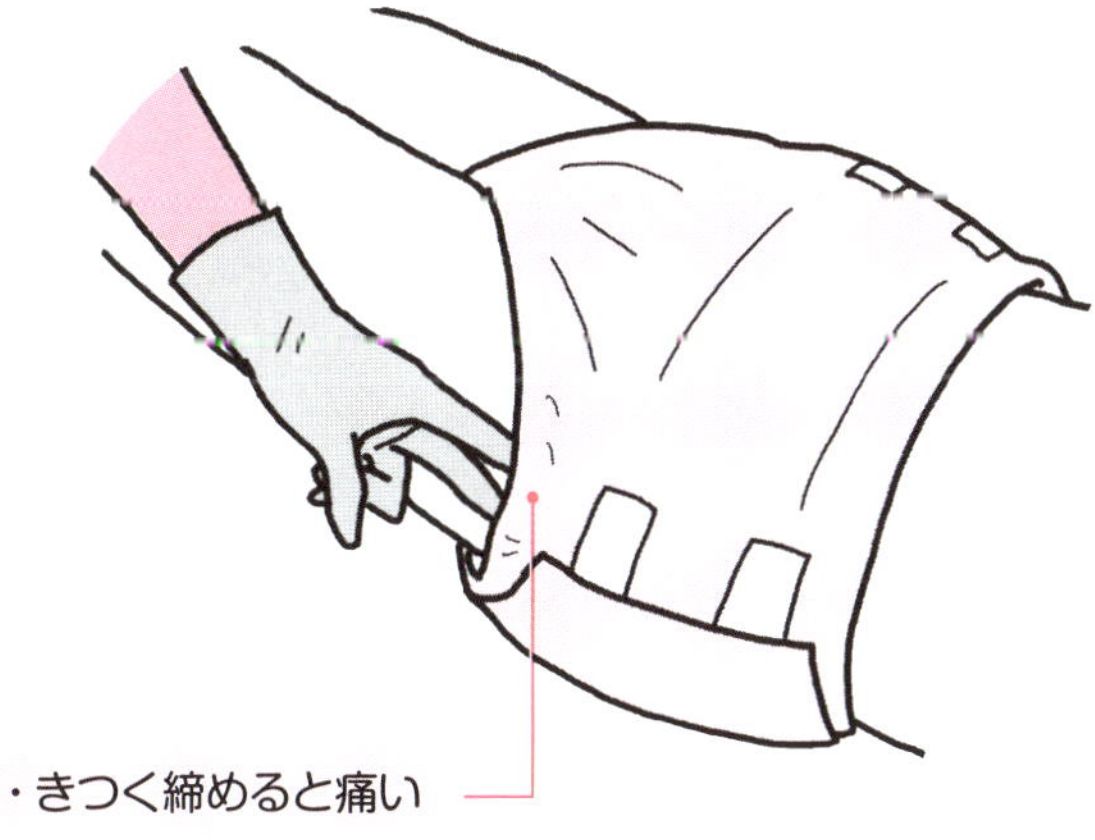

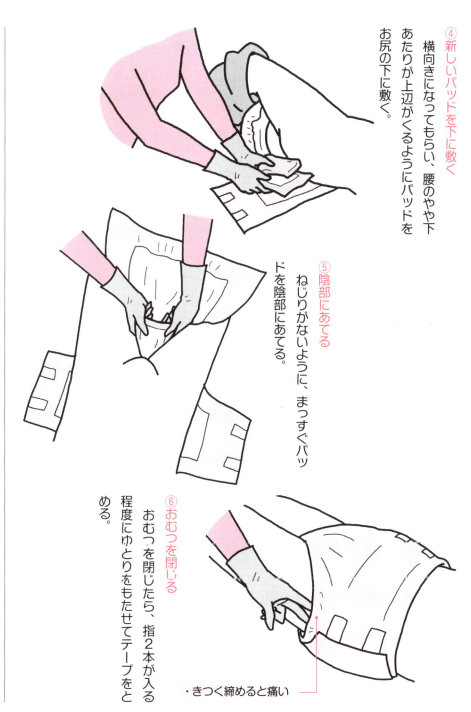

3 おむつを交換する

尿とりパッドの外に便がついたり、尿がもれたりしたらおむつを交換します。無理におむつを引っ張ったりせず、体の向きを変えながらスムーズに交換します。最後に褥瘡《じょくそう》を防ぐために、しわやたるみを整えます。

① 汚れたおむつを折りたたむ

テープを外しておむつを開いたら、体の前方のおむつを股間に折りたたむ。

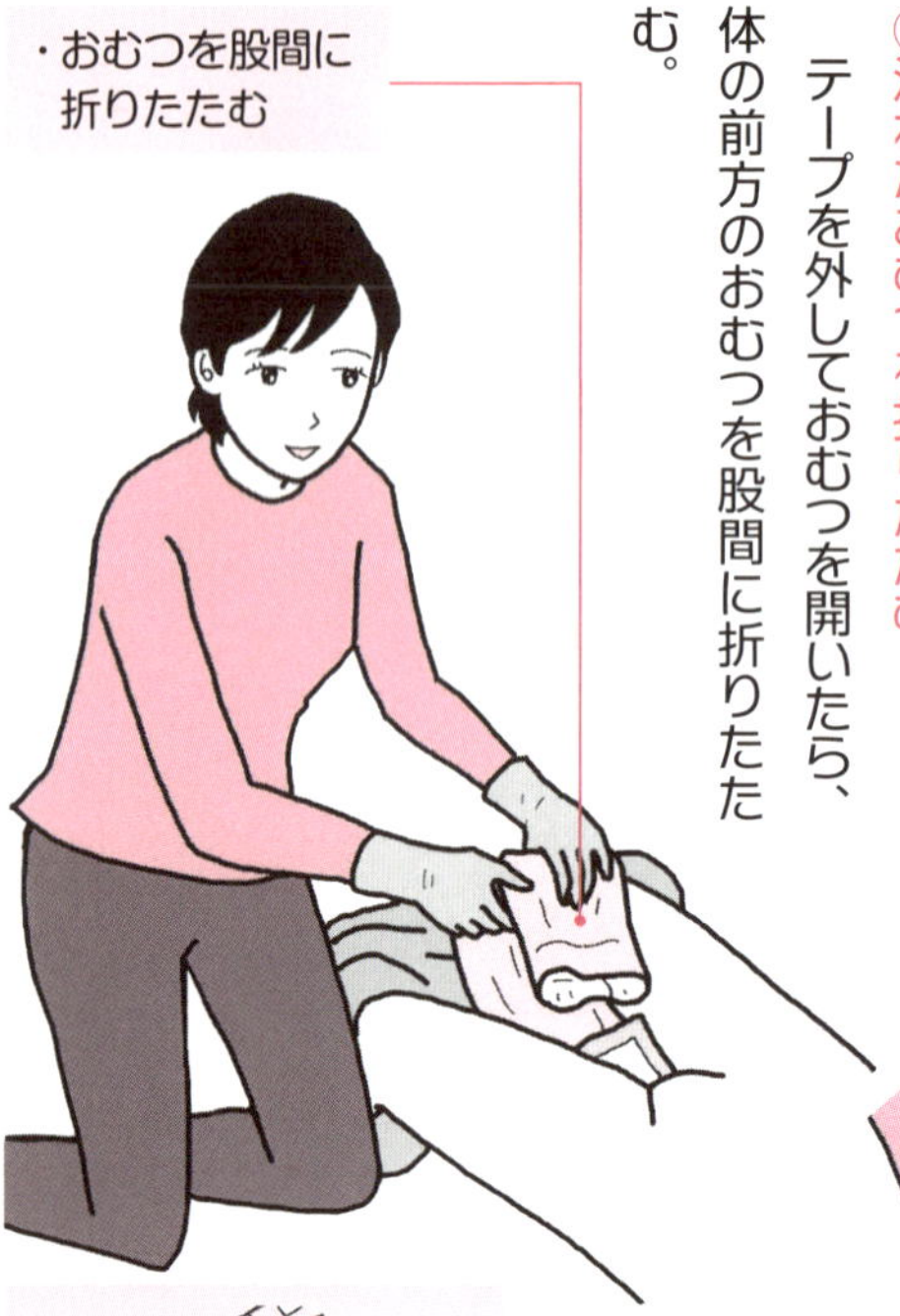
・おむつを股間に折りたたむ

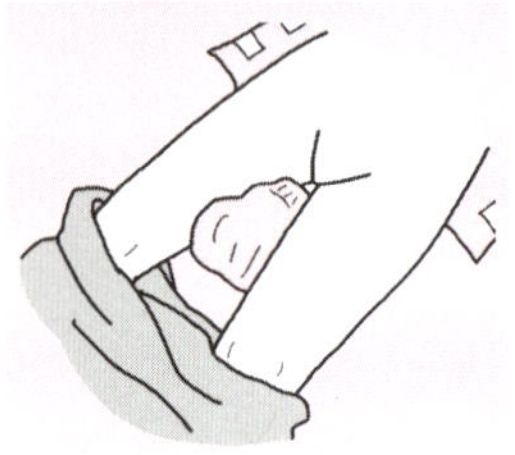

② 患側のおむつを折りたたむ

片マヒのある場合は患側のほうからおむつの端を背中に折りたたむ。

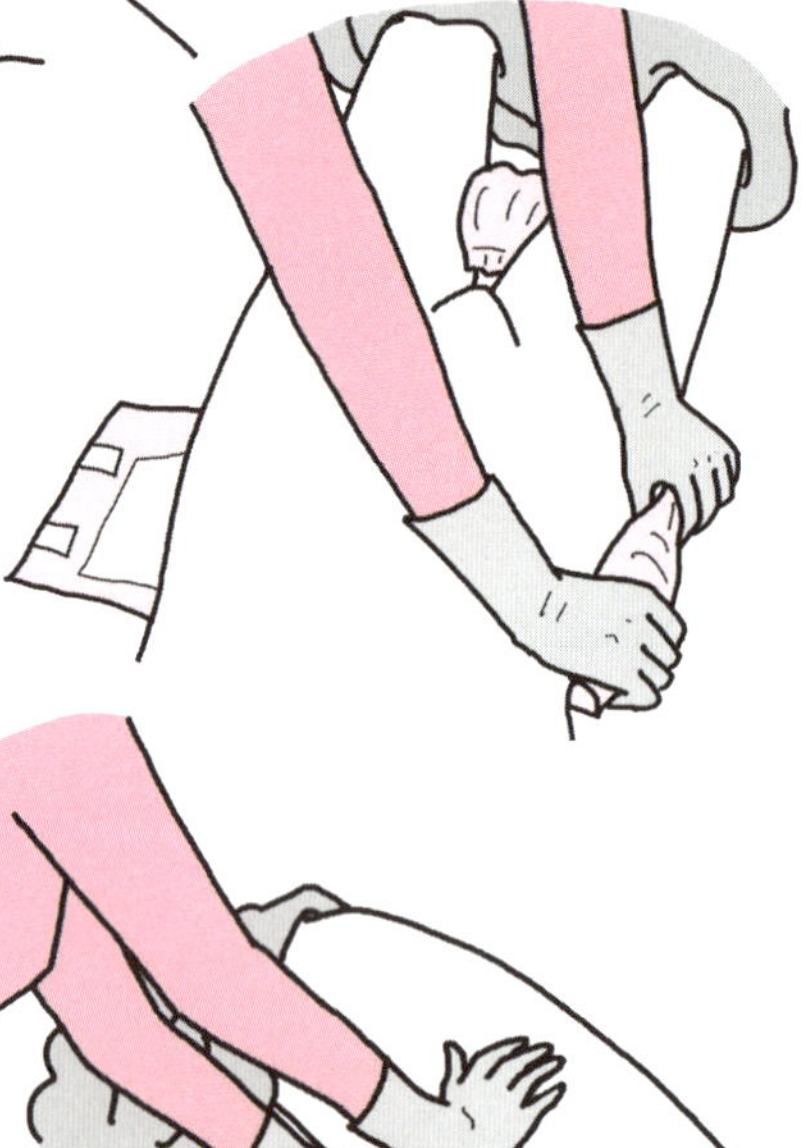

③ 汚れを拭きとる

患側に向きを変え、蒸しタオルで陰部やお尻の汚れを拭きとる。

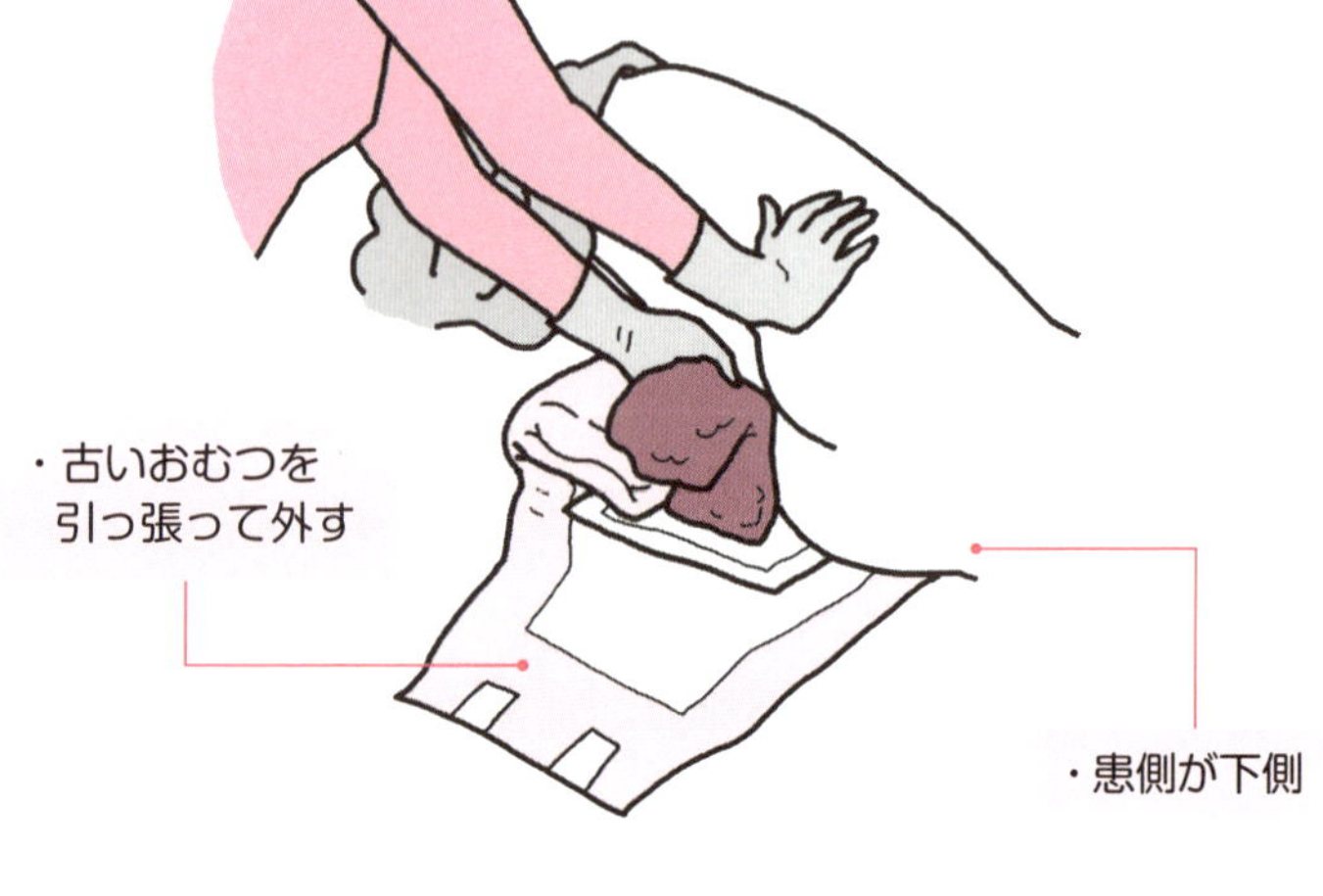
・古いおむつを引っ張って外す
・患側が下側

④新しい尿とりパッドとおむつを差し込む

横向きのまま汚れたおむつと尿とりパッドを取り外し、新しいおむつを差し込む

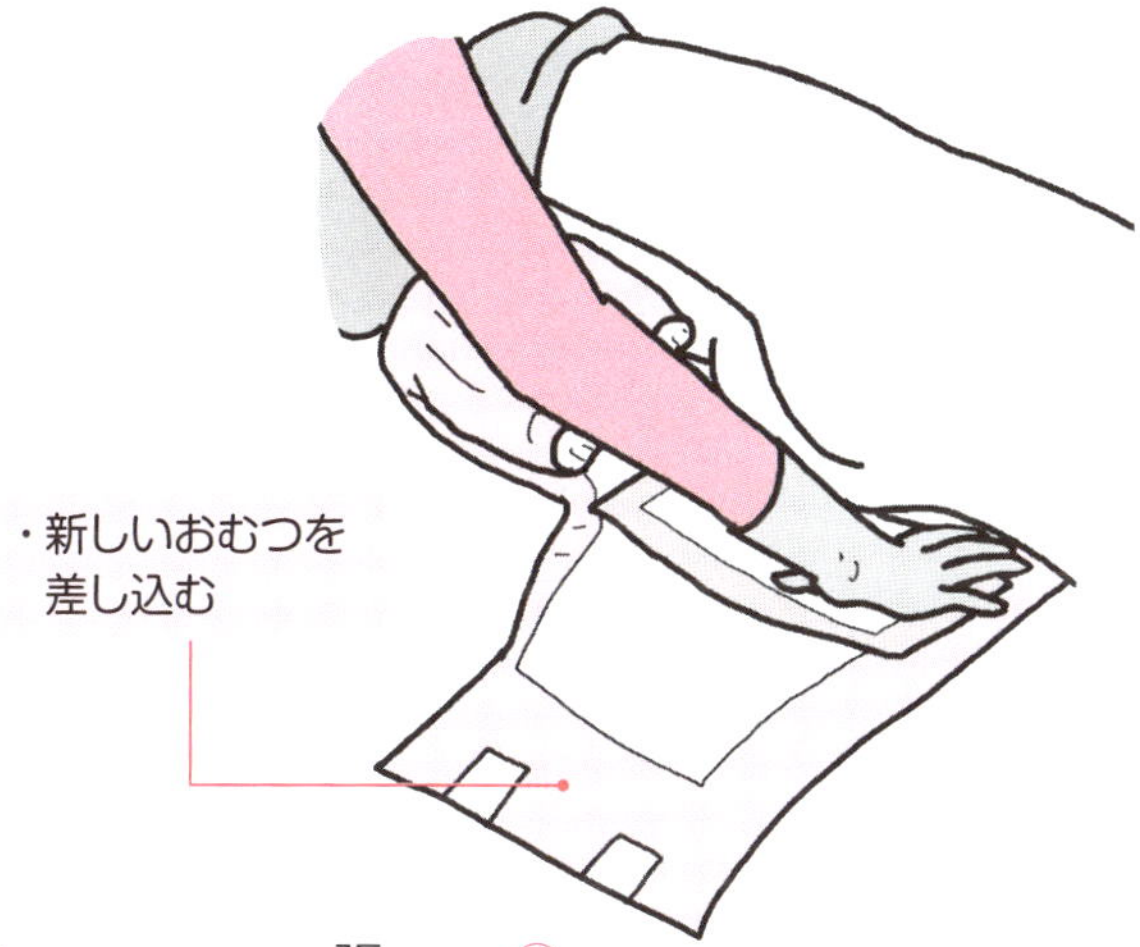

⑤おむつを広げる

体を反転させておむつの端を引っ張り出し、左右均等に広げる。

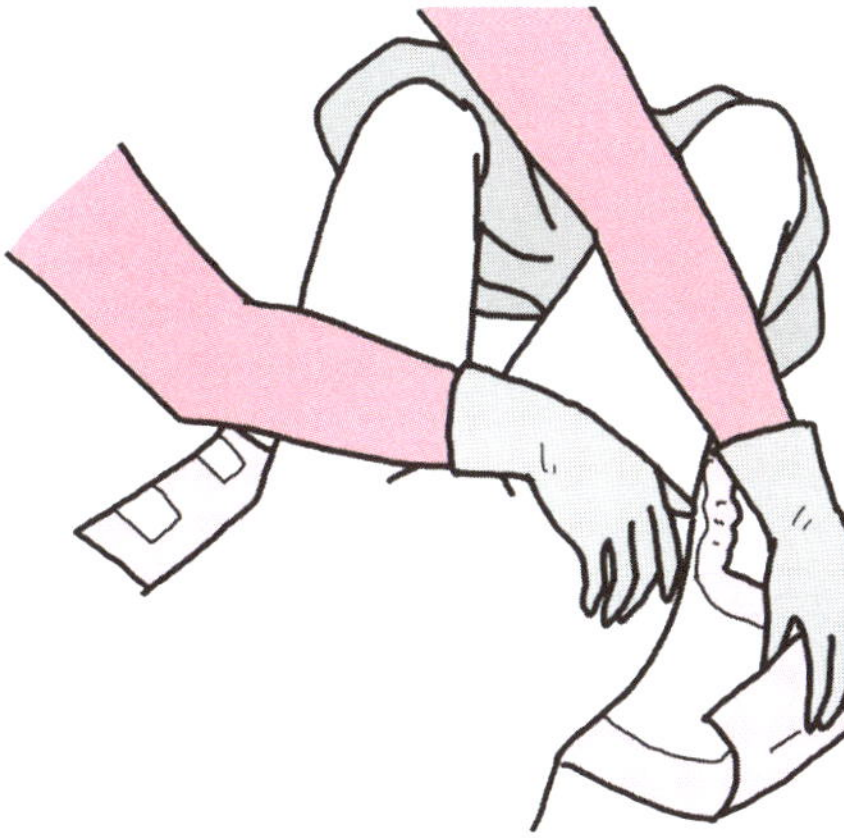

⑥おむつを閉じる

尿とりパッドを陰部にあて、指2本が入る程度のゆとりをもたせてテープでとめる。

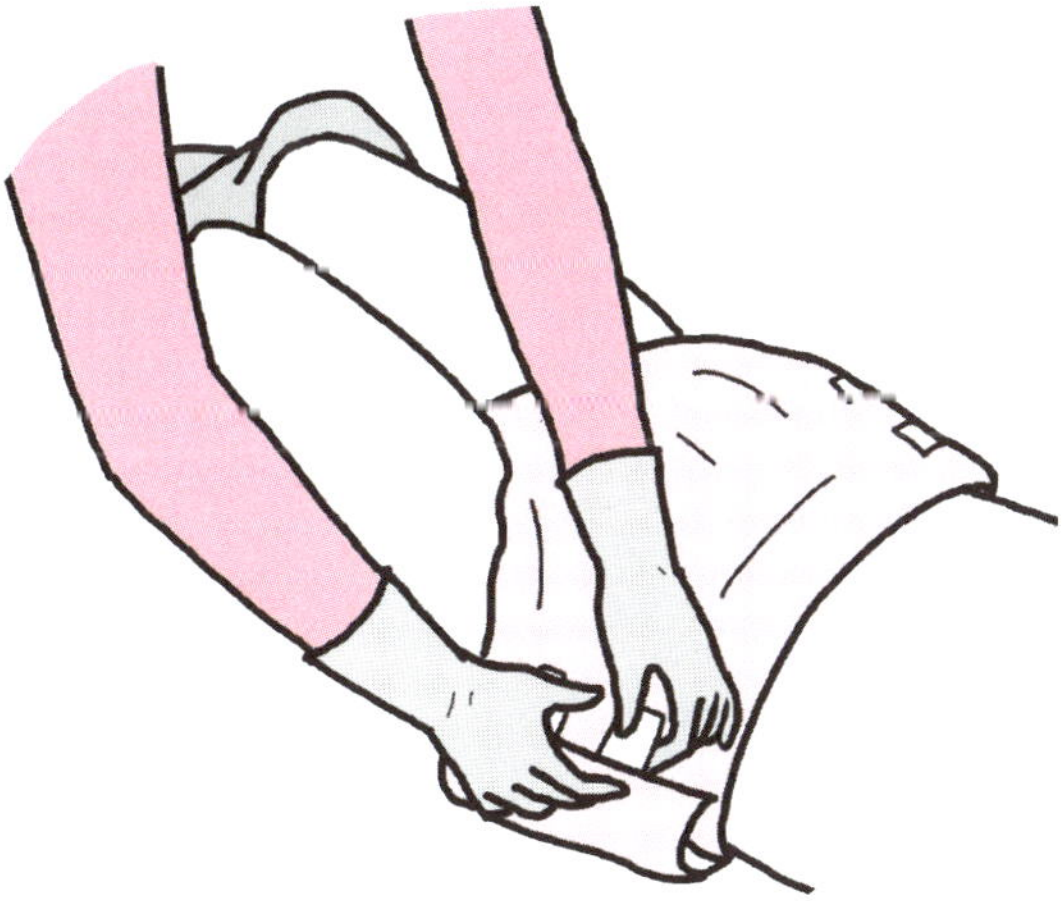

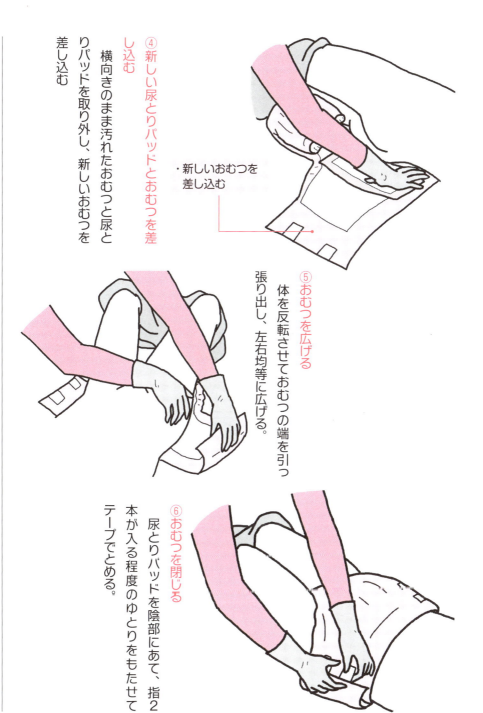

COLUMN

寝たきり状態は便が出にくい

排便のとき、便の出口の筋である内外の肛門括約筋の弛緩《しかん》と直腸の収縮だけでは便は排出されません。腹圧が必ず必要です。

しゃがんだり、座ったりすると腹圧はまっすぐ肛門方向に加わりますが、寝た状態になると腹圧の肛門へ向かう軸がずれて、腹圧が効率的に肛門かかりません。また便そのものの重さも肛門方向に働かないため、便の形状によっては、なかなか便が出ないことになります。

●通常の排便

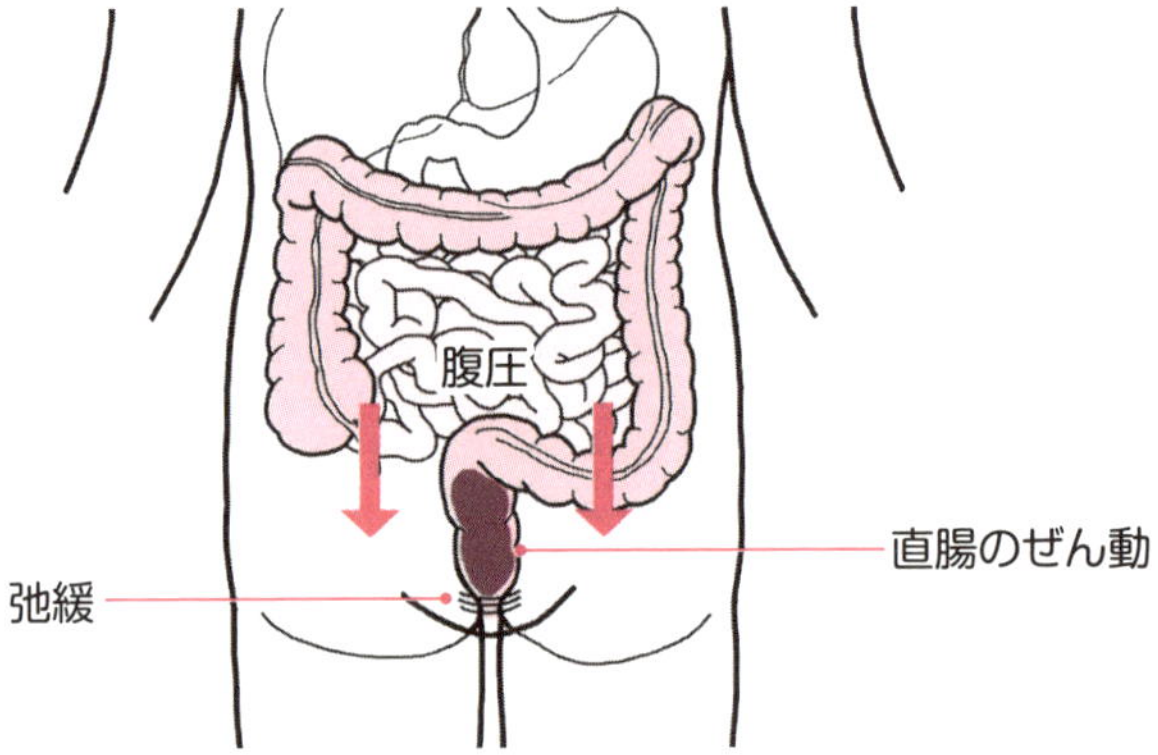

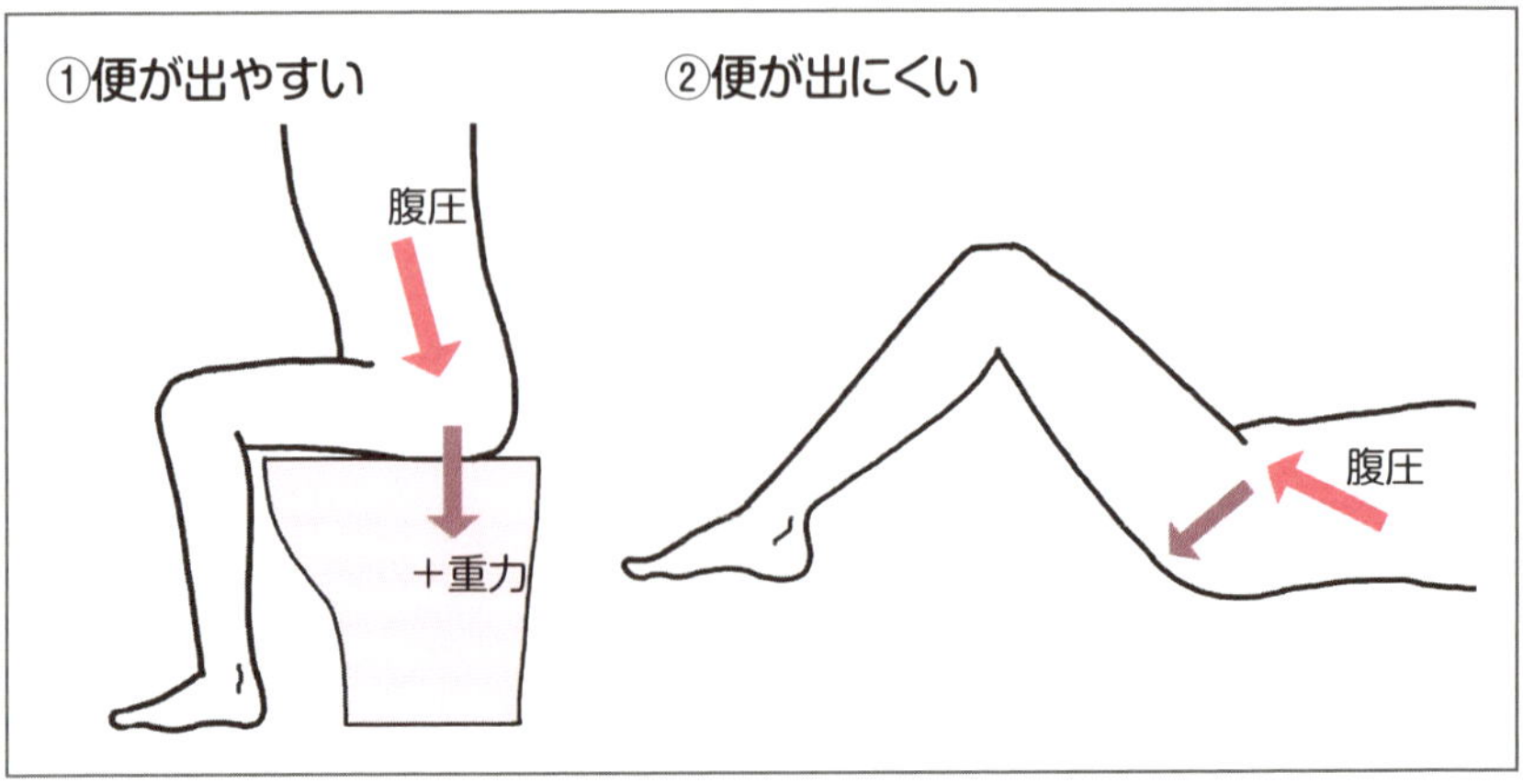

第5章

体位変換と移動の介助

ベッドの選び方

使いやすいベッドの選び方

ベッドでの生活時間が長くなった高齢者にとって、使いやすいベッド選びは重要です。ポイントは「事故が起きにくい」「快適に過ごせる」「褥瘡《じょくそう》になりにくい」「移乗がしやすい」「介護がしやすい」などです。要介護度が進むと、ベッドの上での着替えや食事、排泄などが日常的になるので、介護者の負担を軽減できる「電動介護用ベッド」が役立ちます。通常のベッドより高額ですが、介護保険を利用すれば、要介護2以上の人なら1～3割負担でレンタルできます。

1 電動介護用ベッドの機能

●モーター数と電動ベッドの機能

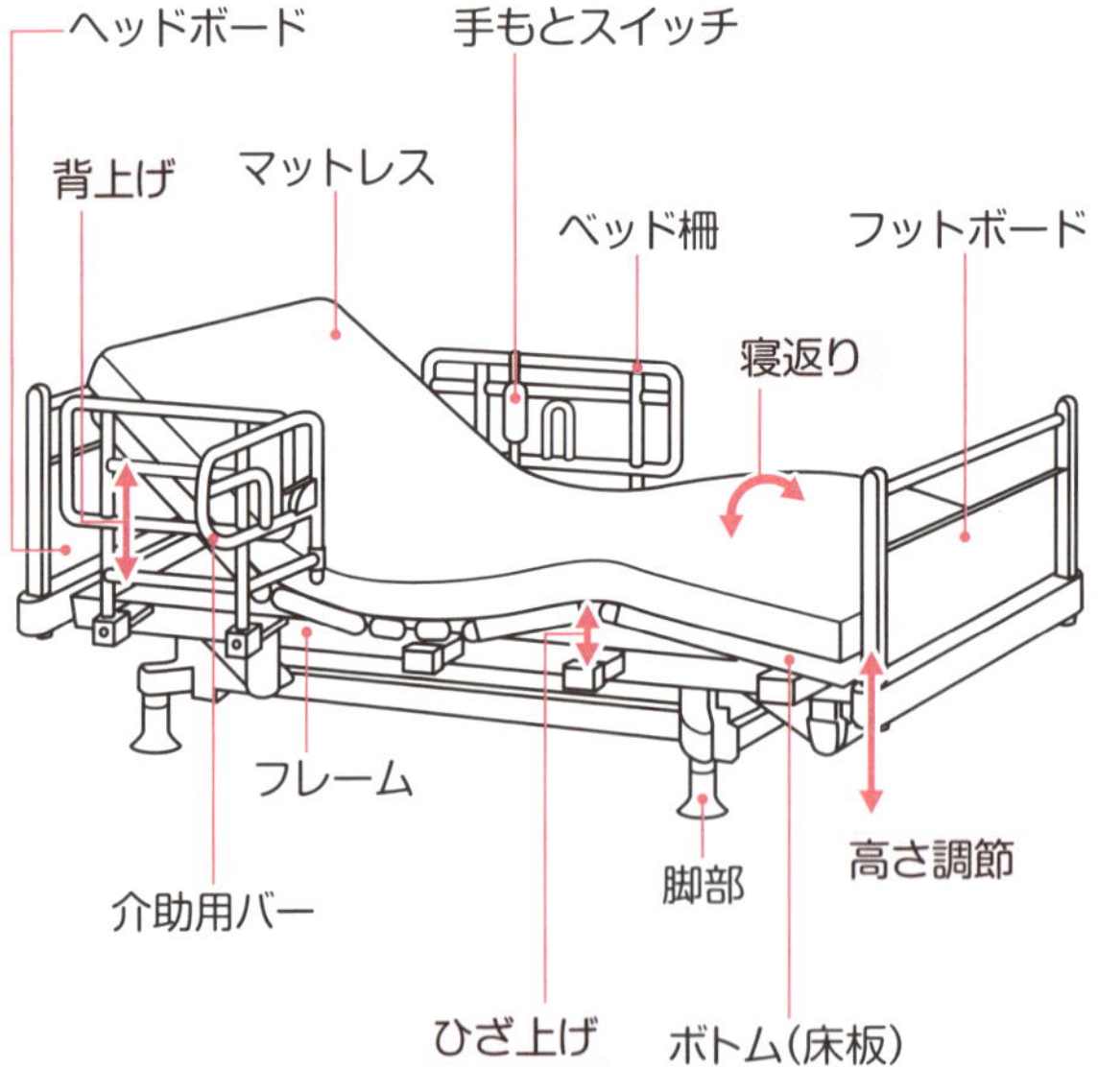
ヘッドボード
手もとスイッチ
背上げ
マットレス
ベッド柵
フットボード
寝返り
フレーム
介助用バー
脚部
高さ調節
ひざ上げ
ボトム(床板)

モーター数	主な機能
1モーター	背上げ(背上げ+ひざ上げ連動)
2モーター	背上げ(背上げ+ひざ上げ連動)+高さ調節
3モーター	背上げ+ひざ上げ+高さ調節
4モーター	背上げ+ひざ上げ+高さ調節+寝返り

2 背上げ機能を活用する

①背を上げて日常生活

座位に近い姿勢を保つことで、身体機能の低下を防ぐ。食事などは背を上げてとる。

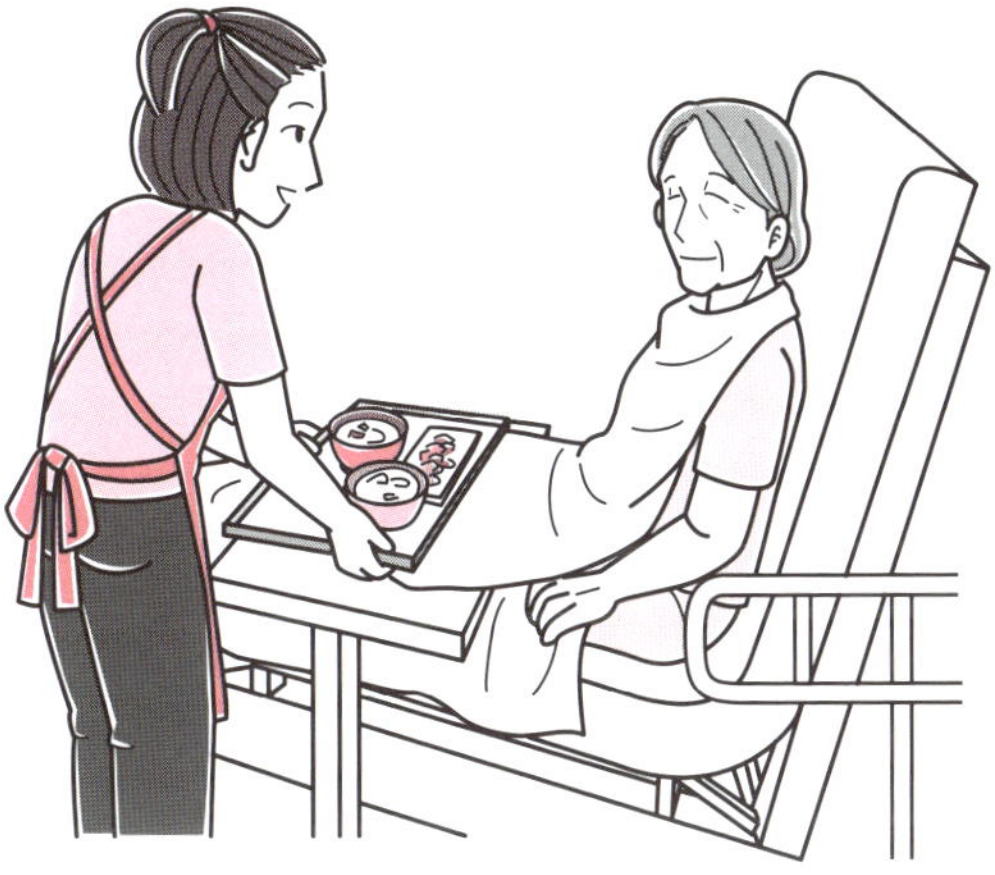

②起き上がり介助をしやすく

(1)横向きにして足を下ろしながらベッドの背を上げて起き上がらせる。

(2)座位が安定するまで離さない。肩を支え安定するまで手を離さない。

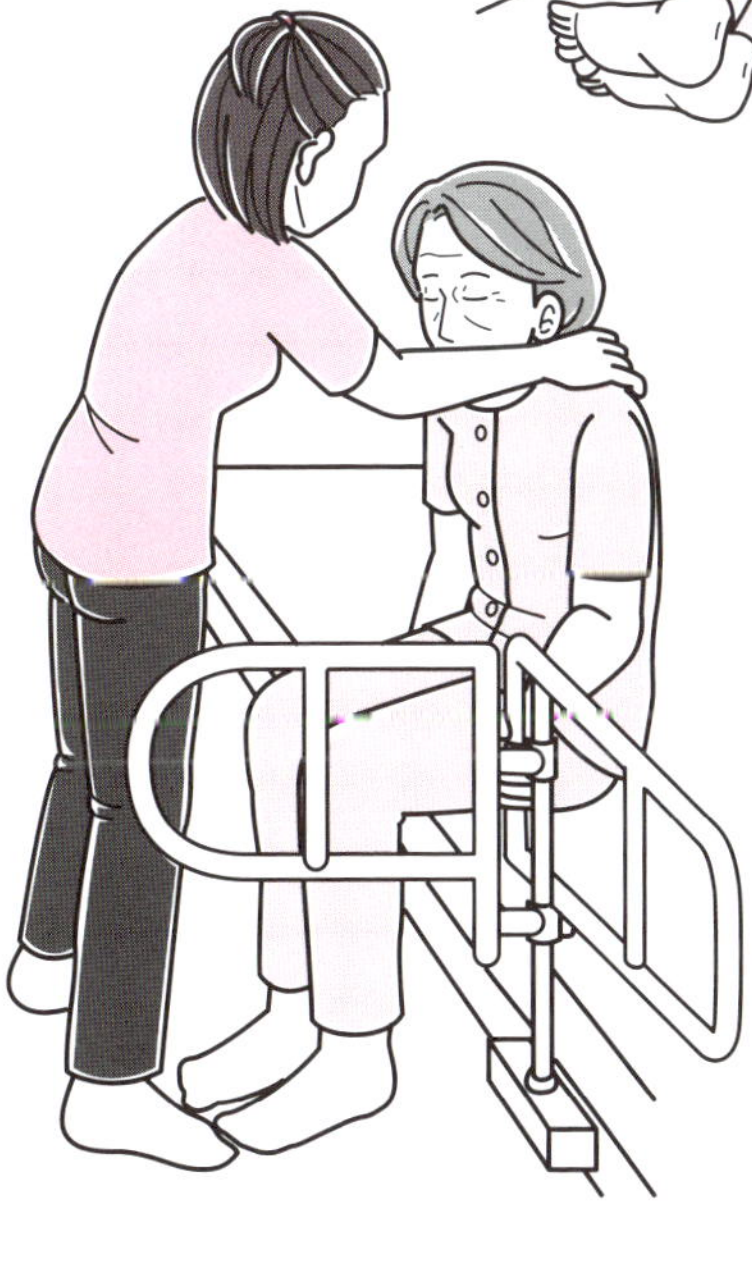

介護保険の利用

介護用ベッド
要介護2以上の人はレンタルできる

3 高さ調節機能を活用する

使いやすいベッドの高さは、要介護者の状態によって違います。

介助がなくてもベッドへの移乗や起き上がり、立ち上がりができる人であれば低めの位置が使いやすいでしょう。

要介護度が進み、全面的な介助が必要になると、介護者が腰をかがめなくても世話ができる、やや高めの60㎝前後の高さが使いやすいようです。

また、高さ調節によって移乗動作をスムーズにすることもできます。たとえば車いすとの間の移乗の場合、「ベッドから車いすへ移るとき＝ベッドを高くする」「車いすからベッドに移るとき＝ベッドを低くする」このようにすれば、高い場所から低い場所への移乗になるので、小さな力でもスムーズにできます。

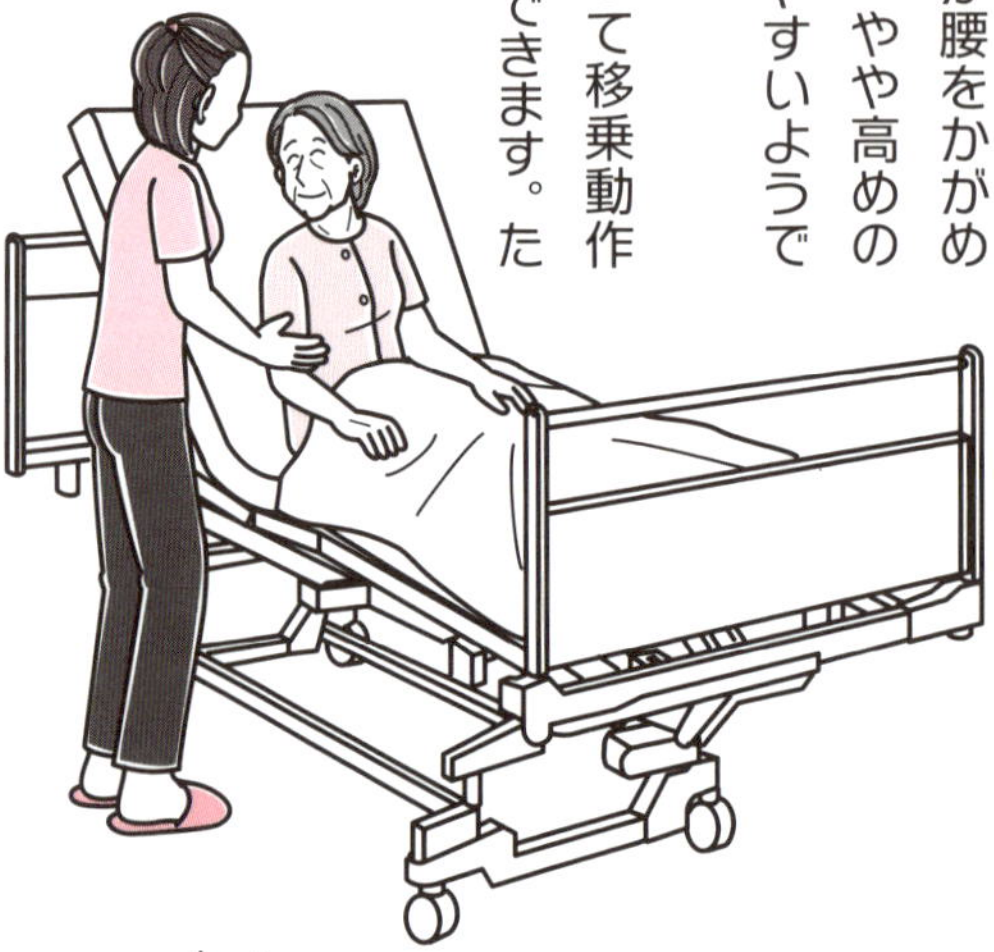

①介護しやすい高さ
中腰にならずに介助ができる。

②立ち上がりやすい高さ
座ったときにかかとが床につくくらいの高さが、立ち上がりしやすい。

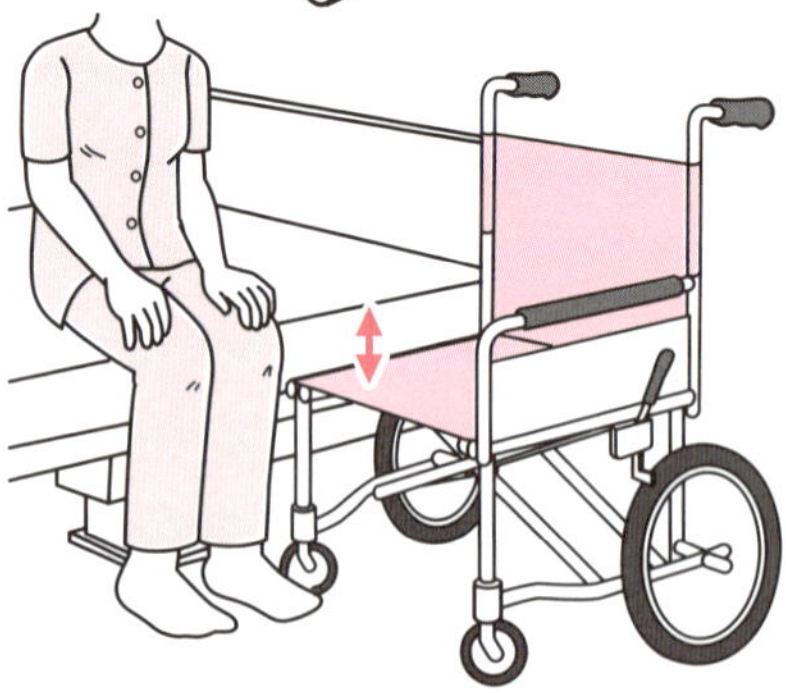

③車いすと高さ調節
ベッドから車いすに移るとき、車いすよりやや高めに調節すると移乗しやすい。車いすからベッドに移るときは逆に低くする。

4 マットレスの選び方

ベッドでいる時間を快適に過ごすには、ベッド以上にマットレス選びが大事です。硬さが合わずに快適な眠りが損なわれたり、柔らかすぎて腰痛を悪化させたり、さらに褥瘡《じょくそう》の原因になることもあるので慎重に選びましょう。

要介護者の状態によってふさわしいマットレスは違うので、医師などに相談するといいでしょう。

一般的に褥瘡の心配がない場合は腰痛などによいやや硬め、褥瘡の心配がある場合は、柔らかめのマットレスがよいといわれています。

●褥瘡防止のマットレス

①エアマットレス

小さな穴からエアが噴出し、体圧を分散してくれる。

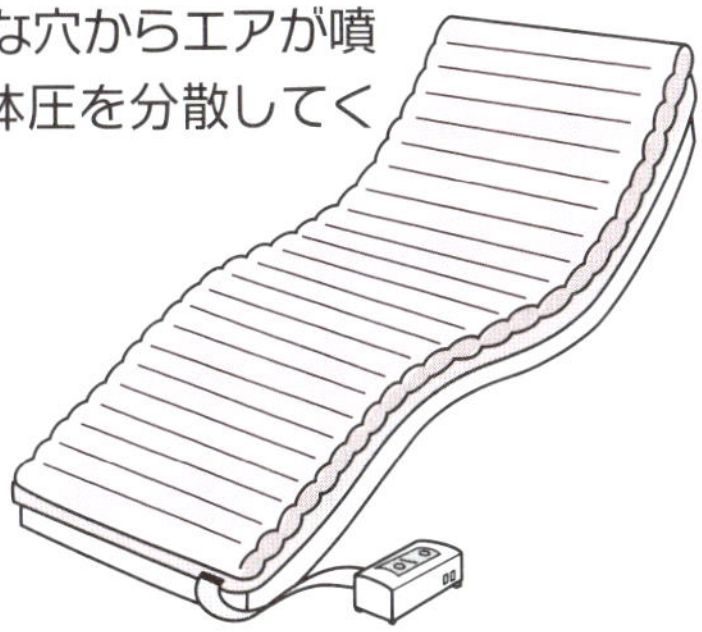

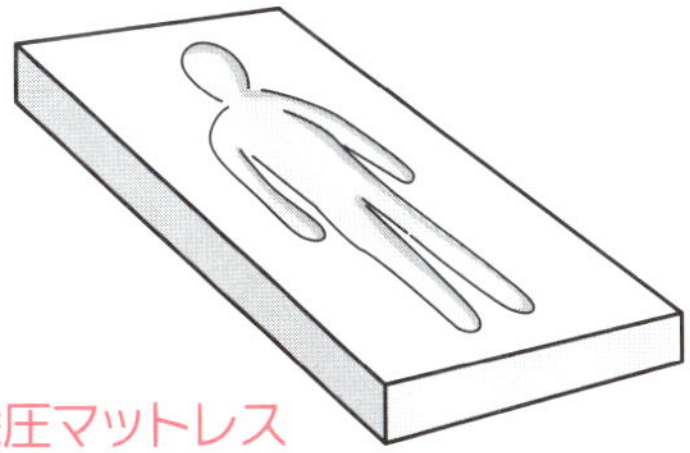

②除圧マットレス

体重をかけると体の凹凸に合わせてゆっくり沈み込む低反発マットレス。

介護保険の利用

床ずれ防止用具
要介護2以上の人はレンタルできる

ホームヘルパーの体験記

介助用バーやベッド柵の機能

ふとんに比べベッドは介護に便利ですかとよく聞かれますが、自立度を保つのに役立ちます。とくに、ベッドならではのメリットはベッド柵が付けられることです。ベッド柵を握って体を動かせば、寝返りや起き上がりがかんたんにできますから、介護者の負担を軽くすることできます。

さらに、ベッド柵に対して直角に折ることができる「介助用バー」（134ページの図参照）を使えば、車いすへの乗り移りがスムーズにできて便利です。

体位変換

寝返り介助

ベッドの上で仰向けのまま同じ姿勢でいると、褥瘡《じょくそう》の心配が出てきます。自分で寝返りができない場合は、定期的に寝返りの介助を行いましょう。ベッドから起き上がるときも、まず寝返りからスタートします。日常的に使われる介助技術なので、本人も介助者も少ない負担でできるように、基本を身につけましょう。全介助が必要な人、部分介助で大丈夫な人、片マヒの人など本人の状態に合った寝返り介助を行いましょう。

1 重度の人の場合

手前に引く介助

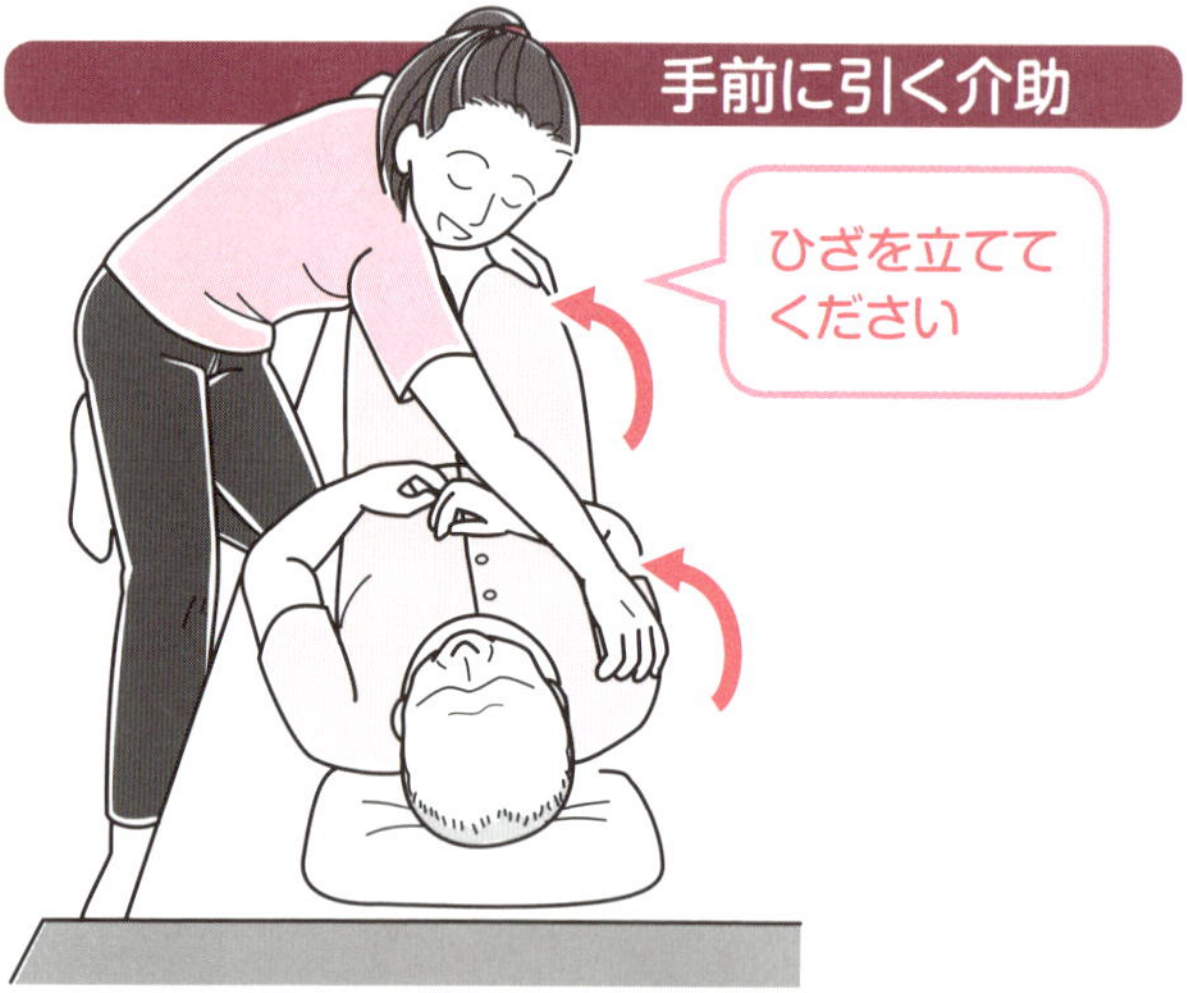

自力、あるいは介助によって両ひざを立ててもらいます。手前に引くときも向こう側に押すときも、ひざと肩を引いたり押したりして体の向きを変えます。

①ひざを立てる

介助者のひざより少し上までベッドの高さを調節し、本人のひざを立てる。

②ひざと肩に手をかける

介助者が非力の場合や本人の体が大きい場合は、ひざをベッドの上にのせて行うと力がはいりやすい。ひざと肩に手をかける。

③自分の体重を利用して手前に引く

手だけで引っぱろうとせず、肩とひざにおいた手を固定して、自分が後ろに下がる力を利用して体を起こす。

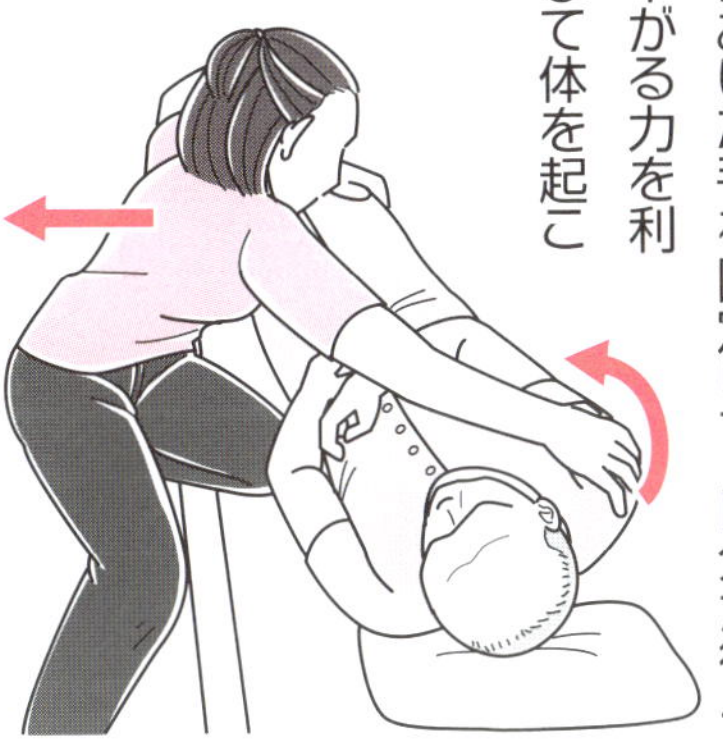

④腰痛予防のポイント

次の1～3が腰痛を防ぎ、小さな力で大きな介護ができるポイント。

1 ベッドの位置を高めにする
2 介助者のひざをベッドの上にのせる
3 自分の体重移動によって、本人の体を起こす

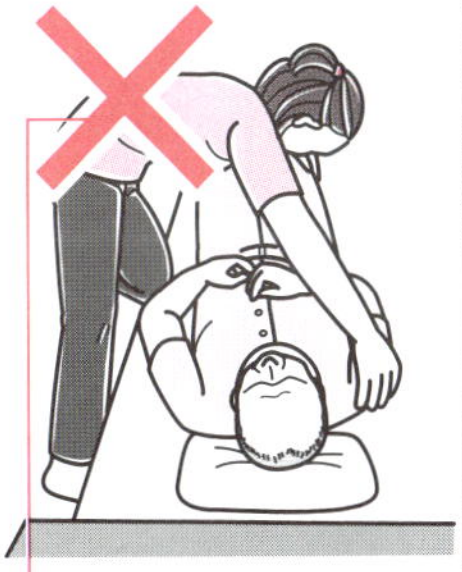
腰が高い

向こう側に押す介助

⑤手前に体をずらす

ベッドの中央の位置で、向こう側に寝返りさせると柵にぶつかってしまう危険がある場合は、いったん体を手前にずらしてから行う。（142ページ「手前に移動させる介助」参照）

⑥肩とひざに手をかける

ひざを立ててもらい、肩とひざを押す。

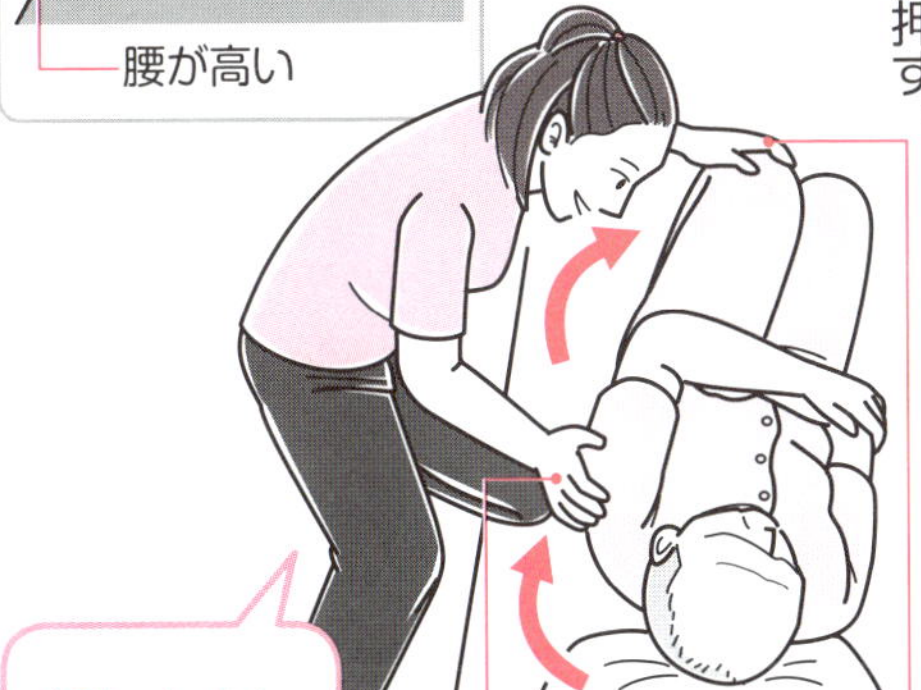
押しますよ
・肩とひざを押す

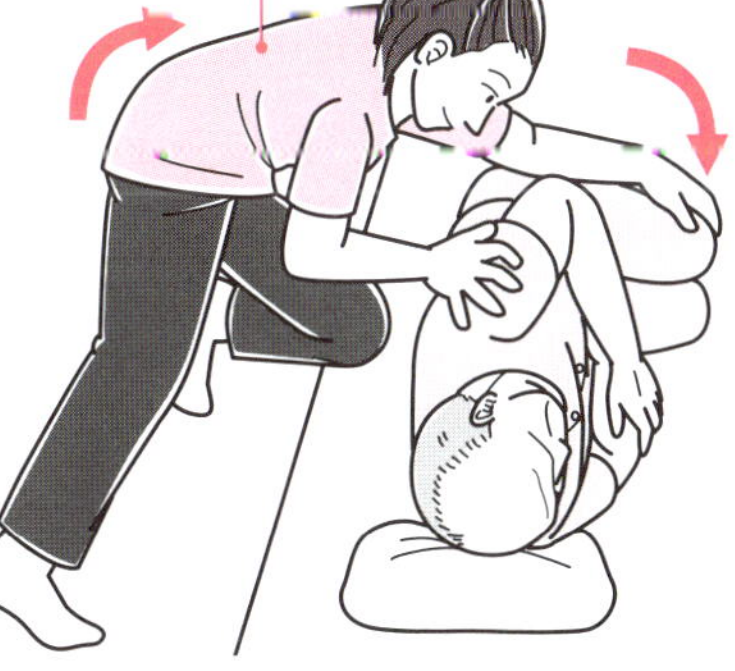
・自分の体重を利用する

⑦自分の体重を利用して押す

手だけで押さず、ベッドの上にひざを立てて、体ごと前に押し出す。

2 軽度の人の場合

部分的な介助で寝返りができる人は、できるところは自力で行ってもらいます。頭を上げてベッド柵を握ってもらうとスムーズに寝返りができます。

・少しだけ頭を
上げてもらう

①頭を上げてもらう
ひざを立て、腹筋を使い頭を上げてもらう。リハビリに役立つ。

こちらに
向いてください。
肩に手をかけますよ

②肩を支える
自力で体が回らないようなら、肩を軽く支えて手前に引く。

ホームヘルパーの体験記

水を怖がる男性を浴槽に入れるまで

お風呂で転倒しおぼれそうになった92歳の男性ですが、そのショックから、お風呂を嫌がるようになりました。浴槽だけでなく水を怖がり、体を洗うこともできませんでした。そこで、ベッドでの清拭から、浴室での清拭、水をかけての洗髪、水を少なくした浴槽への促しと徐々にレベルを上げる介護を行いました。すると2カ月で、浴槽につかれるようになりました。毎日根気よくできることを増やしていった成果でした。

3 片マヒの人の場合

片マヒの人の寝返りでは、感覚障害のためマヒした腕が体といっしょに返らず、肩を痛める危険があります。健側の手でマヒした腕を腹の上にのせてもらってから始めます。

①患側の手を腹の上にのせる

健側の手で患側の腕を腹の上にのせてもらう。患側の腕をそのままにしておくと、手がついてこないために肩を痛める。

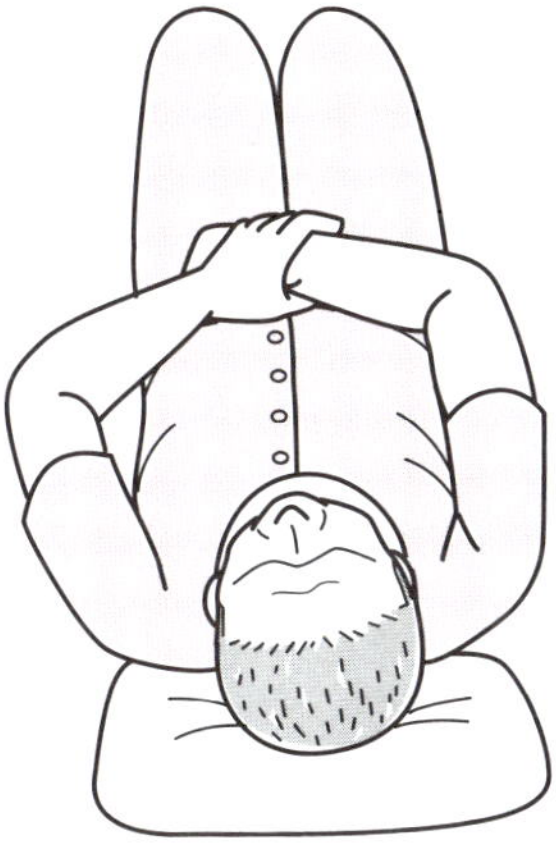

患側の手が残り肩を痛める

②肩とひざに手をかける

患側の肩とひざに手をかけて手前に引く。

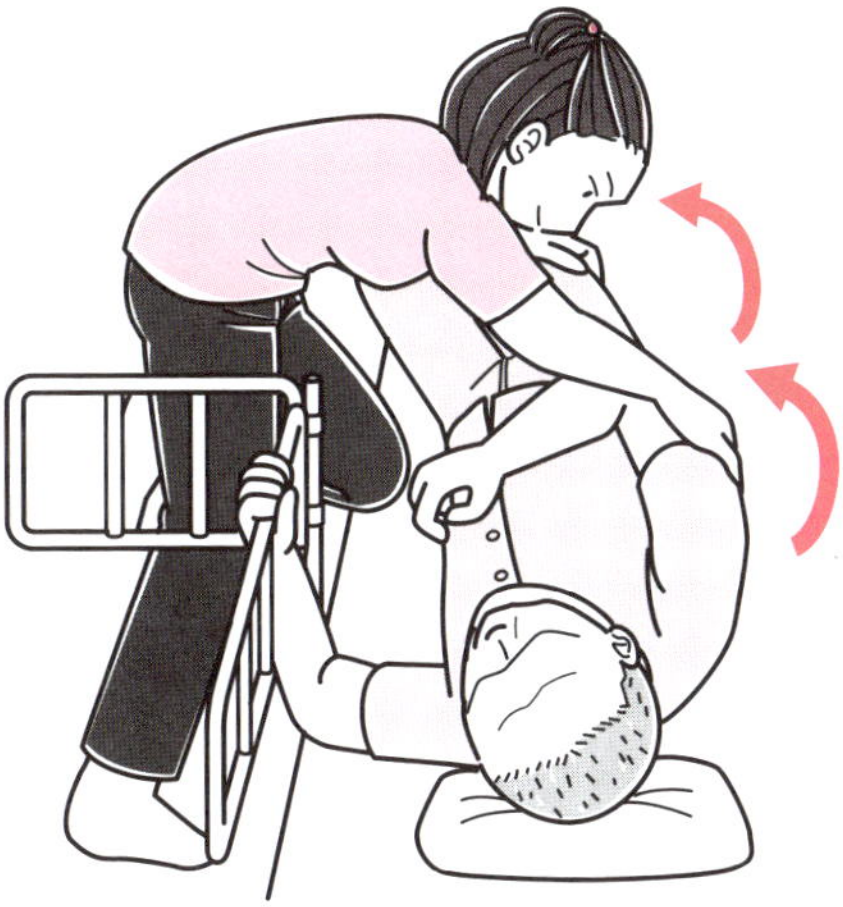

③手前に起こす

手だけで引っ張ろうとすると、本人も痛がり、介助者も腰を痛める危険がある。自分が後ろに下がる力を利用して体を起こす。

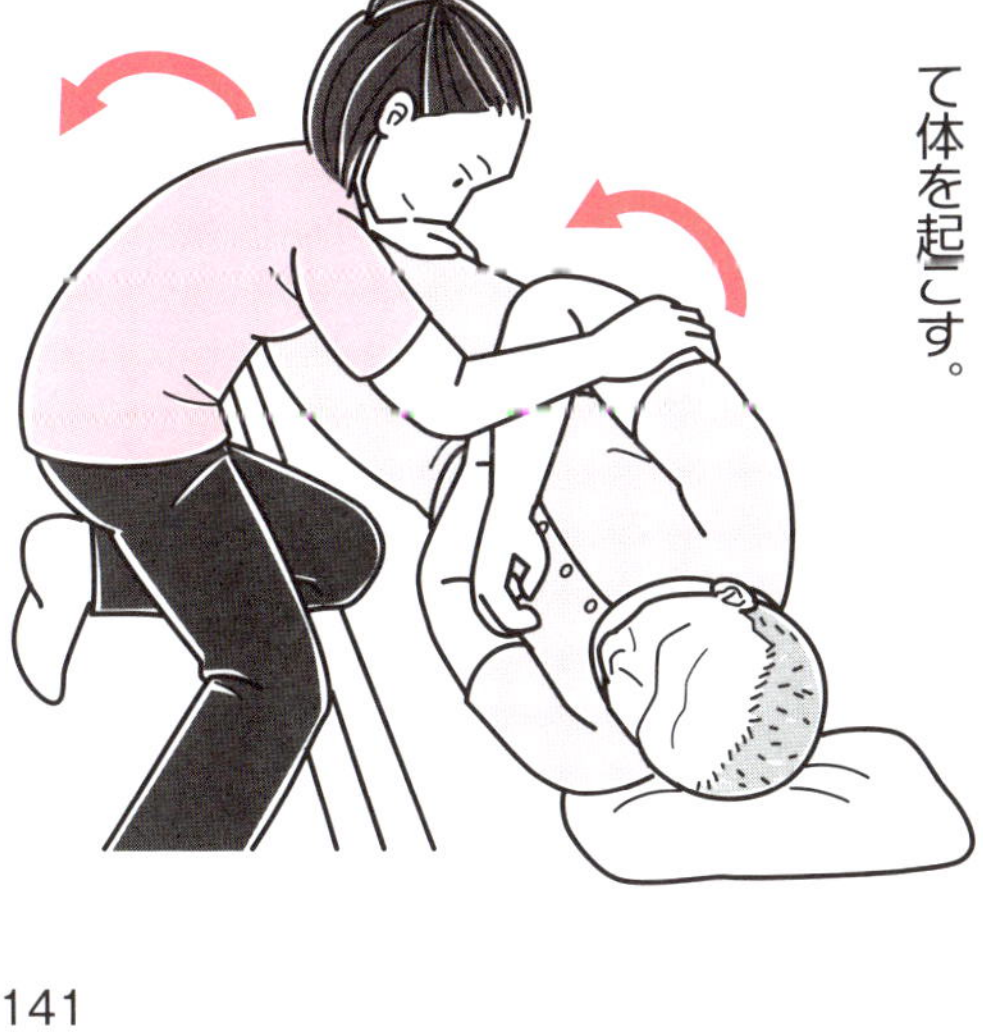

体位変換

手前に移動させる介助

寝返りや起き上がり介助のとき、本人の体を手前に引いてから行うとスムーズにできます。少しばかりの移動なので、強く引っ張れば簡単に動くなどと考えていると、本人に痛い思いをさせるだけでなく、褥瘡《じょくそう》を発症させたり、悪化させたりする恐れがあります。無理に動かそうとすると、介助者の腰への負担もかかります。

基本どおり、上半身を抱えて動かしたあと、下半身を動かすといった2回に分けた移動方法でていねいに介助しましょう。

1 上半身を手前に動かす

軽度の人なら頭を上げてもらうと、ラクに移せます。片マヒがある場合は、マヒのある手を組んでもらってから行います。

①首と肩を支える

本人には手を前で組んでもらう。

介助者は片腕を本人の首の下に差し込み、肩と首を下から支える。

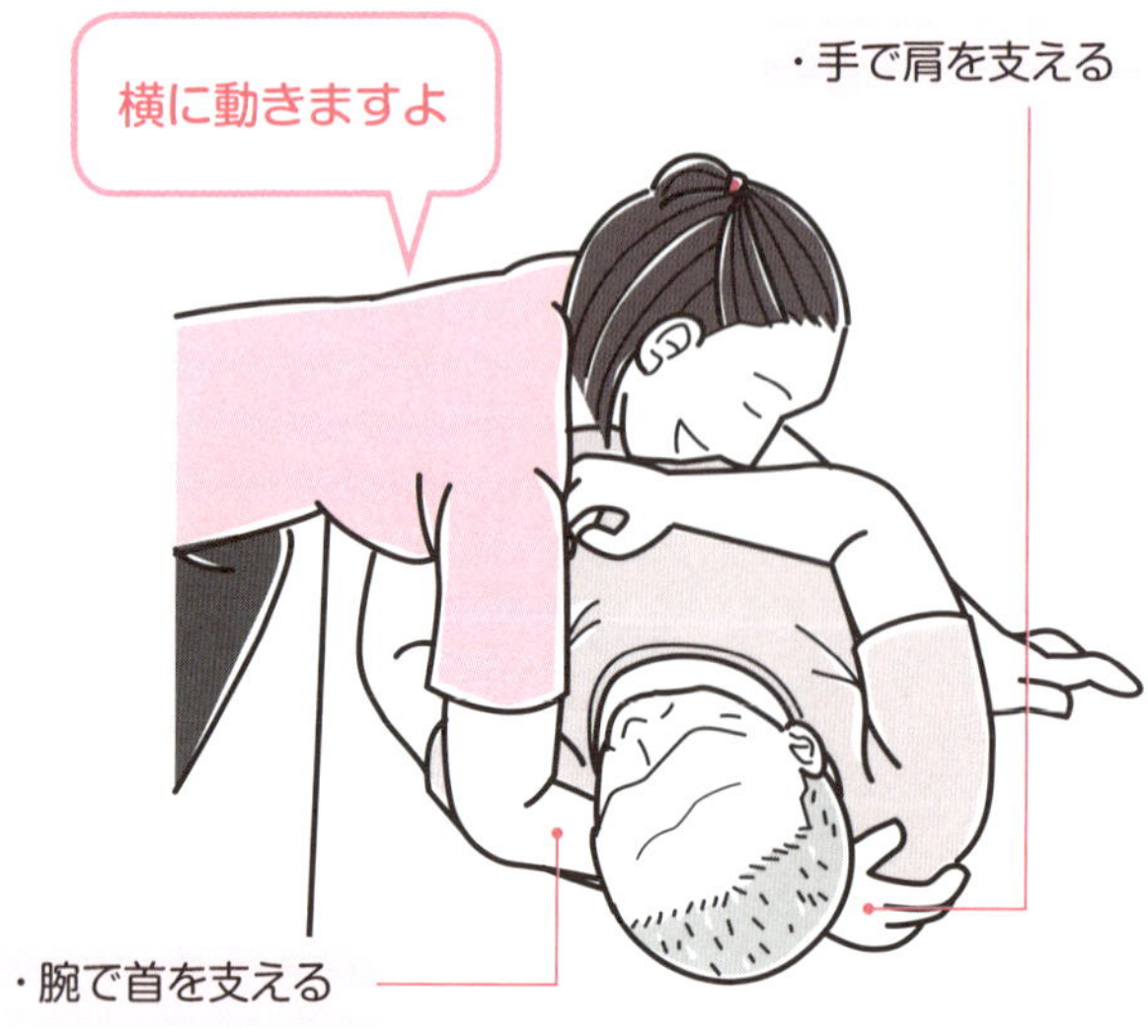

横に動きますよ
・手で肩を支える
・腕で首を支える

②手前に移動させる

片方の手をベッドにつき、その手に力を入れて本人の上半身を軽く持ち上げて手前に移動させる。

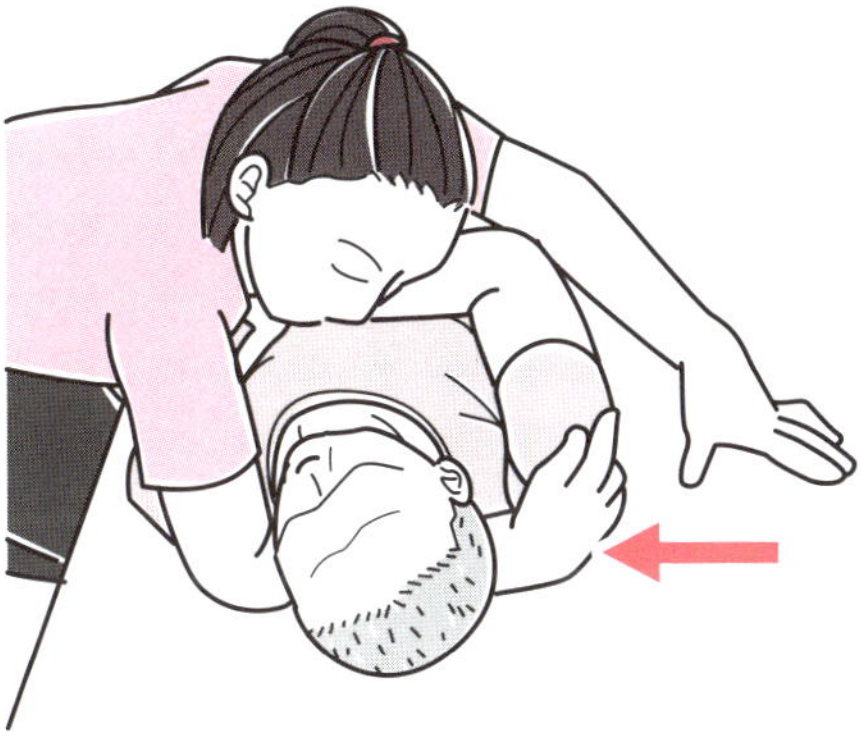

2 下半身を手前に動かす

ひざを立ててもらい、腰を浮かせやすいようにします。

①ひざを立ててもらう

自力でできる人は、自力でひざを立ててもらう。

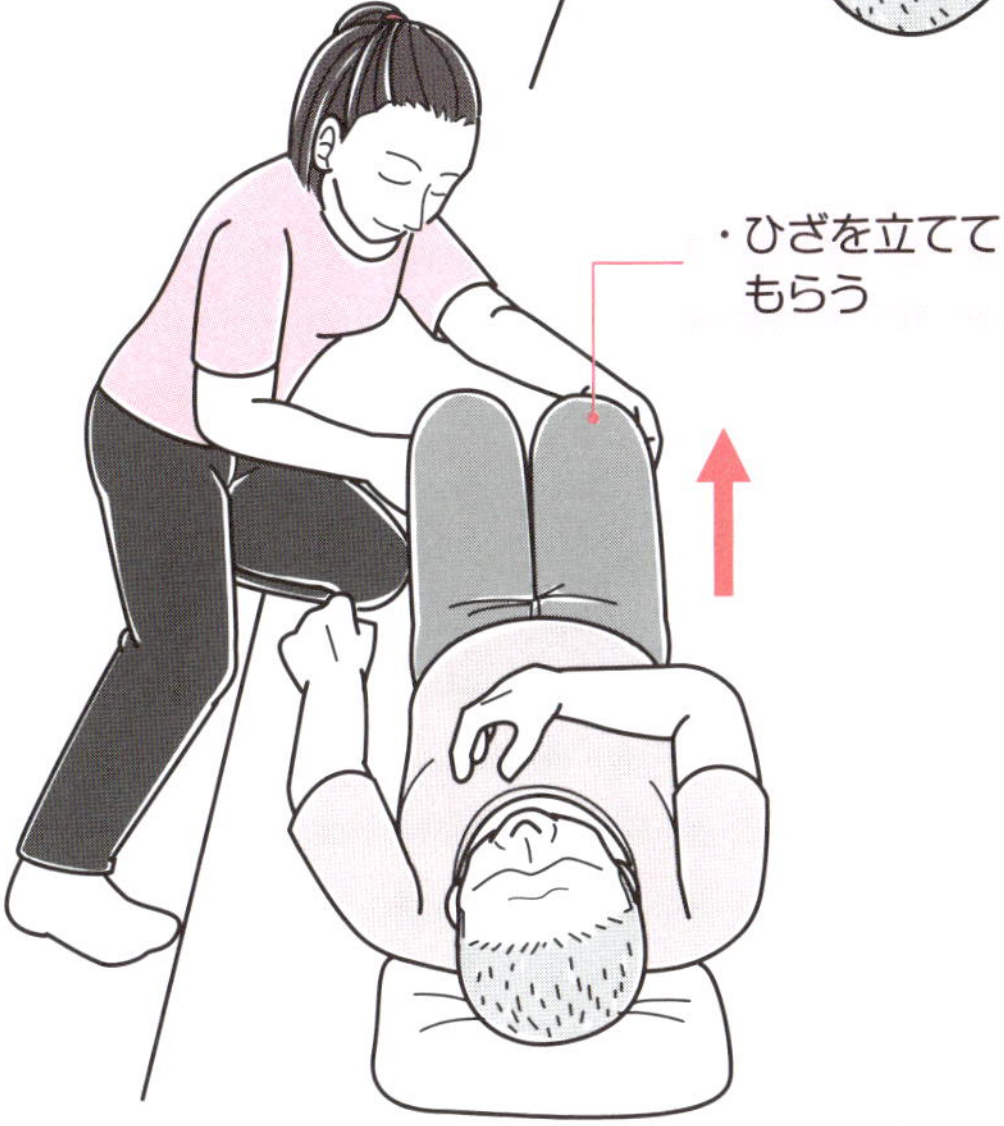

②腰を支えて手前に引く

両手で腰を支えて、体を後ろに倒す力を利用して、腰を手前に引く。

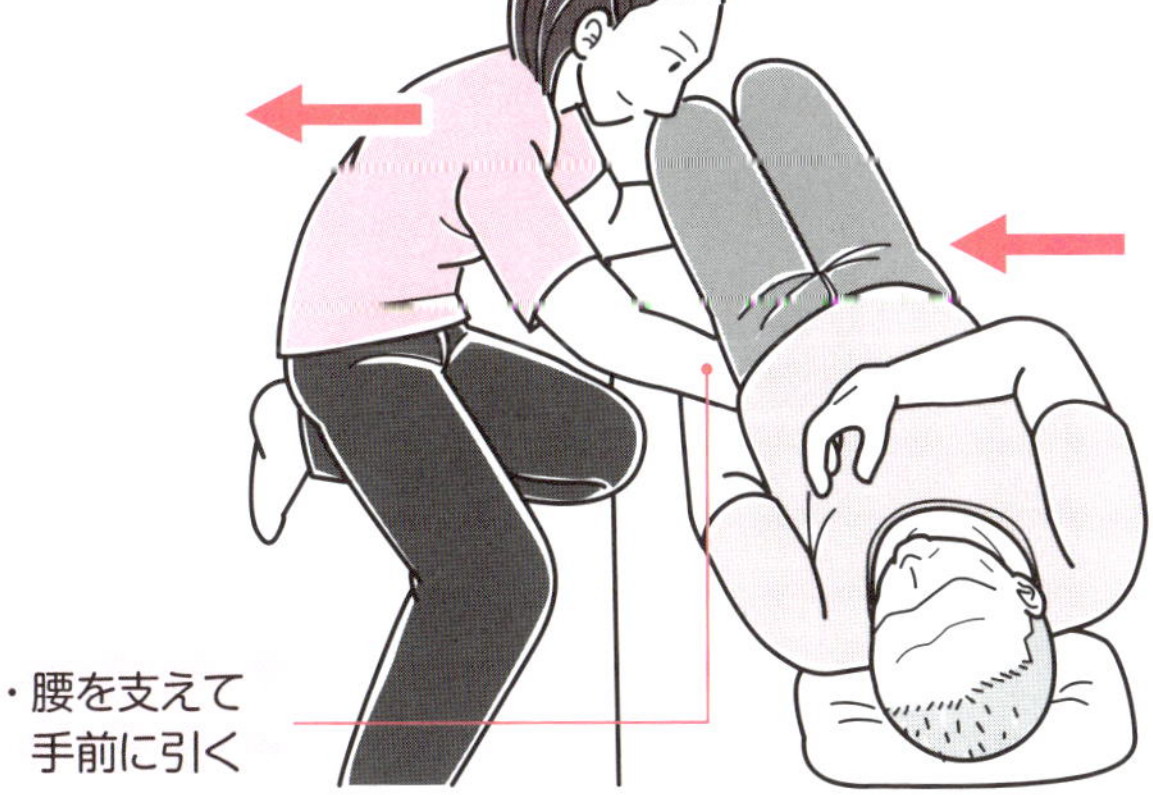

体位変換

枕方向に引き上げる

枕方向に引き上げる移動介助は、よく行われます。車いすから移乗したあと、ベッドの下側に腰を下ろすと、枕まで距離があり、枕方向に動かさなくてはいけません。この場面の介助で腰を痛める介助者が多いので慎重に行いましょう。本人が軽い場合は、横から抱えて横にずらせます。本人が重い場合は介助者もベッドにのり、強い力がかけられるようにします。介助者が2人いれば理想的です。バスタオルの上にのせて引き上げます。

1 本人が軽い場合

肩と腰に手を回し、少し持ち上げるようにして横にずらせます。ベッドの位置は高めにし、自分の体重移動によって動かすと、腰を痛めません。

①本人を横から抱える

片方の手腕を首の後ろに通し、手で肩を支え、腕で首を支える。もう一方の手を腰の後ろに回す。

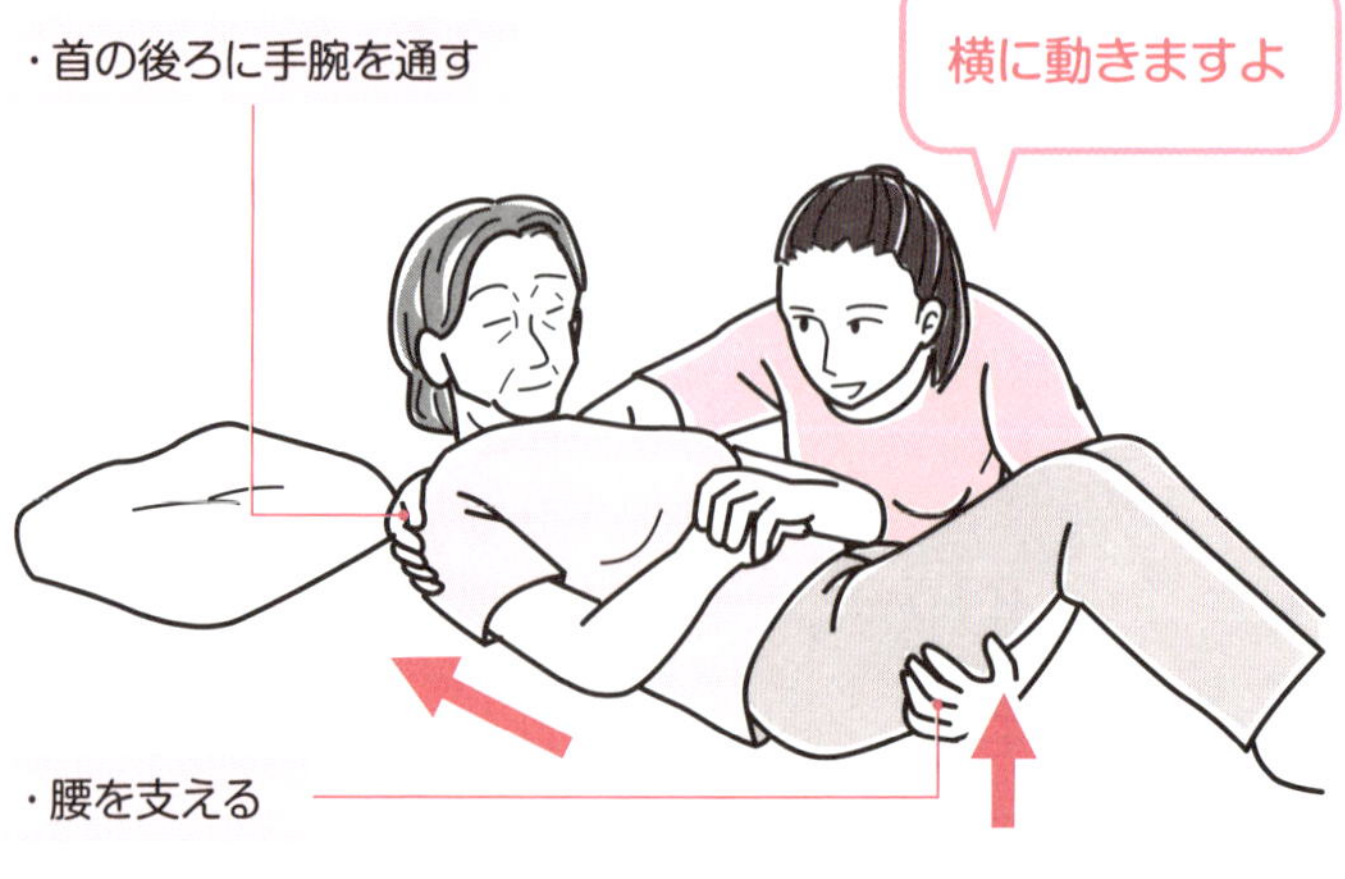
横に動きますよ
・首の後ろに手腕を通す
・腰を支える

②枕方向に移動させる

介助者は腰を十分に下ろしたら、しっかり腕を固定し、自分の体重移動によって本人を動かす。

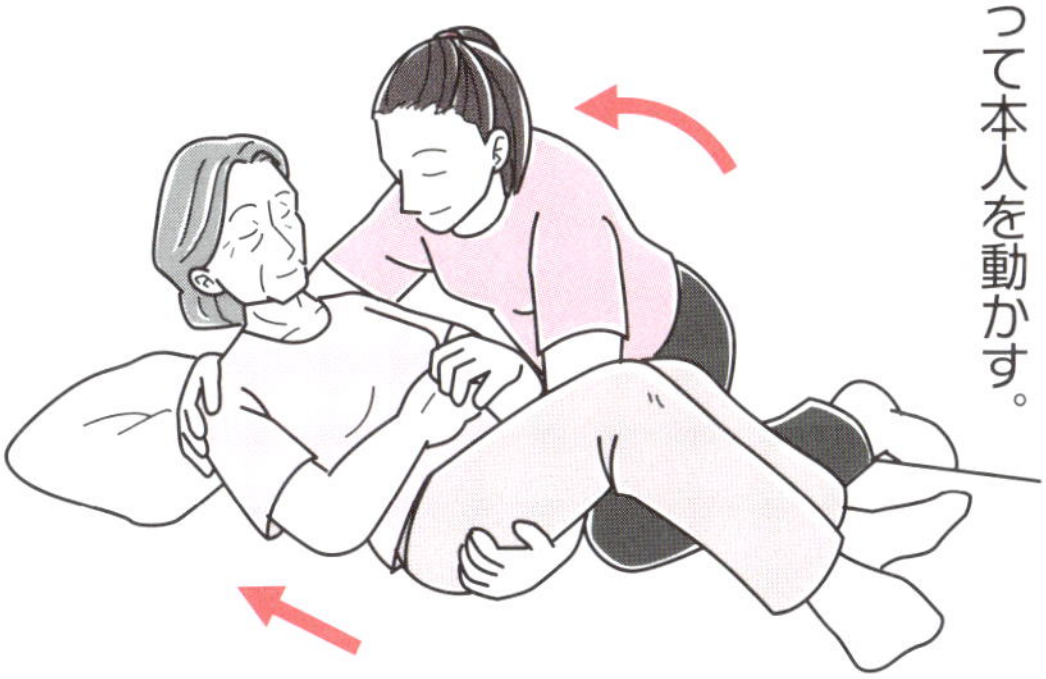

2 本人が重い場合

横抱えでの移動が困難なときは、介助者がベッドの上にのり移動させる方法があります。

①引き上げる方法

枕側に座り、組んだ腕のわきの下に手を通して引き上げる。

②押し上げる方法

腰が持ち上がるようなら浮かせてから、体重をかけ枕方向に押し上げる。

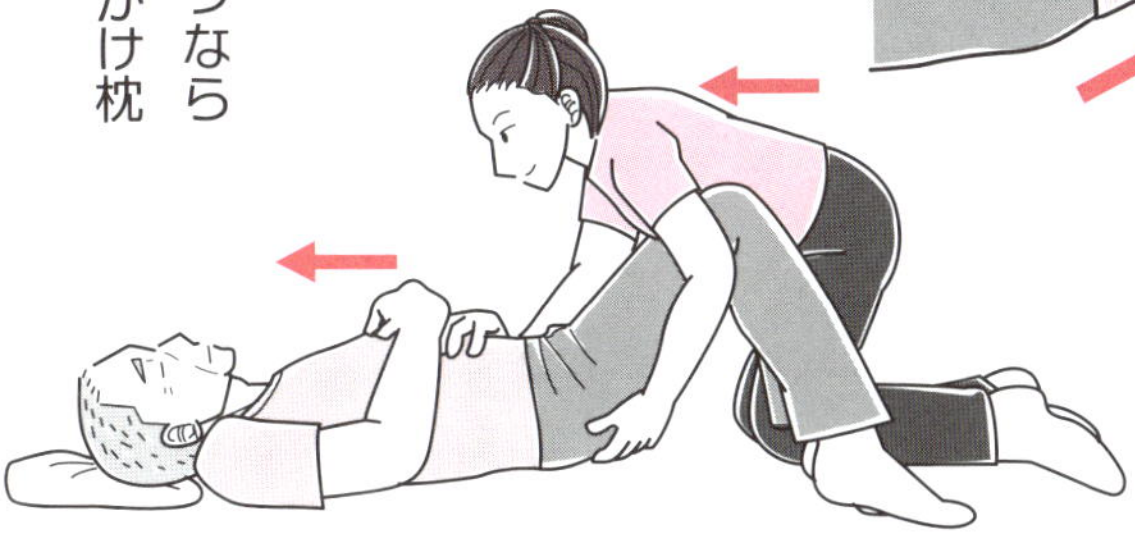

③2人で動かす場合

バスタオルの四隅を持ち、2人で呼吸を合わせて移動させる。

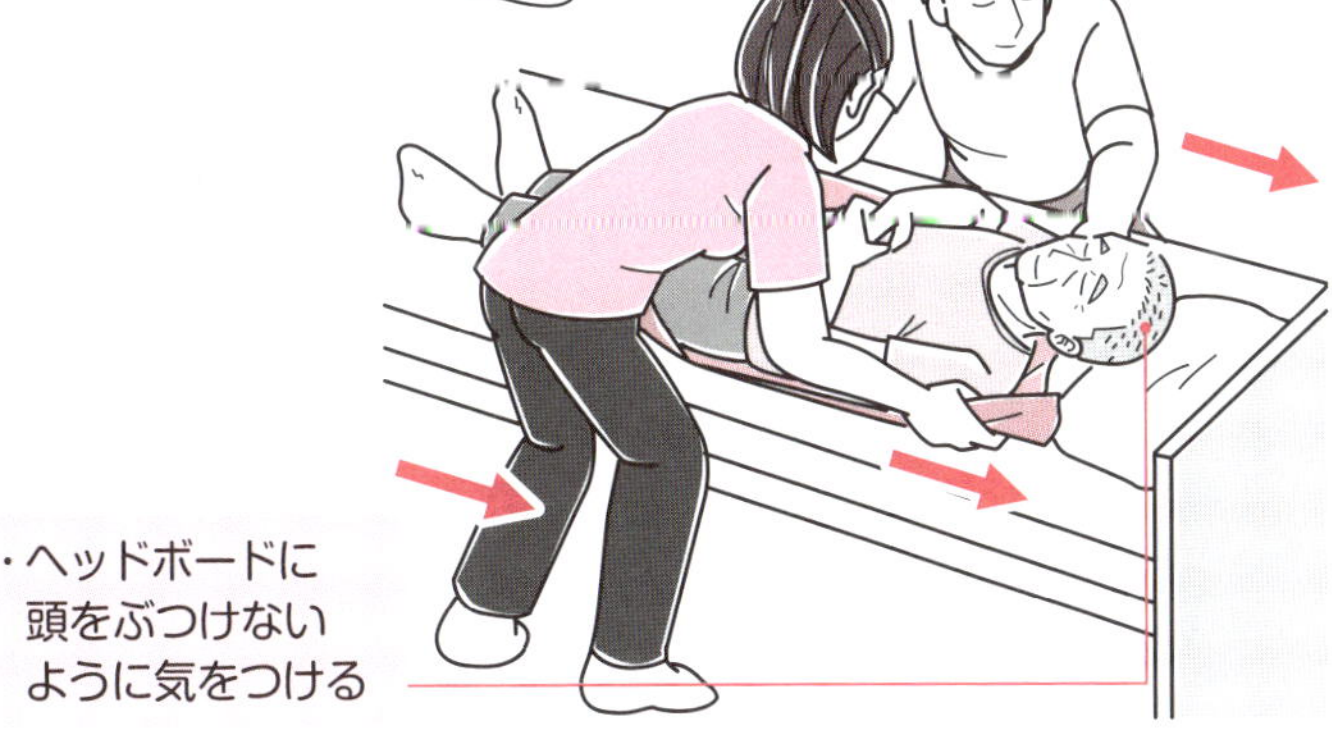
・ヘッドボードに頭をぶつけないように気をつける

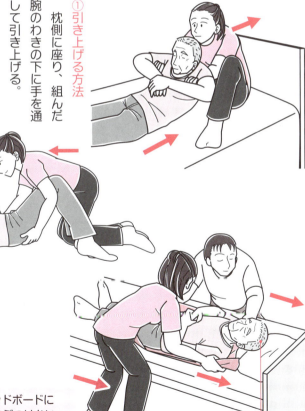

スライディングシートを使って引き上げる

重介護の人の移動の場合、小さな力で移動・移乗ができる介助用品が役立ちます。枕方向に引き上げるとき、あらかじめベッドに「**スライディングシート**」という補助具を敷いておくと、引き上げがラクにできます。お尻が上がらない人や体重が軽い人なら本人の首と腰を抱えて横にスライドさせるように移動させます。お尻が上がる人や体重のある人の介助は、ベッドの上にひざを乗せ、枕方向に押し上げる方法が有効です。

1 スライディングシート

かさかさしたナイロン生地を筒状（2枚重ね）にしたシート。2枚の間の摩擦が少ないので、少しの力で移動・移乗ができる。ベッドに敷くタイプで6500円程度。

介護保険の利用

スライディングシート
体位変換器として要介護2以上の人はレンタルできる

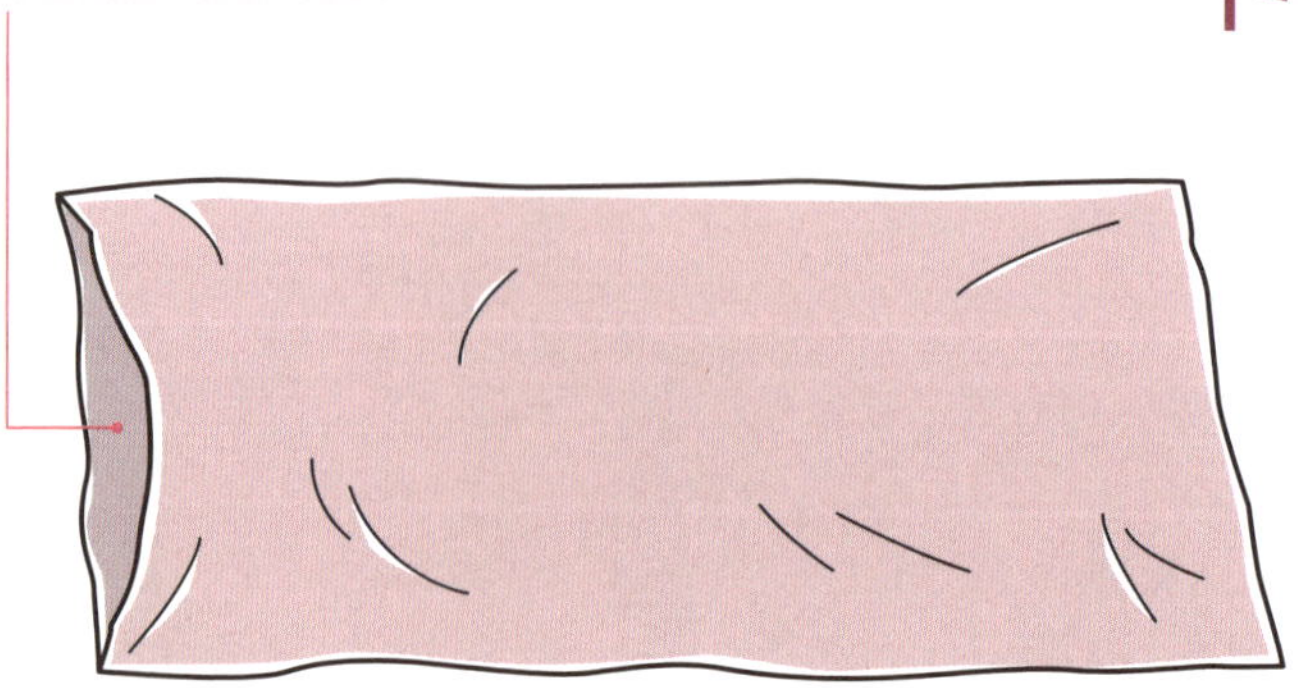

2 お尻が上がらない人の介助

お尻が上がらない人や体重の軽い人の場合は首と腰に手をおき、抱えながら横にスライドさせて移動させます。腰を痛めやすい介助なので、ベッドの位置を高くして腰に負担がかからないように行います。

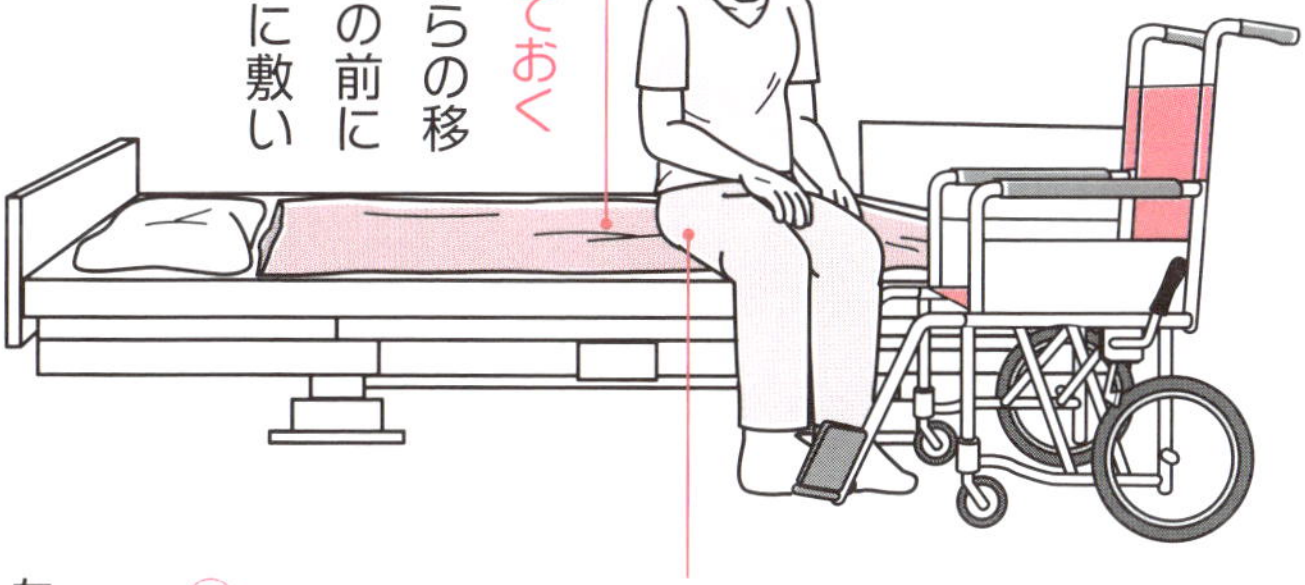
・スライディングシート
・浅く座ると危険

①シートを敷いておく

車いすなどからの移乗する場合、その前にシートをベッドに敷いておく。

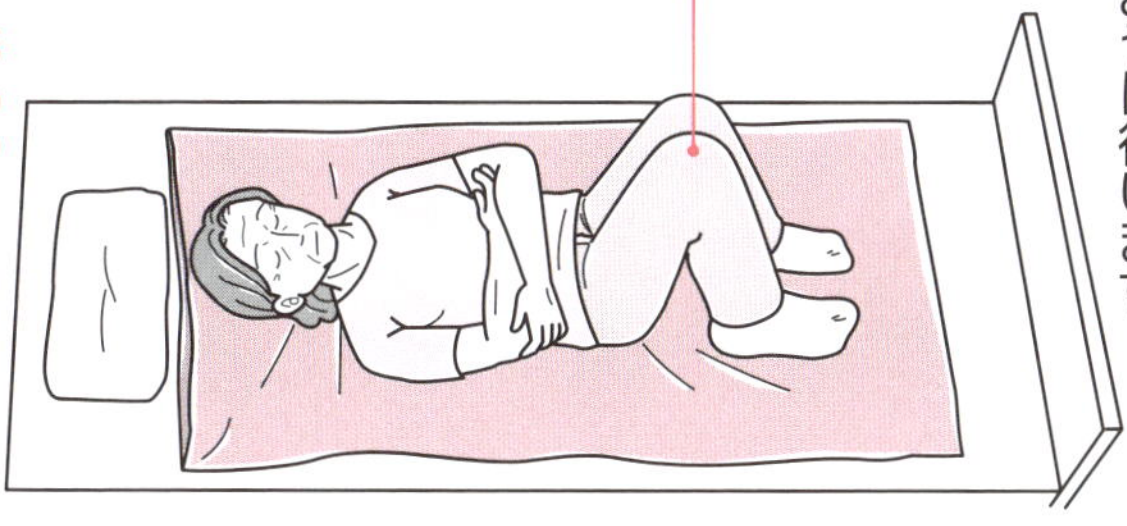
・ひざを立ててもらう

②ひざを立ててもらう

シーツとの摩擦をなるべく減らすためにひざを立てておく。

③上半身を小さくしてもらう

腕を組み上半身をなるべく小さくしてもらう。腕を広げると摩擦が大きくなりスムーズに動かない。

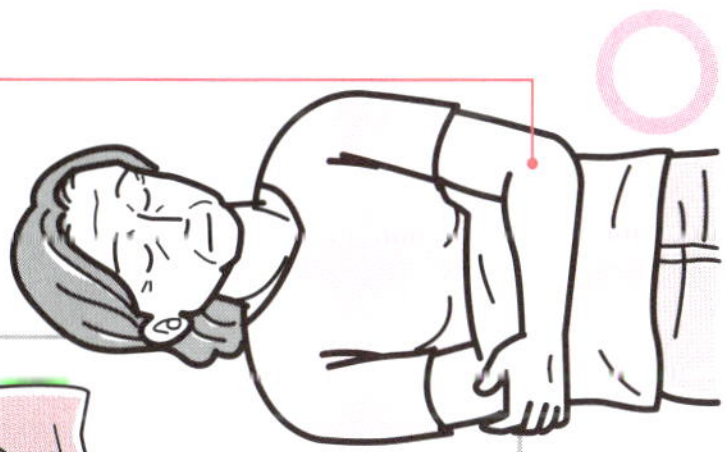
○
・腕を組んでもらう

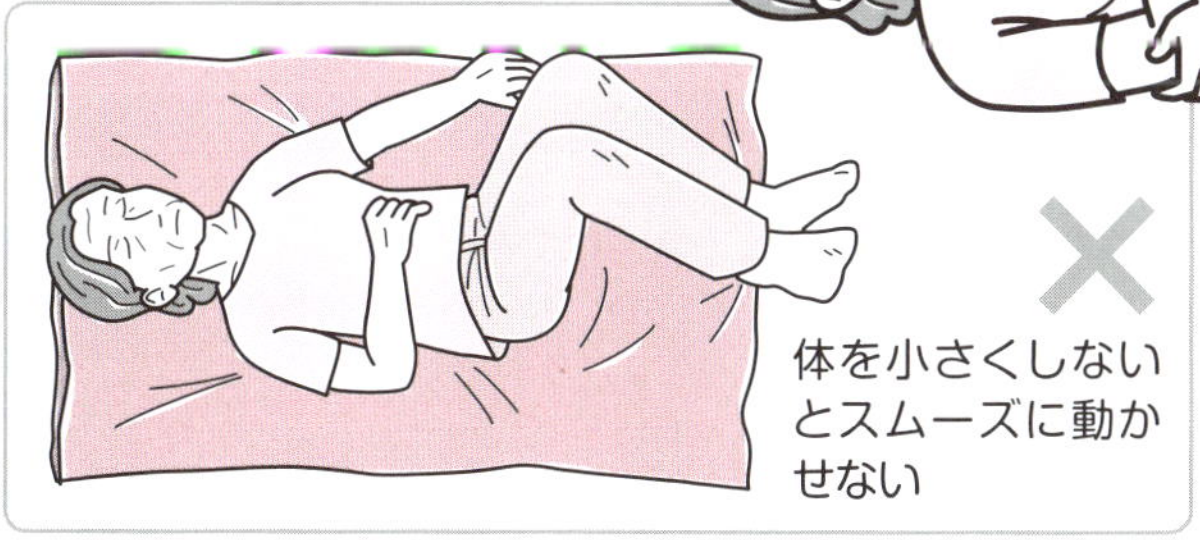
×
体を小さくしないとスムーズに動かせない

④腰と背中を抱える

足を開き、腰を十分に下ろす。背中の後ろと腰に手を回し、しっかり支える。腕に力を入れ固定する。

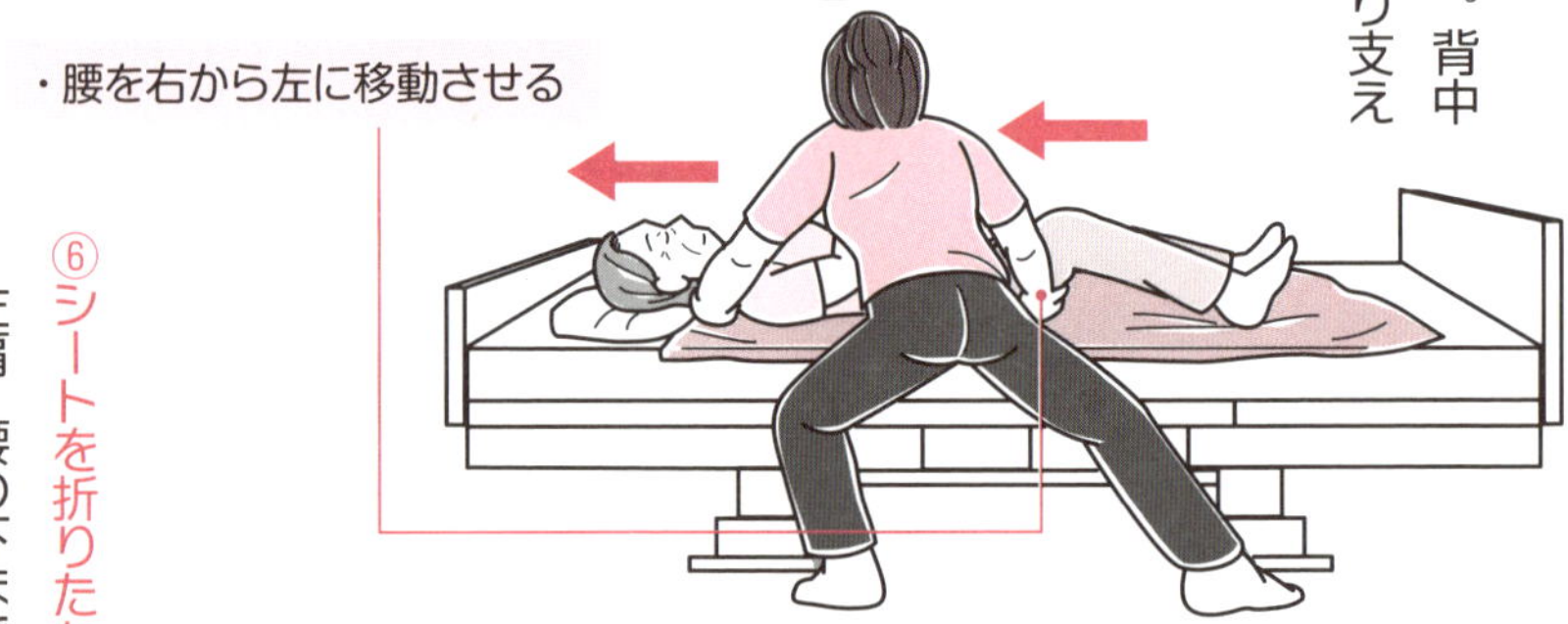

⑤横にスライドさせる

持ち上げなくても移動ができる。自分の体重を、右足から左足に移すイメージで横にスライドさせる。

⑥シートを折りたたむ

左肩・腰の下までシートをたたむ。

⑦体を反転させてシートをはずす

体を手前に反転させて、シートを外す。

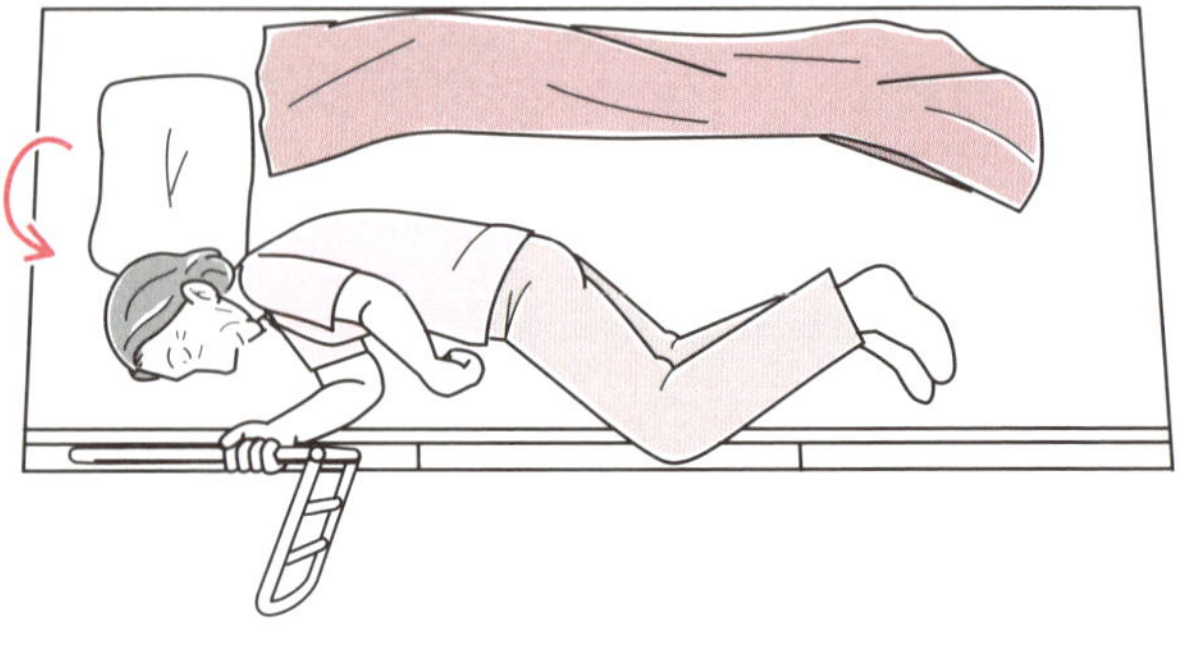

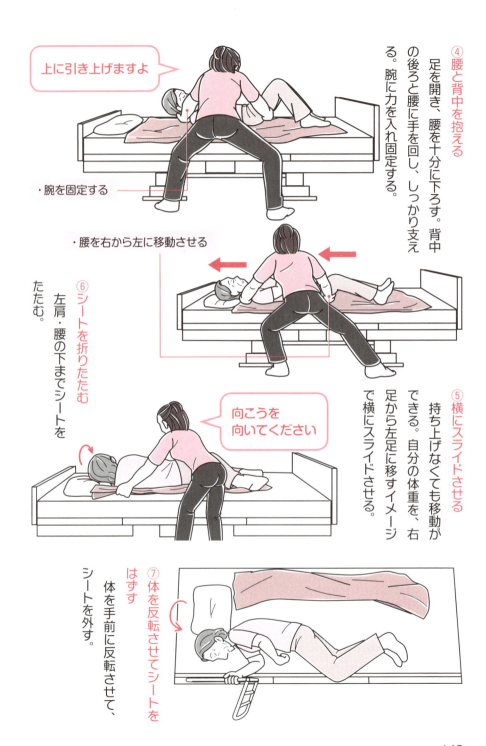

3 お尻が上がる人の介助

お尻が上がる人や体重のある人の場合、あるいは介助者が非力な場合は、枕方向に押す方法がラクです。高さが調節できるベッドであれば、やや下げると腰の負担が少なくてすみます。

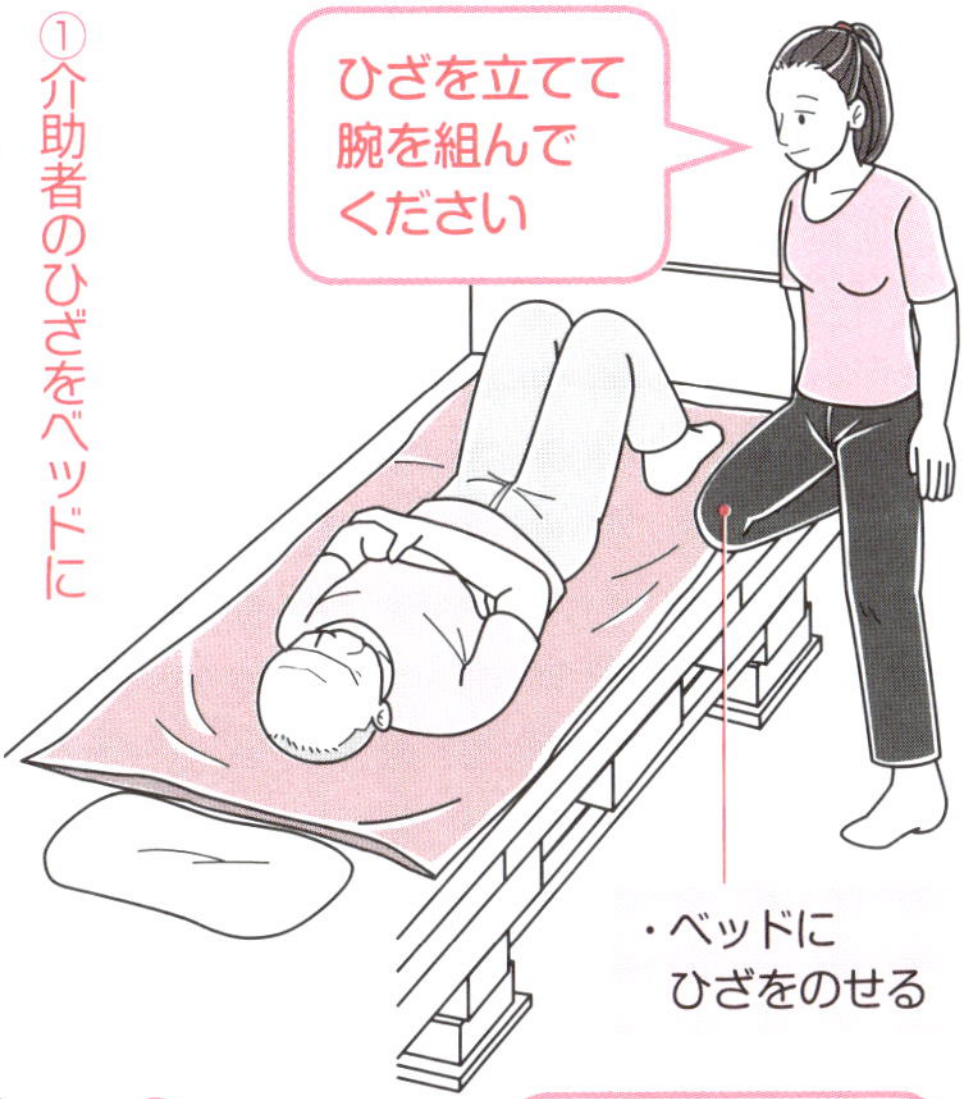
ひざを立てて腕を組んでください
・ベッドにひざをのせる

①介助者のひざをベッドにのせる

ひざを立て、体を小さくしてもらうのは、お尻が上がらない人の介助と同じ。

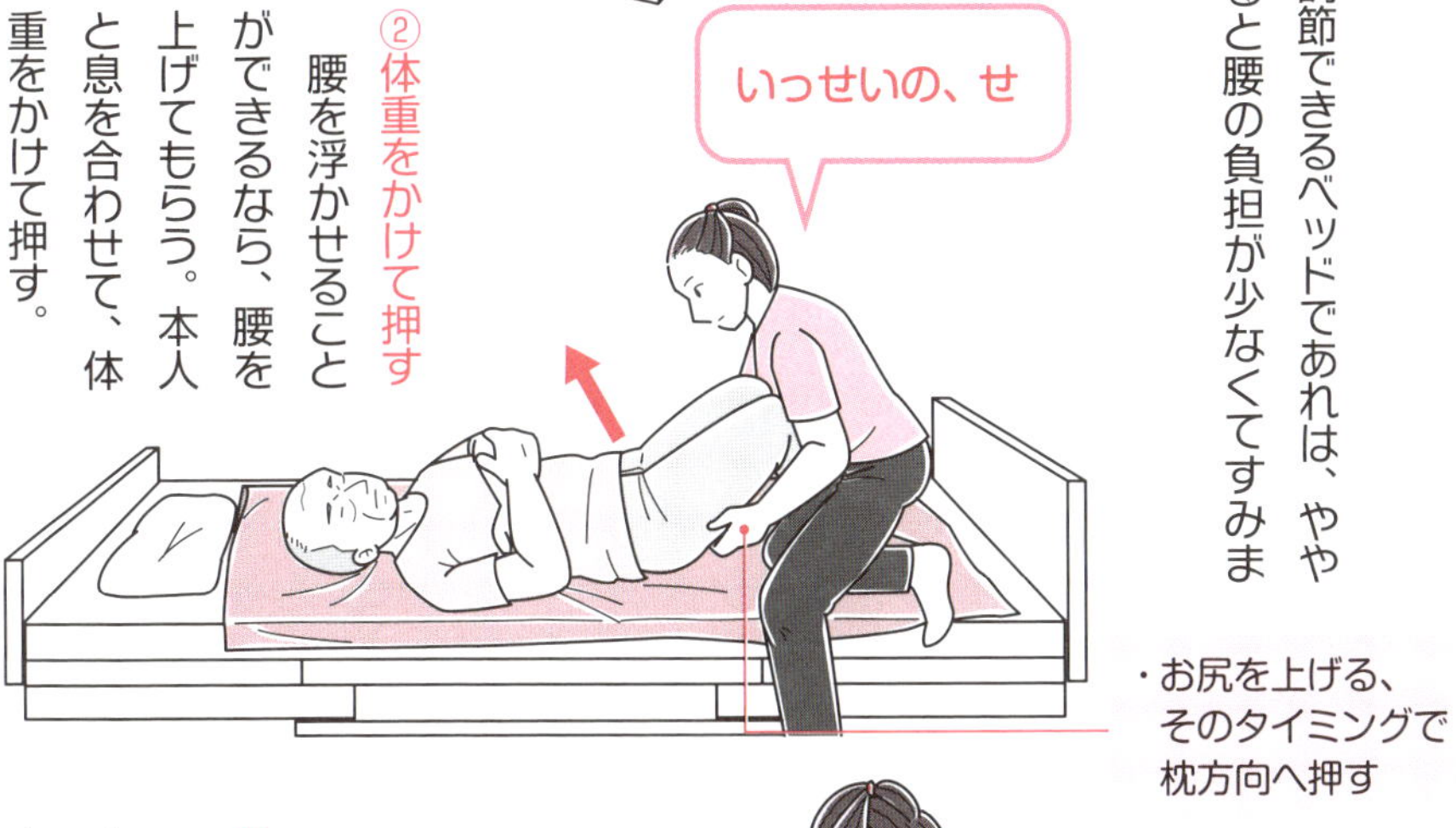
いっせいの、せ
・お尻を上げる、そのタイミングで枕方向へ押す

②体重をかけて押す

腰を浮かせることができるなら、腰を上げてもらう。本人と息を合わせて、体重をかけて押す。

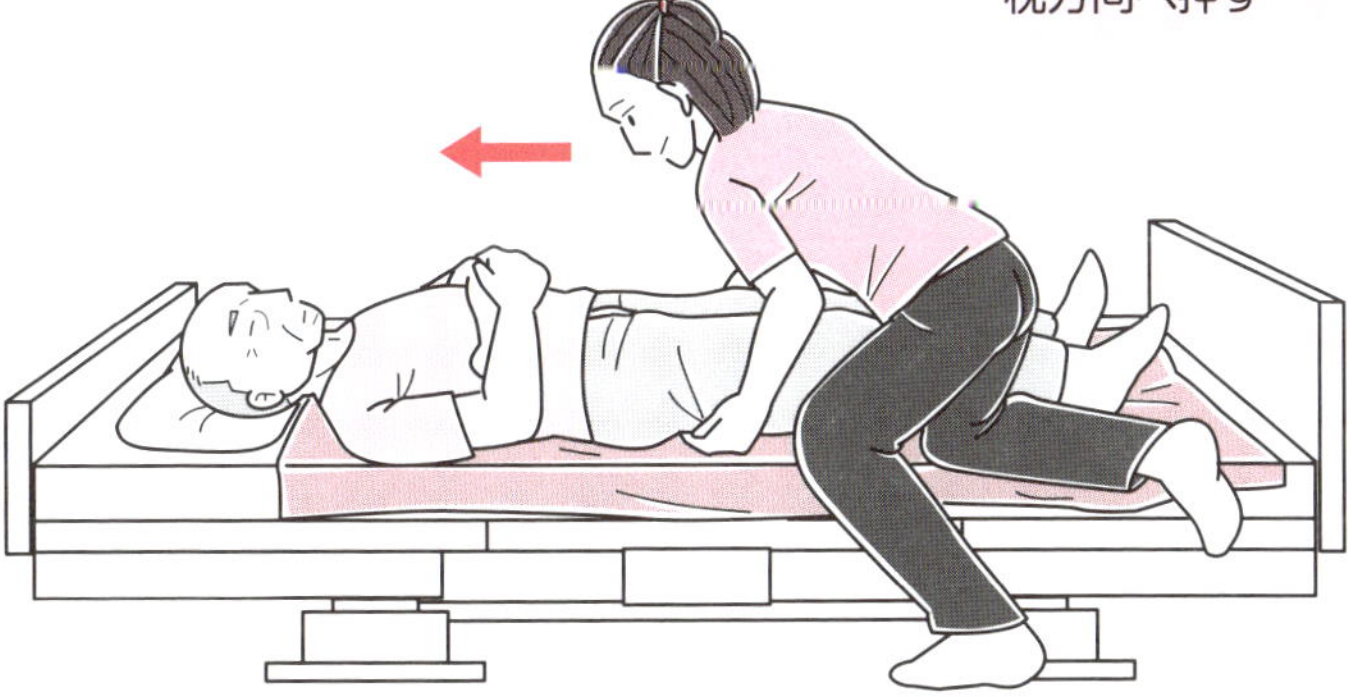

③枕の位置まで押す

頭が枕の位置にくるまで押す。シートは軽度の人の介助と同じ方法でシートを外す。

体位変換

ベッドで起き上がり介助

仰向けに寝ているところから、ベッドの端に腰かけるまでの「起き上がり」は、まず「寝返り介助」（138ページ）によって手前に横向きにさせてから行います。自分で起き上がろうという意思が大事なので、その気になってもらうための声かけから始めます。介助者は無理に起こそうとするのではなく、「本人が起き上がろうとする」のを、あくまで助けるイメージで行います。体の動きを理解してもらうために、自力で行う起き上がりを紹介します。

1 自力で起き上がる動き

①足をベッドの外に出す

左側に障害のある片マヒの人の場合は、右側に顔を向けて足をベッドの外に出す。

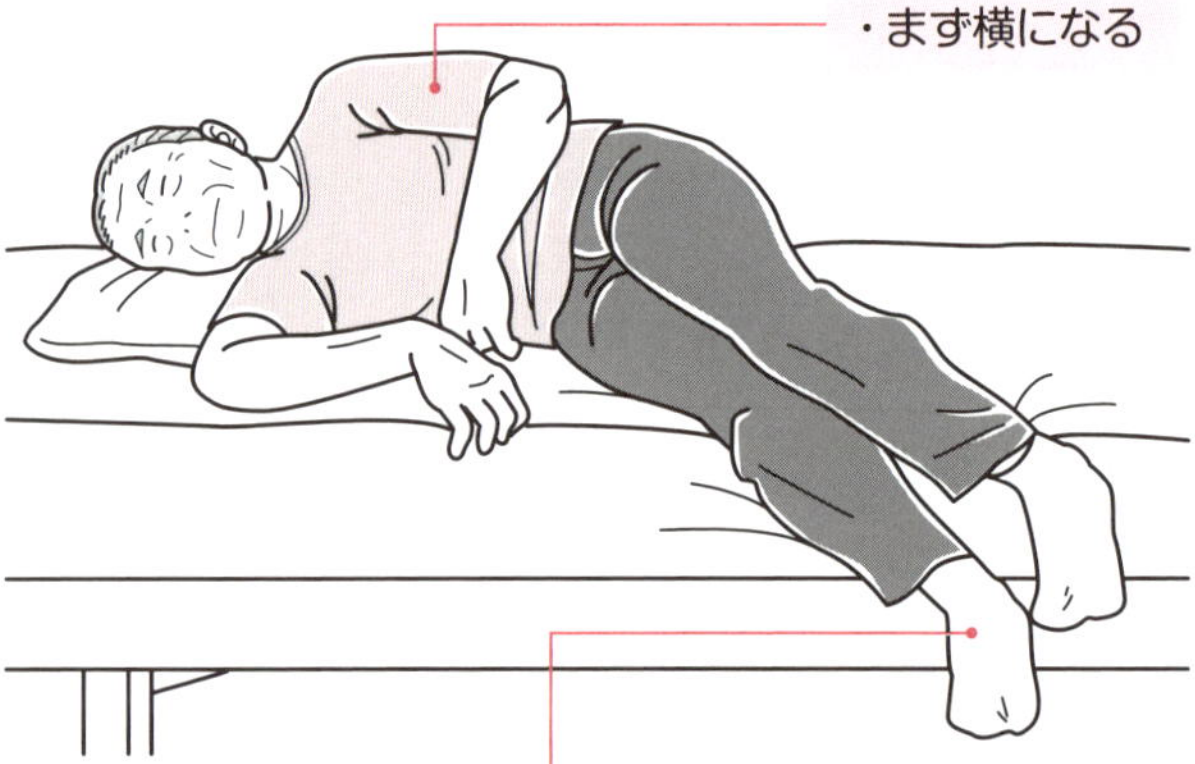

頭側から見たところ

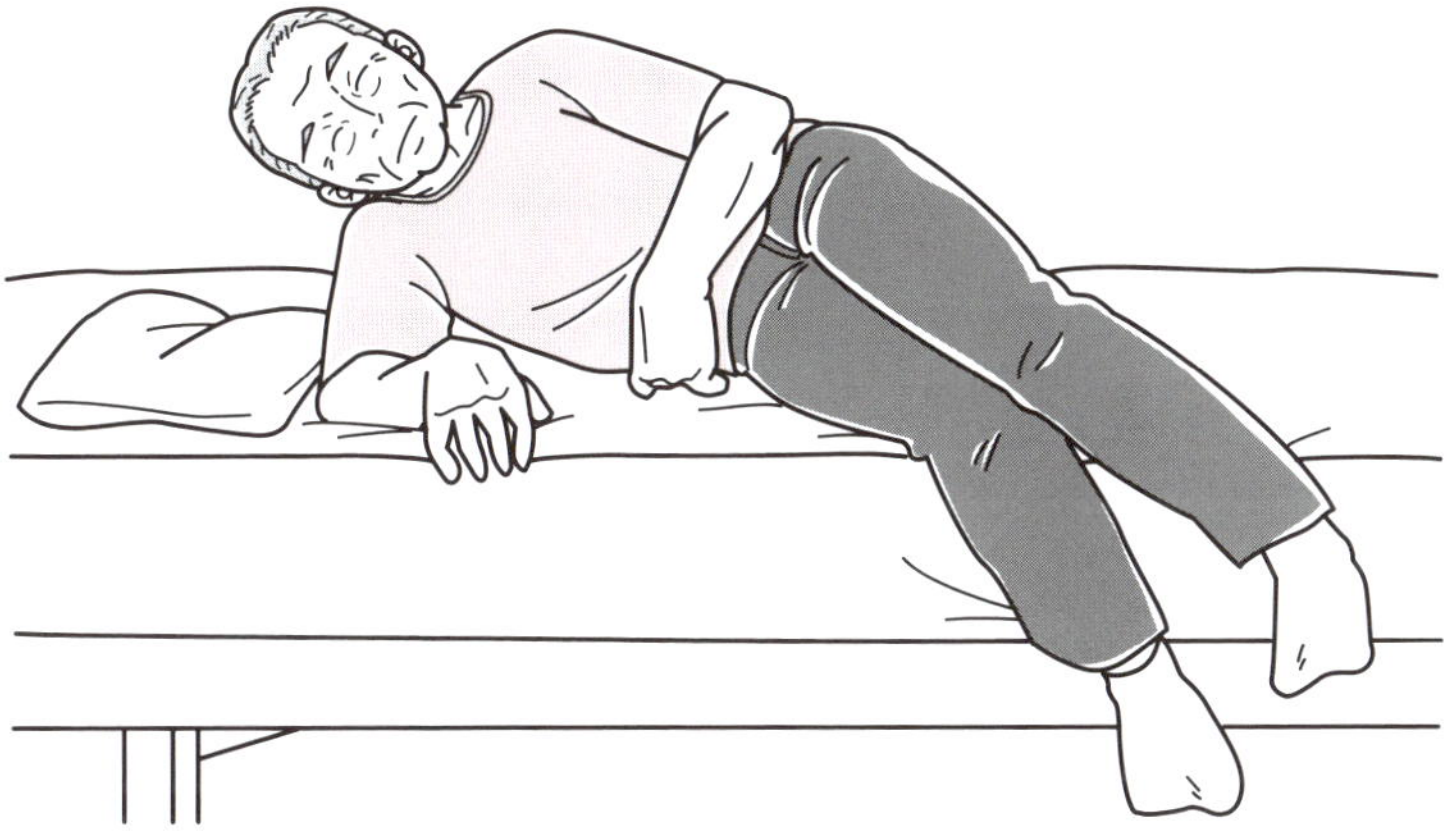

②健側のひじで体を支える

ひじに力を入れて体を起こす。

③体を前に起こす

足を十分に外に出したら、ひじに力を入れる。

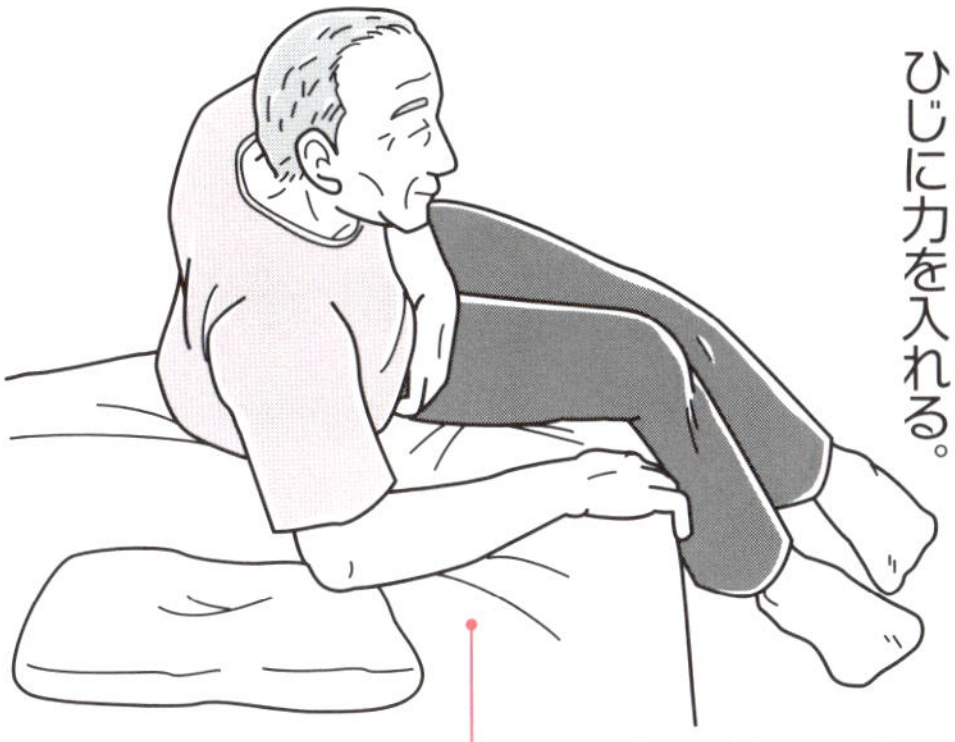
・広くとれる
このスペースが重要

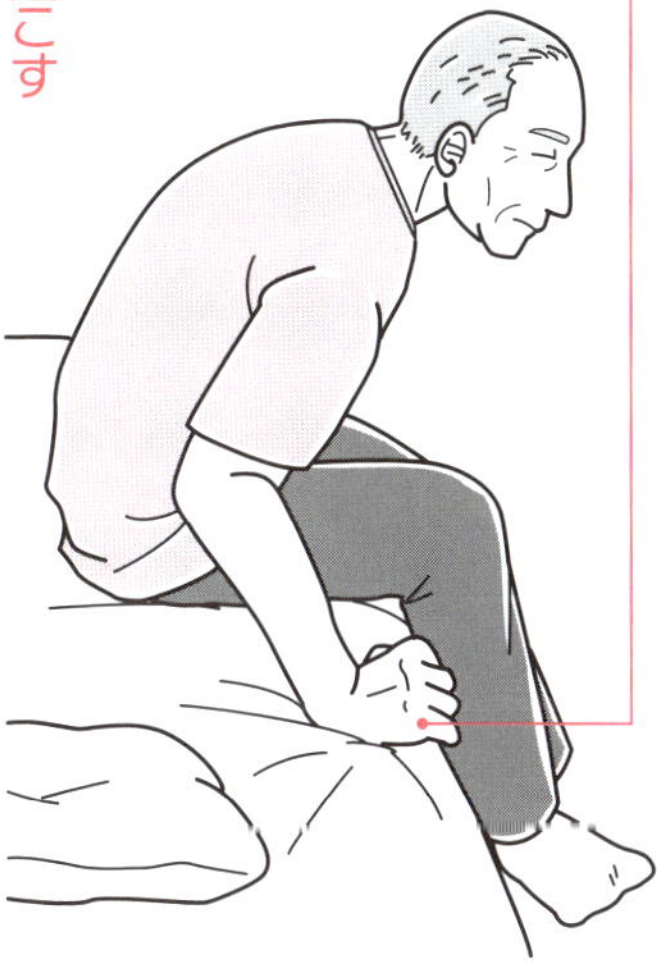
・手で姿勢を
安定させる

④健側の手に力を入れて起き上がる

ひじに入れていた力を手に移し、手で体を移す。

⑤体を安定させる

右手で体を支えて、姿勢を安定させる。

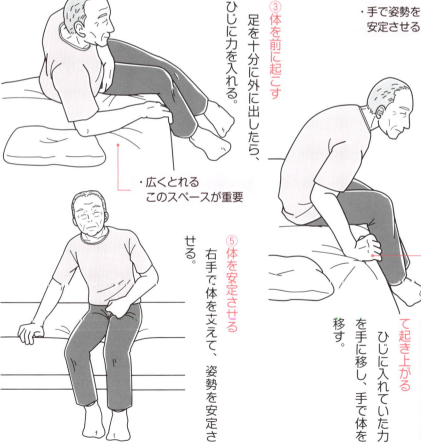

2 介助で起き上がる

無理に押したり引いたりせず、自力で起き上がるときの自然な動きを助けるのが介助の基本です。座位が保ちにくい人の場合は、起き上がったあとも手を離さず安定させましょう。

①側臥位の姿勢にする

本人には横向きになってもらう。自力では困難なら、介助者が右手で背中を支えて、横向きになるのを助ける。

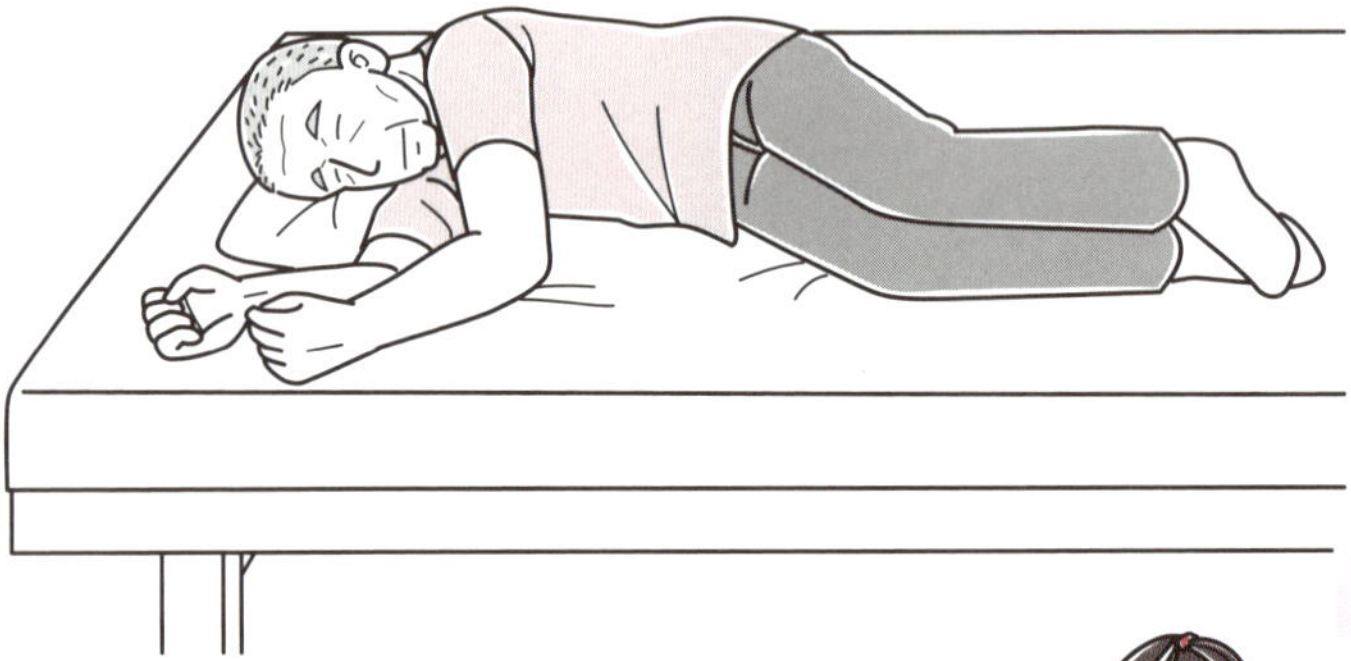

②下肢の重みを利用して体を起こす

ひじを使って体を起こす本人の動きを助ける。体を密着させて、右手は下肢を下へ押し下げるように介助し、左手は背中を支え体を起こす。

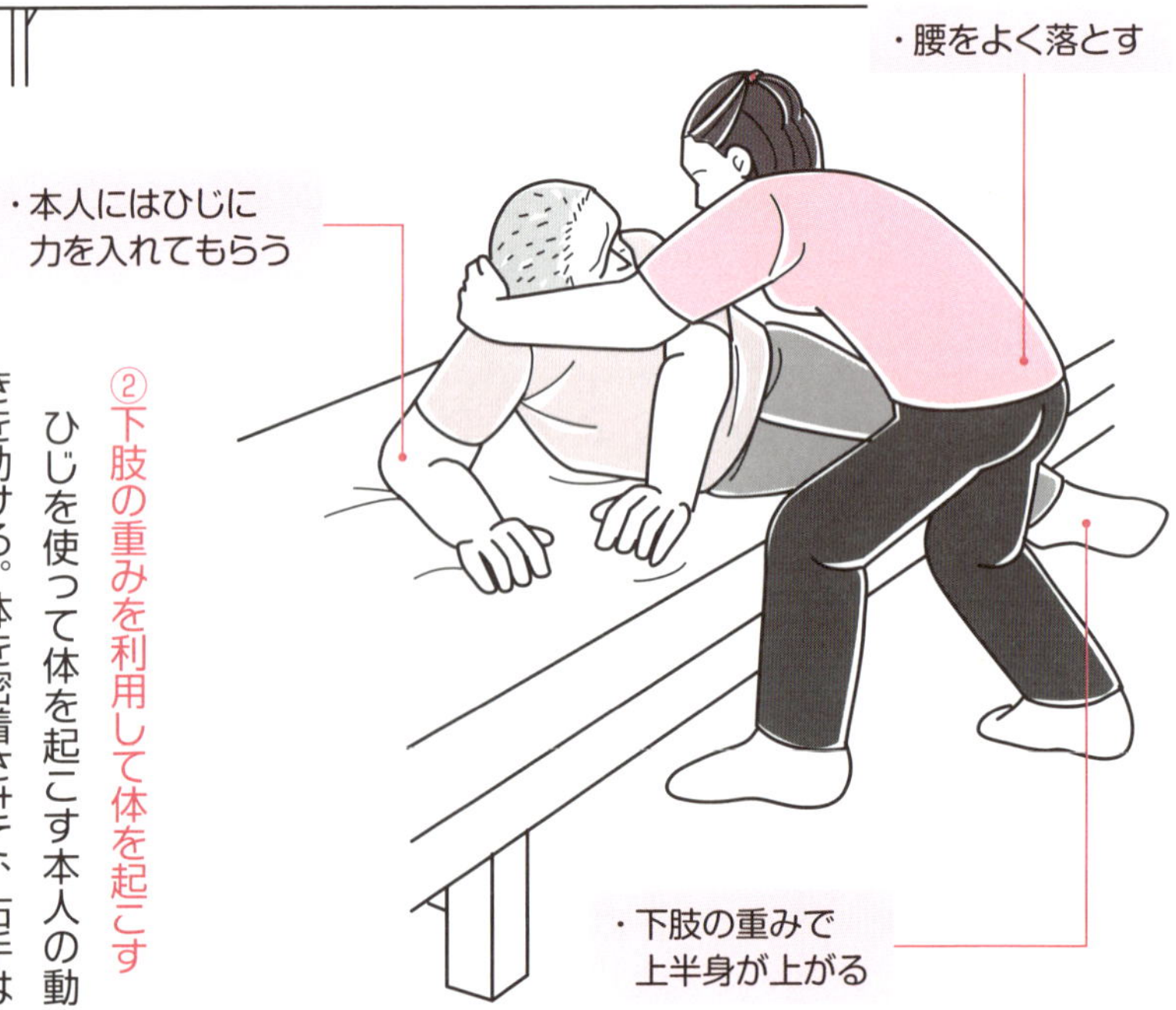
・腰をよく落とす
・本人にはひじに力を入れてもらう
・下肢の重みで上半身が上がる

③坐位姿勢を整える
手を使って体を安定させる本人の動きをサポートする。

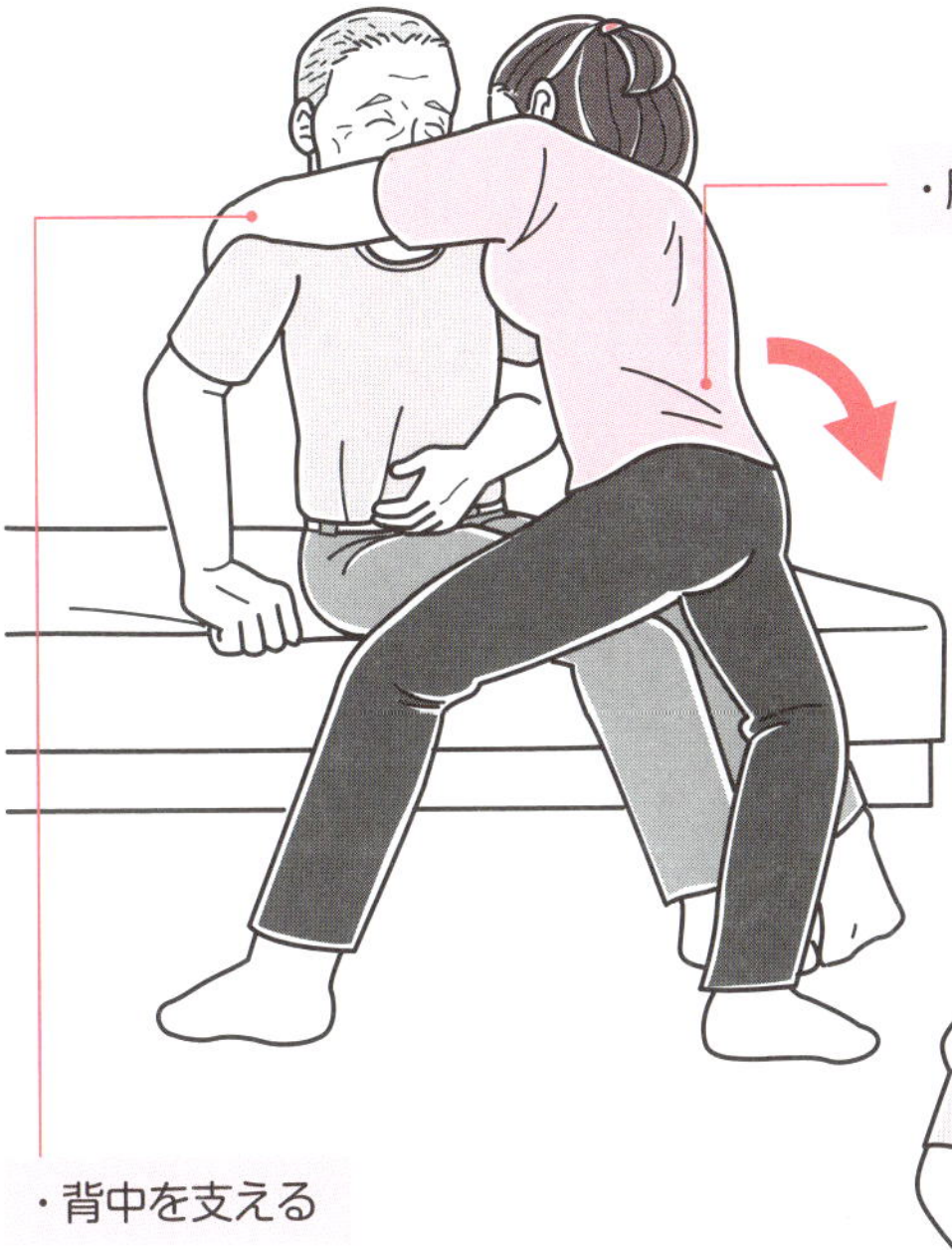
・腰をよく落とす
・背中を支える

④手を離さない
正面で体を支えてすぐに手を離さない。

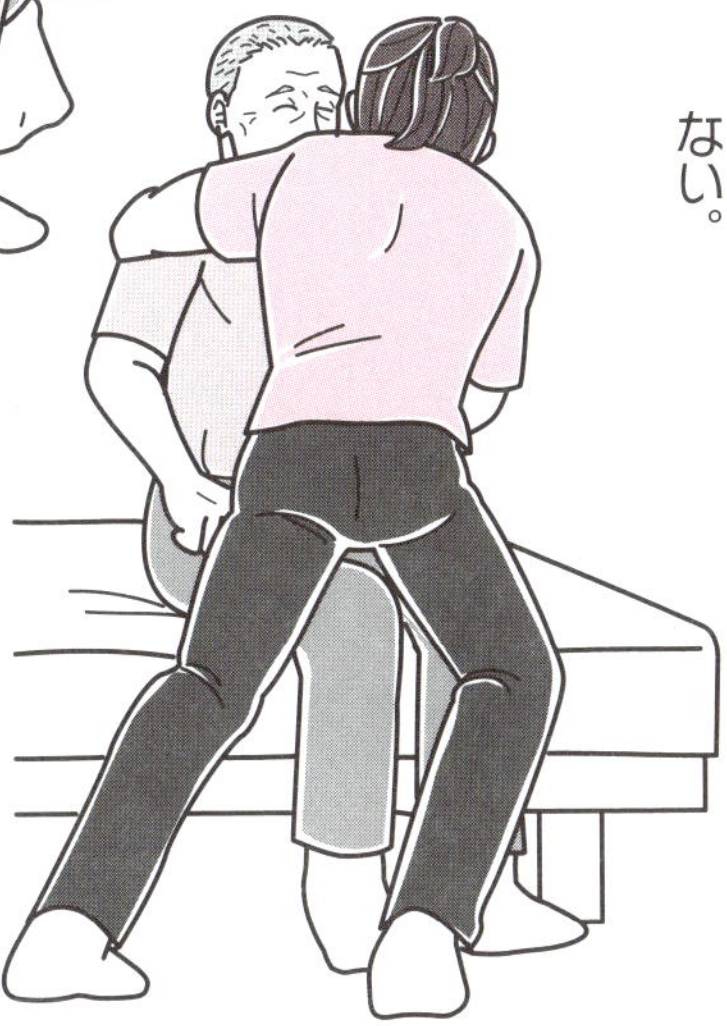

⑤体を支えて立ち上がりの準備
本人に立ち上がることを十分に認識させて、力を合わせて立ち上がりをスタートさせる。

立ち上がりますよ

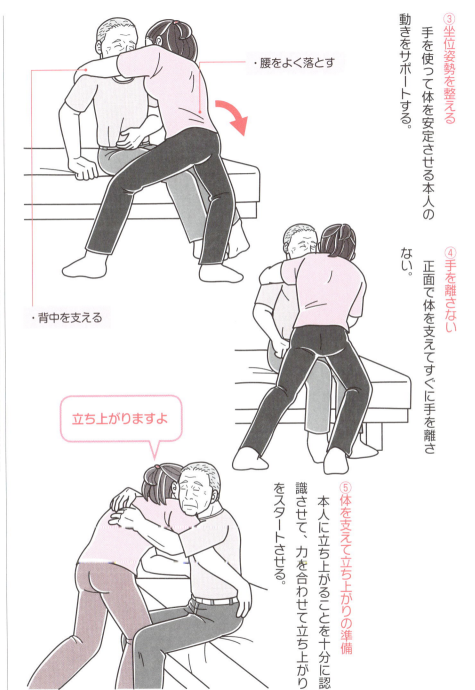

体位変換

ベッドに寝かせる介助

起き上がりとは逆の動作をします。車いすからの移乗のときは、適切な位置に座ることが重要です。枕から遠い位置に座ると、体を寝かせたときに頭が枕に届きません。枕に近い位置に座らせてから、寝かせる介助に入ります。

起き上がり介助より寝かしつける介助のほうが事故は多いので、「ひじをつかせる」「肩をつかせる」「頭をつかせる」といった「つかせる」プロセスを踏んで慎重に行います。いきなり手を離すような行為は厳禁です。

1 介助で寝かせる

体を倒すときは肩を支えながらゆっくり横にします。

①ひじをつかせる

ベッドに座らせたら、体を安定させるために手をついてもらう。ベッド柵があれば握りながらひじをついてもらう。

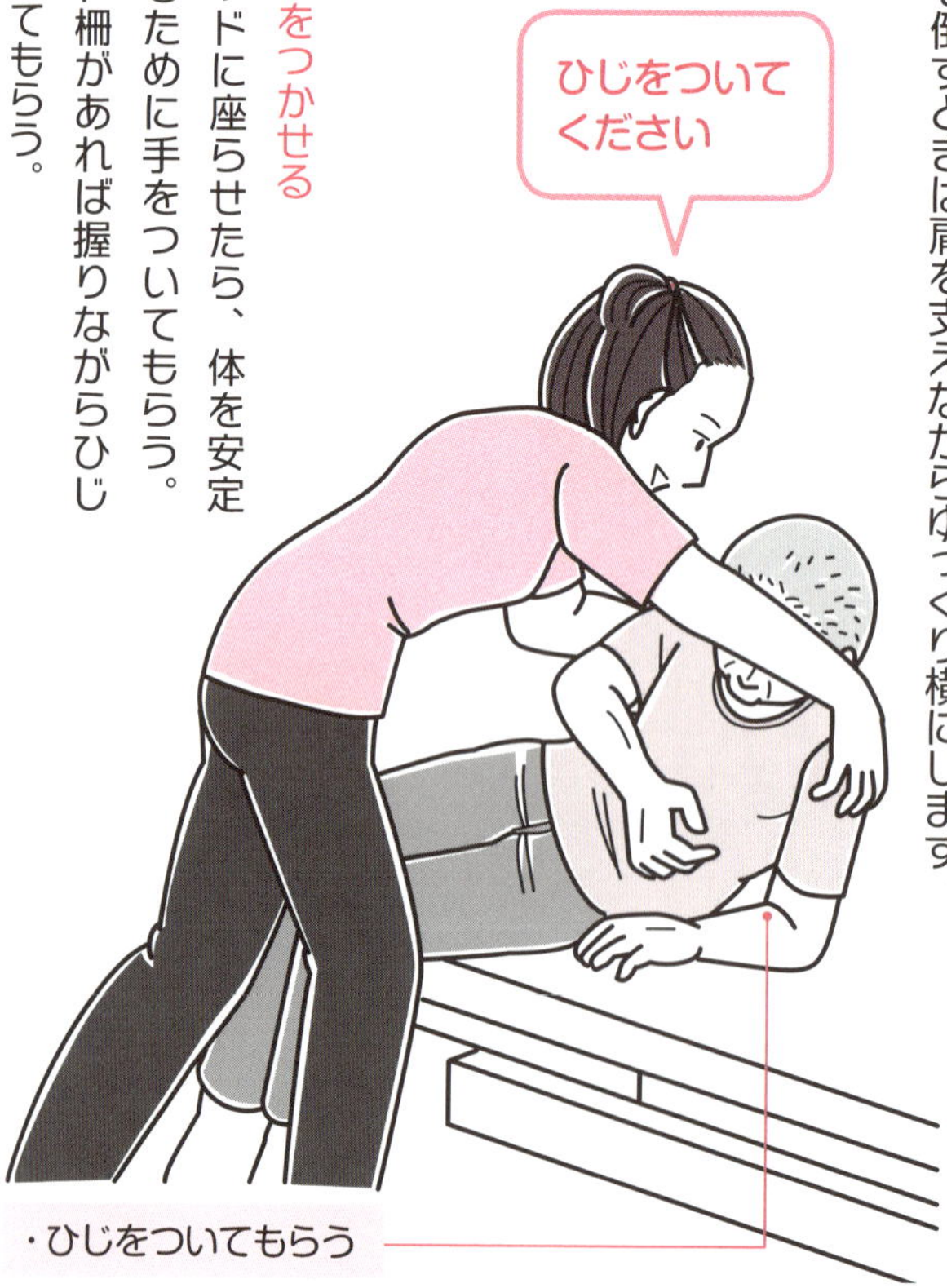

②ゆっくり倒す

肩を抱きマヒのない側の肩から下ろす。

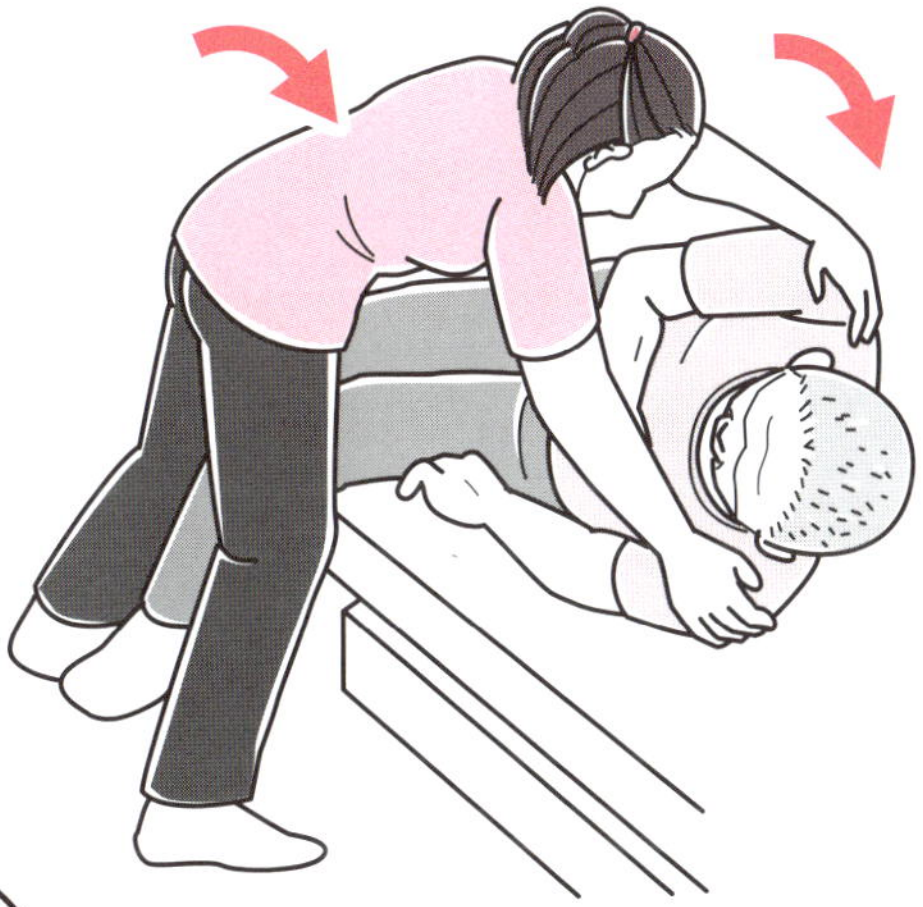

③足をベッドに上げる

ひざの上あたりを抱え両足をベッドの上にのせる。

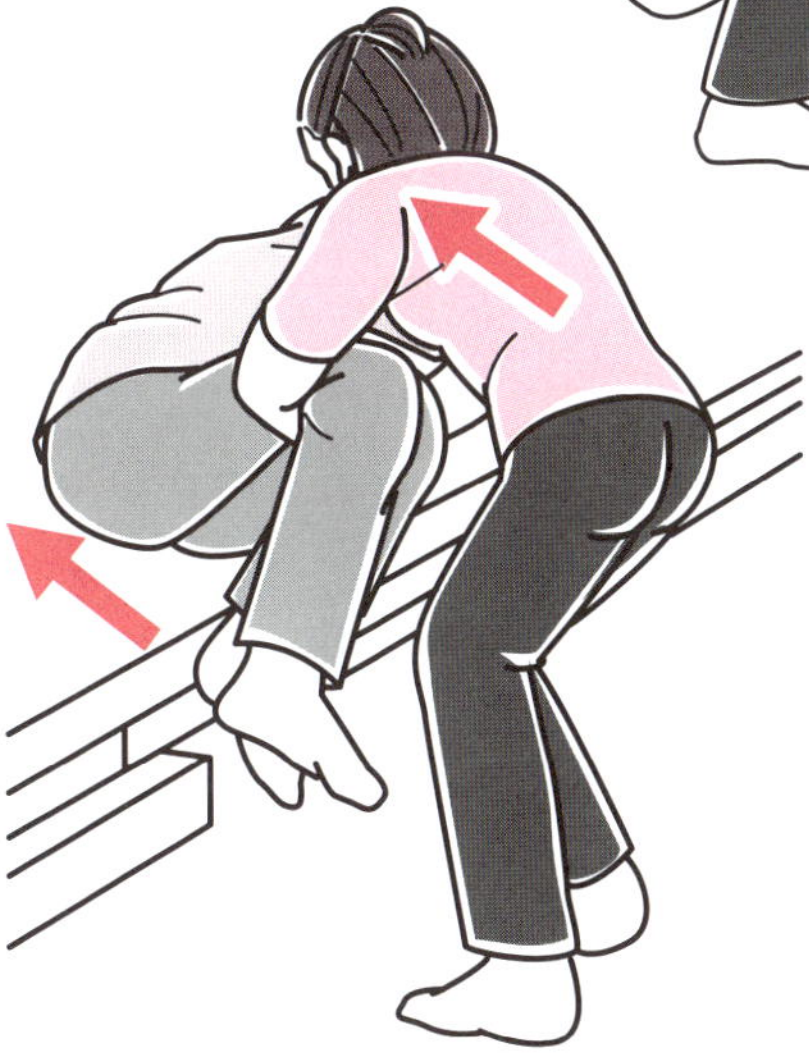

④体を仰向けにする

患側の肩を支えながらゆっくり体を仰向けにする。

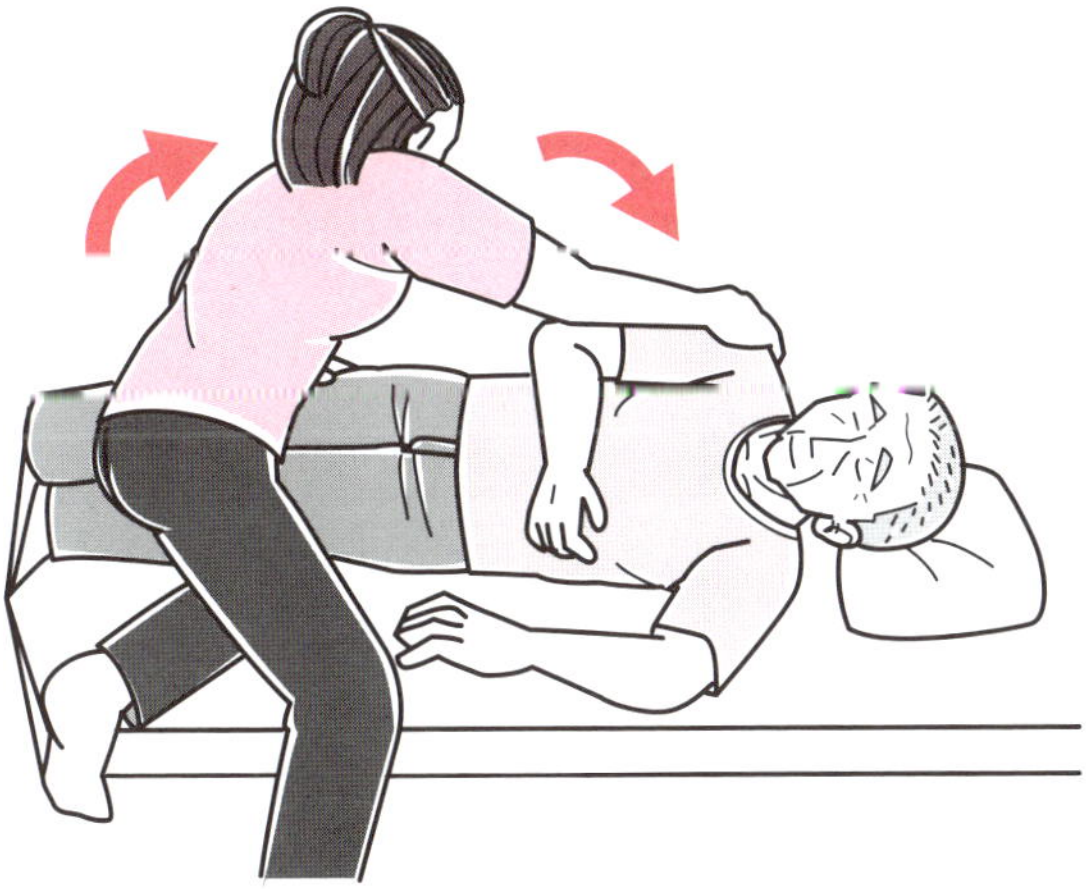

ベッドからの立ち上がり介助

ベッドなどからの立ち上がりは、お尻にあった重心を足に移す動作をします。いったんお辞儀をするように頭を下げ、その勢いでお尻を浮かせ足の力によって立ち上がります。介助はそれら一連の動作を助けることで成立します。「頭を下げる」→「お尻を上げる」→「足に体重を移す」動作をしやすくするのが介助のポイントです。ただ、身体機能が低下した人にとって、体重を前に移すのはとても恐ろしく感じられる動作なので、恐怖心を和らげる声かけをしましょう。

1 立ち上がり介助

ひざの角度が鋭角になるようにベッドに腰かけてもらい、肩を支えて体を密着させ、重心の移動がスムーズにできるように介助します。

①ベッドの腰かけ方

本人の両足がベッドの端から離れていると足に重心が移りにくいので、ひざの角度が鋭角になるように腰かけてもらう。

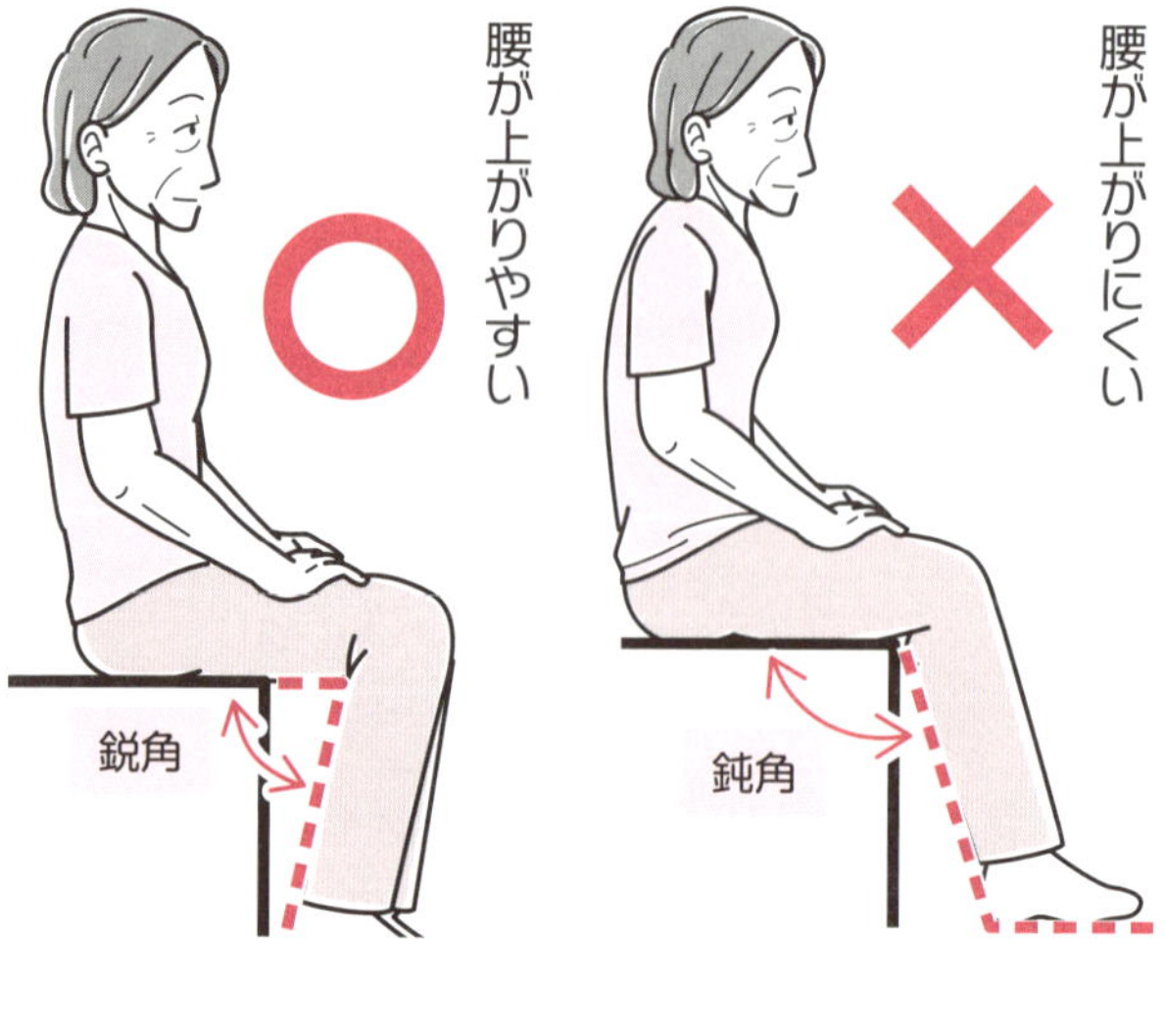
腰が上がりにくい
鈍角
腰が上がりやすい
鋭角

②肩を支える

肩を支える。軽度の人の場合は手を持つだけでもいいが、重度の場合はしっかり背を支える。

③お尻を上げる

本人のお辞儀を邪魔しないように、介助者は体を密着させて、後ろに下がりお尻を浮かせる。お尻から足へ重心を移動させる。

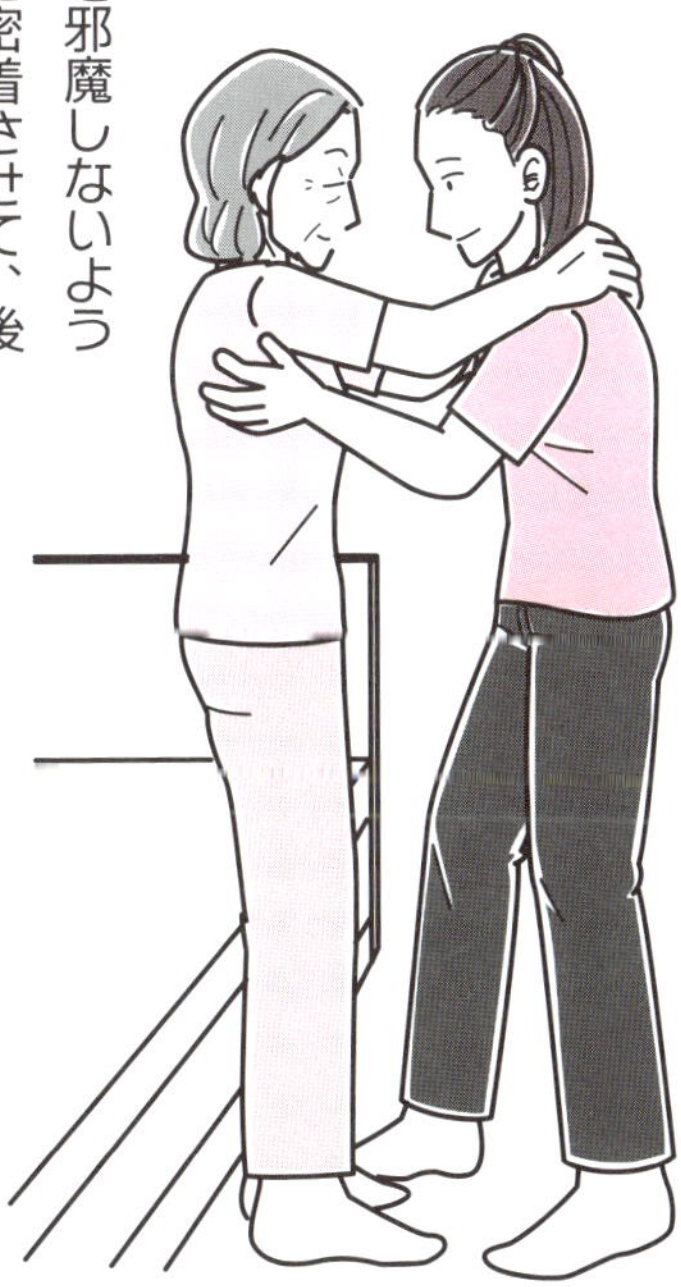

④立ち上がらせる

介助者が立ち上がることで本人を立ち上がらせる。立ち上がったら安定するまで離さない。

車いすの選び方

身体機能が低下した高齢者にとって、車いすは移動のための道具というだけではなく、食事、テレビのときのいす代わり。生活の大半を過ごすスペースになっていることが多いのです。そんな大事な車いすですから、障害の状態や体型にあったものを選ばないと痛みが出たり、障害が進んだりすることもあるので、医師やリハビリ関係の専門職に相談し慎重に選びましょう。大別すると、自立度が高い人は「**自走式**」、要介護度が進んだら「**介助式**」を選ぶのが一般的です。

1 各部の名称

自分で操作する自走式は、後輪に自分で操作するためのハンドリムという外輪がついています。介助式は後輪がやや小さめでハンドリムはついていません。

●介助式タイプ

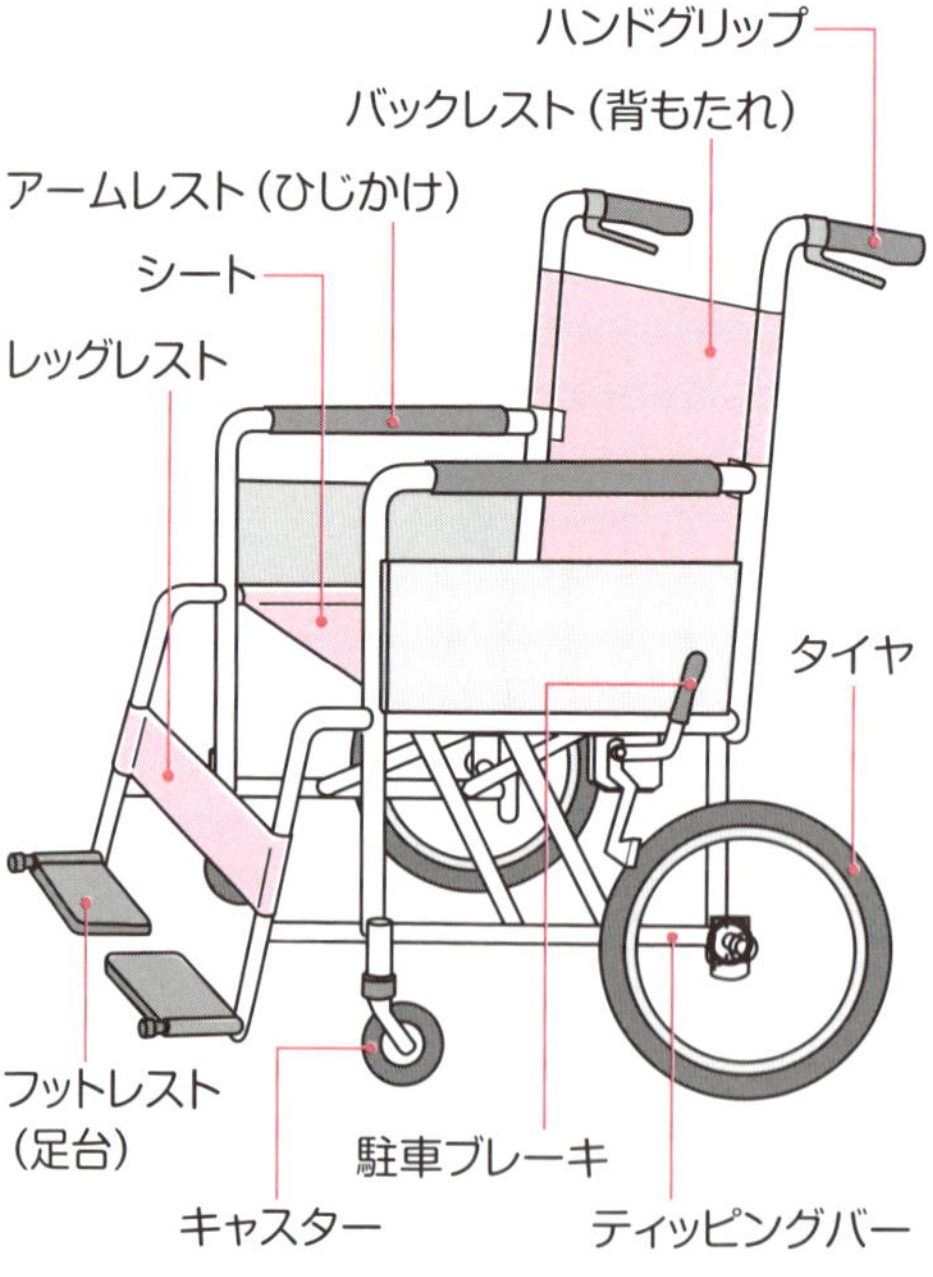

ハンドグリップ
バックレスト（背もたれ）
アームレスト（ひじかけ）
シート
レッグレスト
タイヤ
フットレスト
（足台）
駐車ブレーキ
キャスター
ティッピングバー

※**自走式**＝タイヤが大きく自分で操作するためのハンドリムがある

介護保険の利用

車いす　要介護2以上の人はレンタルできる

2 車いすのタイプを選ぶ

自分で動かせる

YES
自走式

乗り移りが困難
・跳ね上げ式（あるいは取り外し可能）アームレスト
・スウィングアウト式（あるいは取り外し可能）フットレスト

持ち運びする　・折りたたみ式

長距離を走行　・電動式

NO
介助式

乗り移りが困難
・跳ね上げ式（あるいは取り外し可能）アームレスト
・スウィングアウト式（あるいは取り外し可能）フットレスト

持ち運びする　・折りたたみ式

座位が保てない
・リクライニング型（背もたれが高く角度が調整できる）
・チルティング型（背もたれが後ろに傾いても、背もたれとシートとの角度は、ほぼ直角のまま変わらない）

●スウィング式フットレスト

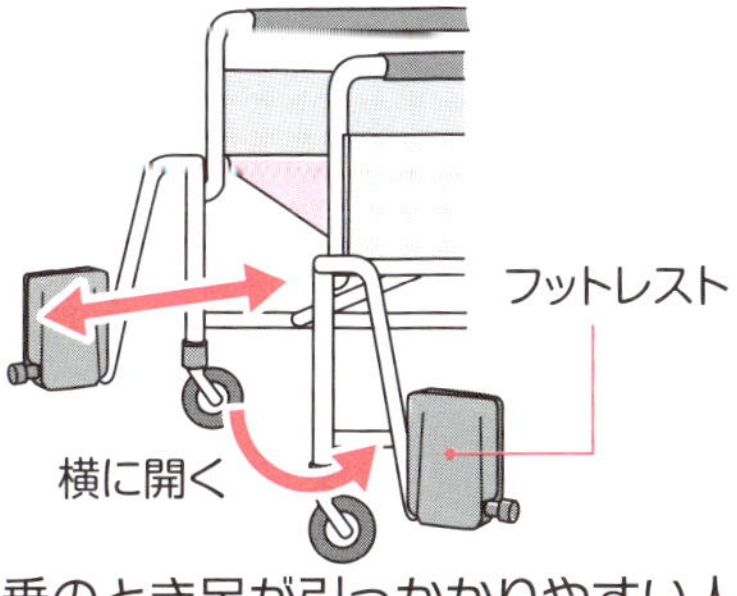

移乗のとき足が引っかかりやすい人に向いている

●跳ね上がり式アームレスト

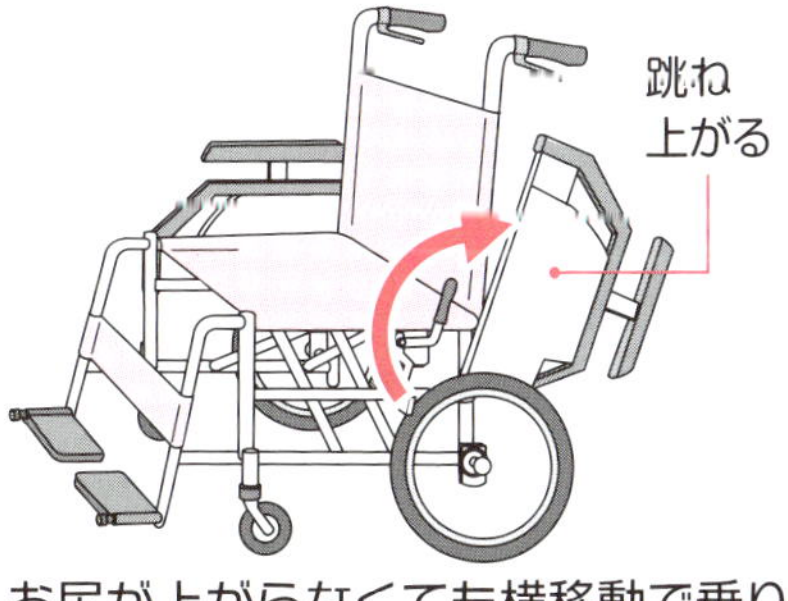

お尻が上がらなくても横移動で乗り移りができる

2 車いすのサイズを選ぶ・調整する

体型に合っていない車いすを選ぶと、ずり落ちたり立ち上がりの妨げになったりします。褥瘡《じょくそう》の心配もあるので、本人に合ったサイズの車いすを選びましょう。また、部位によってはサイズを調整できるので、本人の状態をチェックして調整しましょう。

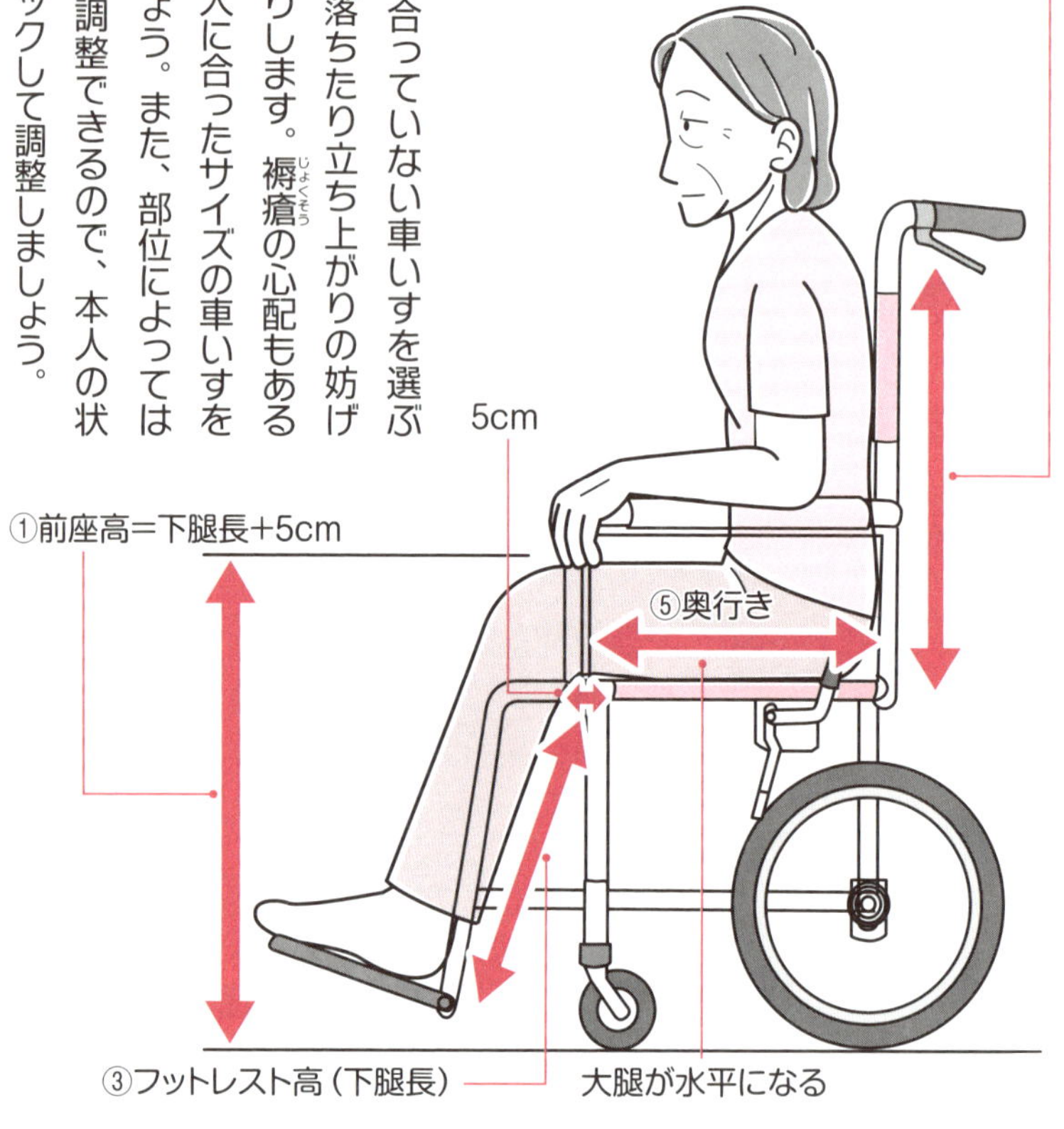

②背もたれ高＝わきの下
5cm
①前座高＝下腿長＋5cm
⑤奥行き
③フットレスト高（下腿長）
大腿が水平になる

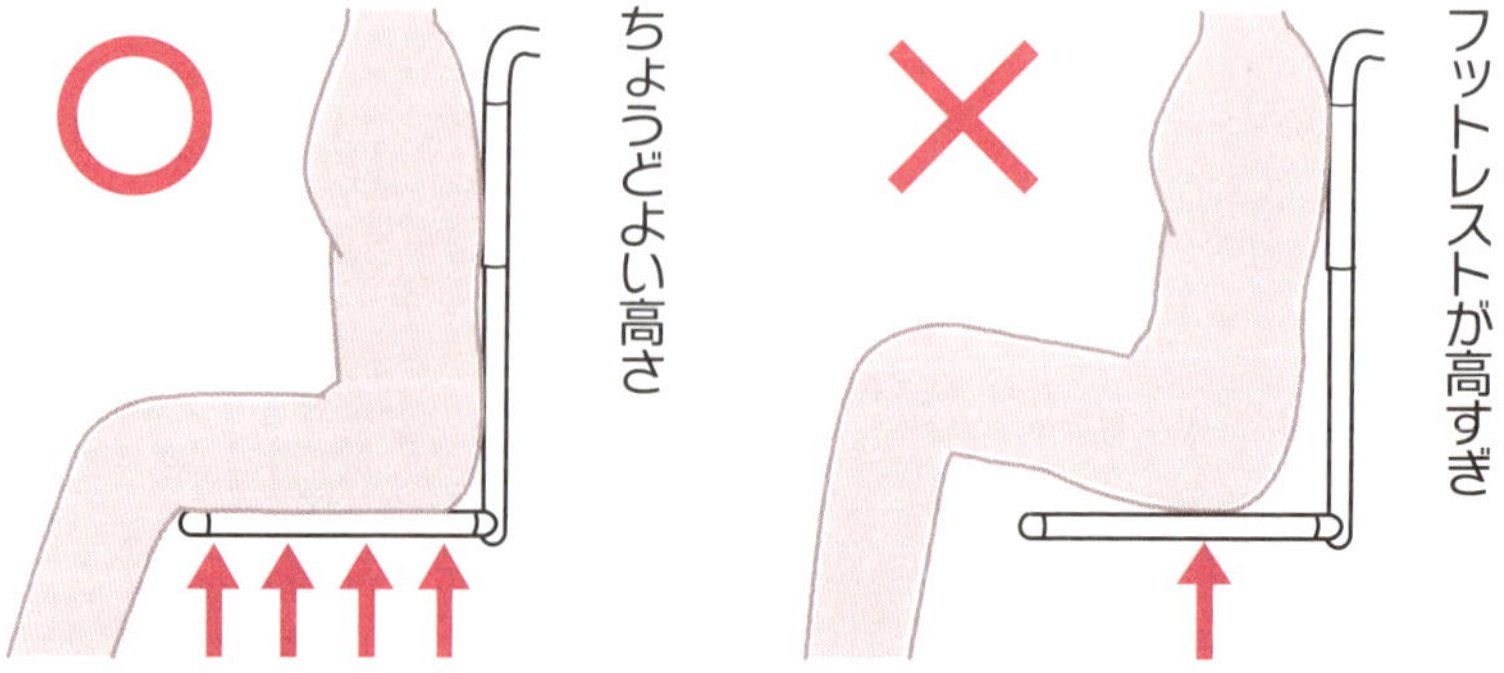

ちょうどよい高さ
フットレストが高すぎ

・広い面で体重を支えているので安定している

・お尻だけで体重を支えて不安定

①前座高

前座高とは床から前座面までの高さ。下腿長より5㎝程度長い高さが立ち上がりやすく座りやすい。下肢が弱く立ち上がりにくい人は、やや高めのものを選ぶ。常時クッションが必要な人はその高さも計算に入れる。

②背もたれ高

わきの下のラインがめやす。座位が不安定な人は背もたれが高くヘッドレストのついた種類を選ぶ。

③フットレスト高

シートからフットレストまでの長さ。座位を安定させ褥瘡を防ぐために大腿が水平になり、シートの広い面で支えている状態がよい。ほとんどの車いすは調整できるので調整する。

④座幅

座幅がありすぎると左右の座位姿勢が不安定になる。狭いと窮屈になるので、左右2・5㎝くらいの遊びがふさわしい。ただし、障害によっては幅が狭いほうがよい場合もあるので専門職に相談する。

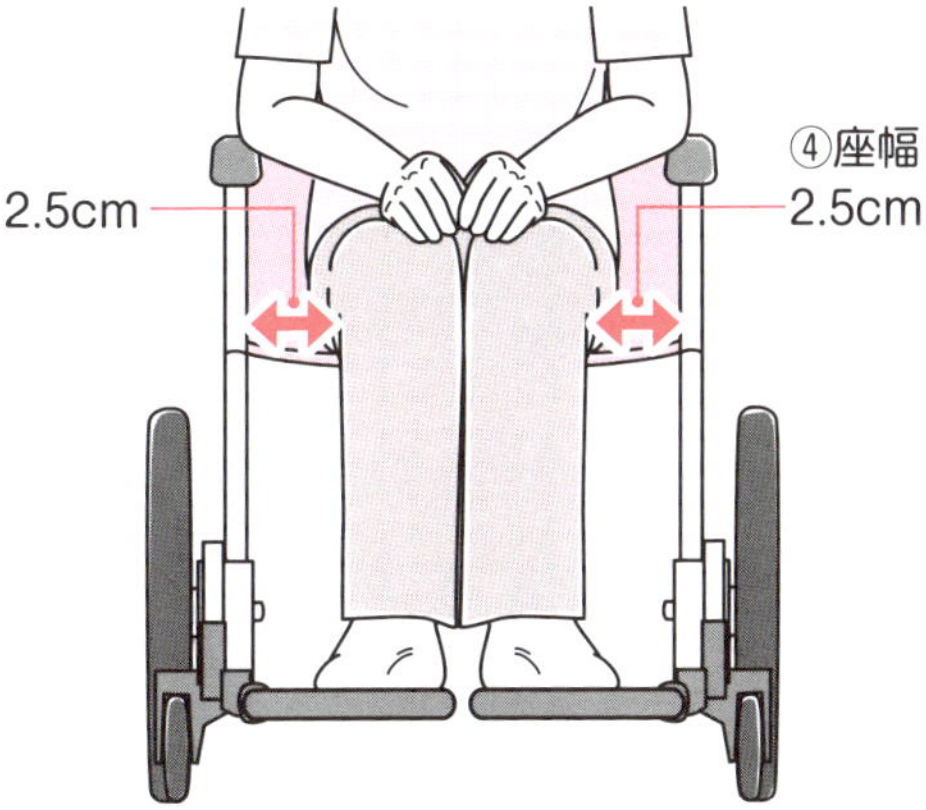

⑤奥行き

お尻の後ろからひざの裏までの長さよりも5㎝程度短いものが安定する。

ホームヘルパーの体験記

車いすの外出で軽いうつ症状が軽くなった

寝きり生活が長い94歳の女性の方で経験した話です。家の中で車いすの移動はできるのですが、外出する機会はめったにありませんでした。玄関前に階段があり、車いすでは気軽に外出できなかったのです。

そんな様子に孫の方が気づいてスロープをつけたら、いつでも気軽に外出介助ができるようになりました。生活全般が不活発でうつ気味だったのですが、外出できるようになって、生きる意欲もでてきたようでした。

車いす

ベッドと車いすの間の移乗

高さが調節できるベッドなら、乗るときは車いすよりやや高め、降りるときはやや低めに調節するとスムーズな移乗ができます。

本人の体を抱えるときは、密着させるのがポイントです。体が離れていると、腕や腰に負担がかかり腰を痛めることもあります。介助者は抱えた手腕を固めて、安定した姿勢のままひざの屈伸で本人を移乗させると腰への負担が軽くなります。それには本人との息が合っていないとできないので、声かけで意思の統一を図ります。

1 車いすに乗り移る

本人に近づき、体を密着させます。本人から離れすぎると苦しい姿勢になったり、介助者が腰を痛めることがあります。体を支えて安定したら、呼吸を合わせていっしょに立ち上がります。

①本人を抱える

本人の手を介助者の首に回してもらう。腕の下から手を回し背中を支える。介助者は両足の位置を決めて腰をやや落とす。足幅が決まらず、不自然な姿勢のまま立ち上がると腰を痛める。

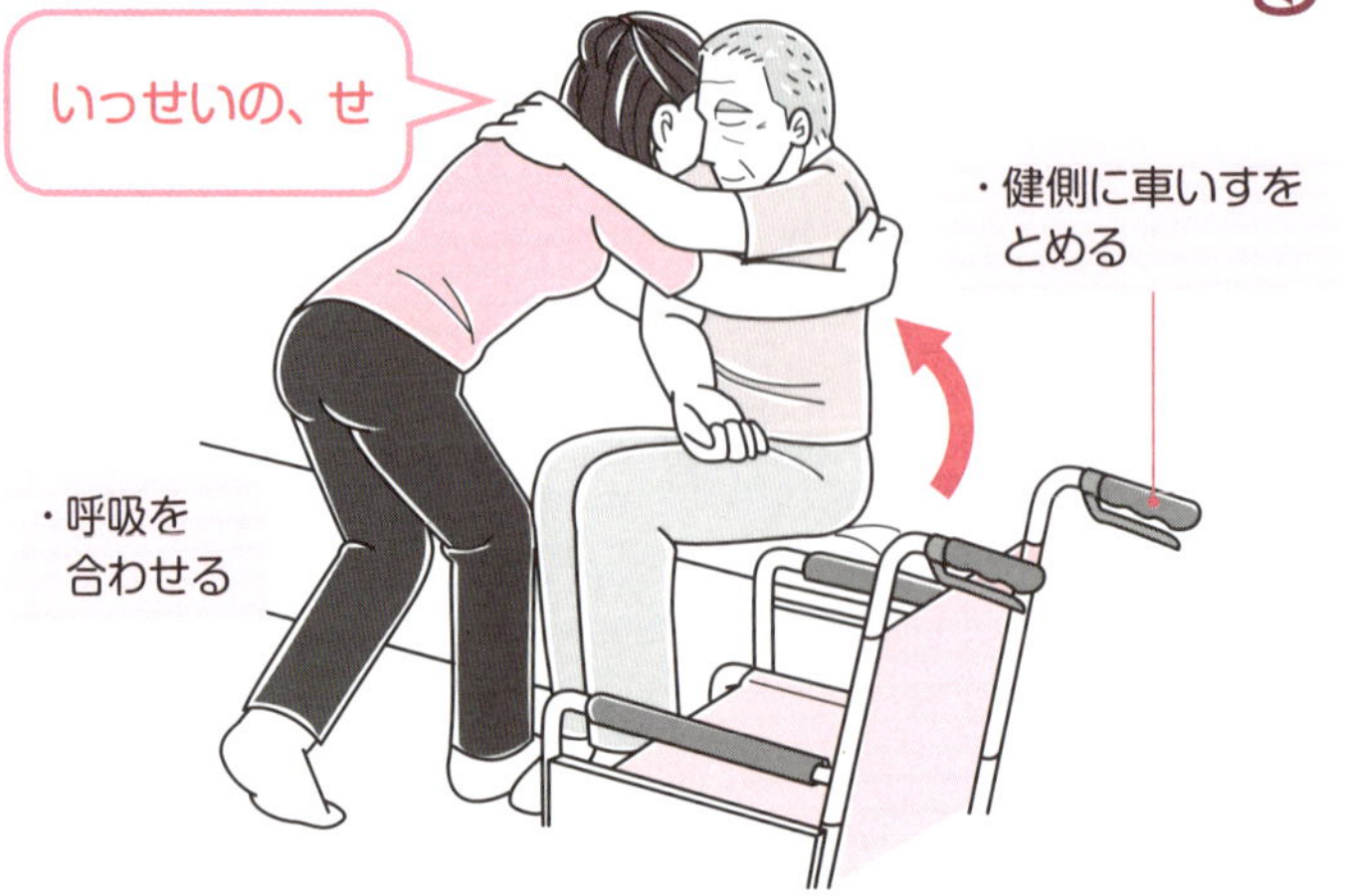

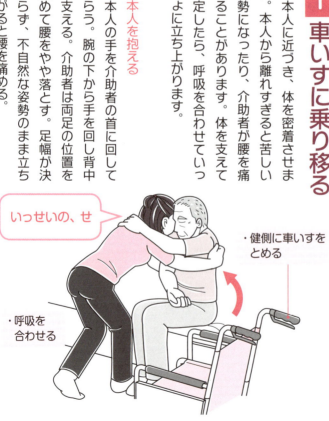

いっせいの、せ
・健側に車いすをとめる
・呼吸を合わせる

②いっしょに立ち上がる

本人にしっかりお辞儀をし、お尻から足への重心移動をしてもらい、介助者はその動作を助ける。お辞儀の邪魔をしない。

③体の向きを変える

本人の脇の下を支えながら、車いすの方向に体の向きを変える。

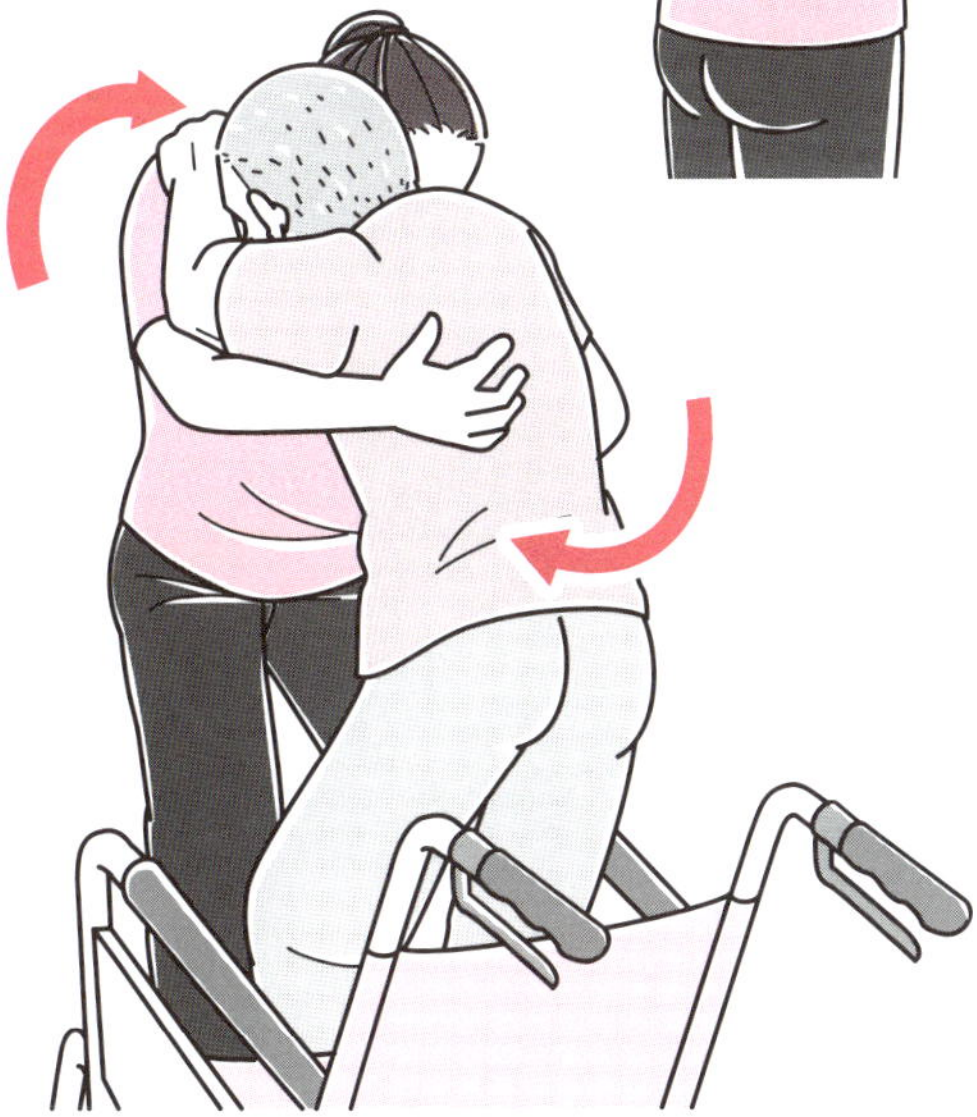

④いっしょに腰を下ろす

脇の下を支えながらいっしょにゆっくり腰を下ろす。座る時もお辞儀をする。いきなり手を離すと危険。

⑤車いすからベッドに戻る

乗るときと同じ要領で、立ち上がりと体の向きを変える介助を行い、ベッドに戻る。

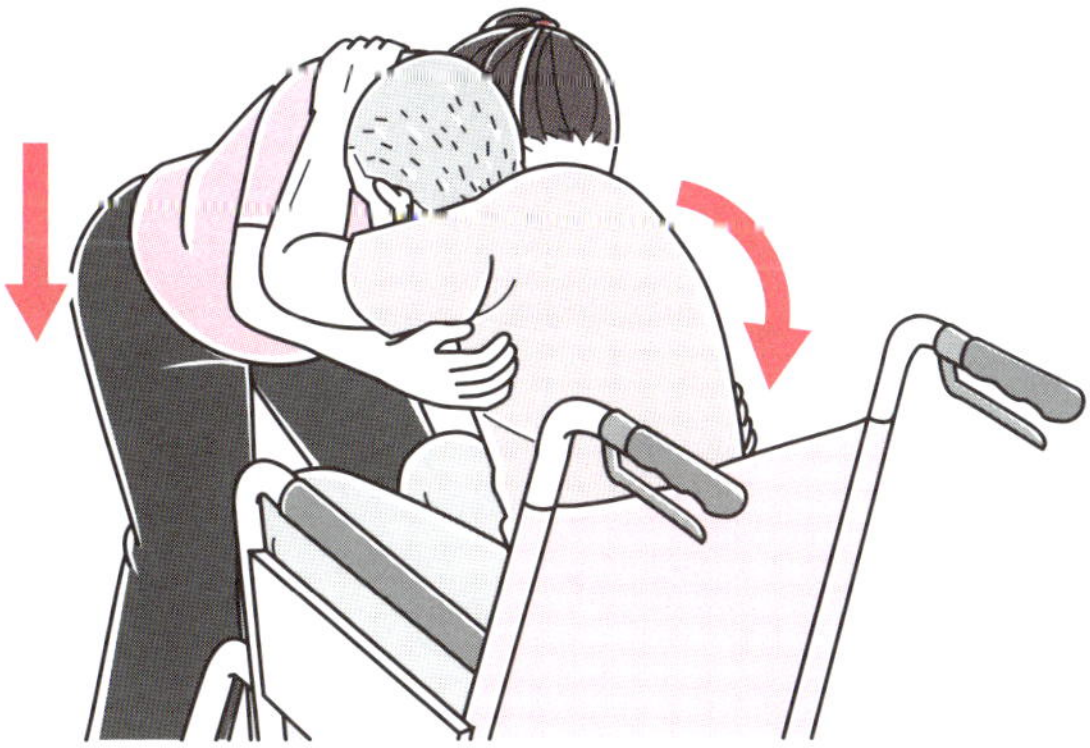

車いす

トランスファーボードを使った移乗

ベッドと車いすの間の移乗で、立ち上がりが困難な人は、「**トランスファーボード**」という補助具が役立ちます。片マヒのある人の移乗は車いすに移乗する場合もベッドに移乗する場合も、ともに「健側から乗り移る」のが基本です。しかし、住宅事情などからそれができない場合、ベッドから車いすへは「患側から」、車いすからベッドへは「健側から」行うのがベターです。ベッドと車いすに隙間があると、腰が落ちる危険があるのでぴったり横づけします。

1 ベッドから車いすへの移乗

高さが調節できるベッドなら車いすへ移るときは少しだけ高くし、逆の場合は少しだけ低くすれば、移動がスムーズにできます。

①車いすをベッドに横づけする

患側（イラストでは右マヒ）に車いすを横づけする。

◆取り外す前

◆取り外した後

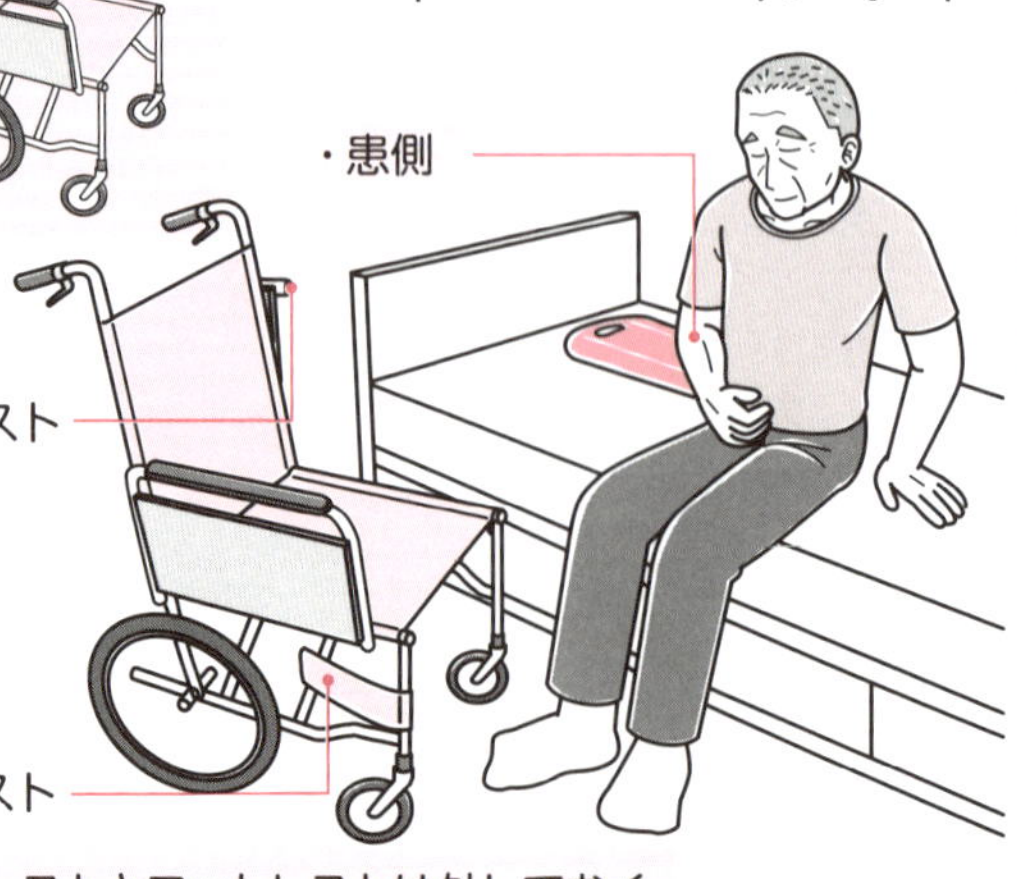

・アームレストとフットレストは外しておく

②ベッドと車いすの間にボードを渡す

ベッドの上にボードをおき本人のお尻の下に差し込む。

介護保険の利用

トランスファーボード
要介護2以上の人はレンタルできる

③お尻をボードにのせる

ボードにお尻がのったら、患側の手を体の前にたたみ、健側の手を介助者の背中に回してもらう。

④本人の体を横滑りさせる

可能な範囲で本人にはお尻を上げてもらう。前かがみになってもらうとお尻が上がりやすい。本人を抱えた手腕を固定して横滑りさせる。

⑤車いすへの移乗が完了

座位が安定するまで体を離さない。

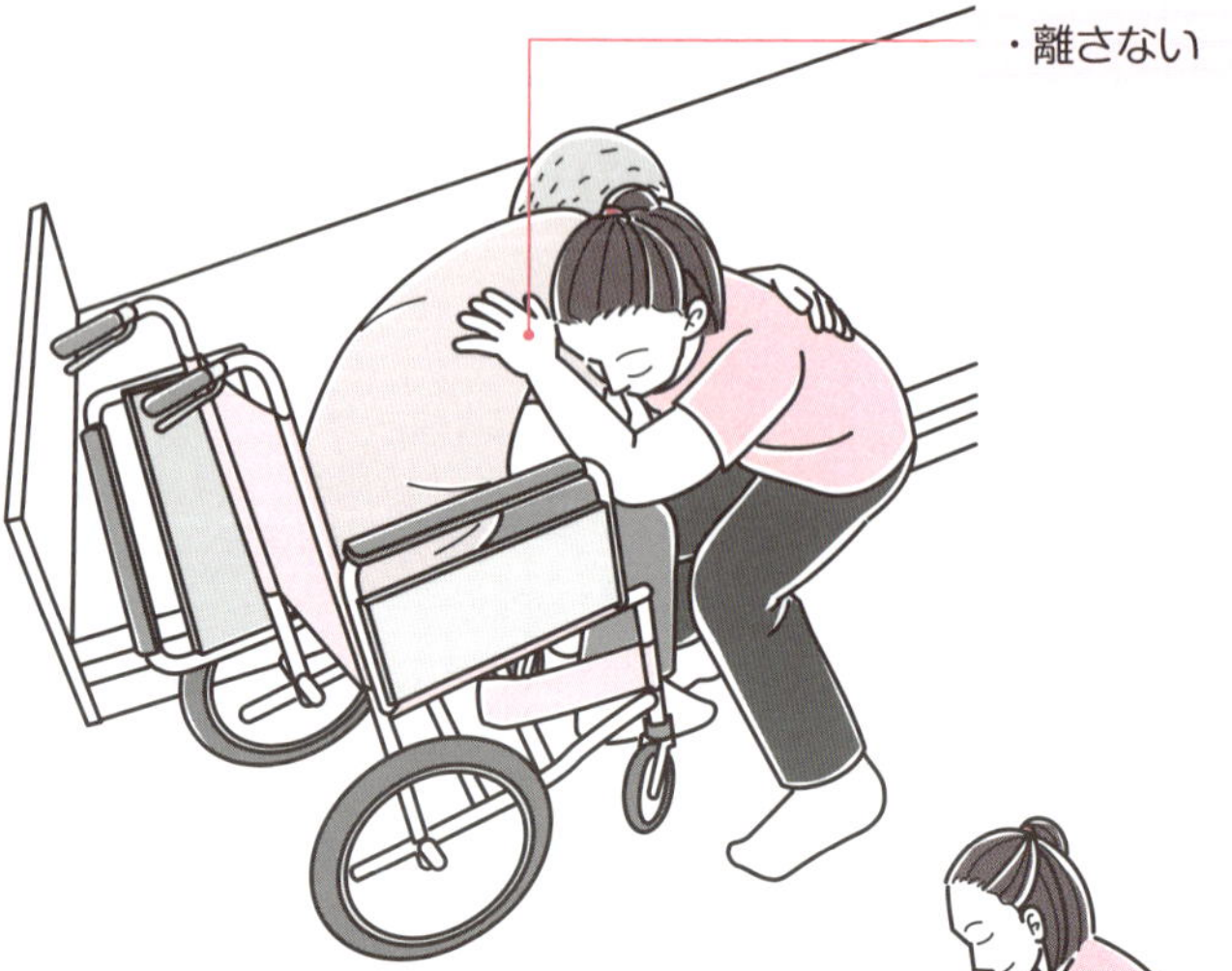

⑥姿勢を安定させる

肩を支え、姿勢を安定させる。

2 車いすからベッドへの移乗

車いすを健側に横づけして移ります。アームレストとフットレストを外しておきます。

①車いすをベッドに横づけ

健側にぴったり横づけする。

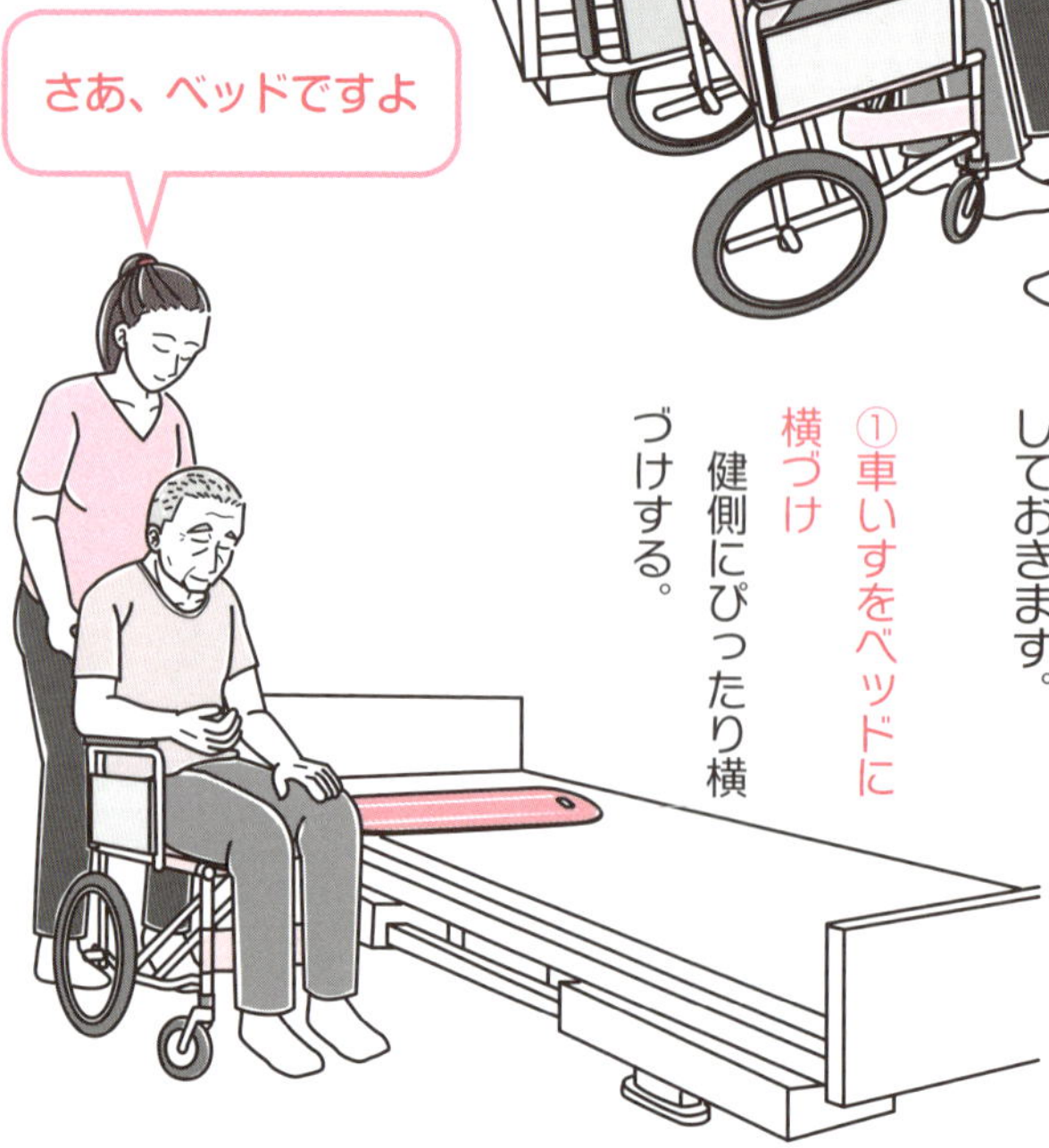

②車いすとベッドの間にボードを渡す

倒れないように体を支えながら、お尻の下にボードを差し込み、ベッドと車いすの間に渡す。ベッドとは反対側に体重を移すと、入れやすい。

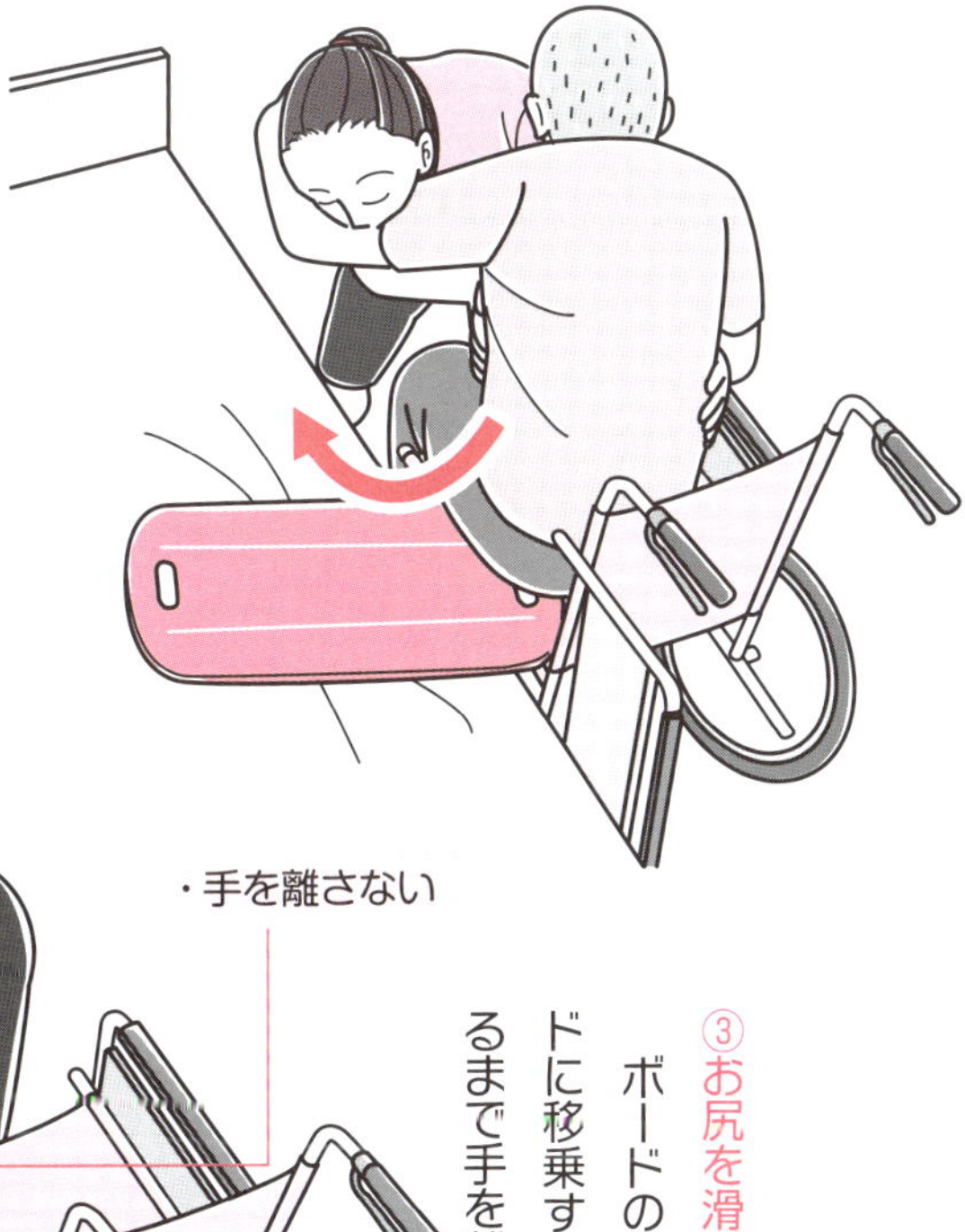

③しっかり体を支える

肩に健側の手を回してもらい、両手で本人の体をしっかり支えて、呼吸を合わせる。

③お尻を滑らせる

ボードの上を滑らせてベッドに移乗する。座位が安定するまで手を離さない。

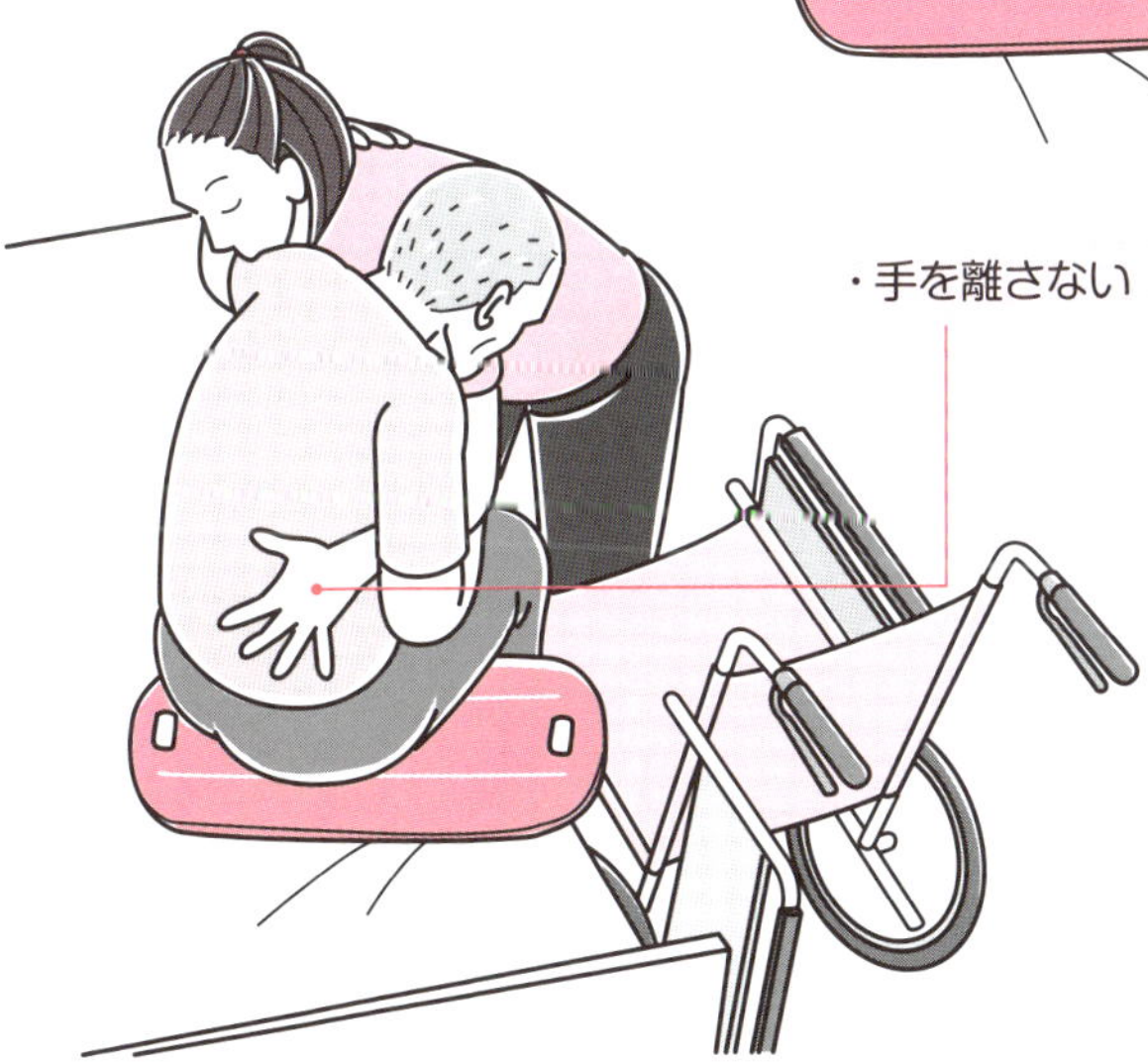

車いす

車いすでの移動の介助

車いすで移動介助を受けるとき、介助を受ける本人は大きな不安を抱えます。「右に曲がるのかしら？　左かしら？　段差があるわ」など、心配しながらの移動になるので、すぐに疲れてしまいます。そんな本人の不安を取り除くには「右に曲がりますね」「段差の前で止まりますよ」と、ひんぱんな声かけが重要です。また、安全な走行をするために、段差や坂道を上り下りするときは、「上るときは前から」「下るときは後ろから」といった基本を守ることが大切です。

1 声をかけて移動

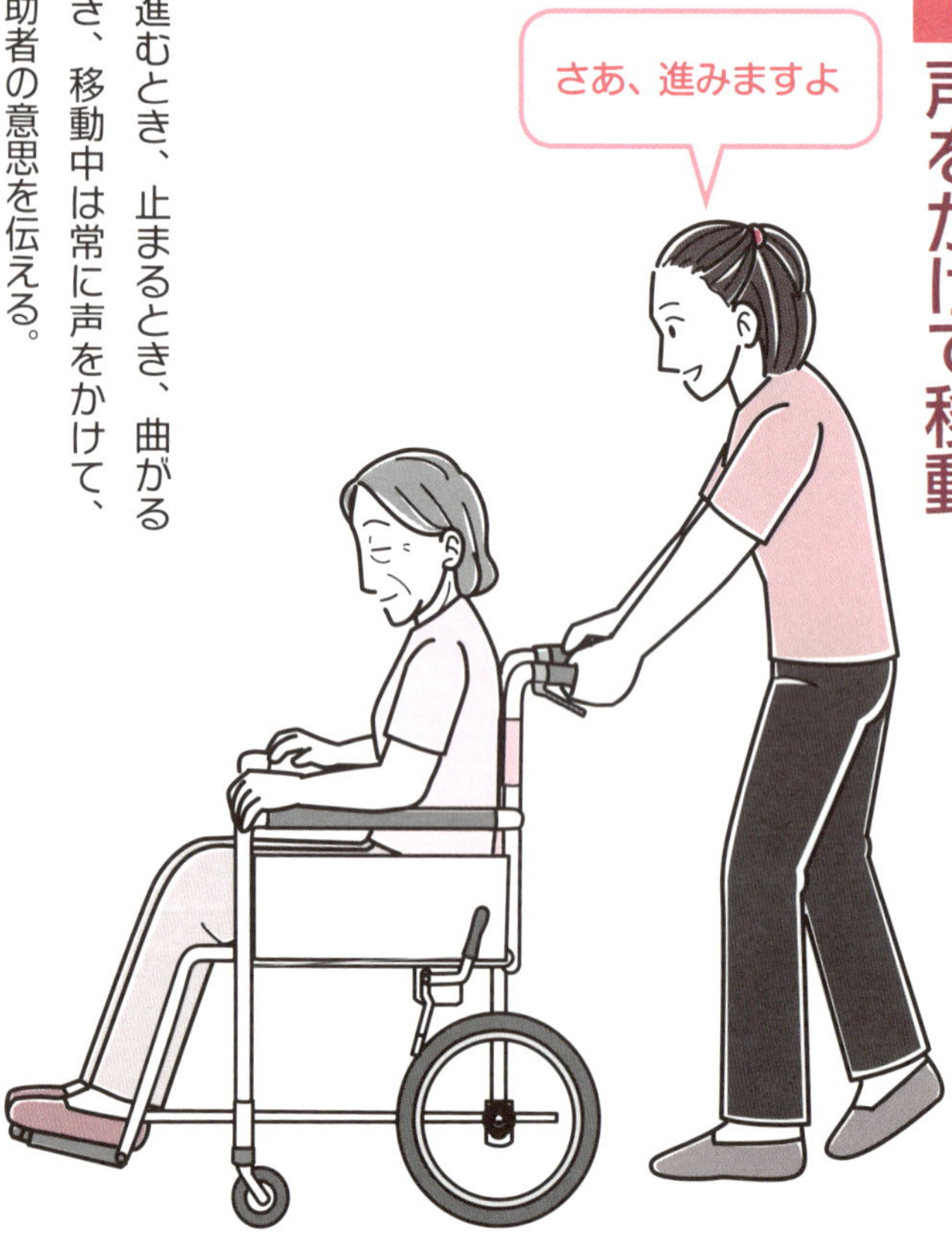

進むとき、止まるとき、曲がるとき、移動中は常に声をかけて、介助者の意思を伝える。

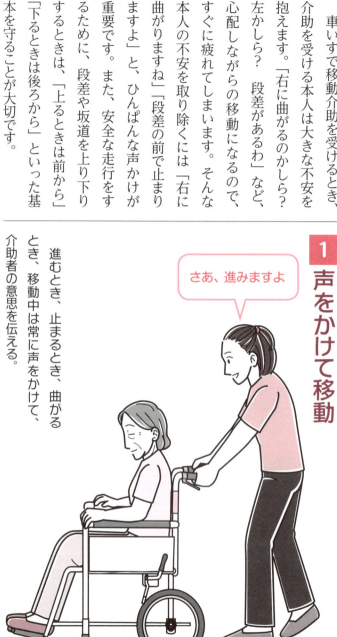

2 段差を上る

まず、ティッピングバーを踏んでキャスター（前輪）を上げます。キャスターを下ろして前に進み、強く押して車輪を段の上にのせます。

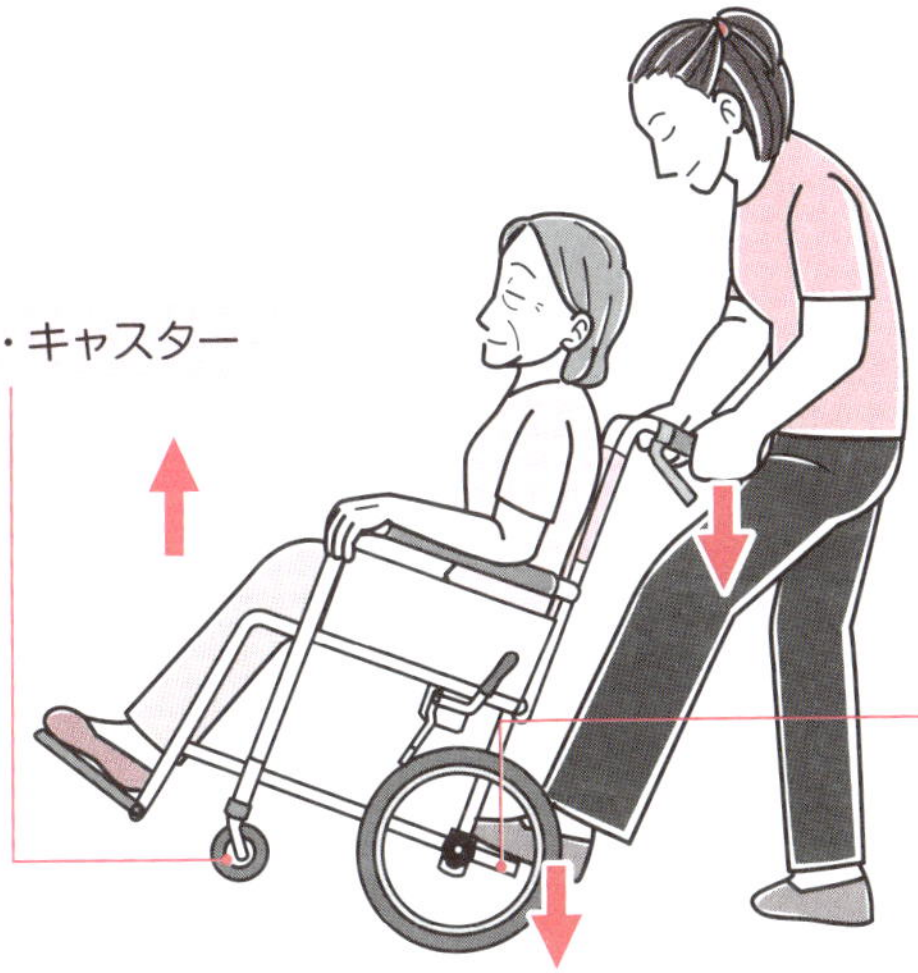

3 段差を下りる

３㎝以上の段差なら後ろ向きに下りたほうが安全です。慎重に車輪を下ろし引きながらキャスターを下ろします。

4 坂を上り・下りする

坂を上るときは前から、やや前かがみになって押します。下りるとき介助用ブレーキをかけながら後ろ向きにゆっくり下ります。

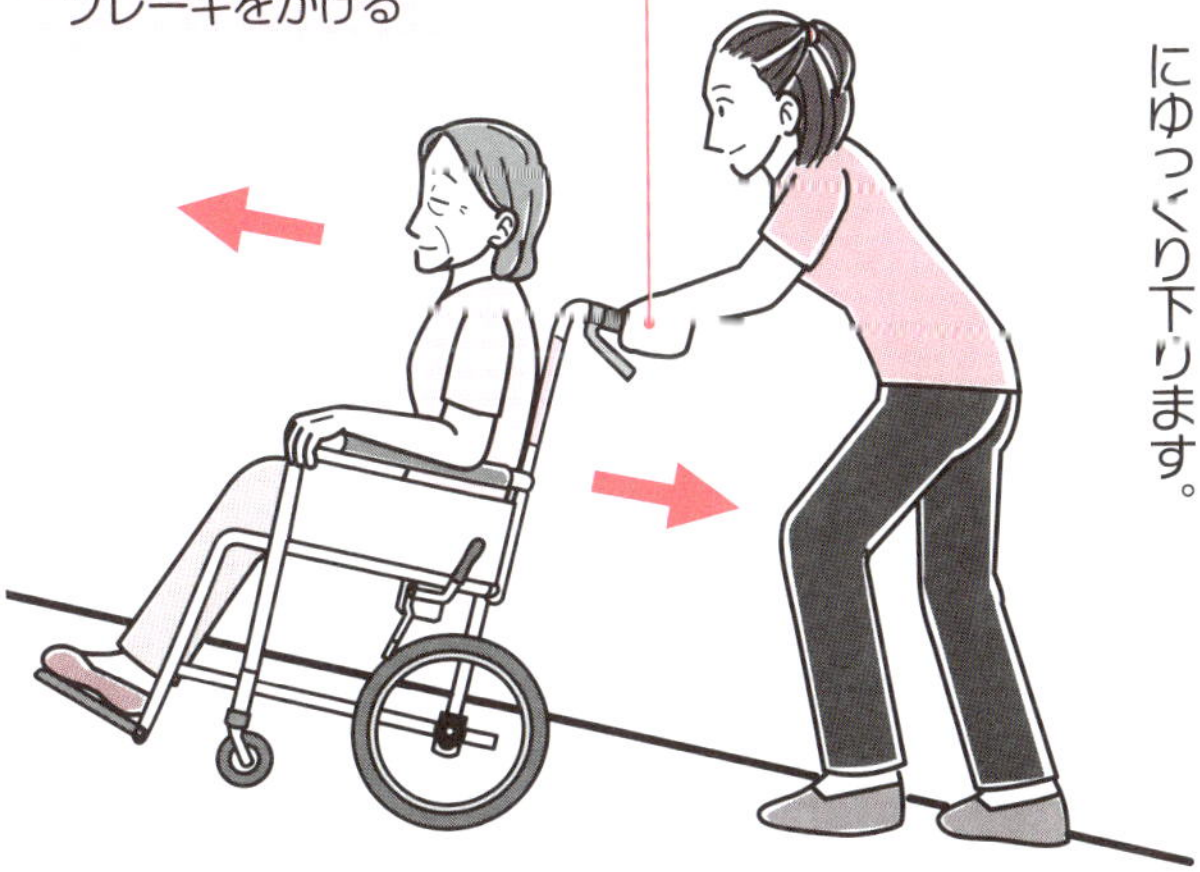

歩行

歩行の介助

自立歩行が困難な場合は、車いす介助、杖歩行介助、歩行器介助などの介助がありますが、短い距離であれば歩行を介助することが多くあります。リハビリのためにも有効なので、手つなぎ歩行、肩抱き歩行などの介助方法を覚えておくと役立ちます。

この場合も介助者は本人とコミュニケーションをよくするために声かけをしましょう。「イチ、ニ、イチ、ニ……」と呼吸を合わせながら行うと、本人も体を前に出しやすくなります。

1 手つなぎ歩行

ひじを支えながら立位を安定させます。腰の位置が落ち着いたら、マヒがある場合は患側の足からゆっくり前に出します。介助者は向き合った同じ側の足を引きながら、後ろに下がります。

①ひじを支える

本人に介助者の腕をつかんでもらう。ひじを下から支え、立位を安定させる。

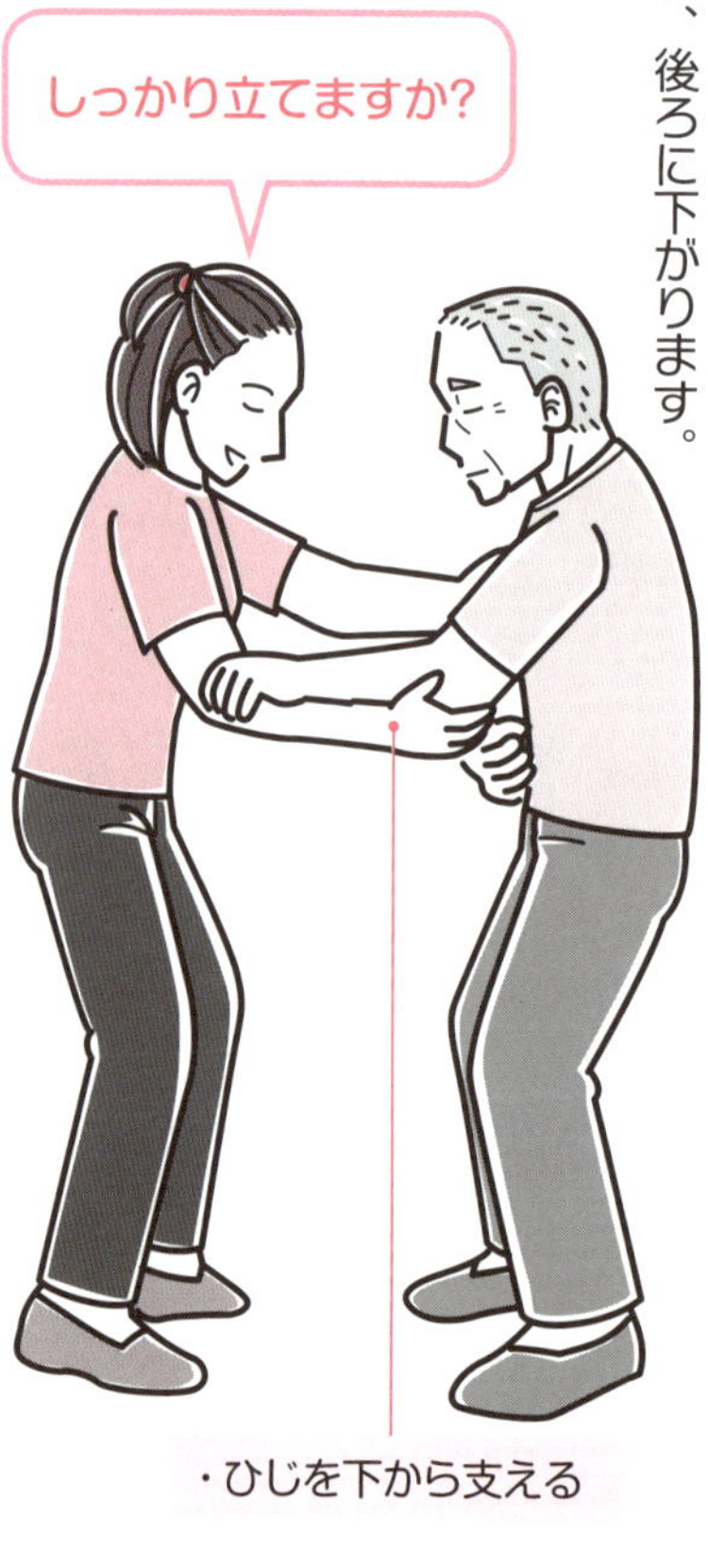

②同じ側の足を引く

立位が安定した安定したら、患側の足が前に出やすくするように、同じ側の足を引く。

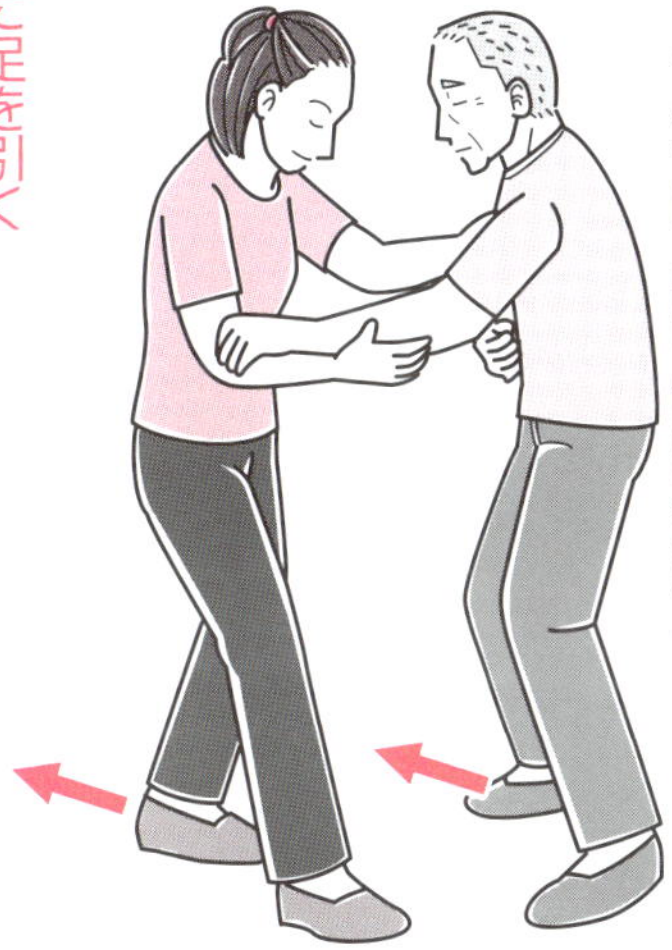

③交互に足を引く

患側の足が前に出たら、次はマヒのない足が前に出るように反対側の足を後ろに引く。それをくり返す。

2 肩抱き歩行

介助量が大きかったり、体重のある人の場合は肩を抱いて歩行介助を行います。

①脇を支える

肩につかまってもらい脇の下から支える。

②足を引く

マヒがある場合は患側の足が前に出るように、介助者は同じ側の足を引く。次に反対側の足を引き、それをくり返す。

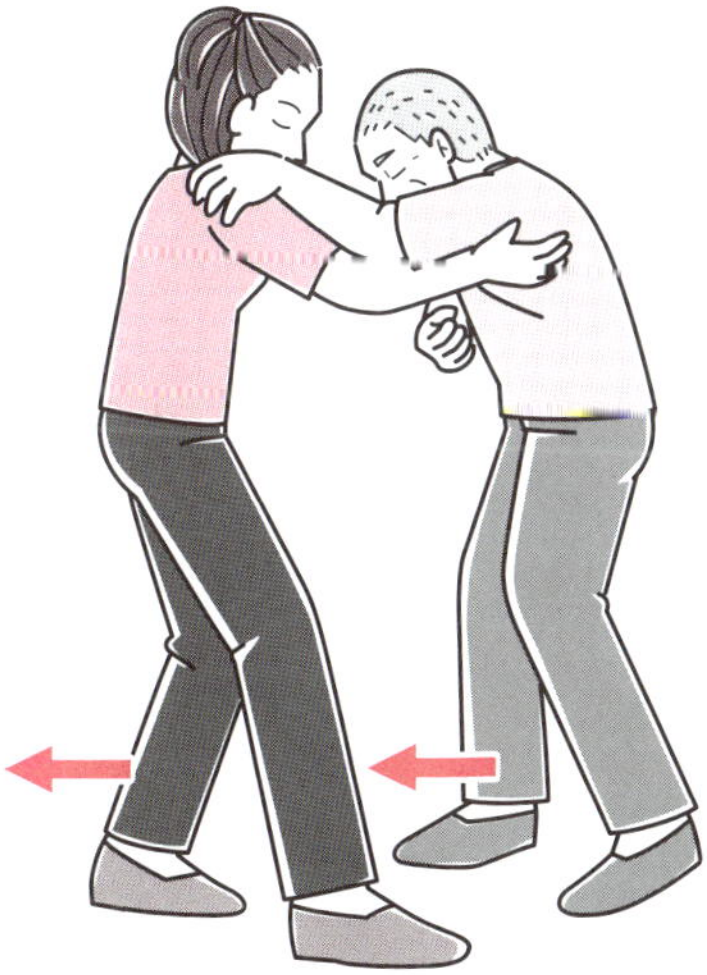

3 階段昇降の介助

手すりがつかまれるようなら、つかまってもらいます。ただマヒのない側に手すりがあるとは限らないので、立位の安定度を見て、危険なようなら別の移動方法を考えます。

①介助で階段を昇る

1足で1段昇るのが困難なら、2足で1段昇る。まず健側の足を1段前に出し、重心を前の健側の足にかけたうえで患側の足を上げ、足を揃える。介助者は後ろから腰に手をおいて支える。介助者がふらつくと危険なので、腰を十分に落として踏ん張れるようにする。

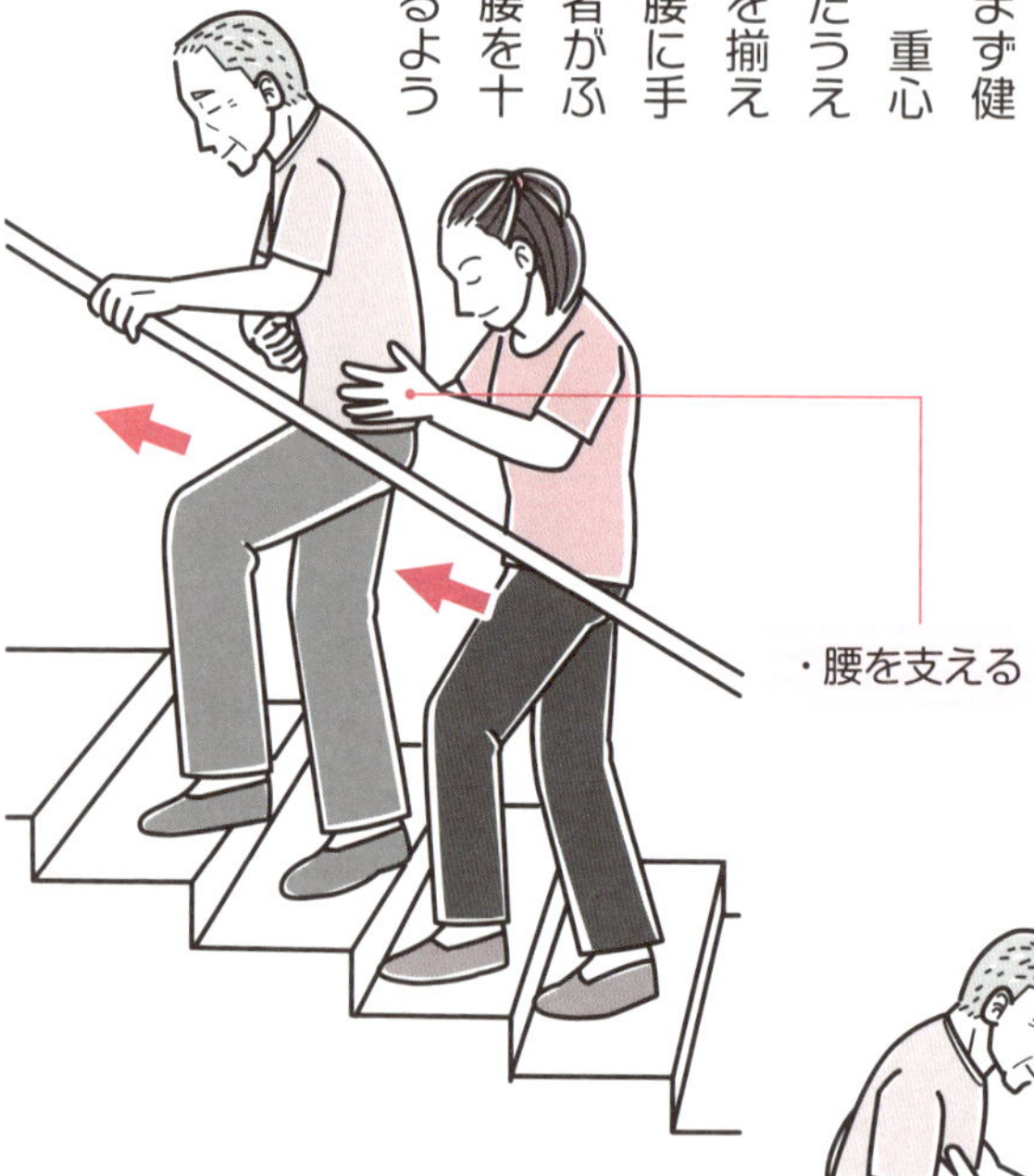

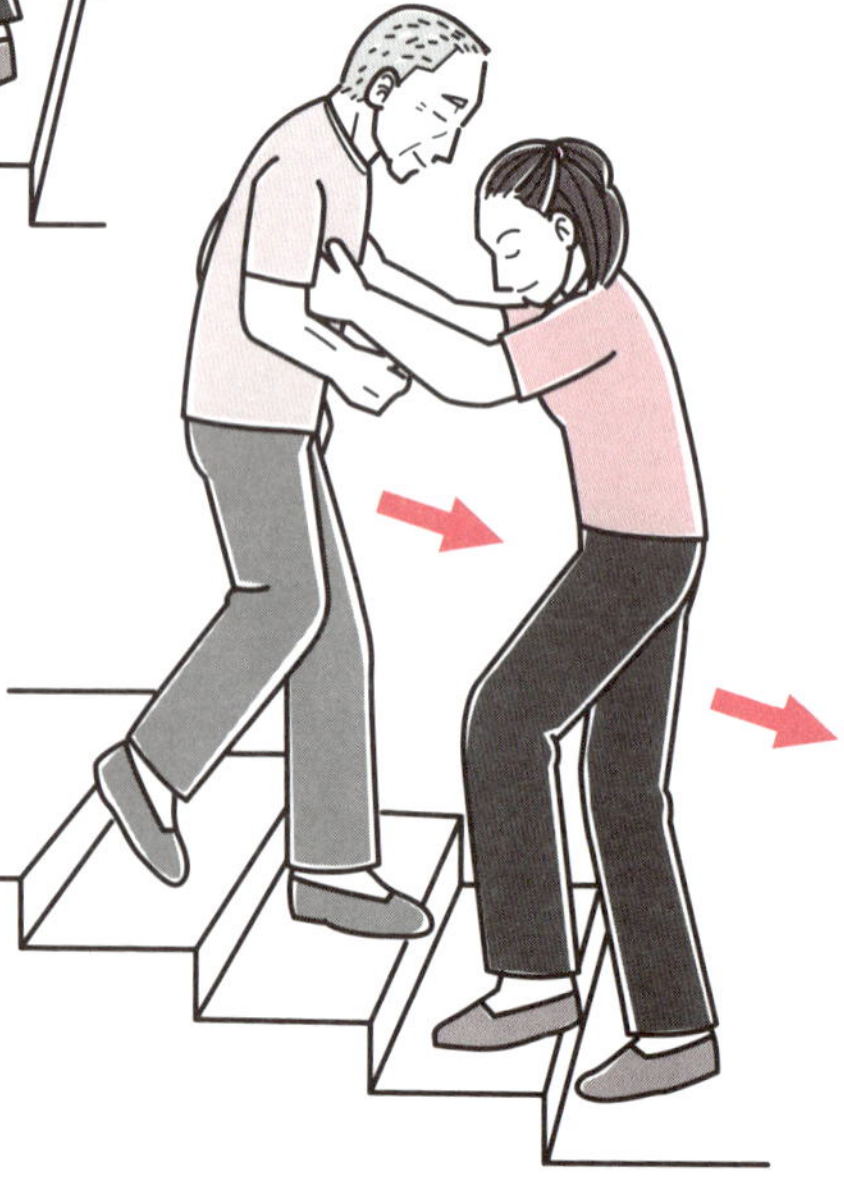

②介助で階段を降りる

降りるときは前から本人を支える。脇の下に手を入れて十分踏ん張れるようにする。介助者は後ろ向きに降りることになるので、危険物などがないかよく確認してから降りる。

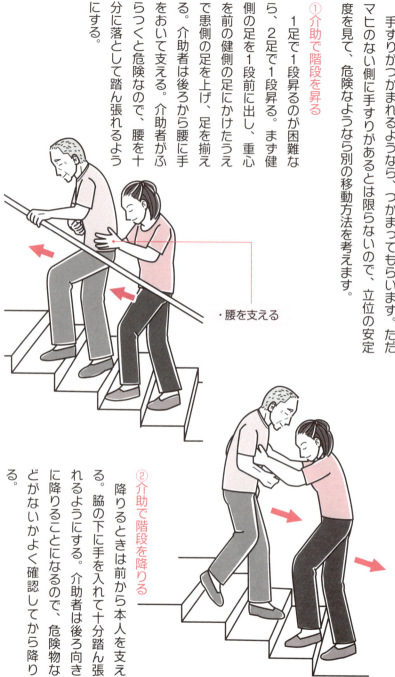

第6章

腰を痛めない介護の基本

腰を痛めない介護のポイント

腰痛で悩む介護従事者は少なくありません。ある統計では、80％近くの介護職員が腰痛を経験しているとか。体重をこちらに預けたお年寄りの体は意外に重く、無理に立たせようとしたり、寝かせようとしたりすると、腰に大きな負担がかかります。お年寄りをお風呂に入れたり、トイレの便座に座らせたりするとき、どうしても介助者の腰に負担がかかります。それでも、腰痛を起こさないためにはポイントがあります。ここでは「10のポイント」を紹介します。

ポイント 1

無理な姿勢で介助をしない

腰を反らせたり、中腰のまま作業をしたりすると腰を痛めます。だれでも体験的にわかっていても、つい時間に追われてそんな姿勢で作業をしがちです。小さなミスが腰痛を招く原因にもなるので要注意です。

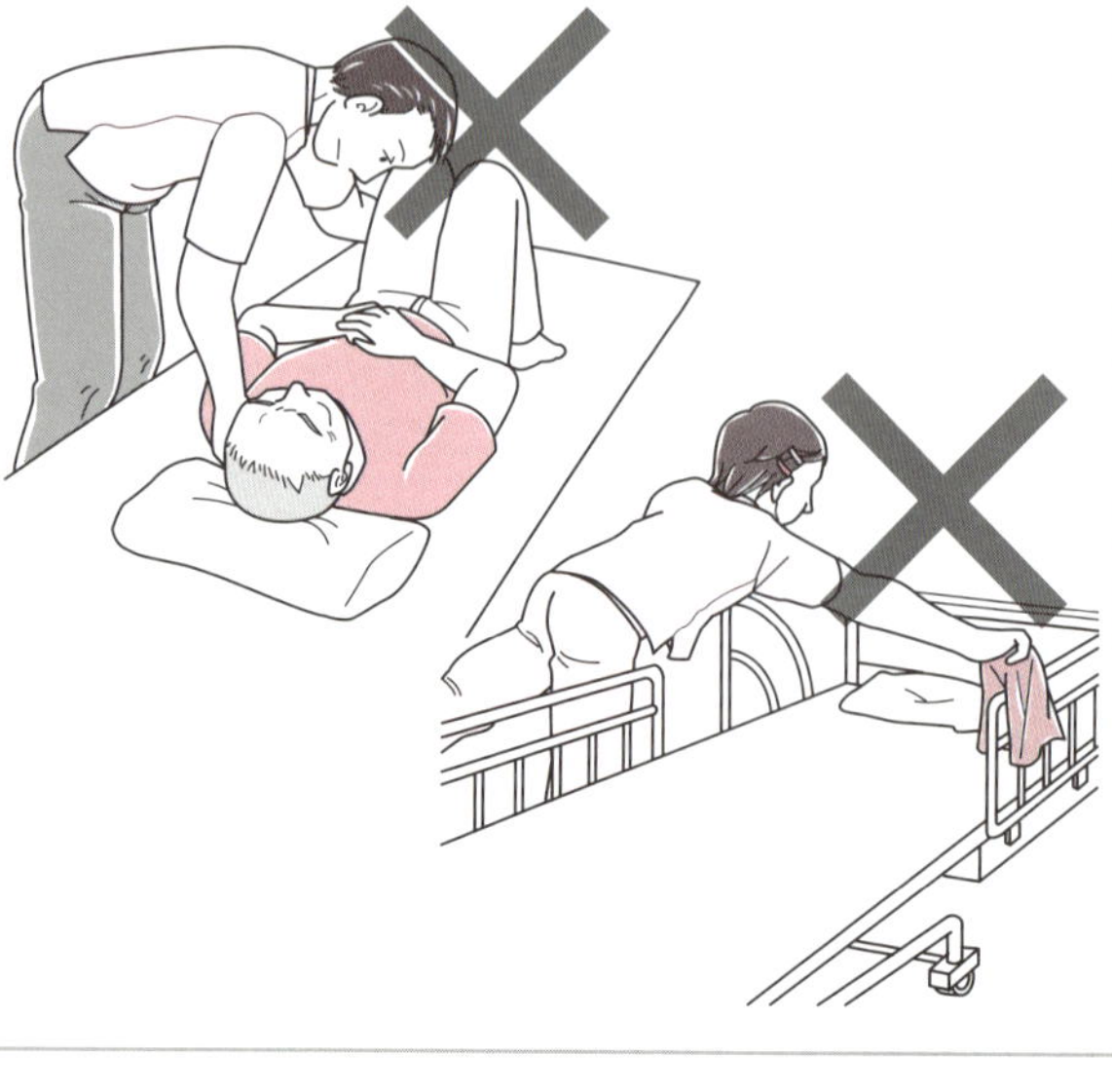

ポイント 2
介助を急がない

お年寄りの1つ1つの動作の速さには個性があります。こちらの尺度を優先して急がせたりすると、体がうまく動かなくなります。無理に動かそうとすると、介護者の腰に負担がかかるばかりか、お年寄りも大きな負担をかけることになります。

ポイント 3
声をかけて本人と力を合わせる

動作介助を行うときは、お年寄りと力を合わせて行います。1人で動くときの自然な流れを介助者がサポートしますが、そのとき重要なのが声かけです。声をかけながら、力を合わせます。

ポイント 4
動作の前と後は姿勢を安定させる

例えばベッドから立ち上がるとき、不安定な姿勢から無理に立ち上がらせようとすると、介護者の負担が大きくなります。まっすぐ姿勢を伸ばし安定させてから動作に移ると、スムーズに立ち上がれます。

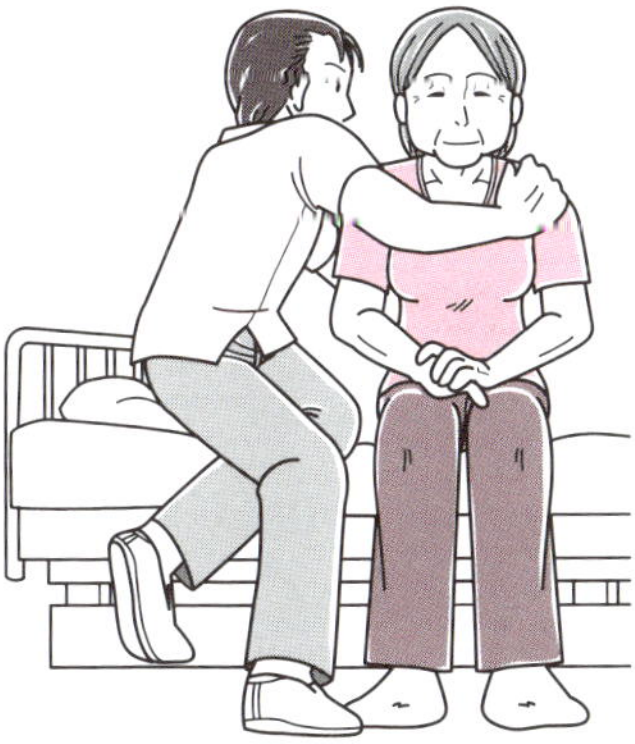

ポイント5
無理に1人で介助しない

入浴介助など、1人で行うには負担が大きい場合は複数で行います。介護者の腰に負担がかかるだけでなく、本人にも危険です。2人揃うまで入浴を行わない、というくらい無理をしないことが大切です。

ポイント6
本人の自然な動きを介助する

動作は可能な限り、お年寄り本人の力で行ってもらうのが基本です。困難な場合は介助者がサポートしますが、本人の動きを無視して引いたりするのは禁物。本人の動きに合わせた介助を行います。

ポイント7
体を支えるときは十分に腰を落とす

腰は、伸ばした状態のまま作業をすると小さな負担でも痛めやすくなります。また、ひねると大きな負荷がかかり、筋肉を痛めます。これらを防ぐ方法は、お年寄りの体を支えるときは十分に腰を落とし、両足を使って行うことです。

ポイント 8

小さな力で大きな効果を心がける

介助者がお年寄りを無理に動かそうと力をいれると、介助者自身の腰に大きな負担がかかり、お年寄りも苦しいはずです。小さな力でお年寄りを自然に動かす技術を身につけましょう。

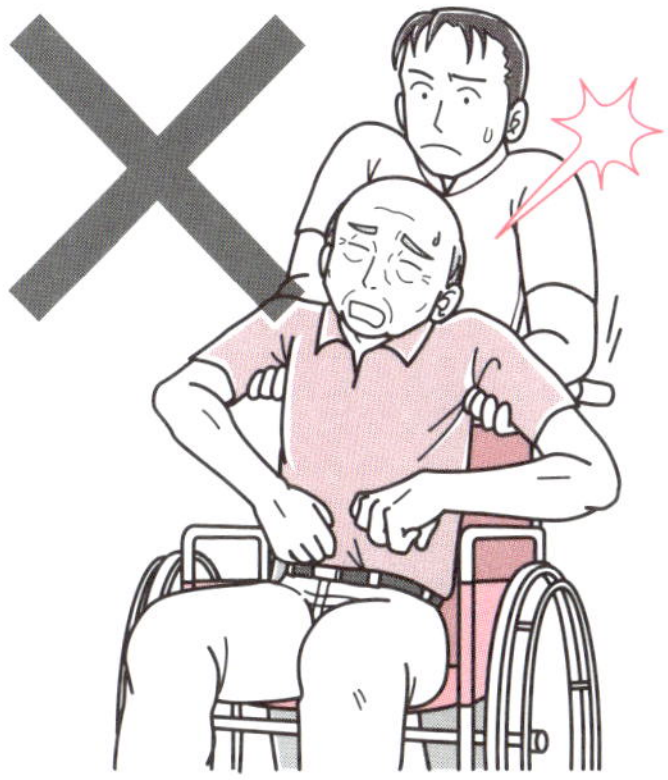

ポイント 9

できるだけ介助用具を活用する

介護保険を利用すれば、移動用リフト（工事を伴わないもの）や体位変換器などの福祉用具を、1～3割でレンタルできます。もう体力的に移動介助は困難と判断したら、積極的に介護サービスを利用しましょう。

ポイント 10

「うつ気分」を晴らせば腰痛がラクになる

腰痛は生活の不安や人間関係など、心因性のものも少なくありません。身体的な原因と重なって起こるケースもあります。介護疲れをとるためにも、スポーツや趣味などで気分転換を図りましょう。

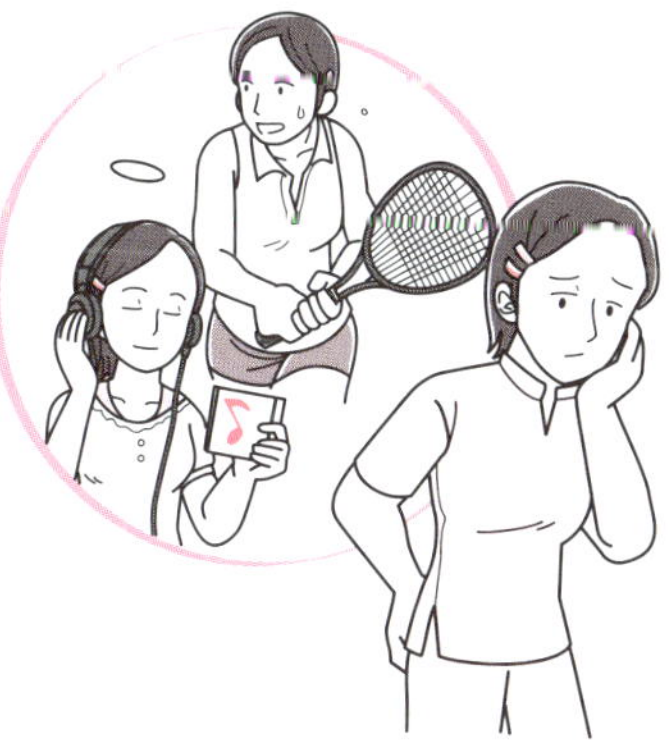

腰痛予防

腰を痛めない姿勢と動作

「腰を痛めない介護のポイント」（P174ページ参照）でも触れたように、腰痛は「姿勢の無理」「動作の無理」「体力的な無理」など、さまざまな無理が重なって起こることが多いのです。

病気が原因の腰痛の場合はすぐに受診の必要がありますが、無理な姿勢や動作による腰痛は、常に意識しながら予防しなければいけません。軽い荷物の上げ下げのときも、ひざを曲げて十分に重心を落とすなど、腰痛を頭においた動き方を心がけましょう。

基本 1 ひざを曲げて十分に腰を下ろす

中腰のまま腕や手だけで作業をしようとすると、腰を痛めます。ひざを曲げて腰を十分に下ろすと安定した姿勢が保て、腰への負担が少なくなります。

体を二つ折れにして腰を伸ばす勢いで重いものを高い位置に上げようとすると「ぎっくり腰」になったり、くり返し行うと「慢性筋肉性腰痛症」を起こしたりします。

①重い荷物を持ち上げる

ひざを曲げ腰を十分に下ろして、重い荷物を持ち上げる。

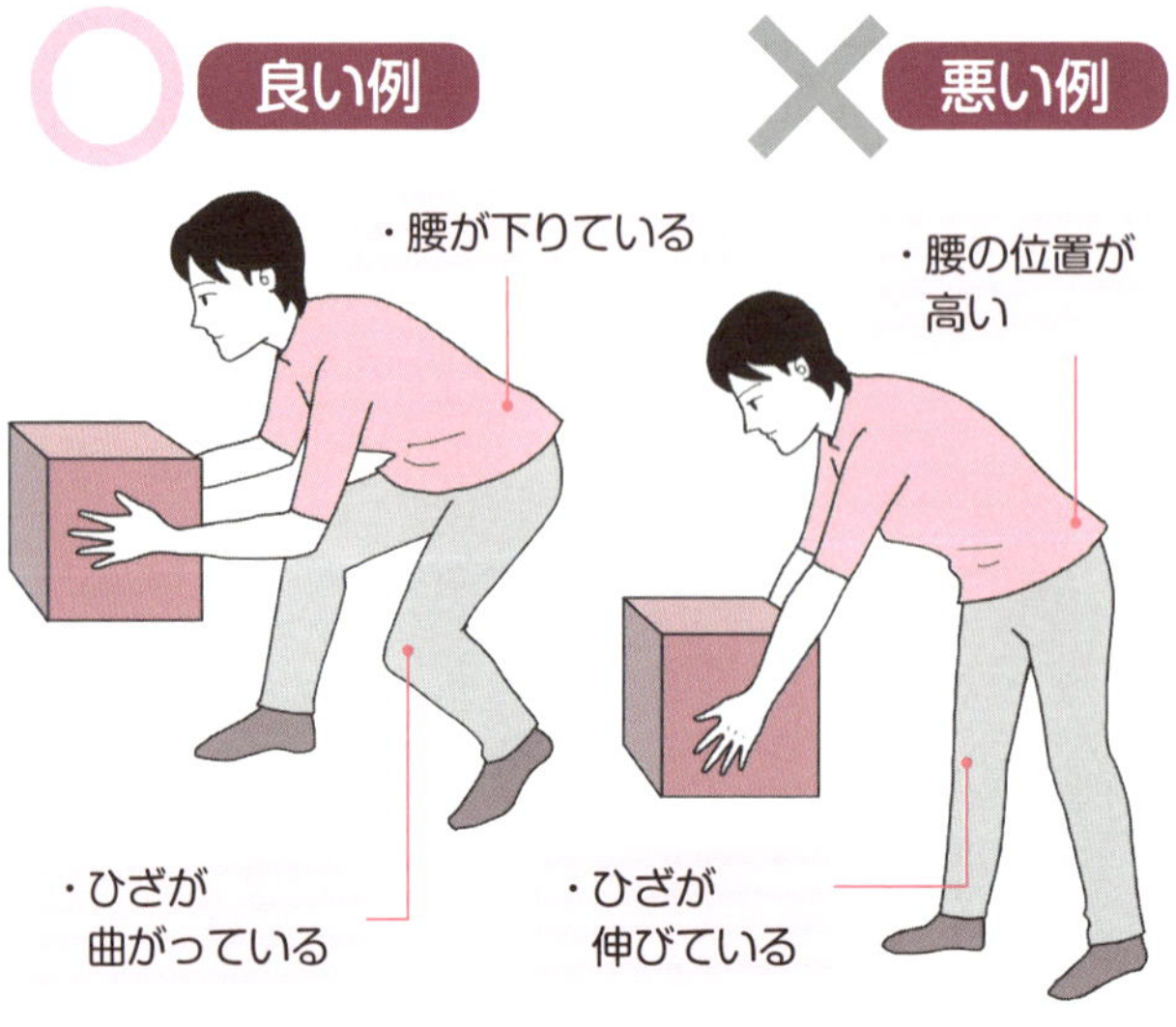

悪い例
・腰の位置が高い
・ひざが伸びている
良い例
・腰が下りている
・ひざが曲がっている

②重い荷物を置く

重い荷物は体に密着させて体の重心に近いところで持つ。

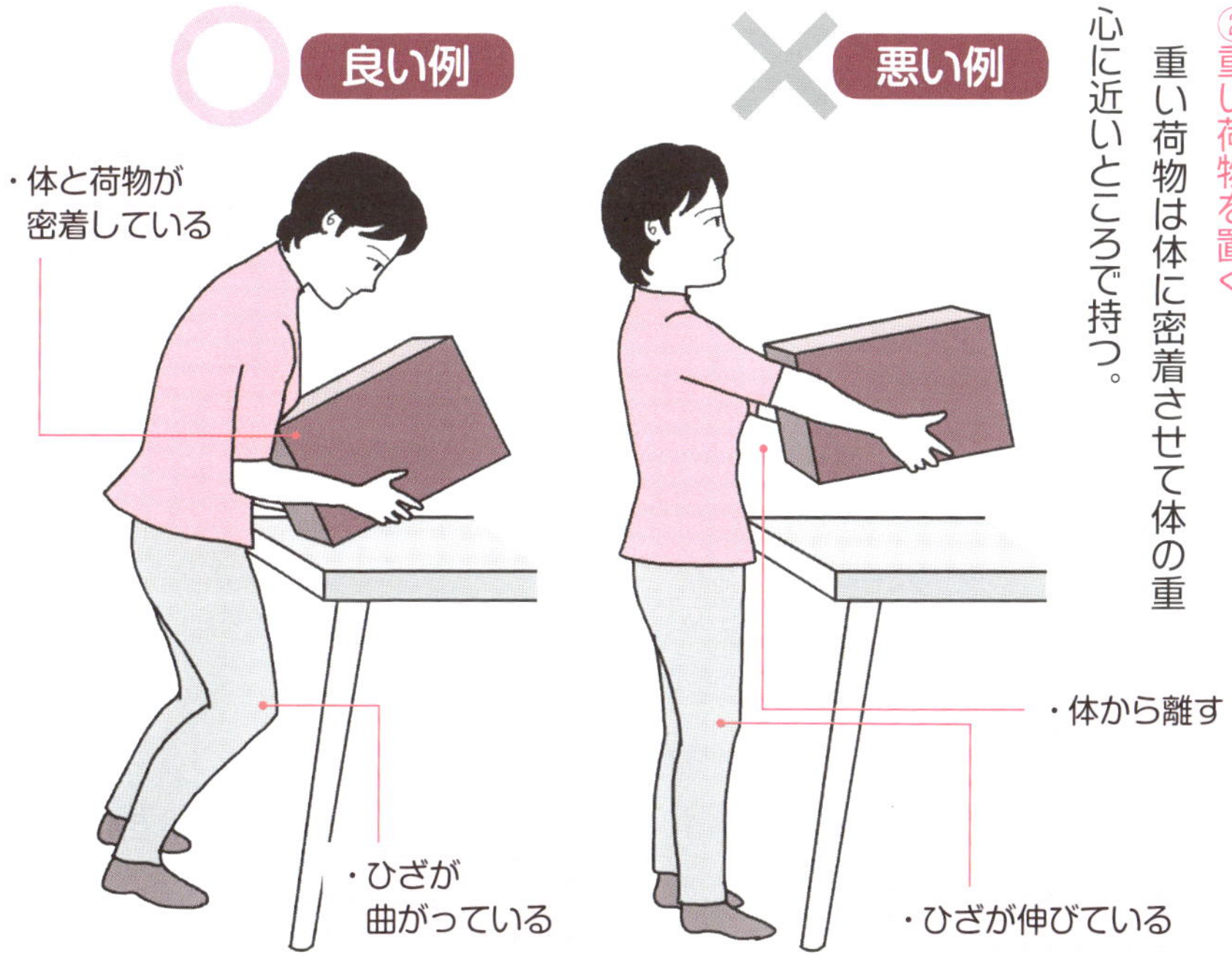
悪い例
・体から離す
・ひざが伸びている
良い例
・体と荷物が密着している
・ひざが曲がっている

基本 2

自分の体重移動によって相手を動かす

介助者は首の後ろに腕を回し、その腕が動かないように力をこめます。体を密着させ、自分の体重移動によって、本人を動かします。

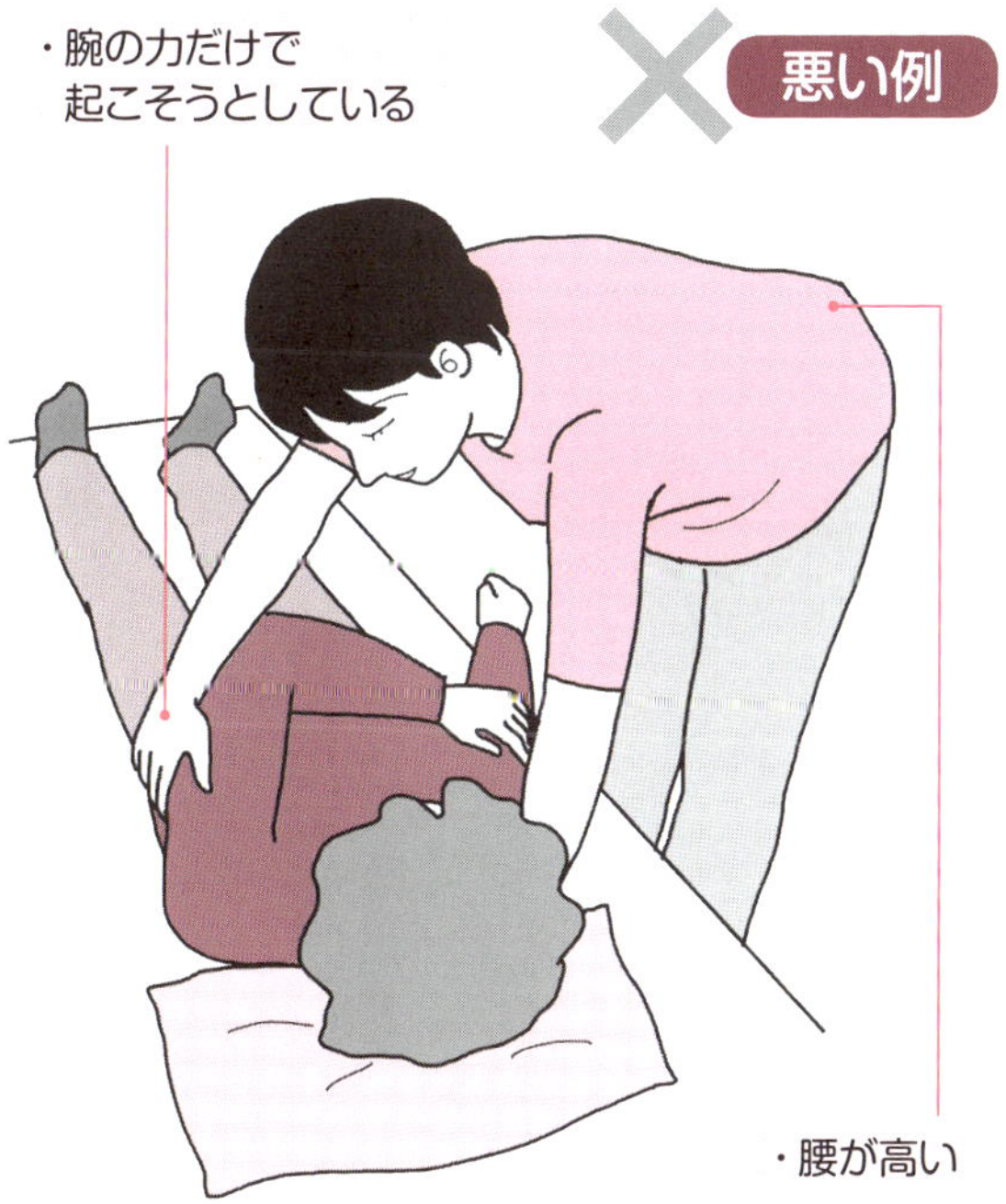
悪い例
・腕の力だけで起こそうとしている
・腰が高い

○ 良い例

①体を密着させる

体を密着させ、腕で首の後ろを支える。

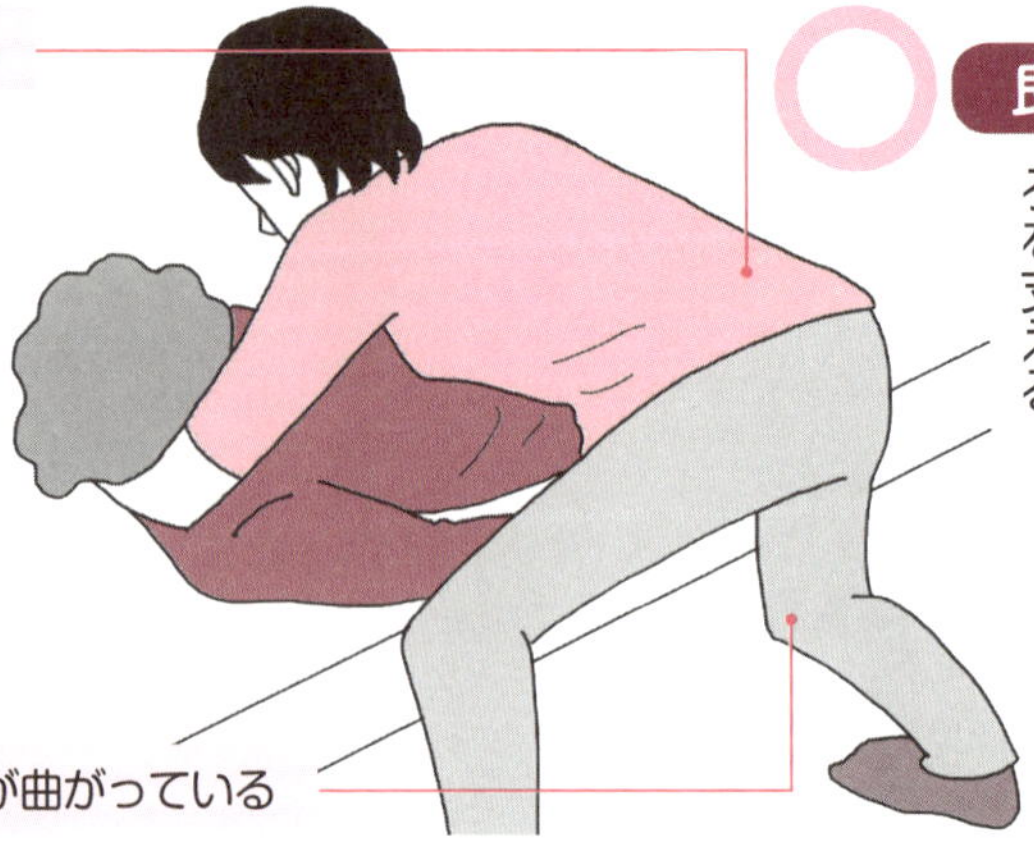

・十分に腰が下りている
・ひざが曲がっている

②自分の重心を後ろに移す

介助者が左足から、右足に体重を移すことで自然に本人の体が起き上がる。

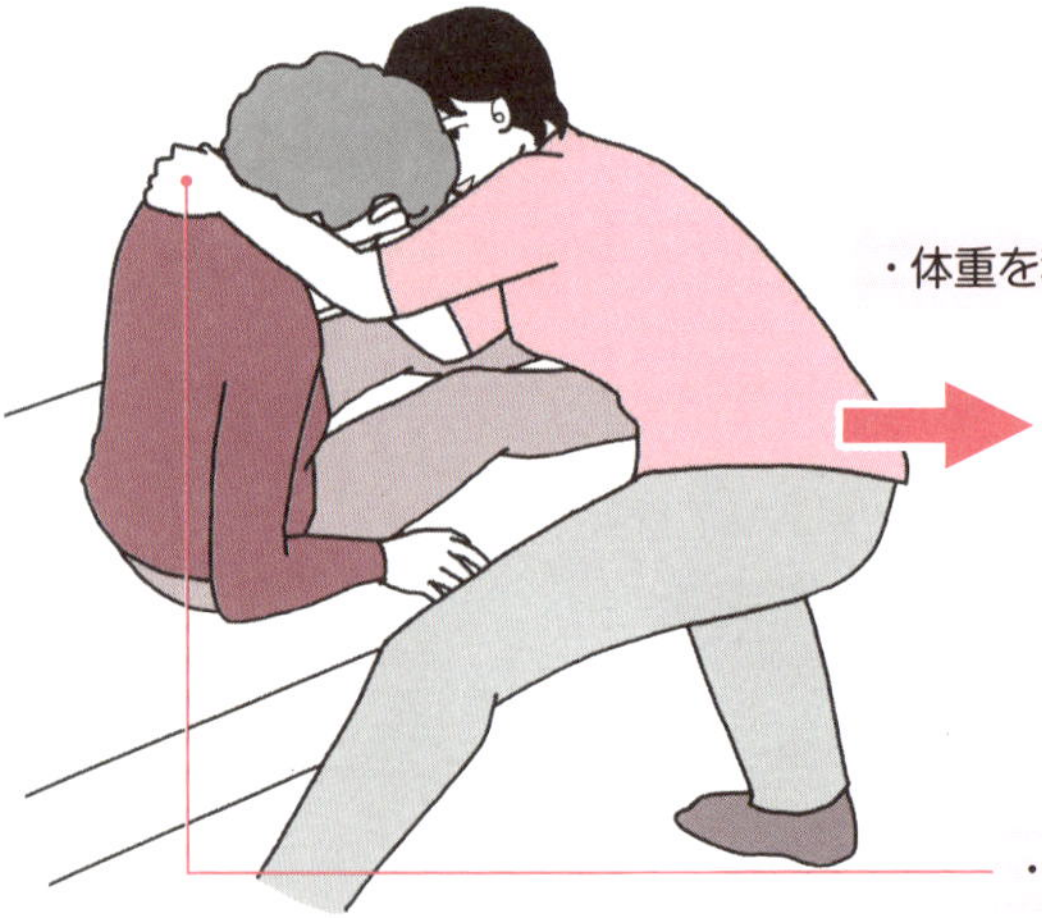

・体重を移動する
・しっかり支える

ホームヘルパーの体験記

お年寄りとの協働作業で腰痛が克服できた!!

介護をしていて腰に負担がかかるのは入浴介護です。つい腰を伸ばして利用者さんの体を支えようとすると、腰にピリッと痛みが走ります。介護を介護者１人で行おうとすると、介護者の負担が大きくなり腰痛になります。お年寄りと２人の協働作業だと考え、「さあ、立ちますよ」「右足を上げますよ」とこんな調子で声をかけると、いっしょに力を入れてもらえて、腰への負担がずっと軽くなり腰痛が予防できます。

基本3 相手と呼吸を合わせて介助を行う

立ち上がらせるとき、本人にその意思がないと介助者の負担は相当なものになります。本人に立ち上がりの意思をもたせるためにも、動作に入る合図を送り、呼吸を合わせるようにします。

×
悪い例
・腰の位置が高い
・本人に近づきすぎ

○
良い例
お辞儀をしてください
・本人と近づきすぎていないので、お辞儀ができる

①本人がお辞儀をする

通常の立ち上がり動作は、お辞儀をして体重を足に移しひざを伸ばす動作をする。介助者はその動作をたすける。

②本人の力で立ち上がる

本人の力で立ち上がるのを介助者は支える。呼吸が合えば介助者の腰への負担が軽くなる。

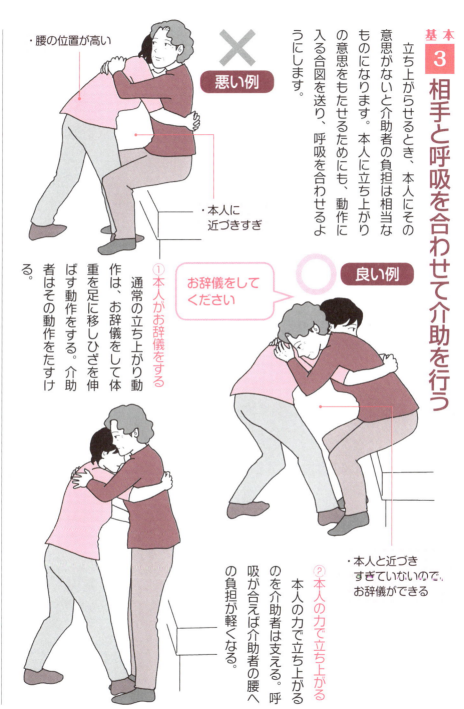

腰痛予防

腰を痛めないための体操

介護は腰を痛めることが多いので、日ごろの体操などによって腰を痛めない体にすることが大切です。体操は「伸ばす」「ひねる」といったストレッチ系を中心に毎日少しずつ行うのがポイント。いきなり大きな負荷をかけると、体操によって腰を痛める、という逆効果になることもあります。

血行がよく筋肉が柔らかくなっている風呂上りに行うと、効果的です。腰の痛みが出やすい寒い時期だけでなく、毎日続けるようにしましょう。

①ひざを抱える

仰向けに寝て、両手でひざを抱え10秒くらいそのままの姿勢でいる。

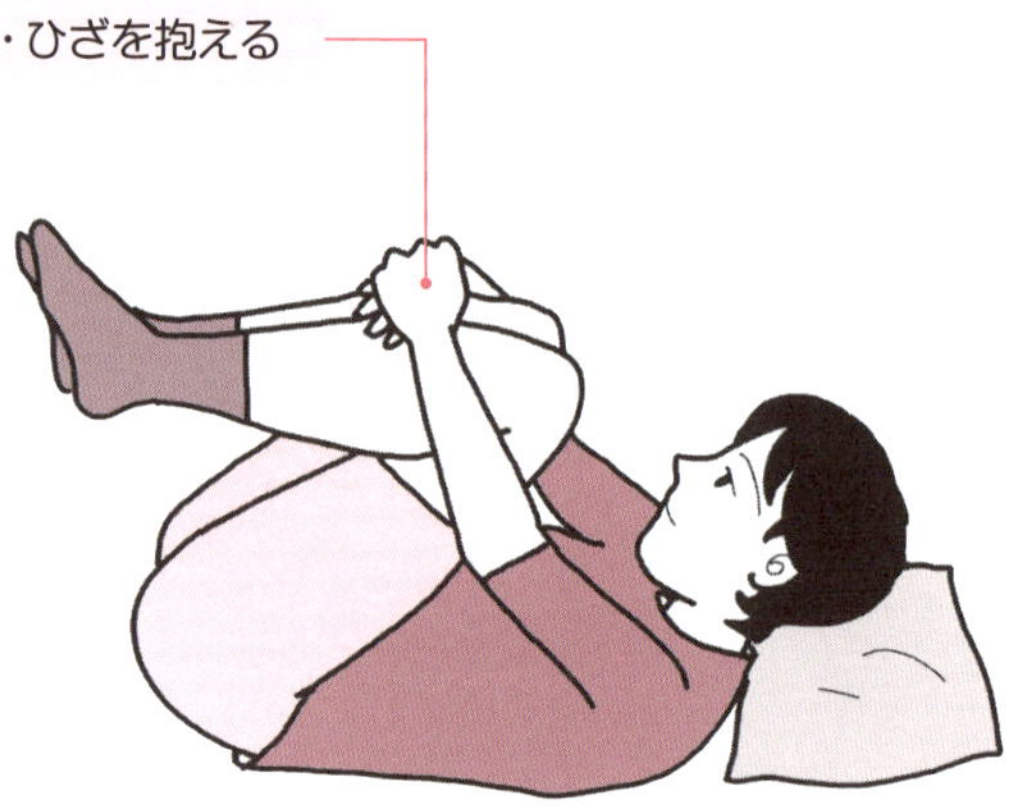

②頭を上げる

両手をひざにつけるように頭を上げる。10秒くらいそのままの姿勢でいる。

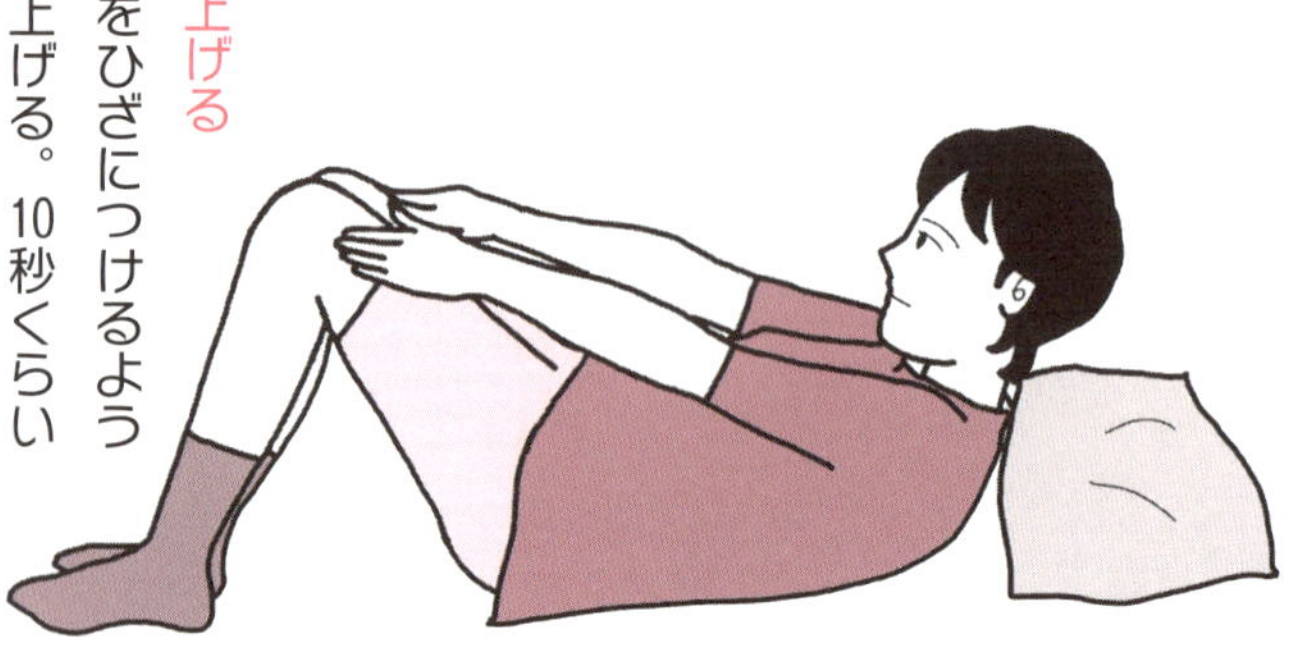

③腰を上げる

腰を浮かせて10秒間そのままの姿勢でいる。

④足を上げる

ひざを曲げて、片足ずつ伸ばす。

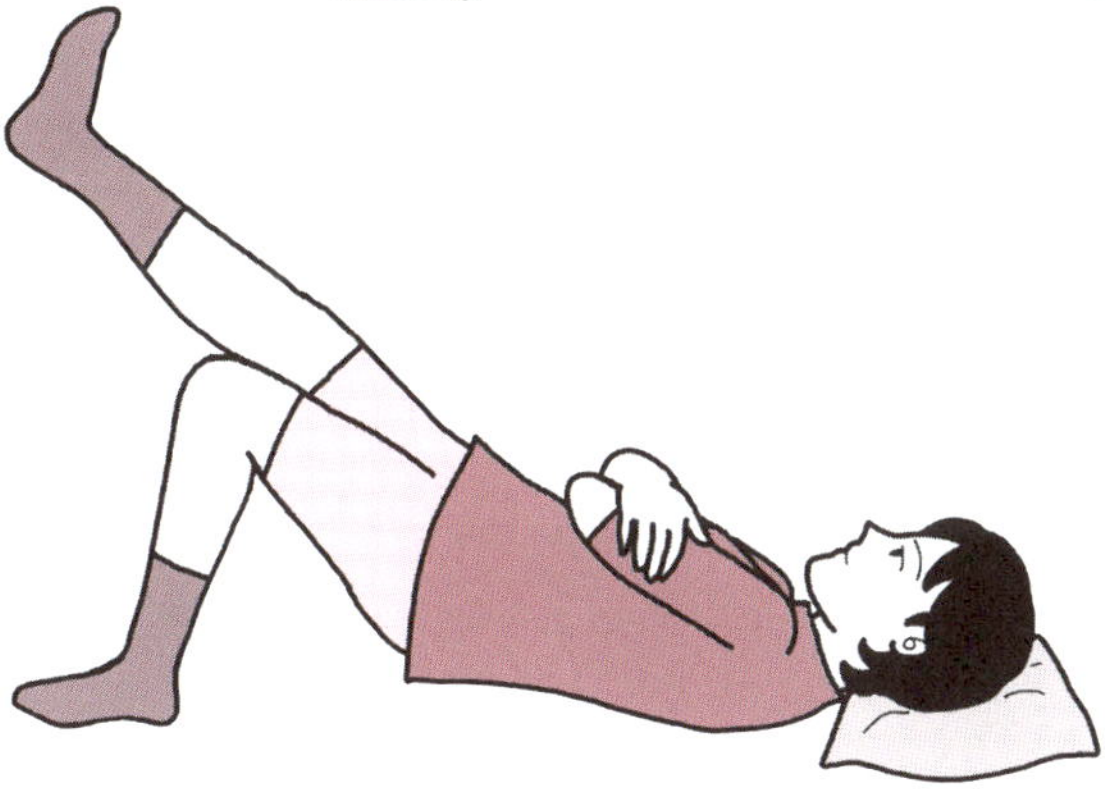

⑤腰をひねる

体をまっすぐにして、片方の足を大きく上げて反対の方向に下ろす。上半身はいっしょに動かないようにする。片足10回ずつ。

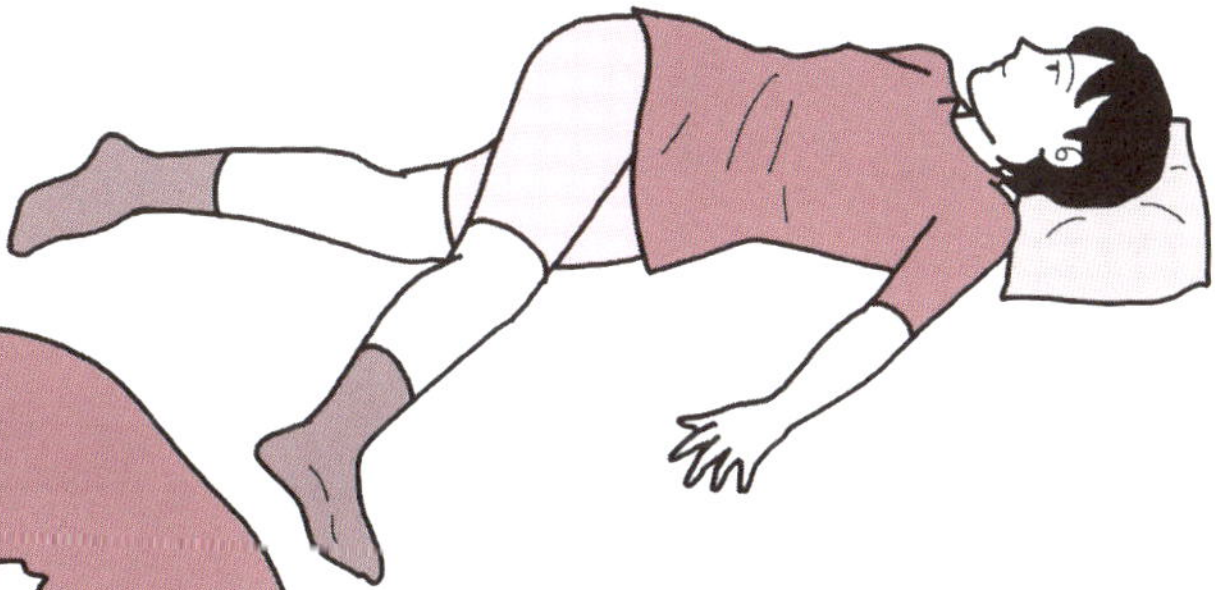

⑥大腿の裏をストレッチ

いすなどに片足を乗せ、ひざを伸ばす。大腿に両手をかけ、10秒間くらい前にかがむ。脚の筋や股間節がやわらかくなる。

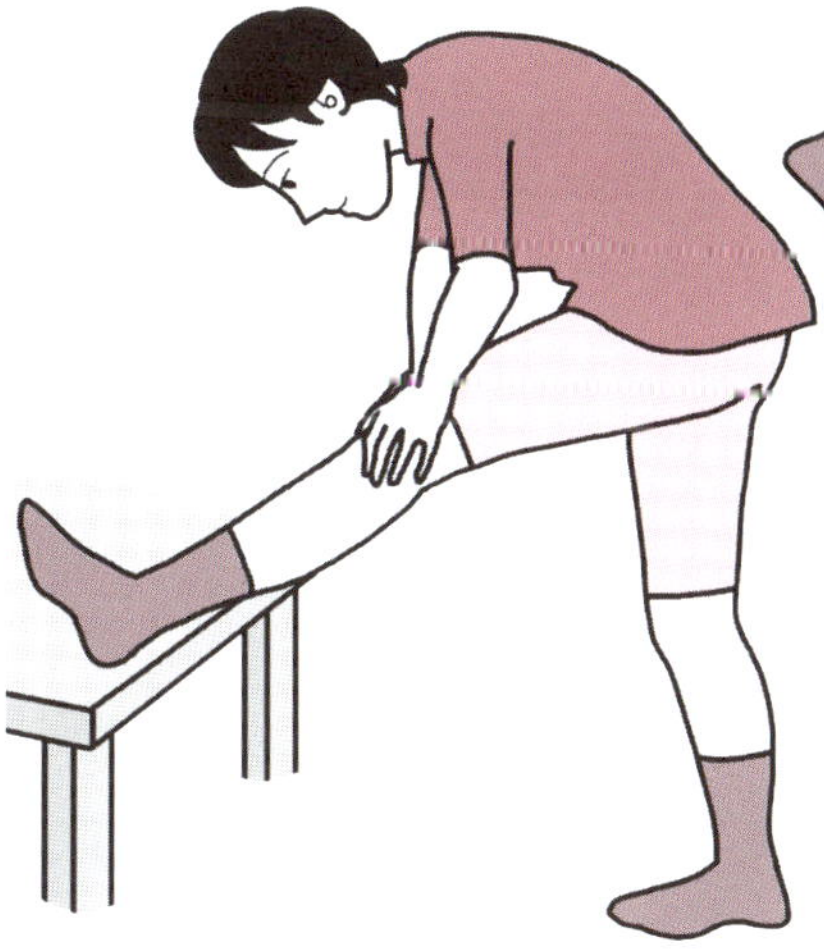

腰痛予防

腰を痛めない寝方

中腰の姿勢や、ひねりの強い動作など腰痛を引き起こす原因はいろいろですが、1日6~8時間もとる睡眠時間も腰痛とは無関係ではありません。寝方ひとつで痛みが生じたり、消失したりするので、体位やベッド選びは慎重に。腰骨が前に突き出るような寝方は痛みを生じさせます。具体的にうつ伏せ寝やふかふかのベッドは、避けたほうが無難です。せんべい布団くらいの硬さのベッドで、足を少し上げて寝ると血液やリンパの流れがよくなり足が軽くなります。

1 日ごろの寝方

仰向けまたは横向きに寝るのが腰痛にはよいでしょう。

悪い例 ×

●うつ伏せ寝

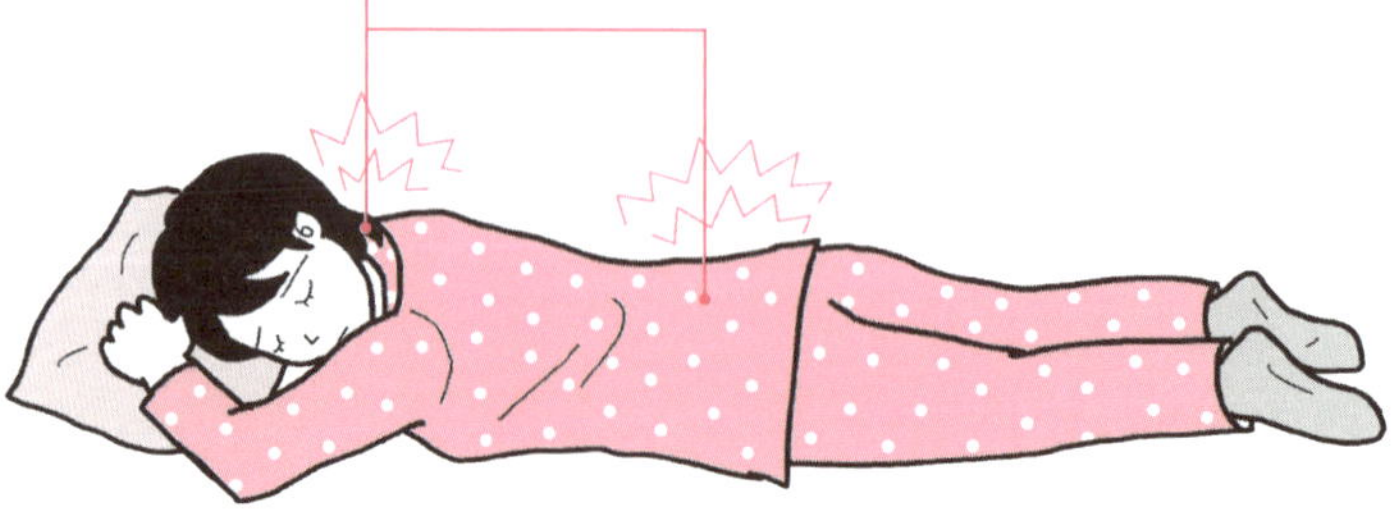

2 柔らかいベッド

背骨は軽く反った状態が正常。柔らかいベッドではお尻が沈み、腰が過度に丸まったり反ったりして腰椎に負担がかかります。

悪い例 ×

●ふかふかのベッド

・腰が沈んで、背骨が逆に反って腰を痛めやすい

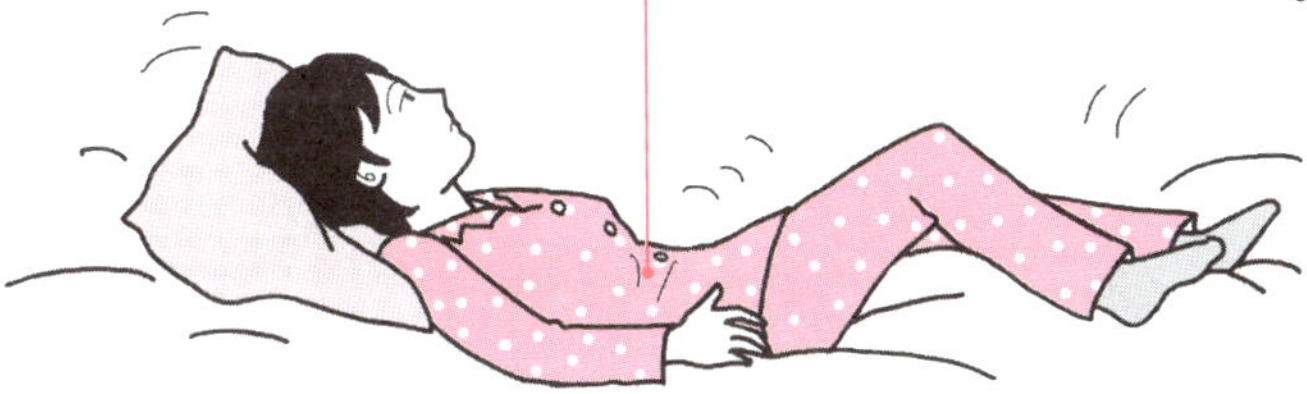

3 理想的なベッド

腰痛予防になるベッドの硬さは、畳の上にせんべい布団を敷いたほどの硬さ。手で少し押しても簡単に沈まないほどの硬さが理想です。加えて、足を座布団のようなものの上に乗せて少し高くすると、足から脛《すね》の血液やリンパ液が心臓に戻りやすくなり、足の調子がよくなります。

良い例 ○

●やや硬めのベッド

× 悪い例

●高齢者に危険な寝方

長時間ひざを曲げたまま寝ると、ひざが固まって歩けなくなる

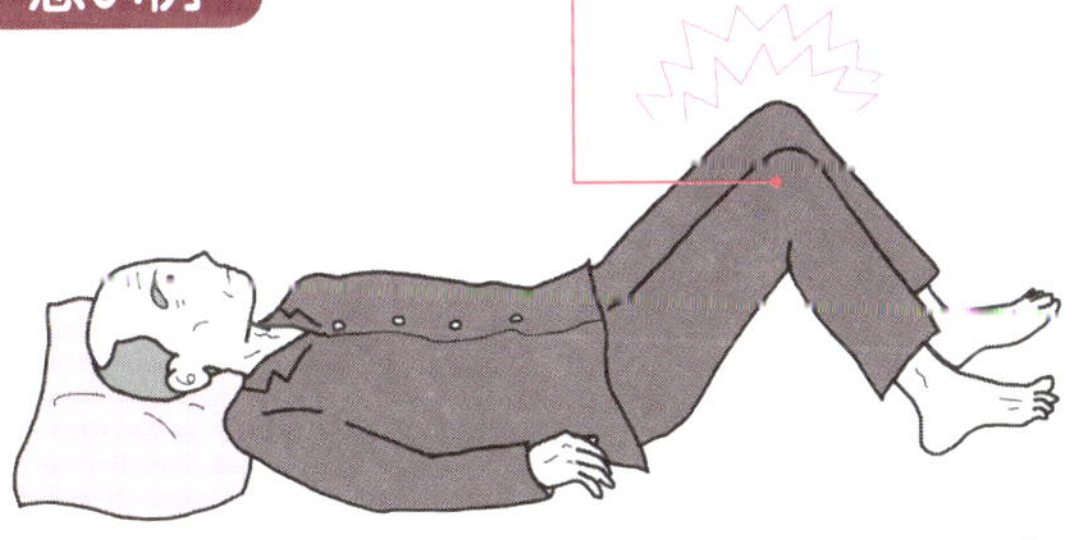

高齢者や体力のない人が寝たきりになると、ひざがだんだん曲がってきて、屈曲したまま固まり歩けなくなります。これを「屈曲性対マヒ」といい、寝たきりになる原因になります。

腰痛予防

ぎっくり腰の対処法

介護を日常的に行っている家族や介護職員のなかには、姿勢異常による「**慢性腰痛症**」を抱えている人は少なくないでしょう。腰痛予防の体操や負担の少ない姿勢などで解消しますが、「**急性筋肉性腰痛症**」いわゆる「**ぎっくり腰**」が襲ったら、その場で立っていられないほどの激しい痛みを生じます。背中の筋肉や筋膜の切断によって起きますが、すぐに冷やして横になること。2~3日経過して痛みが落ち着いてきたら、逆に温シップで温めます。

1 まず冷やして安静に

「痛っ」と、うずくまるほどの激しい痛みを腰に感じたら、安静にします。家の中であればベッドに移動しますが、移動が病気を悪化させることはありません。まず患部を冷やすことです。痛みが治まらないようなら医師の診断を受けます。

2 温めてコルセットで固定

2〜3日して痛みが落ち着いてきたら、今度は温シップなどで患部を温めます。切れた筋肉・筋膜を静かに保つためにコルセットやさらしで固定すると早く痛みが治まります。

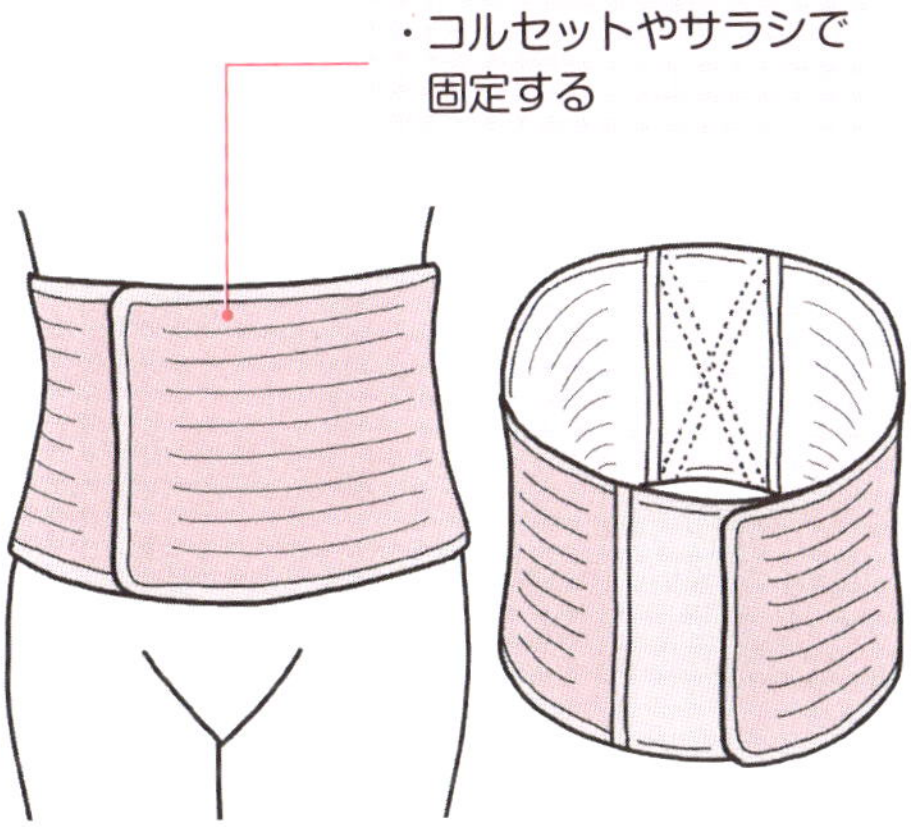
・コルセットやサラシで固定する

3 痛みをやわらげる寝方

痛みが激しいときは安静にしますが、横向きに寝たり、ひざの下にクッションを置くと痛みがやわらぎます。

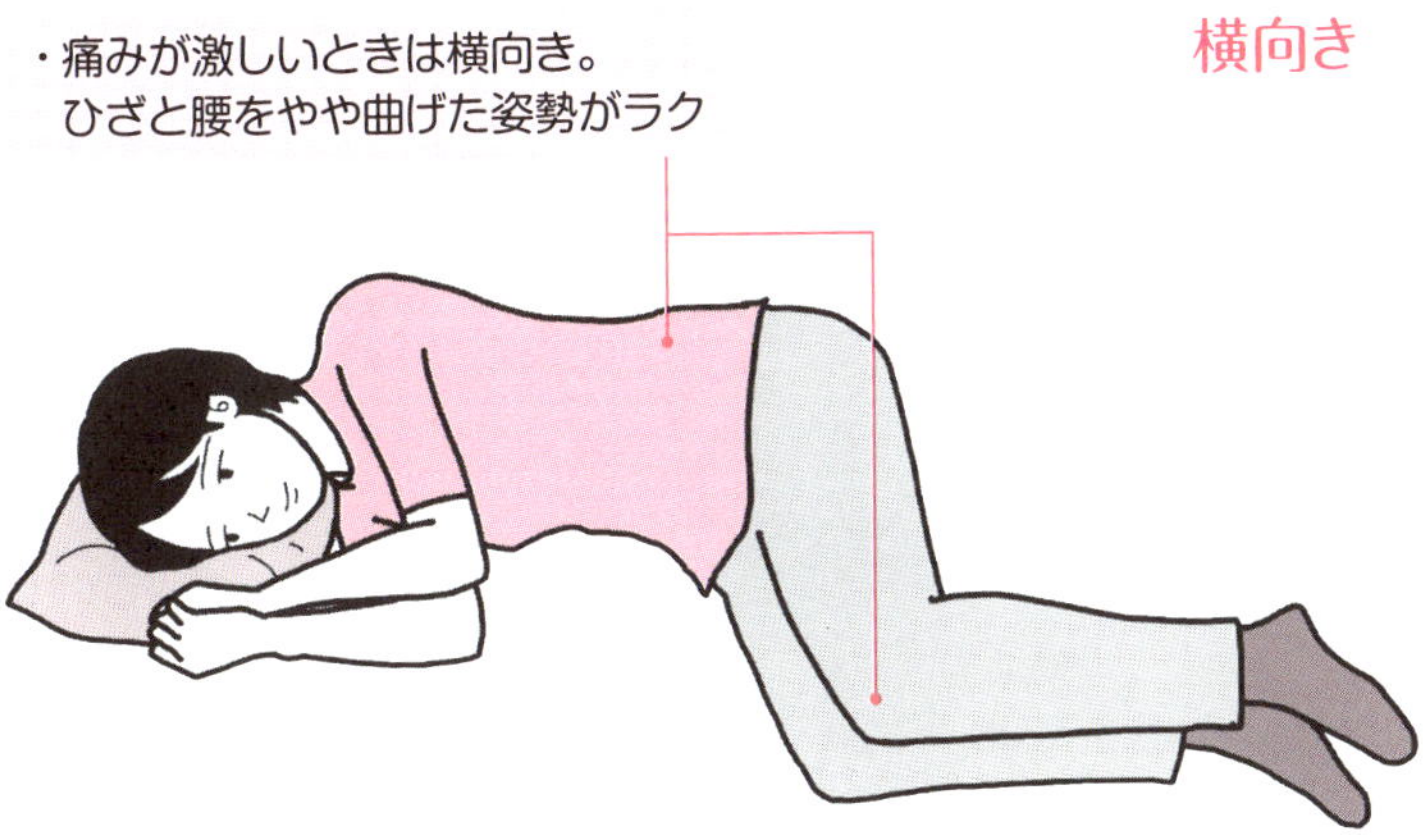
横向き
・痛みが激しいときは横向き。ひざと腰をやや曲げた姿勢がラク

仰向けに寝るときは、ひざ下に大き目のクッションを置くと、痛みがやわらぎます。

ひざ下にクッション

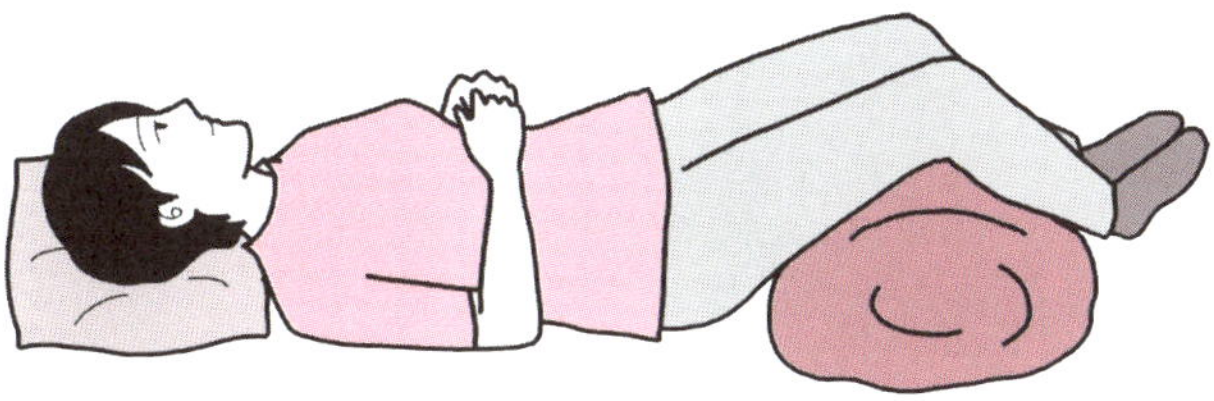

腰の痛みをやわらげるマッサージ

筋肉疲労が原因で起こる「**慢性腰痛症**」は、ゆっくり休むことで痛みがやわらぎますが、マッサージも有効です。疲れを感じたら、家族にお願いし、風呂上りなど筋肉がやわらかいときに行うと効果が上がります。ただし、炎症があったらマッサージは避けましょう。

筋肉のこわばりをやわらげるのが目的なので、束になって縦に走る筋肉の繊維を、手の指や手のひらで横に押し広げほぐしていくと血流がよくなり、こわばりがほぐれて痛みが治まります。

1 うつ伏せで行う

背骨の両側の筋肉に親指をおき、体重をかけながらゆっくり押していきます。背中から腰にかけて背骨に沿って行うと、腰痛がラクになります。

①背骨の両側の筋肉を揉む

尾てい骨の上の背骨の両側の筋肉を体重をかけて押す。

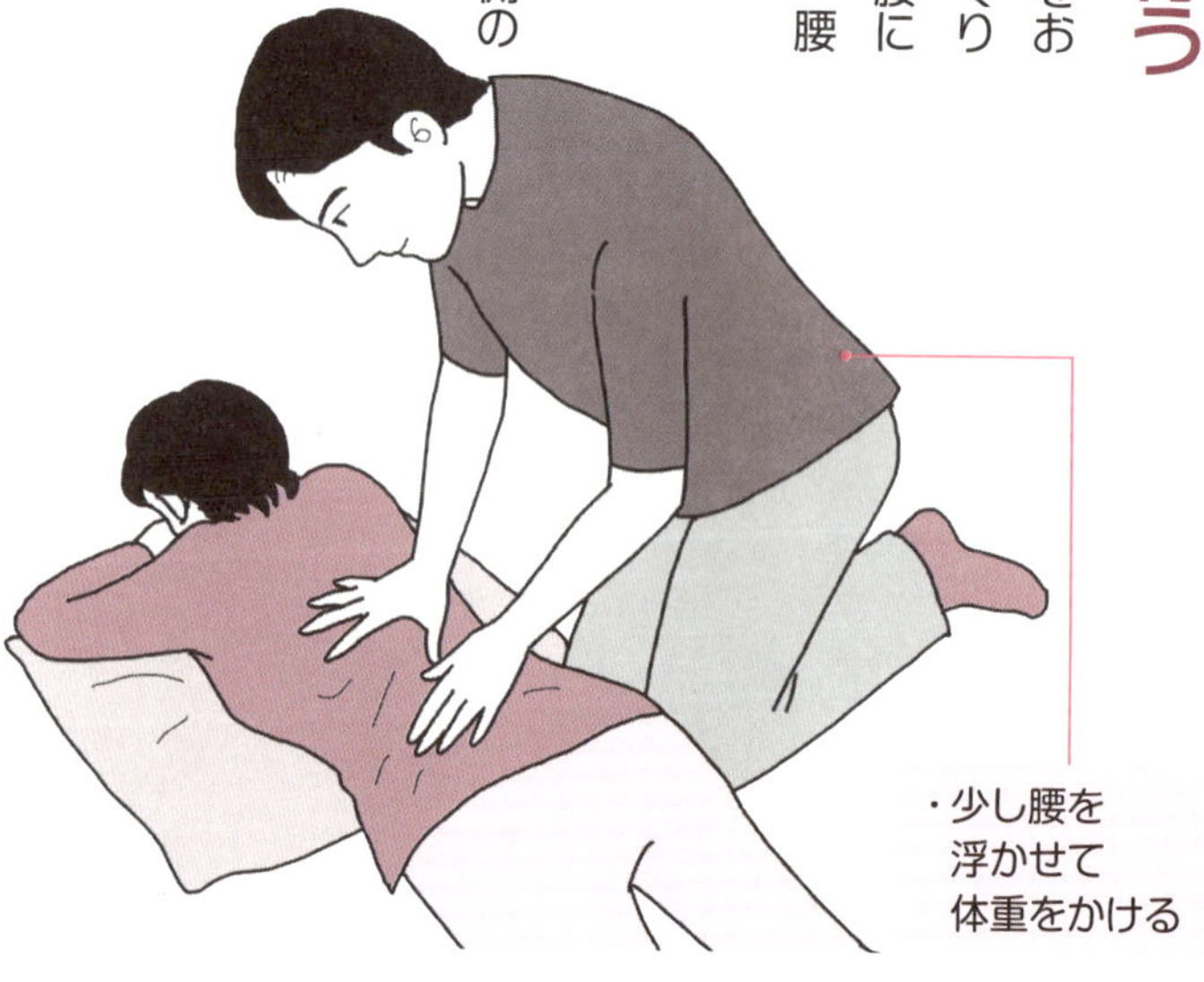

◆親指以外の指で押す方法

片方の指（親指を除く4本）を痛みのある部位にあて、もう一方の手といっしょに押すと力が加わりやすい

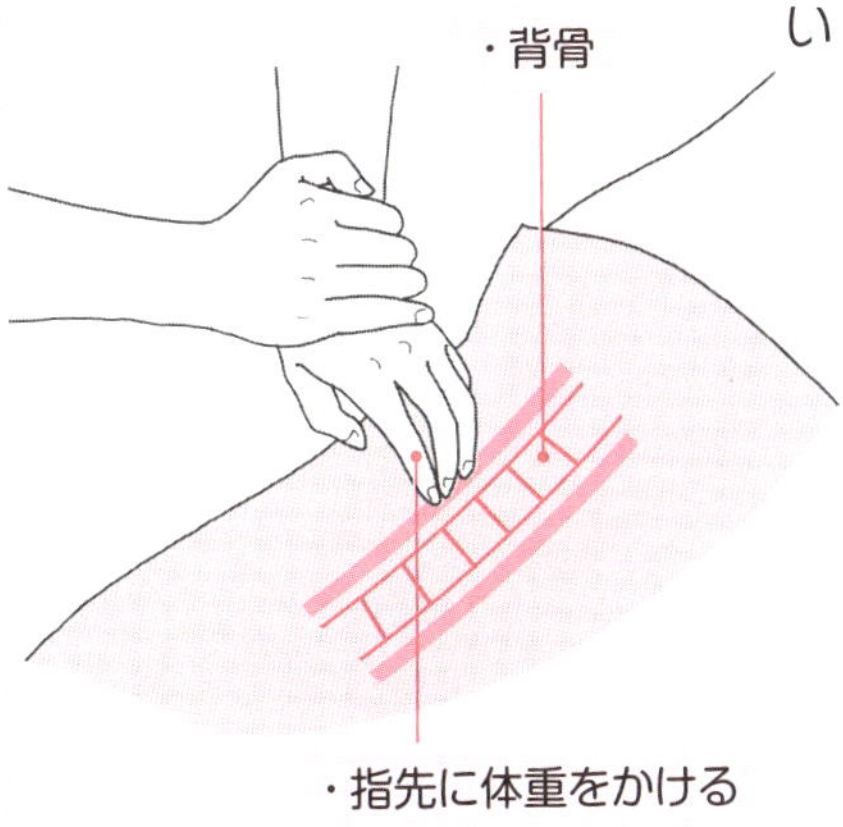
・背骨
・指先に体重をかける

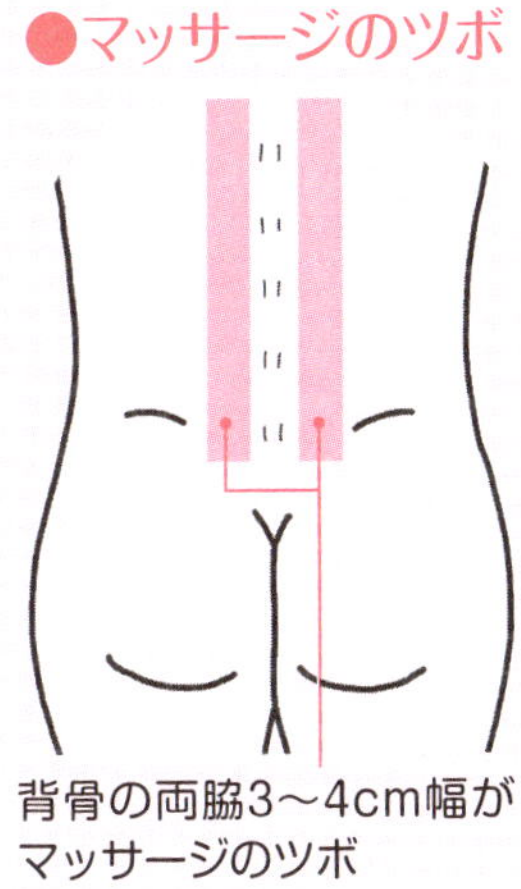
●マッサージのツボ
背骨の両脇3〜4cm幅が
マッサージのツボ

◆親指で押す方法

両手の親指を重ねて体重をかけて押すと、力が患部に伝わりやすい

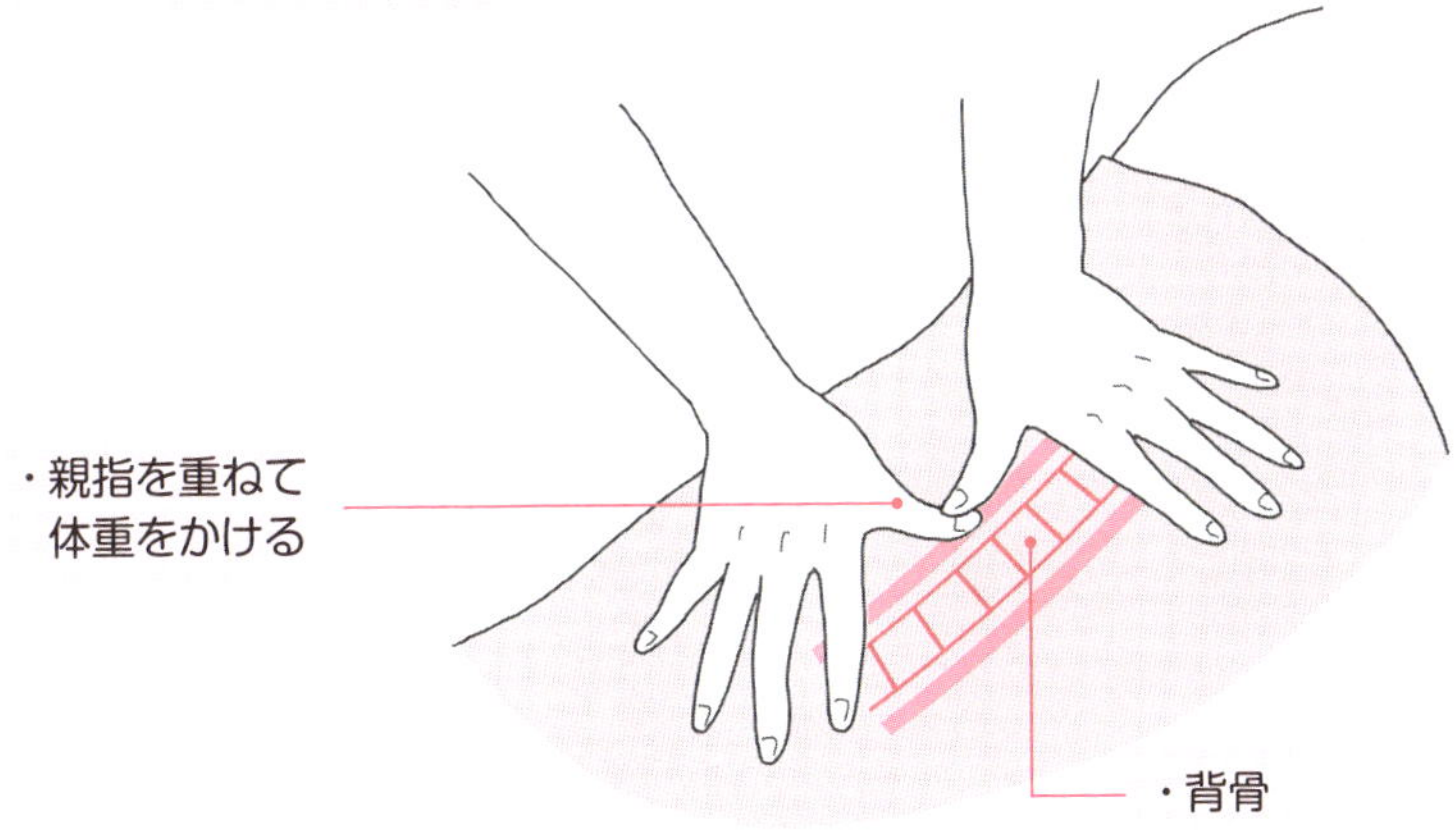
・親指を重ねて
体重をかける
・背骨

2 横向きに寝て行う

背骨の両側の筋肉をゆっくりほぐすように、親指で押します。親指に体重をかけるように行います。

①背骨の両脇の筋肉を揉む

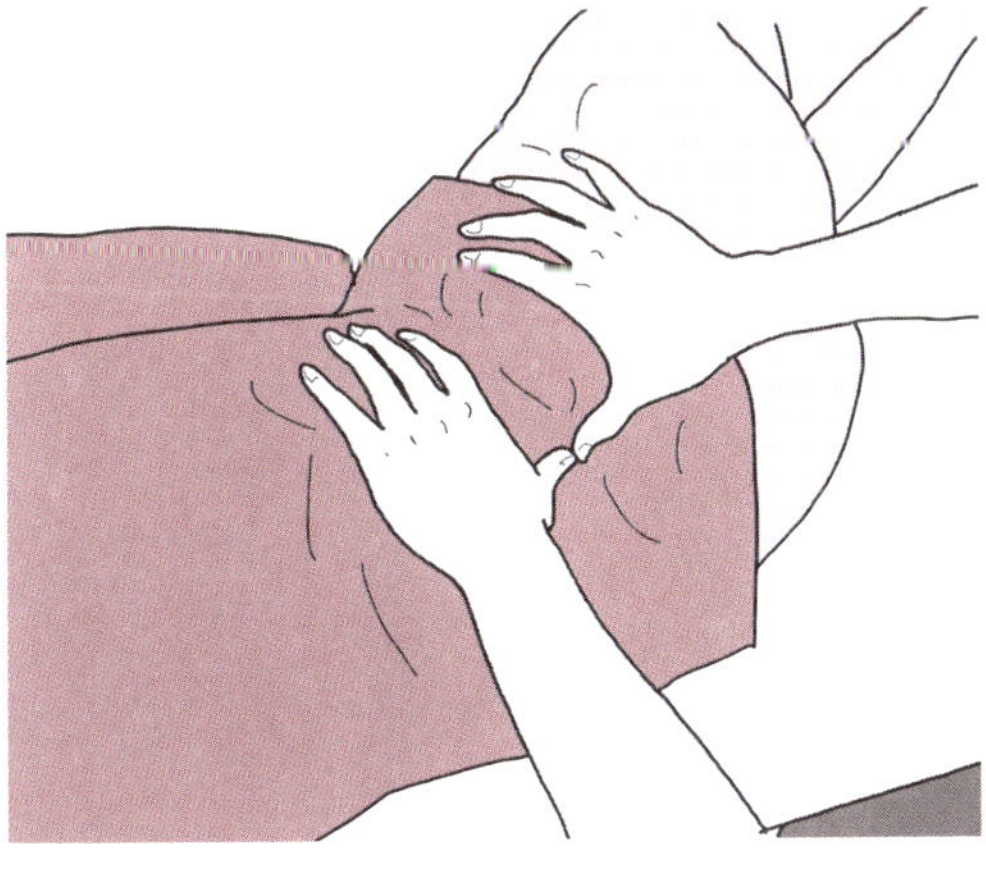

3 腰と股関節をラクにする

尾てい骨から八の字に伸びるお尻の筋肉（大殿筋）の繊維を、両手の親指で広げるように押して動かします。体重をかけて強めに行うと効果的です。

①お尻の筋肉をつまむ

横向きに寝てマッサージする家族は後ろに座り、お尻の筋肉をつまむ。

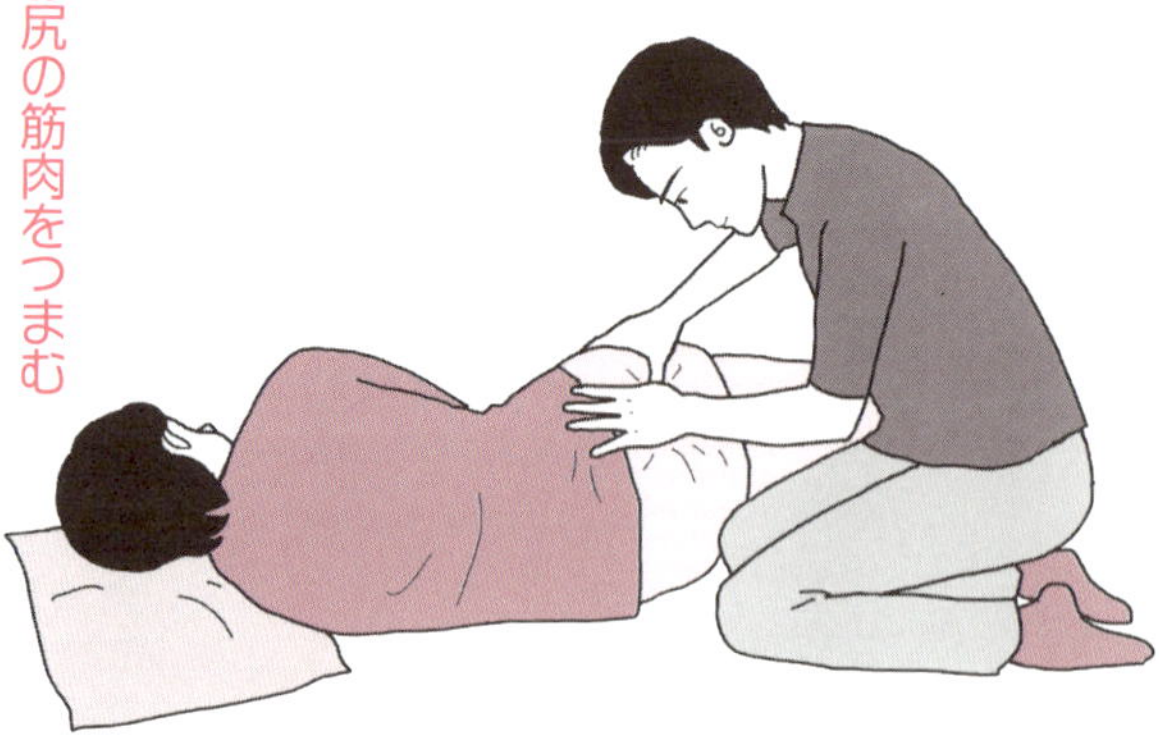

②斜めに指を動かす

筋肉の筋を伸ばすように動かしてこわばりをほぐす。

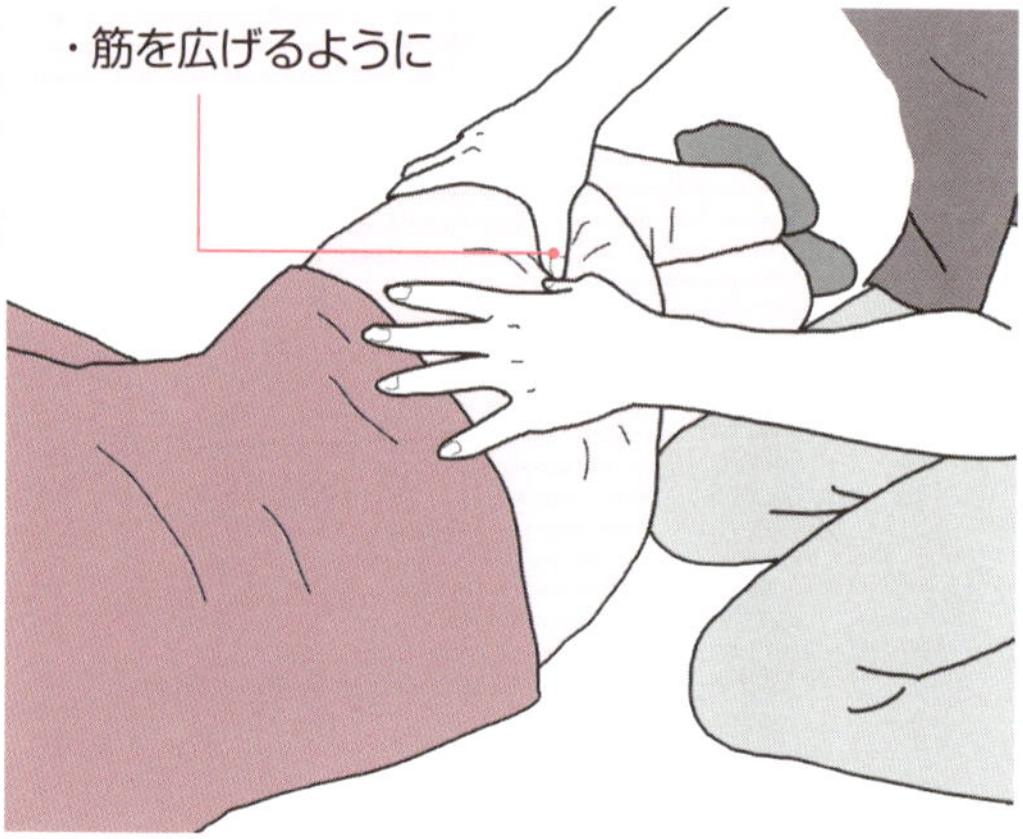

ホームヘルパーの体験記

「おむつを交換します」で激怒された経験

寝たきりに近い、認知症の男性の利用者さんのおむつ交換で失敗した経験があります。介護に入る前の声かけが大切ですから「○○さん、おむつを交換しますよ」と話しかけたら「おむつとはなんだ。俺をバカにするのか」と激怒されました。プライドを傷つけてしまったのだ、と気がつき、次からは「○○さん下着を替えましょうね」と声をかけるようにしたら、スムーズに介護させてくれるようになりました。

COLUMN

要介護になる原因と要介護者の年齢

高齢になると体が衰弱し介護が必要になります。しかし、介護が必要になる原因の調査を見ると、「体の衰弱」だけが主な原因ではありません。

やや重い要介護者の場合で、一番多い原因は「認知症」です。「脳血管疾患」を抜いて、はじめて1位になりました。また、要支援者になった原因では関節疾患や骨折・転倒が上位ですから、こちらも日ごろの運動などで予防できます。

いっぽう要介護者の年齢を見てみると、75歳まではリスクは少なく、75歳からリスクが大きくなるのがわかります。介護保険の利用者の約半数は80歳代です。75歳を過ぎたら、生活習慣病に気をつけ、認知症にならないように人との交流をさかんにし、運動によって転倒のリスクを軽減させることが、要介護状態にならない予防策であることがわかります。

●要支援・要介護者の年齢（%）

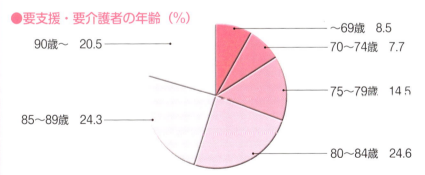

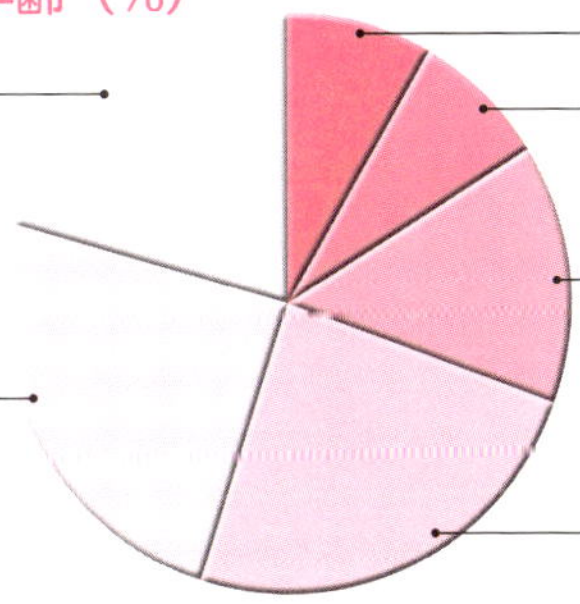

～69歳　8.5
70～74歳　7.7
75～79歳　14.5
80～84歳　24.6
85～89歳　24.3
90歳～　20.5

●要支援・要介護になる原因（%）

・要支援者

1位	関節疾患	17.2
2位	高齢による衰弱	16.2
3位	骨折・転倒	15.2

・要介護者

1位	認知症	24.8
2位	脳血管疾患（脳卒中）	18.4
3位	高齢による衰弱	12.1

「平成28年　国民生活基礎調査の概況」より

■監修
下 正宗（医療法人財団東京勤労者医療会理事長、東葛病院前院長）
認定病理医、臨床検査専門医、プライマリケア指導医。『絵を見てわかる認知症の予防と介護』（法研）、『体位交換・移動・リハビリの介助』（桐書房）、『正常画像と比べてわかる病理アトラス』（羊土社）、『最新目で見てわかる介護のしかた全ガイド』（成美堂出版）などの執筆・監修

■実技指導
加川 豊（理学療法士　東葛病院リハビリテーション部部長）
石原 潤（理学療法士　東葛病院リハビリテーション部）

本書は2014年10月17日に発行された『もう限界!!　腰を痛めずラクにできる介護術』（補訂版）を改訂・改題して発行しました。

身近な人の上手な在宅介護のしかたがわかる本

2012年１月27日　初版第1刷発行
2014年10月17日　補訂版第1刷発行
2018年10月４日　第2版第1刷発行
2019年７月22日　第2版第2刷発行

監修者　下 正宗
発行者　伊藤 滋
発行所　株式会社 自由国民社
〒171-0033　東京都豊島区高田3-10-11
電話（営業部）03-6233-0781　（編集部）03-6233-0787
振替 00100-6-189009
ウェブサイト　http://www.jiyu.co.jp/
印　刷　大日本印刷株式会社
製　本　新風製本株式会社
編集協力　株式会社耕事務所
本文デザイン　石川妙子
本文イラスト　会沢博子　山下幸子
カバーデザイン　JK